Der Webmaster

Die Unilog Integrata Qualifizierung

Herausgegeben von der Unilog Integrata Training AG
und Dr. Ingrid Mikosch

In der Reihe »Die Unilog Integrata Qualifizierung« sind bisher erschienen:

Patrick E. Schärer
Der Visual FoxPro 6.0 Anwendungsentwickler
1. Auflage 1999, ISBN 3-8273-1599-9

Michael Rinke
Der IT-Trainer
1. Auflage 2000, ISBN 3-8273-1589-1

Jutta Bachmann
Der Information Broker
1. Auflage 2000, ISBN 3-8273-1703-7

Karl-Heinz Hauer
Der Oracle-Datenbankentwickler
1. Auflage 2001, ISBN 3-8273-1623-5

Albrecht Darimont, Dieter Paul Rudolph
Der Multimedia-Entwickler
1. Auflage 2001, ISBN 3-8273-1760-6

Eduard Heindl, Jens Bücking, Ulrich Emmert
Der IT-Sicherheitsexperte
1. Auflage 2001, ISBN 3-8273-1840-8

Armin Steffen, Albrecht Darimont
Der Netzwerkadministrator
2. Auflage 2001, ISBN 3-8273-1836-X

Eduard Heindl

Der Webmaster

Praktische Realisierung der Internetpräsenz

3., aktualisierte und erweiterte Auflage

ADDISON-WESLEY

An imprint of Pearson Education

München • Boston • San Francisco • Harlow, England
Don Mills, Ontario • Sydney • Mexico City • Madrid • Amsterdam

Die Deutsche Bibliothek – CIP-Einheitsaufnahme

Ein Titeldatensatz für diese Publikation ist bei
Der Deutschen Bibliothek erhältlich.

Umwelthinweis:
Dieses Produkt wurde auf chlorfrei gebleichtem Papier gedruckt.
Die Einschrumpffolie – zum Schutz vor Verschmutzung – ist aus
umweltverträglichem und recyclingfähigem PE-Material.

10 9 8 7 6 5 4 3 2 1
04 03 02 01

ISBN 3-8273-1853-X

Einbandgestaltung: niesner & huber, Wuppertal
Lektorat: Dr. Ingrid Mikosch; Christian Schneider,
cschneider@pearson.de
Herstellung: Anna Plenk, aplenk@pearson.de
Satz: reemers publishing services gmbh, Krefeld, www.reemers.de
Gesetzt aus der Clearface 10 pt.
Druck: Media-Print, Paderborn
Printed in Germany

Inhaltsverzeichnis

Vorwort

Der Webmaster war zuerst nur der Name für den administrativen E-Mail-Kontakt des Internetauftritts, so wie es seit vielen Jahren auf jedem E-Mail-Server einen Postmaster@domain-namen.com geben muss.

Inzwischen hat sich der Begriff weiterentwickelt und wir verstehen darunter in diesem Buch weniger den administrativen Webmaster als vielmehr den für alle Fragen des Internetauftritts Zuständigen. Er muss nicht nur etwas über den technischen Hintergrund des Internets wissen, sondern er kennt das Medium Internet so gut, dass er die erfolgreiche Realisierung des Webauftritts gestalten kann.

Dazu wollen wir im vorliegenden Buch einen Leitfaden geben, der sich zunächst mit einigen unvermeidlichen technischen Details auseinander setzt. Das Buch soll aber kein technisches Lehrbuch sein, sondern immer praktische Anleitung, und Schritt für Schritt die einzelnen Themen auf dem Weg zur Internetpräsentation aufzeigen. Der erste Schritt besteht in der Anbindung an das Internet. Dazu muss ein zuverlässiger Provider gefunden werden, mit dem man die Reise in die virtuelle Welt beginnt. Dafür werden in diesem Buch die wichtigsten Auswahlkriterien vorgestellt. Dann kann man sich an den Aufbau der Internetdomain machen, jenen festen Platz in der elektronischen Welt, der für lange Zeit Eingangstor für Besucher aus aller Welt sein kann. Die notwendigen technischen Vorbereitungen werden klar und verständlich aus der Sicht des Webmasters dargelegt.

Mehrere Kapitel sind der inhaltlichen Gestaltung und Organisation des Internetauftritts gewidmet. Die grundlegenden Kenntnisse werden rasch an praktischen Beispielen vermittelt und sind mit konkreten Tipps für die tägliche Arbeit versehen. Dabei sollen viele erläuternde Grafiken die teilweise sehr komplexen Zusammenhänge veranschaulichen und dem Leser auch als Gedächtnisstütze dienen.

Ein erfolgreicher Internetauftritt wird sich immer dynamisch weiterentwickeln müssen. Die dazu notwendigen Technologien der Internetprogrammierung und Datenbankanbindung werden soweit angesprochen, dass die richtigen Entscheidungen bei der Wahl von Software und Entwicklungswerkzeug getroffen werden können.

Am Ende des Buches befinden sich eine Liste nützlicher Hyperlinks zu Internetthemen, ein Glossar und einige praktische Tabellen, in denen häufig benutzte Sprachelemente nachgeschlagen werden können.

Für die Entwicklung dieses Bandes wurden die vielen Erfahrungen aus zahlreichen Internetseminaren bei der UNILOG INTEGRATA Training AG umgesetzt, insbesondere sind die Schwerpunkte des Buches auf die in der Praxis vorkommenden Fragen gelenkt. Viele praktische Probleme, die bei der Umsetzung bisheriger Marketing- und Geschäftsmethoden auf die Internettechnologie entstehen, und auch deren Lösung, haben wir seit mehreren Jahren auch mit unserer eigenen Internetagentur kennen gelernt.

Die Gliederung des Buches ist so gehalten, dass der Leser die Kapitel im Wesentlichen unabhängig bearbeiten kann. Das einführende technische Kapitel ist für den erfahrenen Internetnutzer zum weiteren Verständnis nicht zwingend erforderlich.

Dieses Buch wäre sicherlich nicht in so kurzer Zeit realisierbar gewesen, wenn nicht zahlreiche Mitarbeiter durch ihr Wissen und Können die Erstellung unterstützt hätten. Besonderen Dank verdienen Soeren Diel für die unermüdliche Bearbeitung der Grafiken, Annerose Eberhardt für die Mitarbeit bei der Manuskripterstellung, Cyrill Freiherr von Tiesenhausen für den Abschnitt Datenbanken, Genevieve Cory für Tipps zum Intershop, Dr. Otto Buchegger für viele Hinweise aus dem Bereich der EDV und allen Seminarteilnehmern für ihre anregenden Fragen.

Zur 2. Auflage

Bereits nach einem Jahr wurde der Webmaster gründlich überarbeitet. Neben dem Abgleichen der bestehenden Informationen ist ein neues Kapitel zu Shop-Systemen hinzugekommen, da immer mehr Anbieter nicht nur Seiten in das Internet stellen, sondern Produkte direkt über das Netz verkaufen wollen. Damit dies gelingt, wurde auch das Kapitel Marketing und Suchmaschinen erweitert. Die neuen Techniken XML, WML, CSS, aber auch neue Technologien des Internetzugangs finden angemessene Berücksichtigung. Ein neuer Abschnitt widmet sich dem Intranet und der Firewall. Alle Änderungen sind mit dem Risiko für die Autoren verbunden, dass das Internet andere Trends noch stärker in den Vordergrund schiebt.

Zur 3. Auflage

Die erfolgreiche Organisation einer Internetpräsenz erfordert nicht nur technisches Know-how, sondern auch viel Wissen um den Aufbau und die Form einer Webpräsenz. Daher wurde das neue Kapitel »Portale« aufgenommen, in dem diese wichtige Struktur detailliert beschrieben wird. Die Technologie von XML gewinnt zunehmend an praktischer Bedeutung und daher wird ihr in der Neuauflage ein komplettes Kapitel gewidmet. Einige Bereiche sind inzwischen überholt und wurden entfernt, andere gründlich durchgesehen. Ich hoffe, damit bietet das Buch weiter einen kompakten Leitfaden bei der Realisierung der Website.

eduard.heindl@addison-wesley.de

KAPITEL 1

1 Grundlagen

1.1 Entstehung des Internets

Das Internet in seiner heute bekannten Form begann als ARPANET im Jahre 1969 als Projekt des amerikanischen Verteidigungsministeriums zur Entwicklung eines Computernetzes, das auch bei Ausfall einzelner Rechnersysteme und Verbindungsleitungen fehlertolerant arbeitet. Die ersten vier Rechner am damaligen ARPANET wurden an der Westküste der USA im September 1969 zusammengeschaltet. Seit dieser Zeit beobachtet man fast jährlich eine Verdoppelung der Zahl der angeschlossenen Rechner im Internet. Dies ist ein erstaunliches Phänomen, da das Internet im Laufe der letzten dreißig Jahre regelmäßig grundlegenden Veränderungen unterlag.

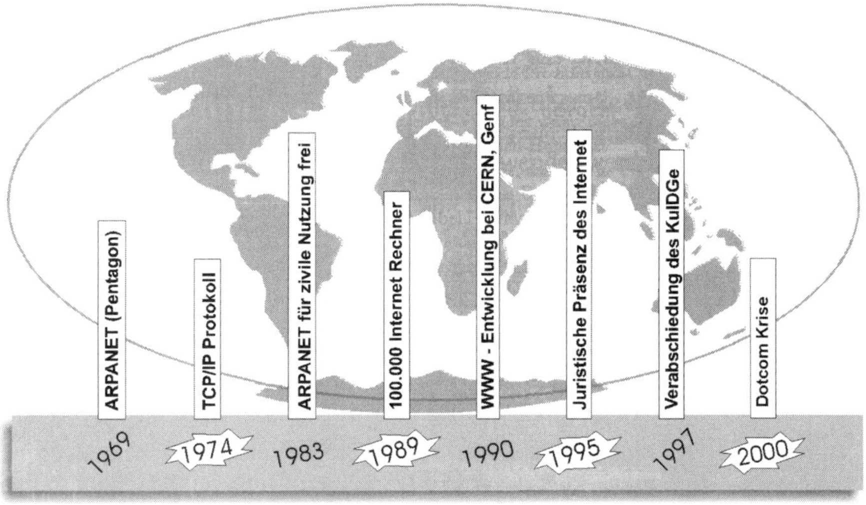

Abbildung 1.1: Das Internet ist eine relativ alte Einrichtung. Bereits 1969 wurden die ersten Rechner verknüpft. Jedoch erst die Entwicklung des World Wide Webs Anfang der 90er-Jahre hat das Internet von einem forschungsorientierten Datennetz zu einem Massenkommunikationsmedium verändert. In Deutschland wird bei Copyright-Auseinandersetzungen das Jahr 1995 als die Geburtsstunde des Internets betrachtet.

Im Jahre 1974 wurde das heute bekannte TCP/IP-Protokoll verabschiedet, die immer noch gültige Grundlage der Kommunikation im Internet. Obwohl zu diesem Zeitpunkt nur 63 Rechner am Netz waren, wurde trotzdem bereits ein Adressraum für vier Milliarden Rechner vorgesehen. Dies war zu diesem Zeitpunkt eine utopische Zahl, wenn man bedenkt, dass es weltweit 1974 nur einige Zehntausend leistungsfähige Rechner gab.

Die Entwicklung des Internets wurde besonders im Jahre 1983 stark durch die Freigabe für die kommerzielle Nutzung beeinflusst. Damit trennten sich die Wege des militärisch regierungsabhängigen Netzes und es begann der kommerzielle Siegeszug des Internets.

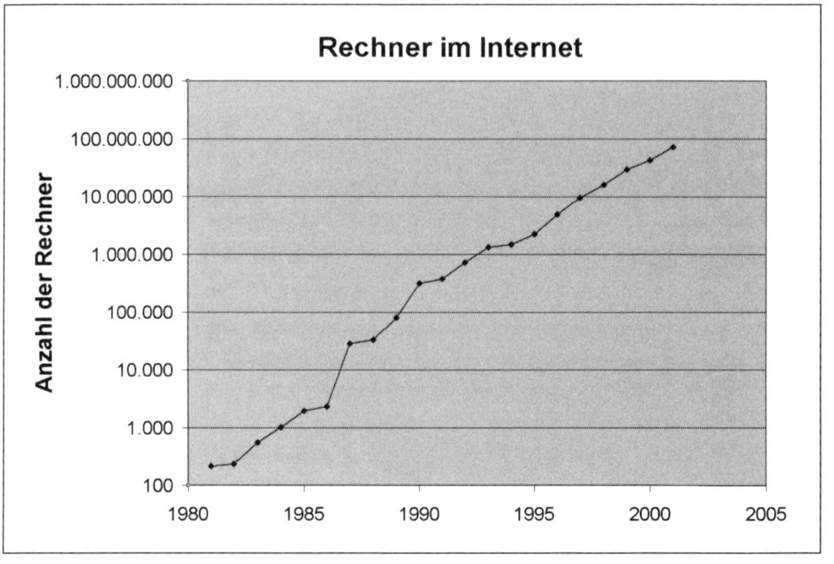

Abbildung 1.2: Die Anzahl der Rechner im Internet nimmt exponentiell zu, beachten Sie die Skala auf der linken Seite! Das bedeutet eine große Investitionssicherheit bei einem Einstieg in die Internettechnik, da ein Medium mit einer so großen und so dynamisch wachsenden Teilnehmerzahl noch lange wirtschaftliche Bedeutung hat.

Im Jahre 1989 wurden erstmals 100.000 Rechner mit IP-Adresse am Netz registriert. Bis dahin war Internet ein leistungsfähiges Computernetz, nur für Spezialisten verwendbar, jedoch für den Endverbraucher aufgrund der schwierigen Bedienungssprache kaum sinnvoll einsetzbar und daher auch nicht bekannt. Im Jahre 1989 gab Berners Lee seinem Diplomanden Marc Andreessen den Auftrag, er möge doch ein Programm schreiben, das die Bedienung des Internets vereinfache. Es sollte ihm ermöglichen, im Internet einfach von einem Dokument zum andern zu springen.

Diese Idee, geboren am CERN, dem europäischen Kernforschungszentrum in Genf, war die Initialzündung für das, was wir heute als World Wide Web, kurz WWW, kennen. Sie machte es möglich, mit einem Browser durch die riesigen Datenbestände des Internets zu wandern. Innerhalb von drei Jahren hatte sich diese Software mit integriertem Hyperlink zu einer Software mit einer interessanten grafischen Oberfläche entwickelt. Diese Software war als Browser mit dem Namen Mosaic bekannt.

1993 begann dann die Entwicklung kommerzieller, fortschrittlicher Browser und die regelmäßige Erweiterung der Syntax in HTML. Die Integration von Bild, Text, Ton und Video in eine einzige Benutzeroberfläche, die es dem Endanwender durch simples Mausklicken ermöglicht, durch die weite Welt des Internets zu reisen, startete einen beispiellosen Siegeszug des Internets. 1992 waren bereits 1 Million Teilnehmer und 2001 über 400 Millionen Teilnehmer im Internet.

Wir beobachten jetzt das weitere Eindringen in alle Lebensbereiche, eine breite Publikumsnutzung des Internets. Vermutlich wird innerhalb der nächsten Jahren der Übergang zu einem wirklichen Massenmedium stattfinden. Dabei spielen weiterhin die Standardfunktionen wie E-Mail und das Darstellen von Internetseiten die dominierende Rolle. Sie werden jedoch zusehends von leistungsfähigen Anwendungen verdrängt, die die Abfrage nach verschiedensten nützlichen Informationen ermöglichen, wie z.B. Reiseverbindungen oder Homebanking, aber auch neue Ideen wie Musiktausch mit MP3-Files verändern das Konsumverhalten. Auch Kaufen und Versteigern via Internet wird immer mehr in den Vordergrund rücken. Ansehen, vergleichen und bestellen, bequem vom Bildschirm aus, diesen Service stellen immer mehr Firmen zur Verfügung. Spannend bleibt hier die Frage, ob es mit Hilfe des Internets gelingt, den langfristig beobachteten Anteil des Fernabsatzes über 4 % am Gesamthandelsvolumen auszuweiten.

1.2 Struktur des Internets

1.2.1 Organisation des Internets

Die verschiedenen Normen des Internets, die Vergabe der IP-Nummern und der Domain-Namen werden von den einzelnen Organen des Internets bearbeitet und verwaltet. Die gesamte Organisation wird stark von den USA dominiert, die Normen liegen aber in der Verantwortung von UN-Organisationen.

1.2.2 Informationsstruktur

Der Austausch von Informationen im Internet wird nach dem Client/Server-Prinzip gehandhabt. In der Regel sind immer zwei Rechner mit der entsprechenden Software an einem Vorgang beteiligt:

- ✔ ein Client mit Client-Software
- ✔ ein Server mit Server-Software

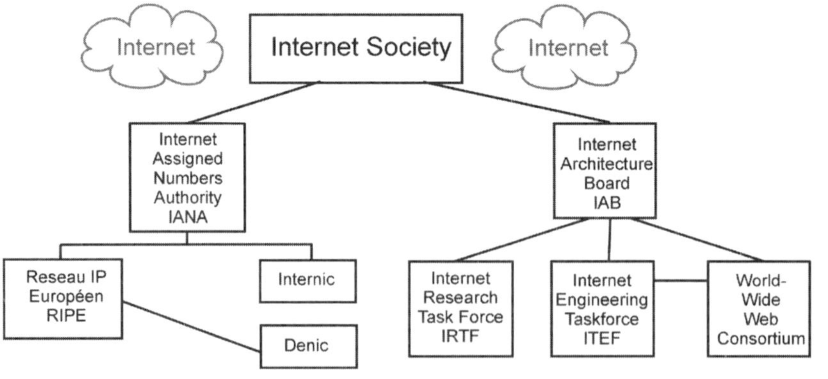

Internet Society: Dachorganisation, wichtigstes Entscheidungsgremium: Board of Trustees (www.isoc.org)
IANA: Oberste Organisation für Namensvergabe (www.iana.org)
Internic: für nicht ländergebundene Domains (z.B. .com, .net,.org) (www.networksolutions.com)
Denic: Vergabe der deutschen Domains .de (www.denic.de)
IAB: Oberste Expertenrunde des Internet (www.iab.org)
IRTF: Zukünftige technologische Entwicklung (www.irtf.org)
IETF: Internet Standards (www.ietf.org)
World Wide Web Consortium: Standards und Weiterentwicklung des WWW (www.w3.org)

Abbildung 1.3: Das Internet wird von der Internetsociety geleitet, diese delegiert jedoch alle Aufgaben an Unterorganisationen weiter. Für das tägliche Geschäft ist die IANA zuständig, dort, bzw. von den nachgeordneten Stellen, werden Internetadressen und Domain-Namen vergeben. Die weitreichenden Planungsaufgaben übernimmt das IAB. Immer wenn technische oder organisatorische Neuerungen zu realisieren sind, wird für maximal vier Jahre eine Expertenrunde einberufen. Eine Sonderrolle spielt das World Wide Web Consortium, in dem das Web permanent weiterentwickelt wird.

1.2.3 SERVER – der Dienstleistungsanbieter

Als Server bezeichnet man einen Rechner, der Anfragen vom Client entgegennimmt und diese bearbeitet. Dazu muss dieser immer eingeschaltet und ansprechbar sein. Auf der Serverseite sollten daher Multiuser-Betriebssysteme wie Windows NT oder UNIX laufen. Das Netzwerk ist das Medium, über das beide kommunizieren. Die Server-Software regelt die Kommunikation mit dem Client. Sie überprüft die Zugriffsrechte eines Clients (Passwort oder Anonymus) und regelt den Datentransfer.

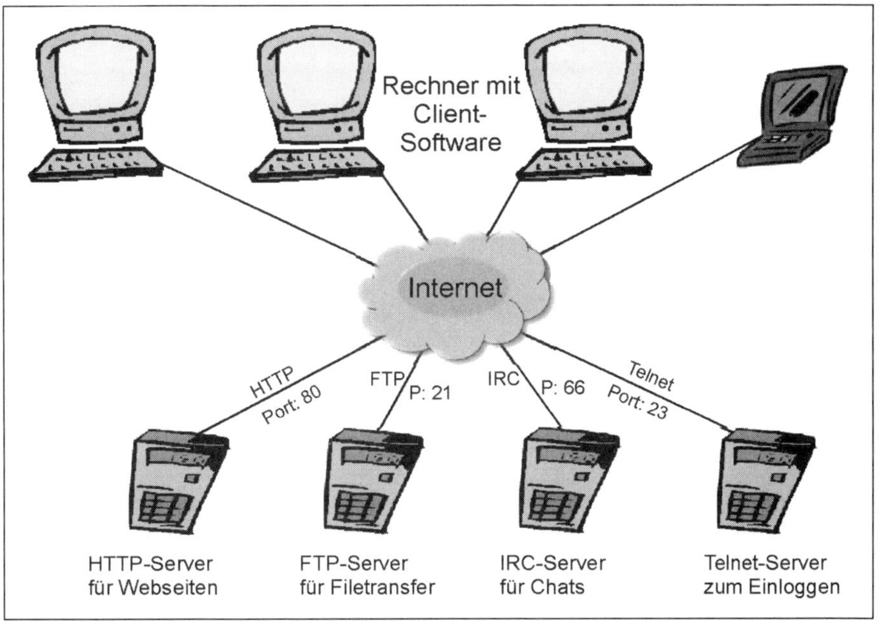

Abbildung 1.4: Die verschiedenen Server im Internet können von den Client-Programmen mit dem passenden Protokoll abgefragt werden. Dabei spielt die Rechnerplattform und das Betriebssystem des Clients keine Rolle.

1.2.4 CLIENT – der Dienstleistungsnutzer

Der Client ruft die auf dem Server angebotenen Daten ab. Die Client-Software regelt die Kommunikation mit dem Server und stellt das Interface auf dem Client-Rechner zur Verfügung. Sie regelt die Identifikation des Clients gegenüber dem Server und stellt die Anfrage an den Server.

Thin Client

Bei einem so genannten Thin Client laufen fast alle Programme auf dem Server, die Daten werden auf dem Server abgespeichert. Typische Vertreter von Thin Clients sind Java-Konsolen. Vorteile:

- ✔ einfachere Verwaltung
- ✔ leichtes Updaten, da es nur zentral durchgeführt werden muss
- ✔ Standardisierung durch Administrator

Thick Client

Hier werden alle Daten und Programme auf dem lokalen Rechner verwaltet und gespeichert. Ein typischer Vertreter ist das Betriebssystem Windows. Vorteile:

- schneller, da direkt und nicht übers Netz zugegriffen wird
- preiswerter, da keine aufwändige Netztechnik erforderlich ist
- das Rechnernetz (Internet) wird weniger beansprucht
- bei Störungen des Servers fällt nur ein Arbeitsplatz aus und nicht alle mit dem Server verbundenen Rechner
- Daten wandern, aber nicht Programme

1.2.5 Das Protokoll: die gemeinsame Sprache

Beide Rechner, Client und Server, müssen zum Datenaustausch dieselbe Sprache sprechen. Die Sprache bei Datenübertragung im Internet ist durch das Internet-Protokoll vorgegeben. Die einzelnen Anwendungen benutzen zum Übermitteln ihrer speziellen Befehle und Daten jeweils das darunter liegende Internet-Protokoll TCP/IP. Jede Client/Server-Anwendung hat ihr eigenes Protokoll:

- FTP: File-Transfer-Protokoll für den Dateitransfer
- Telnet: Protokoll zum Einloggen in entfernte Rechner
- HTTP: Protokoll für das WWW
- SMTP: Protokoll zum Austausch von E-Mails

All diese Protokolle gehören zur Familie der TCP/IP-Protokolle.

FTP – File Transfer Protocol

FTP regelt den Austausch von Daten zwischen Rechnern, unabhängig vom Betriebssystem des jeweiligen Rechners.

Informationen werden auf einem FTP-Server gespeichert. Mit Hilfe einer FTP-Software (Client) kann jedermann einfach und schnell auf diese Informationen zugreifen und sich diese auf den lokalen Rechner laden. Mit der entsprechenden Client-Software kann man sich im Verzeichnisbaum des Servers bewegen wie auf dem eigenen Rechner.

Für den Webmaster spielt dieses Protokoll immer dann eine wichtige Rolle, wenn er Dateien auf dem Webserver überspielen will oder den Verzeichnisbaum verwaltet. Liegt der Webserver auf einem entfernten Rechner, ist das FTP oft die einzige Möglichkeit, z.B. neue Verzeichnisse zu erstellen.

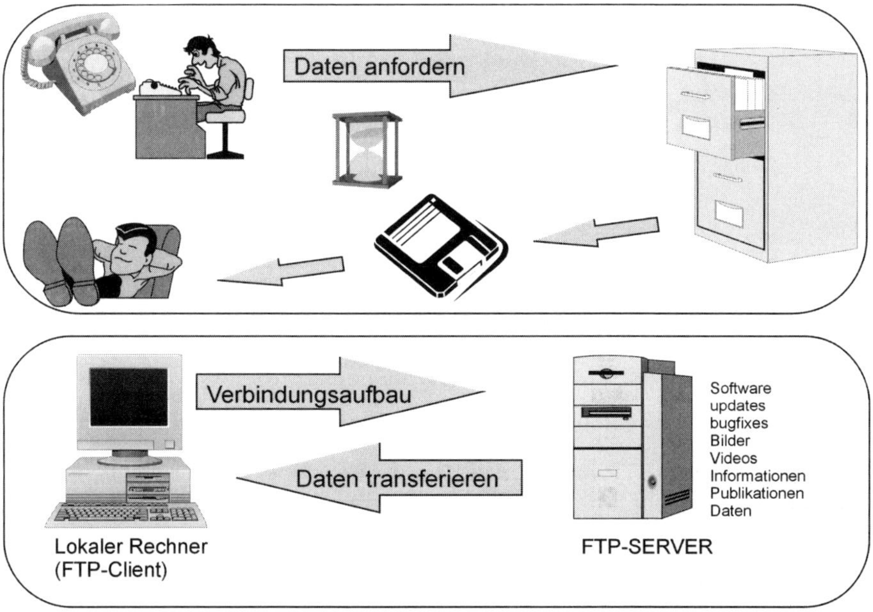

Abbildung 1.5: Früher wurde Software häufig auf Disketten per Post zugestellt, heute kann jeder mit FTP die entsprechenden Dateien über das Internet versenden, was schneller, billiger und einfacher ist. Dazu wird vom lokalen Rechner eine Verbindung zum FTP-Server aufgebaut, es folgt die Anmeldung mit Login und Passwort, und die Dateien auf dem entfernten Rechner können angesprochen werden.

HINWEIS FTP: Daten, Informationen, Programme und vieles mehr von anderen Rechnern »laden« oder dorthin transferieren.

Telnet-Protokoll

Telnet erlaubt einem Benutzer, auf einen entfernten Rechner zuzugreifen und dort zu arbeiten. Diese Möglichkeit wird vor allem für Teleworking genutzt. Ein Einloggen auf dem entfernten Rechner ist nur möglich, wenn man eine User-ID und ein Passwort kennt. Das bedeutet, dass man auch wirklich zugangsberechtigt auf dem entfernten Rechner ist.

Nach dem Einwählen erhalten Sie eine Eingabeaufforderung und können auf dem entfernten Rechner Betriebssystembefehle eingeben, Programme starten usw.

HINWEIS Telnet: Arbeiten auf einem entfernten Rechner, vom Ändern der Zugriffsrechte bis zum Starten von Programmen ist alles möglich.

HTTP – Hyper Text Transfer Protocol

Das HTTP-Protokoll ist die Sprache, mit der im World Wide Web die Information zwischen Webserver und Webclient ausgetauscht wird. Dabei können sowohl die Webseiten als auch die dazugehörigen Bilder und weitere Multimediadaten übertragen werden. Für die praktische Arbeit des Webmasters ist dieses Protokoll am bedeutendsten und wird im Kapitel WWW-Protokoll HTTP ausführlich besprochen.

HINWEIS HTTP: Das Protokoll für das World Wide Web. Damit holt sich der Browser die Informationen aus dem Internet.

SMTP – Simple Mail Transfer Protocol

Das SMTP-Protokoll dient zum Weiterleiten von E-Mails im Internet. Es besticht durch seine sehr schlichte Form und ist damit zum meistverbreiteten elektronischen Postsystem geworden, für das Abrufen von E-Mails gibt es Zusatzprotokolle wie POP3 und IMAP4. Das SMTP-Protokoll gewährleistet in seiner Grundform keine Sicherheitsfunktionen.

Aus dem praktischen Alltag eines Internetnutzers ist es nicht mehr wegzudenken, da es einfach und schnell die Übermittlung von Post erlaubt. Es ist neben dem WWW die mit Abstand beliebteste Anwendung des Internets.

HINWEIS SMTP: Das Protokoll für die Übermittlung von E-Mails. Zum Versenden von einfachen Texten an bekannte Empfänger.

1.3 Technischer Hintergrund

1.3.1 Datenübertragung

Um Nachrichten zwischen zwei Stellen zu übertragen, gibt es grundsätzlich zwei verschiedene Modelle: leitungsorientierte und paketorientierte Datenübertragungsverfahren.

- ✔ Beim leitungsorientierten Verfahren wird – ähnlich wie beim Telefongespräch – für die Dauer der Übertragung eine (physische) Verbindung aufgebaut, die während der gesamten Datenübertragung aufrechterhalten werden muss.
- ✔ Bei der paketorientierten Übertragung werden die Nachrichten versendet, ohne dass eine physische Verbindung zwischen Sender und Empfänger bestehen muss. Die Nachricht wird in Datenpakete aufgeteilt, die alle folgende Informationen enthalten müssen:

- Absenderadresse
- Empfängeradresse
- Paketnummer

✔ Die Datenpakete werden über das Netzwerk unabhängig voneinander an den Zielrechner geschickt. Dort werden dann die Einzelteile wieder zur ursprünglichen Nachricht zusammengesetzt. Dazwischen suchen die Router nach dem effizientesten Weg, die Pakete durch das Netz zu schicken.

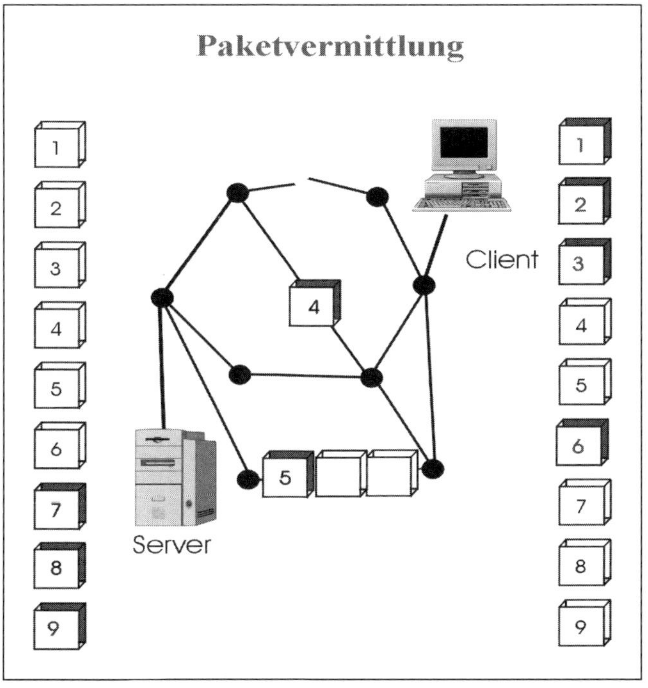

Abbildung 1.6: Der Weg einer Datei auf dem Internet. Der Server zerlegt die Datei in gleich große Stücke, hier sind es neun Pakete. Paket 1, 2, 3 und 6 sind bereits beim Empfänger angekommen. Paket 4 und 5 befinden sich noch im Netz und nehmen unterschiedliche Wege, die anderen Pakete warten noch beim Absender auf den Versand. Da die Pakete beim TCP/IP-Protokoll nicht in der richtigen Reihenfolge ankommen, muss der Client die Datei sorgfältig wiederherstellen.

Das Schichtenmodell

Zur Darstellung der komplexen Aufgaben bei der Datenübertragung haben sich Schichtenmodelle durchgesetzt. Sie beschreiben die einzelnen Funktionen von der physischen Übertragungsschicht (elektrische und mechanische Parameter) bis hinauf zur Anwendungsschicht, die, abstrahierend von allen darunter liegenden Schichten, dem Benutzer einen Dienst, wie z.B. E-Mail, zur Verfügung stellt. Das bekannteste Schichtenmodell ist das 1983 von der ISO normierte 7-Schichten-ISO-OSI-Modell.

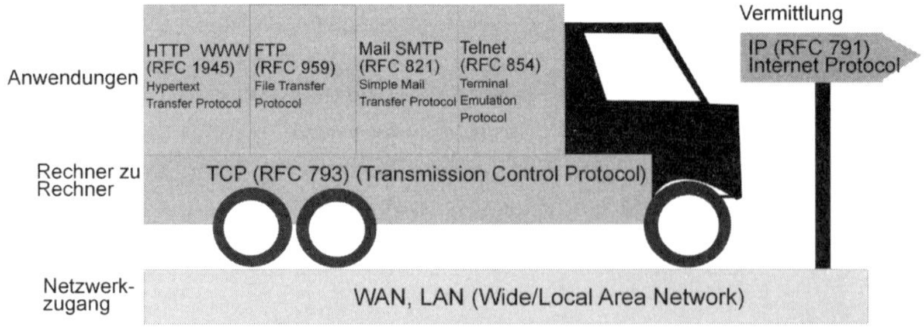

Abbildung 1.7: Die verschiedenen Schichten beim Datentransport im Internet. Genauso wie im Straßenverkehr, gibt es eine untere Schicht der Leitungswege, Kabel, Glasfasern, Telefonleitungen. Darüber das Leitsystem für den Transport, auf der Straße sind das die Verkehrsschilder, im Internet übernimmt diese Aufgabe das Internet-Protokoll (IP). Der zuverlässige Transport wird in der Transportschicht erledigt. Das eigentliche Transportgut sind die Daten der verschiedenen Anwendungen. Die einzelnen Protokolle sind in den RFC (Request for Comment) genau festgelegt.

Die Regeln, nach denen die Kommunikation zwischen Rechnern abläuft, werden als Protokolle bezeichnet. Diese Protokolle sind normalerweise ebenfalls in Schichten aufgeteilt. Das heißt, Teilprotokolle übernehmen genau abgegrenzte Aufgaben ihrer Schicht und bieten der darüber liegenden Schicht einen entsprechenden Dienst an, der – ohne die genaue Funktionsweise zu kennen – in Anspruch genommen werden kann. Allerdings werden die Protokolle meist nicht in alle sieben ISO/OSI-Schichten zerlegt (mehr dazu in Steffen/Darimont: »Der Netzwerkadministrator«, Addison-Wesley).

1.3.2 Internet-Protokolle

IP

Das zentrale Protokollpaar im Internet ist TCP/IP (Transmission Control Protocol/Internet Protocol). IP stellt die Basisdienste für die Übermittlung von Daten bereit. Seine Hauptaufgabe ist die Fragmentierung der einzelnen Pakete. Das Internet-Protokoll überträgt jedes Paket einzeln, ohne sich um die restlichen zu kümmern. Es enthält keine Funktion, die die Ankunft garantiert. Es gibt also keine Überprüfung der angelangten Daten oder eine eventuelle Wiederholungsfunktion, diese Aufgabe übernimmt aber dann das TCP-Protokoll.

Die maximale Paketgröße beträgt 65.535 Bytes, in der Praxis wird die Größe aber von den Teilnetzen bestimmt, damit haben die Pakete meist nur ca. 500 Byte Länge. Das Format eines Paketes ist genau definiert. Es enthält einen festgelegten Header, in dem die Paketeigenschaften stehen, und die zu übertragenden Daten, die eine variable Länge haben können.

IP-Header

Obwohl der Webmaster nur sehr selten mit dem Aufbau eines IP-Pakets in Berührung kommt, ist es sehr nützlich, die einzelnen Elemente zu kennen, da besonders bei Sicherheitsfragen und bei Störungen hier ein Grundwissen hilfreich ist. Der Kopf (Header) eines Paketes ist wie folgt aufgebaut:

<table>
<tr><td colspan="2">8 Bits</td><td>8 Bits</td><td colspan="2">8 Bits</td><td>8 Bits</td></tr>
<tr><td>Version</td><td>Länge</td><td>Servicetypen</td><td colspan="3">Paketlänge</td></tr>
<tr><td colspan="3">Identifikation</td><td colspan="2">DF, MF</td><td>Fragmentabstand</td></tr>
<tr><td colspan="2">Lebenszeit</td><td colspan="2">Transport</td><td colspan="2">Kopfprüfsumme</td></tr>
<tr><td colspan="6">Absenderadresse</td></tr>
<tr><td colspan="6">Empfängeradresse</td></tr>
<tr><td colspan="3">Optionen</td><td colspan="3">Füllzeichen</td></tr>
<tr><td colspan="6">Datenteil</td></tr>
</table>

Tabelle 1.1: Jedem Datenpaket wird ein Header vorangestellt, in dem sowohl Absender als auch Empfängeradresse stehen.

Die Bedeutung der einzelnen Teile:

Das **Versions-Feld** enthält die Versionsnummer des IP-Protokolls. Durch die Einbindung der Versionsnummer besteht die Möglichkeit, über eine längere Zeit mit verschiedenen Versionen des IP-Protokolls zu arbeiten. Einige Router können nur mit der alten und andere mit der neuen und alten Version arbeiten. Die derzeitige Versionsnummer ist 4, aber die Version 6 des IP-Protokolls befindet sich bereits in der Erprobung.

Das Feld **Länge** (Internet Header Length – IHL) enthält die Länge des Protokollkopfs, da diese nicht konstant ist. Die Länge wird in 32-Bit-Worten angegeben.

Über das Feld **Servicetypen** kann IP angewiesen werden, Nachrichten nach bestimmten Kriterien zu behandeln. Als Dienste sind hier verschiedene Kombinationen aus Zuverlässigkeit und Geschwindigkeit möglich. In der Praxis wird dieses Feld aber ignoriert, hat also den Wert 0.

Paketlänge enthält die gesamte Paketlänge, d.h. Header und Daten.

Über das **Identifikationsfeld** kann der Zielhost feststellen, zu welchem Datengramm ein neu angekommenes Fragment gehört. Alle Fragmente eines Datengramms enthalten die gleiche Identifikationsnummer, die vom Absender vergeben wird.

Die **Flags** bestehen aus zwei Bits namens DF – Don't Fragment – und MF – More Fragments. Die beiden Bits DF und MF steuern die Behandlung eines Pakets im Falle einer Fragmentierung. Mit dem MF-Bit wird angezeigt, ob einem IP-Paket weitere Teilpakete nachfolgen.

Der **Fragmentabstand** bezeichnet, an welche Stelle, relativ zum Beginn des gesamten Datengramms, ein Fragment gehört. Mit Hilfe dieser Angabe kann der Zielhost das Originalpaket wieder aus den Fragmenten zusammensetzen.

Das Feld **Lebenszeit** (Time To Live, TTL) ist ein Zähler, mit dem die Lebensdauer von IP-Paketen begrenzt wird. Im RFC (RFC=Request for Comment) 791 ist für dieses Feld als Einheit Sekunden spezifiziert. Zulässig ist eine maximale Lebensdauer von 255 Sekunden, Windows NT setzt diesen Wert auf 30. Da jeder Router den Zähler um eins herabsetzt, ist dies ein sehr wirksames Verfahren, Endlosschleifen im Internet zu vermeiden.

Transport enthält die Nummer des Transportprotokolls, an das das Paket weitergeleitet werden muss, die Nummer ist nicht mit der Portnummer zu verwechseln. Die Nummerierung von Protokollen ist im gesamten Internet einheitlich und im RFC 1700 definiert. Zumeist wird TCP gewählt, in lokalen Netzen manchmal UDP, das etwas schneller ist.

Das Feld **Kopfprüfsumme** enthält die Prüfsumme der Felder im IP-Header.

In den Feldern **Absenderadresse/Empfängeradresse** werden die 32 Bit langen Internet-Adressen eingetragen.

Das Feld **Optionen** wurde im Protokollkopf aufgenommen, um die Möglichkeit zu bieten, das IP-Protokoll um weitere Informationen zu ergänzen, die im ursprünglichen Design nicht berücksichtigt wurden. Das Optionsfeld hat eine variable Länge und es gibt folgende Optionen:

End of Option List: kennzeichnet das Ende der Optionsliste.

No Option: kann zum Auffüllen von Bits zwischen Optionen verwendet werden.

Security: bezeichnet, wie geheim ein Datengramm ist. In der Praxis wird diese Option jedoch fast immer ignoriert, da sie keine Verschlüsselung auslöst.

Loose Source-Routing, Strict Source-Routing: diese Option enthält eine Liste von Internet-Adressen, die das Datagramm durchlaufen soll. Auf diese Weise kann dem Datenpaket vorgeschrieben werden, eine bestimmte Route durch das Internet zu nehmen.

Record Route: Die Knoten, die dieses Datengramm durchläuft, werden angewiesen, ihre IP-Adresse an das Optionsfeld anzuhängen. Damit lässt sich ermitteln, welche Route ein Datengramm genommen hat.

Time Stamp: Diese Option ist mit der Option Record Route vergleichbar. Zusätzlich zur IP-Adresse wird bei dieser Option die Uhrzeit des Durchlaufs durch den Knoten vermerkt.

Weitere Details zu den Optionen sind in RFC 791 zu finden.

TCP

Das Transmission Control Protocol steht in der Schichten-Architektur oberhalb des Internet-Protokolls. In diesem Protokoll wird überprüft, ob ein Datenpaket tatsächlich beim Empfänger angekommen ist und was damit geschehen soll. Geht ein Datenpaket verloren, wird die Wiederholung der Übertragung angefordert. Daher benötigt TCP eine (virtuelle) Verbindung zur Gegenstation.

TCP arbeitet also im Gegensatz zu IP

- ✔ verbindungsorientiert
- ✔ garantiert

TCP segmentiert zunächst den Datenstrom (Standard-Segmentgröße 536 Byte) und nummeriert diese Segmente. Die empfangende Station kann nun anhand dieser Segmentnummer den Empfang des Paketes bestätigen. Die Empfangsbestätigung wird allerdings nicht für jedes Paket einzeln abgewartet. Spätestens nach dem Senden einer in der so genannten Fenstergröße (Sliding Window) genau festgelegten Anzahl von Paketen muss aber die Bestätigung für eines der versandten Pakete eintreffen. Erst dann darf das nächste Paket versandt werden. Der Empfänger bestätigt mit einem Paket immer auch den Empfang der vorhergegangenen Pakete. Im Fehlerfall müssen alle Pakete seit der letzten Empfangsbestätigung erneut übertragen werden.

Auch hier beginnt jedes Paket mit einem Header, der 20 Byte groß ist und zusätzlich zum IP-Header an alle Datenpakete angehängt wird.

8 Bits	8 Bits	8 Bits	8 Bits
Quellport		Zielport	
Sequenznummer			
Bestätigungsnummer			
Kopflänge	Flags	Fenstergröße	
Prüfsumme		Urgentzeiger	
Optionen		Füllzeichen	
Datenteil			

Tabelle 1.2: Der TCP-Kopf dient zum korrekten Zusammensetzen eines Datenfiles aus den einzelnen Paketen.

Bedeutung der einzelnen Teile:

Die Felder **Quellport** und **Zielport** adressieren die Endpunkte der Verbindung. Die Größe für die beiden Felder beträgt 16 Bit, der Wert entscheidet, für welche Internetanwendung die Daten gedacht sind. So haben WWW-Seiten standardmäßig die Nummer 80, der so genannte HTTP-Port.

Die **Sequenznummer** und die **Bestätigungsnummer** sind jeweils 32-Bit-Zahlen. Die Nummern geben die Stellung der Daten des Segments innerhalb des in der Verbindung ausgetauschten Datenstroms an.

Das Feld **Kopflänge** gibt die Länge des TCP-Headers an.

Mit den sechs 1-Bit-**Flags** im Flags-Feld werden bestimmte Aktionen im TCP-Protokoll aktiviert:

1. Wird das Flag URG auf 1 gesetzt, so bedeutet dies, dass der Urgent Pointer (Dringendzeiger) verwendet wird.
2. Das ACK-Bit wird gesetzt, um anzugeben, dass die Bestätigungsnummer im Feld Acknowledgement Number gültig ist.
3. Ist das PSH-Bit gesetzt, so werden die Daten in dem entsprechenden Segment sofort bei Ankunft der adressierten Anwendung bereitgestellt, ohne sie zu puffern.
4. Das RST-Bit dient dazu, eine Verbindung zurückzusetzen, falls bei der Übertragung ein Fehler aufgetreten ist.
5. Das SYN-Flag (Synchronize Sequence Numbers) wird verwendet, um Verbindungen aufzubauen.
6. Das FIN-Bit dient zum Beenden einer Verbindung.

Mit der Angabe der **Fenstergröße** erfolgt in TCP die Flusssteuerung. Das TCP-Protokoll arbeitet nach dem Prinzip eines Schiebefensters mit variabler Größe (Sliding Window).

Die **Prüfsumme** prüft den Protokollkopf, die Daten und den Pseudo-Header. Der Pseudo-Header enthält die 32 Bit großen IP-Adressen der Quell- und Zielmaschine, sowie die Protokollnummer (für TCP 6) und die Länge des TCP-Segments.

Der **Urgent-Zeiger** ergibt zusammen mit der Sequenznummer einen Zeiger auf ein Datenbyte. TCP signalisiert damit, dass sich an einer bestimmten Stelle im Datenstrom wichtige Daten befinden, die sofort gelesen werden sollten.

Das **Optionen**-Feld soll eine Möglichkeit bieten, Funktionen bereitzustellen, die im normalen TCP-Protokollkopf nicht vorgesehen sind. In TCP sind drei Optionen definiert: End of Option List, No-Operation und Maximum Segment Size. Die wichtigste dieser drei Optionen ist die maximale Segmentgröße. Mit dieser Option kann ein Host die maximale Anzahl Nutzdaten übermitteln, die er annehmen will bzw. kann.

1.3.3 WWW-Protokoll HTTP

Das World Wide Web ist eine Verknüpfung verschiedenster Dateien im Internet durch das HTTP-Protokoll. Das HTTP (**H**yper **T**ext **T**ransfer **P**rotocol) ist das entscheidende Bindeglied und der entscheidende Übertragungsmechanismus, der es ermöglicht, im Internet durch einfache Interaktion mit den Texten und Bildern im Browser zu anderen Informationen zu gelangen. Für das Verständnis von Internetbrowsern, die Erstellung von Internetseiten und den Aufbau eines Internetservers ist ein grundlegendes Verständnis seiner Arbeitsweise notwendig. Daher soll das HTTP-Protokoll näher betrachtet werden.

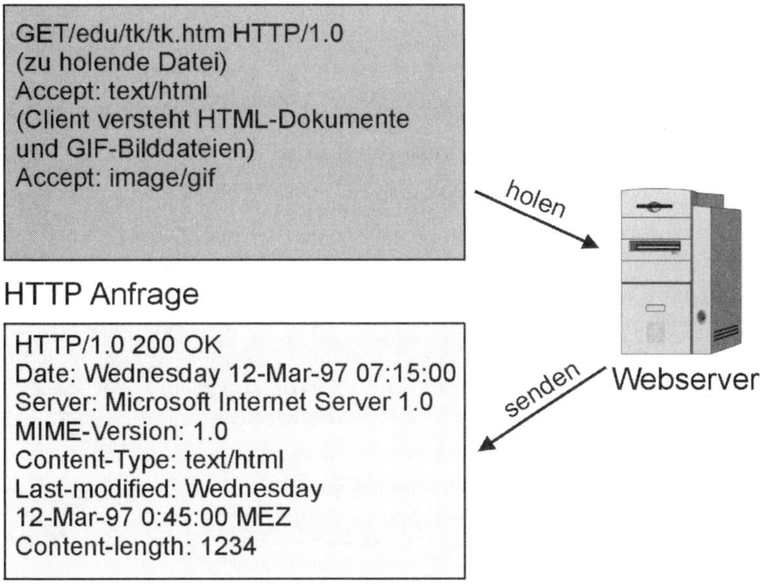

Abbildung 1.8: Der typische Ablauf einer Clientanfrage beim Server mit dem HTTP-Protokoll. Der Client teilt zunächst mit, welches File er benötigt und welche Formate er akzeptiert. Der Server sendet dann die gewünschten Daten, falls vorhanden, und gibt auch genaue Auskunft über Alter und Format der Datei.

Aufbau der Befehle

Jede Information, die zwischen Client und Server versendet wird, besteht aus bis zu drei Teilen:

- ✔ Anforderungszeile
- ✔ Header-Teil
- ✔ Body-Abschnitt

Anforderung vom Client

Zunächst die Anforderungszeile: In ihr sendet der Client einen entsprechenden Befehl an den Server, indem er beispielsweise ein Dokument anfordert oder eine Information zurücksendet.

Der klassische Fall ist die Anforderung mit dem GET-Befehl. Dabei teilt der Client dem Server exakt mit, welche Datei auf dem Server gewünscht wird. Weiterhin informiert er den Server über das höchstwertige HTTP-Protokoll, das er zur Übertragung verwenden kann. Zurzeit ist dies HTTP 1.1. Anschließend informiert er den Server noch über die Datenformate, die von ihm verstanden werden. Dies dient dazu, dass der Server gegebenenfalls ein älteres Datenformat verwendet als ursprünglich für die Präsentation gedacht. Es erfordert aber eine entsprechende Programmierung des Servers, dass diese Optionen auch vollständig genutzt werden. Jeder Befehl wird dann mit einem Zeilenende abgeschlossen, der gesamte Header wird durch eine Leerzeile von den Daten getrennt.

Beispiel: Anforderung durch den Client (Browser)

```
GET/suchen/index.html HTTP/1.0 # zu holende Datei
Accept: text/html # Client versteht HTML-Dokumente
Accept: image/gif # und GIF-Bilddateien
# Leerzeile
```

Nach Eintreffen des Befehls sucht der Server die entsprechende Datei in seinem Speicher. Diese wird dann an den Client übermittelt, vorangestellt mit einer Header-Information, in der er zunächst den Protokolltyp mitteilt, aber auch Detailinformationen über die zu übertragende Datei. Darunter sind das Datum mit exakter Uhrzeit der letzten Dateiänderung und die Größe der folgenden Datei.

Beispiel: Header der Information, die vom Server kommt

Beispiel der Serverantwort von http://www.solarserver.de

```
HTTP/1.1 200 OK
Date: Tue, 09 Nov 1999 17:39:27 GMT
Server: Apache/1.3.4 (Unix) FrontPage/4.0.4.3 PHP/3.0.7
Last-Modified: Fri, 05 Nov 1999 09:40:15 GMT
ETag: »1158a1-2fcb-3822a5ff«
Accept-Ranges: bytes
Content-Length: 12235
Connection: close
Content-Type: text/html
```

Hat der Client nicht das Dokument, sondern nur den Header angefragt, so schickt der Server nur diese Header-Information zurück. Hat der Client jedoch das Dokument vollständig angefordert, wie mit dem GET-Befehl, wird in dem zweiten Teil der Übertragung der Inhalt der Datei mitgeliefert, vom Client empfangen und weiterverarbeitet. Zumeist ist ein Webbrowser der Client, der die Information dann am Monitor darstellt. Sieht der Client, dass zum Aufbau der Webseite weitere Informationen notwendig sind, etwa Bilder, die innerhalb des Webdokuments auftreten, sendet er weitere Anfragen an den Server mit der Bitte, die entsprechenden Dokumente nachzusenden. Dieser Prozess kann besonders bei Internetseiten mit viel Grafik sehr umfangreich werden.

Eine typische Homepage hat ca. 40 Bilder und das HTML-Dokument, der Client, muss daher 41 Dokumente über das HTTP-Protokoll anfordern. Hier kann es zu Übertragungsengpässen kommen, da klassische Browser (Netscape) maximal 6 Dateien gleichzeitig in die Übertragungsschlange einschleusen können.

Im neuen Protokoll HTTP1.1 wird dieses Problem umgangen, indem der Server bereits erkennt, welche zusätzlichen Dateien erforderlich sind, und diese in einer längeren Dateikette an den Client sendet. Somit muss nicht jedes Mal eine separate TCP/IP-Verbindung aufgebaut werden, was zu wesentlichem Geschwindigkeitsgewinn bei der Übertragung von Internet-Dokumenten führt.

HINWEIS Man kann die Kommunikation mit dem Webserver auch manuell durchführen, wenn man sich mit dem entsprechenden Server auf Port 80 mit Telnet verbindet. Der Befehl lautet `>Telnet Servername 80`. Anschließend gibt man die HTTP-Befehle exakt ein.

Übertragung an den Server

Neben den einfachen Anforderungsbefehlen GET bzw. HEADER kann der Client auch Informationen an den Webserver zurücksenden. Die dafür üblichen Befehle sind der POST- und PUT-Befehl. Hat beispielsweise der Client ein Formular, überträgt der Browser die Eingaben des Benutzers mit den dazugehörigen Variablennamen und sendet diese an den Server zurück.

Es ist außerdem möglich, nicht nur kurze Formularinformationen an den Server zu senden, sondern auch ganze Dateien, was z.B. beim Publizieren von Webdokumenten mit den Webeditoren benutzt wird. Hier wird ebenfalls mit dem POST-Befehl das neu erstellte Webdokument vom lokalen Rechner an den Server gesendet.

Sonderbefehle

Neben diesen Methoden existieren noch einige Sonderbefehle, wie z.B. der DELETE-Befehl. Hat der Client die entsprechenden Rechte, kann er auf dem Webserver eine spezielle Datei löschen.

Der LINK-Befehl setzt ein Objekt mit anderen Objekten im WWW in Beziehung und trägt in den Meta-Informationen des ersten die Adressen der übrigen sowie die Art der Beziehung ein, der UNLINK-Befehl löst diese wieder auf.

Neben den Grundfunktionen der Kommunikation zwischen Client und Server bietet das HTTP-Protokoll weitere Befehle zur Steuerung der Proxy-Speicher. Beispielsweise kann, wie bereits erläutert, nur der Datei-Header abgefragt werden. Diese Information läuft vom Client zum Proxy-Server und vom Proxy-Server, falls die Datei noch nicht vorhanden ist, zum Quell-Server des Dokuments. Je nach Situation wird dann das Dokument aus dem Proxy-Server an den Client versendet oder das Originaldokument vom Webserver geholt. Dieser Prozess kann bei Vorhandensein einer ganzen Proxy-Server-Kette sehr komplex werden. Dafür gibt es im neuen HTTP 1.1 spezielle Steuerbefehle, die z.B. eine bestimmte Tiefe, eine gewisse Anzahl an zwischengeschalteten Proxies oder das Überspringen von Proxies erlauben.

HTTP-Befehle	
GET	Der Befehl GET, vom Client abgesetzt, ruft die durch ihn referenzierte Internetadresse auf und holt ein bestimmtes File vom Server. Dies ist der häufigste Befehl, während im Internet gearbeitet wird.
HEAD	Dieser Befehl dient dazu, analog dem GET-Befehl vom Server Informationen über ein Dokument zu erhalten. Dabei wird jedoch nicht das Dokument selbst übertragen, sondern nur die zugehörige Meta-Information, wie letzte Änderung, File-Format und Ähnliches.
PUT	Mit diesem Befehl ist es möglich, dass der Client Informationen zum Server schickt, gegebenenfalls vollständige Dokumente, wie sie für das Publizieren von HTML-Dokumenten notwendig sind. Der Befehl ist insofern dem FTP-Befehl sehr ähnlich.
POST	Dieser Befehl dient zum Übertragen von kurzen Informationen aus Formularen, d.h., der Inhalt des Formulars wird an die Internetadresse des Servers angehängt.
DELETE	Dieser Befehl dient zum Löschen von Dokumenten auf dem Server. Dies gelingt allerdings nur, wenn der Client entsprechende Schreibrechte auf dem Server besitzt.
OPTIONS	Übergabe der Methoden an den Client
TRACE	Verfolgt den Weg durch die Proxy-Server, analog zum IP-Befehl TRACERT

Tabelle 1.3: HTTP-Befehle

Fehler- und Statusmeldungen

Der Nutzer eines Browsers wird vom HTTP-Protokoll wenig spüren. Der einzige direkte Kontakt findet nur an zwei Stellen statt. Einmal kann er bei der normalen Übertragung im Browserfenster sehen, wie weit die Übertragung vorangegangen ist. Dies ist möglich, da das HTTP-Protokoll die Dateigröße vorab mitteilt.

Sollte es zu einem Fehler kommen, der häufigste Fehler ist der Error 404 (Dokument nicht vorhanden), erscheint diese Meldung im Browserfenster und ist die Originalinformation aus dem HTTP-Protokoll. Gelingt die Übertragung korrekt, werden ebenfalls Statusmeldungen ausgegeben, z.B. ist die Statusmeldung 200 ein Zeichen für eine gelungene Übertragung. Statusmeldungen im Bereich von 300 benötigen spezielle Umleitungen des Clients, ohne dass der Benutzer eingreifen muss. Fehler ab 400 zeigen das Fehlen des Dokuments oder ungenügende Rechte zum Lesen des Dokuments. Fehler ab 500 deuten auf Probleme im Webserver hin.

Fehlercodes	Bedeutung
100 bis 199	Information
200 bis 299	Client-Anfrage erfolgreich
300 bis 399	Client-Anfrage umgeleitet
400 bis 499	Fehlen des Dokumentes
500 bis 599	Serverfehler

Tabelle 1.4: Die Statusmeldungen im HTTP-Protokoll. Je höher die Nummer, desto schwerwiegender das Problem. Der Anwender wird vor allem mit Fehler 404 konfrontiert, wenn eine Seite auf dem Server nicht vorhanden ist. Die einzelnen Statusmeldungen sind im Anhang aufgeführt

1.3.4 HTTP-EQUIV-Befehle

Die Header-Information für die Übertragung der Dateien vom Webserver an den Browser im HTTP-Protokoll kann auf zwei verschiedene Arten angegeben werden. Eine Möglichkeit ist das passende Konfigurieren des Webservers, der für jedes Dokument oder für ganze Verzeichnisse dann bestimmte Informationen in den Header schreibt. Dies ist vor allem für globale Befehle sinnvoll, etwa bezüglich der Speicherrechte in Proxy-Servern und für alle Files, in denen keine Header-Informationen, wie Bilder oder Töne, direkt eingetragen werden. Alternativ können Header-Informationen direkt in HTML-Dokumenten stehen. Dazu wird in den Kopfbereich der HTML-Seite das Meta-Tag HTTP-EQUIV eingefügt. Der Vorteil dieser Methode liegt in der leichten Zugänglichkeit, jeder Autor kann die dem Dokument vorauseilende HTTP-Header-Information selbst bestimmen. Dies ist insbesondere für Angaben zur Dokumentsprache, zur Klassifizierung bezüglich der Altersfreigabe, aber auch für die Lebensdauer und die Angabe von Ersatzdokumenten interessant. Ist die Information des HTML-Dokuments im Widerspruch zur Webserverkonfiguration, so werden zumeist die Angaben im Dokument verwendet.

Einige häufige Befehle:

Befehl	Bedeutung
Content-type	Beschreibt den Mime Type des Dokuments, damit der Browser weiß, wie er das Dokument darstellen muss
Expires	Ablauf der Gültigkeit einer Webseite
PICS-Label	Eine Kennzeichnung, mit der der Inhalt anhand verschiedener Kriterien als jugendfrei eingestuft werden kann
Refresh	Ermöglicht das automatische Weiterschalten auf eine andere Internetseite
Set-Cookie	Setzt ein Cookie mit den entsprechenden Daten, wie er im Content steht

BEISPIEL Beispiel eines Headers mit mehreren HTTP-EQUIV-Einträgen, der erste beschreibt den verwendeten Zeichensatz, der zweite stuft die Seite als jugendfrei ein:

```
<META HTTP-EQUIV="Content-Type" CONTENT="text/html; charset=iso-8859-1">
<META HTTP-EQUIV="PICS-Label" CONTENT='(PICS-1.1 "http://www.rsac.org/
ratingsv01.html" l gen true comment "RSACi North America Server" for "http://
www.solarserver.de" on "1998.12.09T06:30-0800" r (n 0 s 0 v 0 l 0))'>
```

Die Verwendung von Proxy-Speichern im HTTP

Da im Internet zwischen Server und Client häufig gewaltige Entfernungen liegen, ist es sinnvoll, Daten, die regelmäßig von verschiedenen Clients abgefragt werden, in der Kette zwischen Client und Server zwischenzuspeichern. Diese Zwischenspeicher heißen Proxy-Cache-Speicher.

Das Verfahren der Proxy-Cache-Speicher beschleunigt einerseits die Datenübertragung, da die Daten nicht aus dem entfernten Server, sondern aus dem näher liegenden Cache-Speicher kommen, zudem werden dadurch die Leitungsnetze im Internet weniger belastet, da weniger Daten über große Entfernungen versendet werden.

Das Ziel der Cache-Speicher ist, für den Benutzer unsichtbar zu wirken und sich nur durch schnelle Antworten bemerkbar zu machen. Damit dies gelingt, muss versucht werden, den Inhalt des Cache-Speichers in Übereinstimmung mit den Daten auf dem Ursprungsserver zu halten. Dazu kennt das HTTP-Protokoll den HEADER-Befehl, mit dem der Status des Quelldokuments abgefragt werden kann. Meldet der Server Status 304, bedeutet dies: »Dokument nicht verändert«.

Damit auf Proxy-Servern nur die Daten zwischengespeichert werden, bei denen die Aufbewahrung sinnvoll und zulässig ist, gibt es einige zusätzliche Befehle, mit denen die Speicherbarkeit von Dokumenten bestimmt wird.

Bedeutung von Proxy-Befehlen	
`Public`	Dieser Inhalt kann gespeichert werden und von anderen genutzt, d.h. ebenfalls aus dem Cache-Server gelesen werden.
`Private`	Dieser Inhalt darf nur einem bestimmten Nutzer wiederholt aus dem Cache zur Verfügung gestellt werden.

Tabelle 1.5: Will der Webmaster, dass verschiedene Dokumente nicht in Proxy-Servern zwischengespeichert werden, so kann er dies durch die entsprechenden Befehle verhindern. In HTML-Dokumente werden die Befehle in das Meta-Tag HTTP-EQUIV eingefügt.

Bedeutung von Proxy-Befehlen	
`No-cache`	Dieser Inhalt darf nicht gecacht werden. Dies kann z.B. bei geheimen Informationen oder bei speziellen Abfragen sinnvoll sein. So wird eine Suchmaschinenabfrage sinnvollerweise nicht im Proxy-Cache zwischengespeichert.
`No-store`	Diese Information ist sensitiv und darf auch nicht auf Backup-Bändern oder anderen Medien gespeichert werden, wie das etwa für Passwörter, die übertragen werden, der Fall ist.

Tabelle 1.5: Will der Webmaster, dass verschiedene Dokumente nicht in Proxy-Servern zwischengespeichert werden, so kann er dies durch die entsprechenden Befehle verhindern. In HTML-Dokumente werden die Befehle in das Meta-Tag HTTP-EQUIV eingefügt.(Forts.)

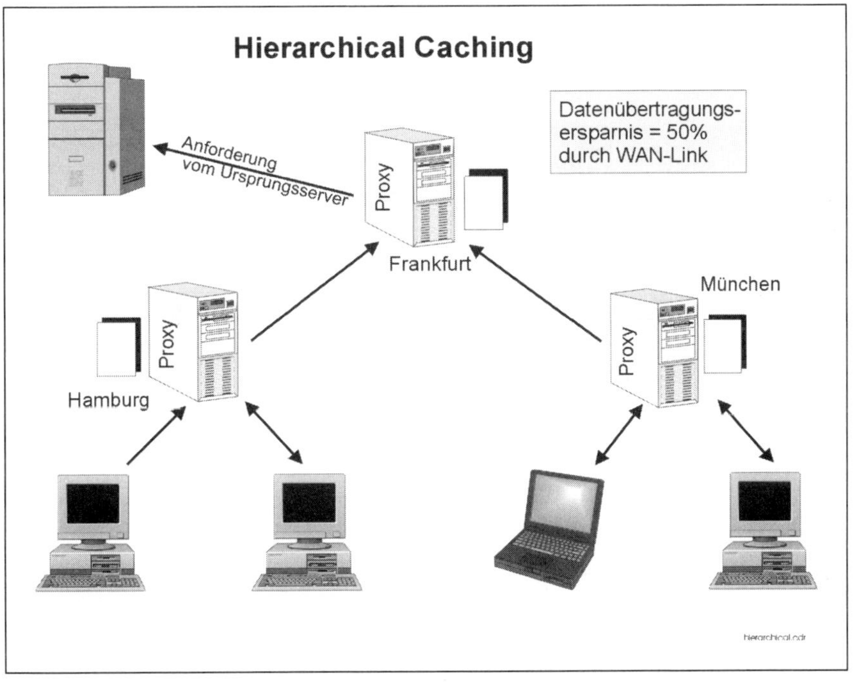

Abbildung 1.9: Hierarchisch aufgebaute Proxykette. Fragt jemand aus Hamburg ein Dokument in Übersee an, so wird zuerst der Proxy in Hamburg nach dem Dokument gefragt, dieser leitet die Anfrage nach Frankfurt weiter und dort wird das Dokument von der Quelle bezogen. Auf dem Rückweg wird das Dokument sowohl in Hamburg als auch in Frankfurt zwischengespeichert. Die nächste Anfrage aus Hamburg kann sofort beantwortet werden, die Anfrage aus München wird bis nach Frankfurt geleitet. Dieses Verfahren reduziert den Datenverkehr um etwa 50 %.

Sind die Daten speicherbar auf dem Cache, muss entschieden werden, wie lange die Daten dort verbleiben sollen. Dazu dient der `Expires`-Befehl im Header, der angibt, an welchem Datum und zu welcher Uhrzeit diese Datei ihre Gültigkeit verliert.

Setzt man den Zeitpunkt in die Vergangenheit, so wird auf jeden Fall die Datei frisch vom Server geholt werden. Liegen keine Angaben über das Verfallsdatum einer Datei vor, muss der Proxy-Server selbst entscheiden, wann er wieder den Ursprungsserver fragt, ob die Datei geändert wurde.

Hier werden meist heuristische Verfahren verwendet. So setzt man als Administrator eine feste Zeit (TTL=Time To Live), etwa einen Tag oder eine Woche als Lebenszeit eines Dokuments im Cache-Speicher fest. Es sind aber auch wesentlich komplexere Formen für diese Einstellung möglich, etwa nach Veränderlichkeit eines bestimmten Dokuments oder in Abhängigkeit von der Belastung des Cache-Speichers.

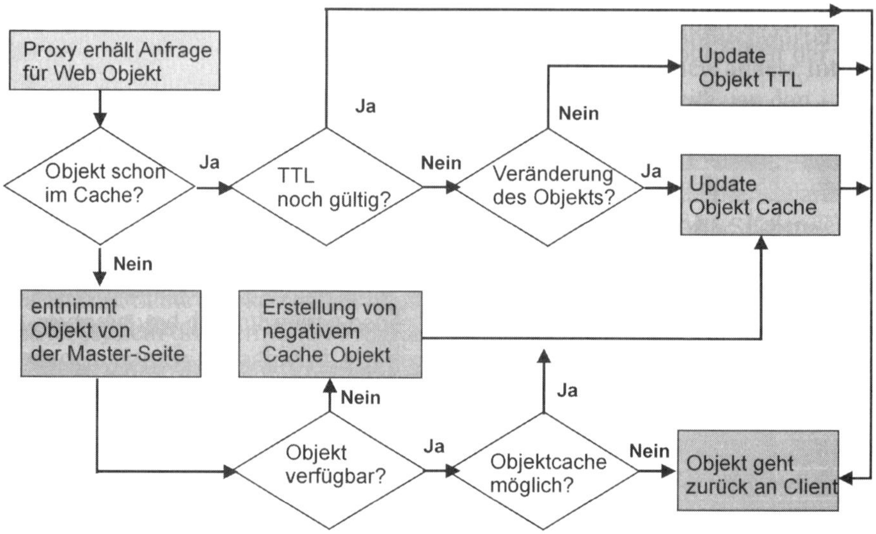

Abbildung 1.10: Ein Proxy-Server speichert Seiten nach folgendem Schema: Aufgrund einer Anfrage sieht er im eigenen Speicher nach, ob das Dokument schon vorhanden ist. Fehlt es noch, ruft er es aus dem Internet ab. Falls dies erfolgreich ist, wird die Seite an den Benutzer weitergegeben und im Cache aufbewahrt, andernfalls merkt er sich, dass die Nachfrage erfolglos blieb. Liegt das Dokument bereits im Cache, wird geprüft, ob es noch gültig ist (TTL Time To Live, Verfallsdatum). Gültige Dokumente werden an den Client weitergeleitet, bei abgelaufenen Dokumenten wird im Internet nachgefragt, ob ein neues aktuelles Dokument vorhanden ist.

Vergleich zwischen dem Protokoll HTTP 1.0 und HTTP 1.1

Das HTTP-1.0-Protokoll wurde endgültig im Mai 1996 als Internetstandard verabschiedet und offiziell als RFC (Request for Comment) 1945 veröffentlicht. Es wird von nahezu allen WWW-Servern und Browsern unterstützt. Im Januar 1997 ist die verbesserte Version HTTP 1.1 in der RFC 2068 veröffentlicht worden. Darin wird festgelegt, dass das jeweils beste verfügbare Protokoll verwendet werden soll. Vorteilhaft wirkt sich die weitgehende Rückwärtskompatibilität des 1.0-Protokolls aus. Was ist neu hinzugekommen?

1. Das wichtigste Element ist die stehende Verbindung zwischen Client und Server, mit der innerhalb einer Sitzung gleichzeitig mehrere Teildokumente einer Website versendet werden.

2. Jetzt kann bereits auf Protokollebene ein virtueller Server vereinbart werden, was früher nur durch Umleiten von IP-Adressen möglich war.
3. Für die sichere Übertragung der Daten und das Anmelden wurde eine Erweiterung im Protokoll (RFC 2069) eingefügt, die eine sichere Identifikation des Clients ermöglicht.

Links

HTTP Header Viewer *HTTP://www.delorie.com/web/headers.html*

1.3.5 Domain

Für die leichte Lesbarkeit und als Gedächtnisstütze für den Menschen wurden vielen Internet-Adressen (IP-Nummer) Namen zugeordnet.

Diese setzen sich aus einzelnen hierarchisch gegliederten Namensteilen, den Domain-Namen, zusammen. Die höchste Hierarchiestufe sind die Top-Level-Domains, die den einzelnen Staaten zugeordnet sind. Aus historischen Gründen gibt es in den USA die Domains .mil, .gov, .edu und .com – letztere wird inzwischen weltweit gerne für Firmenadressen verwendet.

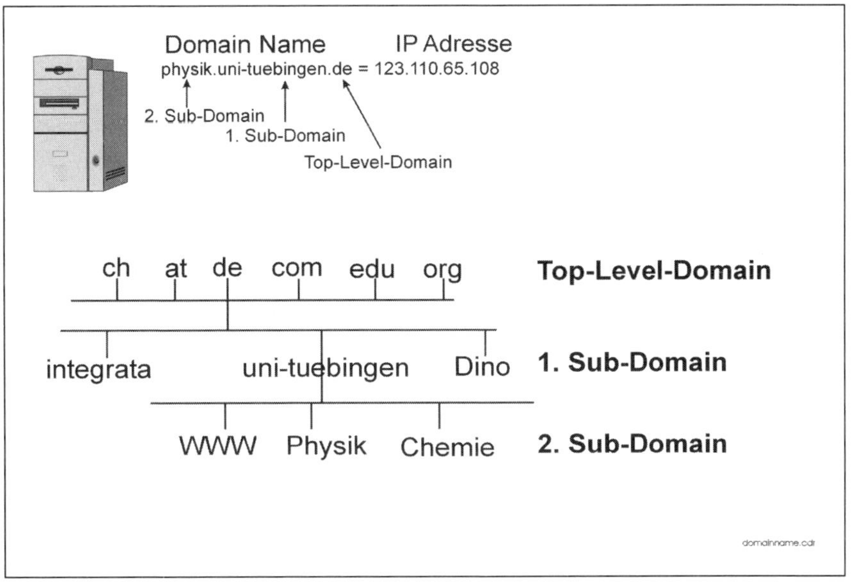

Abbildung 1.11: Jeder Rechner im Internet hat eine IP-Adresse. Dieser Adresse kann ein Domain-Name zugeordnet werden, der sich aus Wörtern zusammensetzt, die durch einen Punkt getrennt sind. Die höchste hierarchische Stufe ist die Top-Level-Domain, die ganz rechts steht. Im Domain-Namen dürfen nur Buchstaben und Zahlen und der Bindestrich verwendet werden, dabei wird die große oder kleine Schreibweise nicht berücksichtigt Die Top-Level-Domains sind eindeutig festgelegt, die erste Sub-Domain kann, falls noch verfügbar, angemeldet werden. Die darunter liegenden Sub-Domains werden von den Administratoren lokal vergeben. Theoretisch können beliebig viele Sub-Domain-Stufen verwendet werden.

In den einzelnen Staaten werden dann Sub-Domains an Firmen und Organisationen vergeben, deren Name links von der Top-Level-Domain durch einen Punkt getrennt erscheint. Jede Sub-Domain kann nun wiederum unbeschränkt weitere Sub-Domains vergeben. Beliebt und gut eingeführt ist die Sub-Domain www. Dieser Sub-Domain-Name ist absolut nicht vorgeschrieben, sollte aber aus praktischen Gründen für den Webserver verwendet werden.

Aus technischen und auch praktischen Gründen sollte der gesamte Name nicht mehr als 32 Zeichen haben.

Top-Level-Domains

Name	Bedeutung
.gov	Governmental Services
.edu	Educational Institutions
.org	Non-Profit Organizations
.net	Internet Providers
.int	International Organizations
.mil	Military Institutions
.com	Commercial Organizations

Tabelle 1.6: In den USA wurden sieben Top-Level-Domains vergeben, die einzelnen staatlichen und privaten Institutionen zugänglich sind. Für den Internetauftritt von Firmen nimmt die .com-Domain eine überragende Rolle ein, dort sind zurzeit etwa 2 Millionen Adressen registriert. Sie ist weltweit jedem Unternehmen zugänglich.

Daneben gibt es für die einzelnen Staaten Top-Level-Domains:

- ✔ .de = Deutschland
- ✔ .at = Österreich
- ✔ .ch = Schweiz

Seit Juni 2001 können auch Domains mit der Endung .biz für Geschäftsseiten und .info für Informationsseiten von jedermann angemeldet werden. Es ist aber noch völlig unklar, ob sich die neuen Domains etablieren werden.

Liste der sieben neuen TLDs, die von der ICANN beschlossen wurden, mit Domain-Name und den dazugehörigen Registrierungsstellen:

Top-Level-Domain	Berechtigt zur Registrierung	Registrierungsstelle
.aero	Luftfahrtindustrie	Societe Internationale de Telecommunications Aeronautiques SC (SITA), *http://www.sita.int*
.biz	Unternehmen	NeuLevel, *http://www.neulevel.com*
.coop	genossenschaftliche Organisationen	National Cooperative Business Association (NCBA), *http://www.ncba.org*

Top-Level-Domain	Berechtigt zur Registrierung	Registrierungsstelle
.info	ohne Einschränkung	Afilias, *http://www.afilias.com*
.museum	Museen	Museum Domain Management Organization, *http://www.musedoma.org*
.name	Privatpersonen	Global Name Registry, *http://www.theglobalname.org*
.pro	Anwälte, Steuerberater, Ärzte	RegistryPro, *http://www.registrypro.com*

1.4 Hypertext Markup Language, HTML

Ein wesentlicher Vorteil des WWW liegt in der einheitlichen Sprache zum Beschreiben von Webseiten. Die Standardsprache ist HTML, was für **H**yper**t**ext **M**arkup **L**anguage steht und aus der sehr allgemeinen Seitenbeschreibungssprache SGML hervorgegangen ist. HTML als Anwendung von SGML stimmt mit der Norm der **I**nternational **S**tandardisation **O**rganization ISO 8879 überein.

Konnte die erste bedeutende Version, HTML 1.1, nur Text auf grauem Hintergrund und GIF-Bilder darstellen, so wurden nach und nach Möglichkeiten zur komplexeren Seitengestaltung genormt. HTML 2.0 wurde im November 1995 offizieller Sprachstandard. Die Version 2.0 gilt heute als der allerkleinste gemeinsame Nenner. Ein Browser, der HTML 2.0 in seinen wesentlichen Befehlen nicht interpretiert, darf getrost als WWW-untauglich betrachtet werden. HTML 3.2 wurde nach langen Diskussionen am 14.1.1997 offiziell verabschiedet. Besonders wichtig war dabei die Integration von Tabellen und interaktiven Formularen, die Implementierung der Programmiersprache JAVA und die Hinzunahme von Meta-Informationen. HTML 4.0 wurde zu Beginn des Jahres 1998 als Sprachstandard verabschiedet. Es segnet neben Frames auch die Einbindung von CSS (Cascading Style Sheets) und von Script-Sprachen in HTML ab. Damit sind eigentlich fast alle vielgenutzten Zusatz-Technologien für HTML offizieller Standard.

Ein großes Problem, mit dem sich der Seitengestalter immer wieder auseinander setzen muss, stellt die Konkurrenz von Microsoft und Netscape dar, weil beide versuchen, ihre neuesten Entwicklungen zur Norm zu erheben. Letztendlich entscheidet das W3-Konsortium (*http://www.w3c.org*), was offiziell zur aktuellen Sprache HTML gehört. Seit dem 19. Dezember 2000 gibt es die Empfehlung zu XHTML 1.0 vom W3-Konsortium. XHTML ist eine Anpassung der Syntax von HTML an die exakten Regeln von XML und damit kompatibel und konvertibel zu XML-Dokumenten.

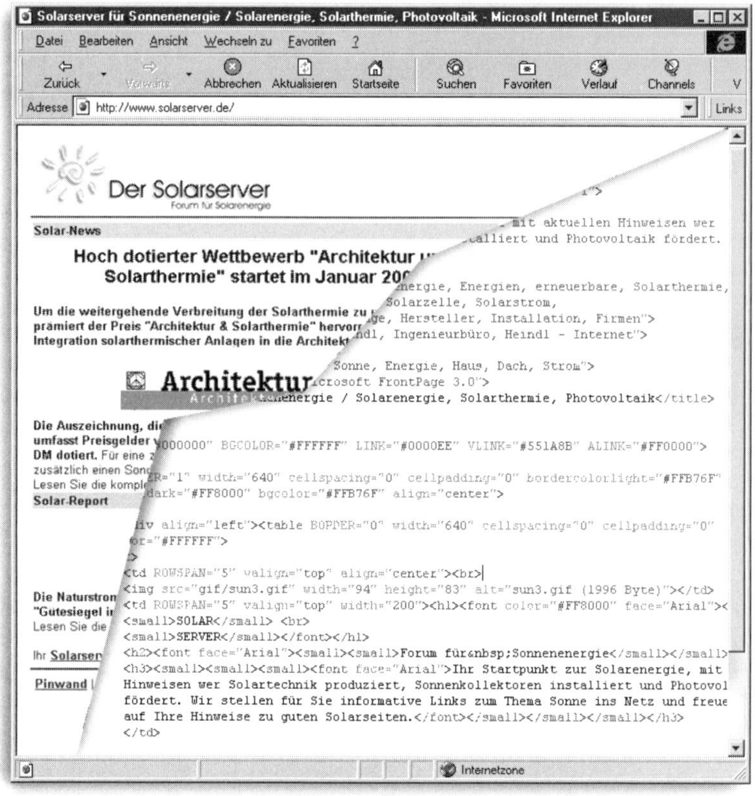

Abbildung 1.12: Hinter jeder Webseite liegt ein HTML-Code, der vom Browser gelesen wird und die Darstellung der Seite beschreibt.

1.5 Der Browser

Als Browser (engl. »to browse« = durchblättern, schmökern, sich umsehen) werden Programme bezeichnet, die Daten aus dem World Wide Web abrufen und dann im lokalen Benutzerrechner verarbeiten und anzeigen können. Der Browser ermöglicht das Betrachten der verschiedenen Dokumente (Webseiten) und die Navigation zwischen den Dokumenten (Links).
Hilfreiche Funktionen des Browsers sind u.a. :

- ✔ Favoriten/Bookmarks, man legt eine Markierung auf die Webseiten, die sehr häufig benutzt werden
- ✔ Favoriten-Verwaltung, man kann die Lesezeichen übersichtlich sortieren
- ✔ History/Verlauf, erlaubt den Überblick über bereits besuchte Adressen
- ✔ JavaScript wird ohne Zusatzinstallation erkannt und interpretiert

- ✔ Drucken von Webseiten
- ✔ Einblick in den Quelltext
- ✔ Auto-Complete-Funktion, man braucht nur noch die ersten Buchstaben einer Webadresse einzutippen, bei bereits besuchten Seiten wird dann automatisch die komplette Adresse erkannt
- ✔ Sicherheitsfunktionen wie SSL und Kinderfilter

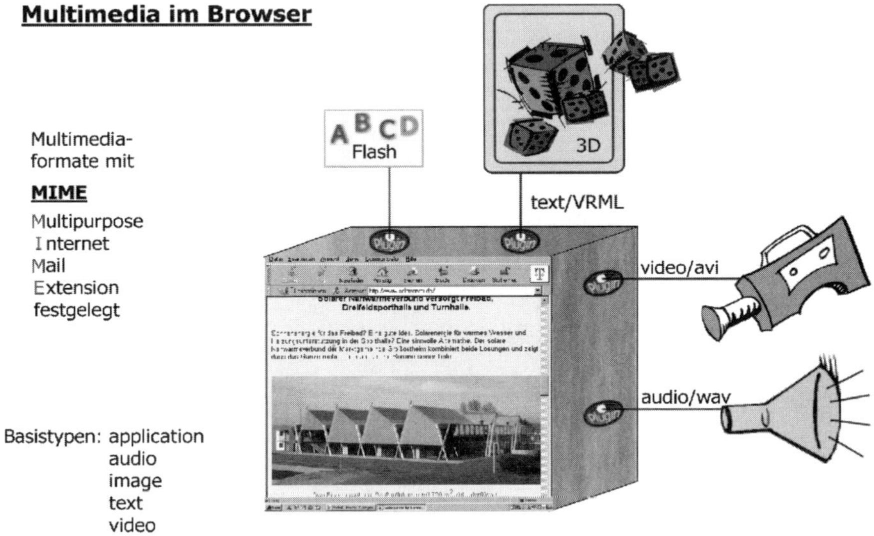

Abbildung 1.13: Der Browser beinhaltet heute eine Vielzahl von Schnittstellen zur Darstellung unterschiedlichster Inhalte.

Die neue Browsergeneration zeichnet sich gegenüber früheren Versionen durch hohe Benutzerfreundlichkeit und Schnelligkeit aus. Allerdings wird auch sehr viel mehr Speicherplatz in Anspruch genommen.

Die beiden größten Anbieter auf diesem Gebiet, Netscape (Communicator) und Microsoft (Internet Explorer), führten in den letzten Jahren einen regelrechten »Browserkrieg« um Marktanteile im Browsergeschäft, wobei der Explorer den Konkurrenten überrunden konnte. Nach verschiedenen Statistiken beherrscht Microsoft 2001 mit über 85 % Marktanteil weltweit und ca. 75 % in Deutschland den Browsermarkt.

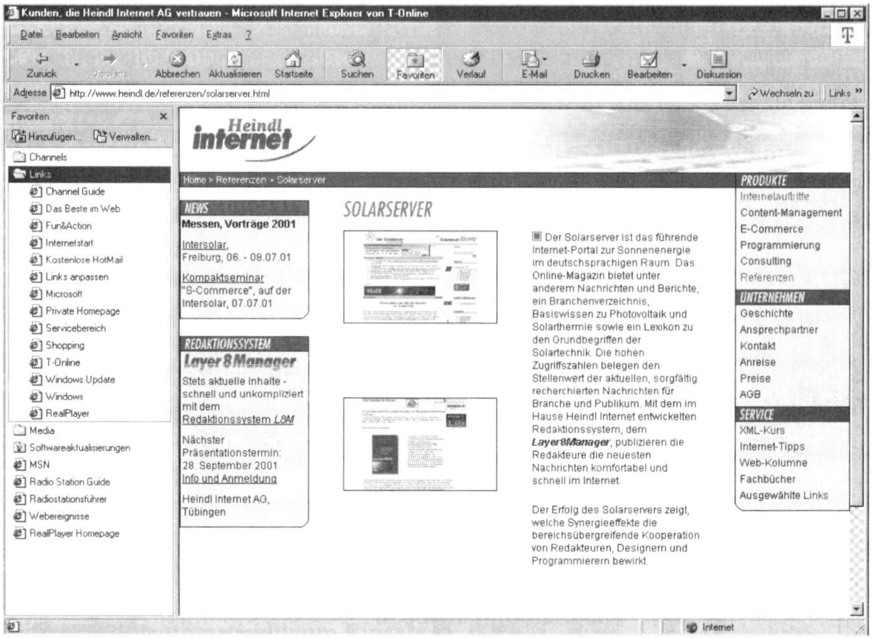

Abbildung 1.14: Microsoft Explorer, der am weitesten verbreitete Internetbrowser, benötigt bei der Installation zwischen 50 und 80 Mbyte.

1.6 Internetempfang mit einer Settopbox im TV-Gerät

Damit nicht nur Computerbesitzer in den Genuss von Internetseiten kommen, haben einige Firmen Settopboxen entwickelt, die die Präsentation von Internetseiten im TV-Gerät erlauben (Beispiel: Grundig Internet Box WB 1). Damit das Surfen am TV möglich wird, wird die Settopbox mit dem Telefonnetz und mit dem Video-Eingang des Fernsehgeräts verbunden. Der Benutzer kann dann mit einer Infrarottastatur bequem vom Fernsehsessel aus durch das Web surfen.

In der Praxis ist allerdings, bedingt durch die schlechte Auflösung des Fernsehgerätes (544x372 Pixel), nur eine schlechte Wiedergabe der Internetseiten möglich. Damit erscheinen viele Internetseiten nicht besonders ansprechend, besonders wenn sie mit festen Größen in der Tabellenformatierung arbeiten.

Ein weiteres Problem ist der sehr kleine Speicher in der Settopbox. Es gibt zumeist keine Festplatte, auf der bereits betrachtete Dokumente gespeichert werden können, um dadurch eine kürzere Ladezeit zu ermöglichen. Damit ist es auch schlecht möglich, ein Update der Browsersoftware oder von aktuellen Plug-Ins in der Settopbox zu installieren. Vermutlich werden zukünftige Fernsehgeräte über die Basisfunktion von WebTV verfügen, ähnlich dem Teletext, zumindest in den USA spielt WebTV mit einem Marktanteil von ca. 15 % im Browserbereich bereits heute eine wesentliche Rolle.

1.7 Internetempfang mit mobilen Geräten

Für den Empfang von Internetseiten über mobile Geräte wie Handy und Palmtop wurde das neue Protokoll Wireless Application Protocol (WAP) entwickelt, das auf XML basiert. Die zentrale Forderung liegt in der Optimierung des Datentransports, da Handys nur einen sehr kleinen Datenstrom empfangen können (ca. 9,6 Kbps) und zudem nur ein begrenzter Speicherplatz und ein kleines Display zur Verfügung stehen.

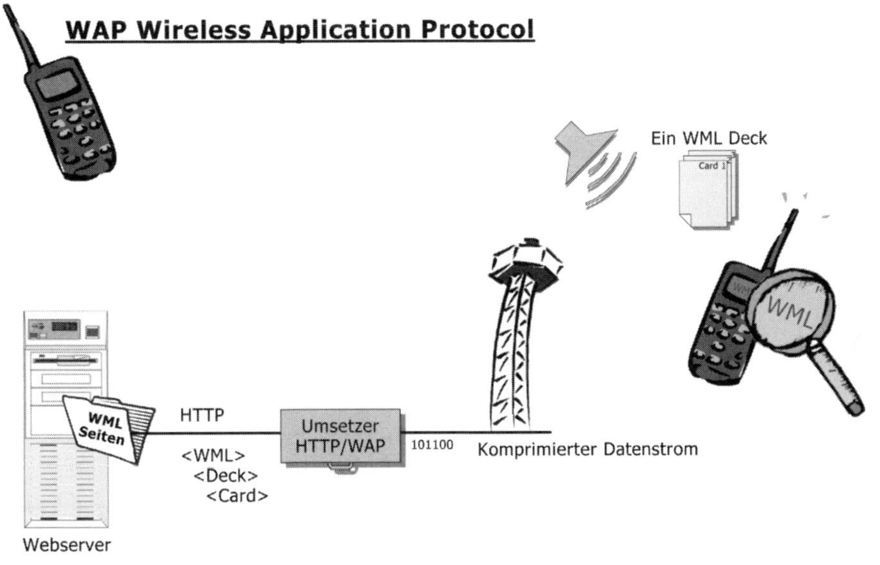

Abbildung 1.15: Im Wap-Umsetzer werden Daten aus dem Web oder speziell im WML-Format entwickelte Dokumente an die Endgeräte, die WML verstehen, wie Handys und Palmtops weitergeleitet. Die Übertragung erfolgt per Funk im WAP-Protokoll.

Die aktuell gültige Protokollversion ist WAP 1.1, sie kann bereits mit modernen Handys, wie Nokia 7110, empfangen werden.

Für die Aussendung von WAP-Dokumenten bieten sich zwei Wege an, entweder werden die Informationen bereits vom Autor in Wireless Markup Language (WML) geschrieben oder die HTML-Dokumente werden automatisch von einem entsprechenden WAP-Gatewayrechner in WML umgewandelt.

Beispiel für eine WML-Datei: Man sieht die Ähnlichkeit zu HTML, aber es gibt andere Tags für die Formatierung und Formulareigenschaften:

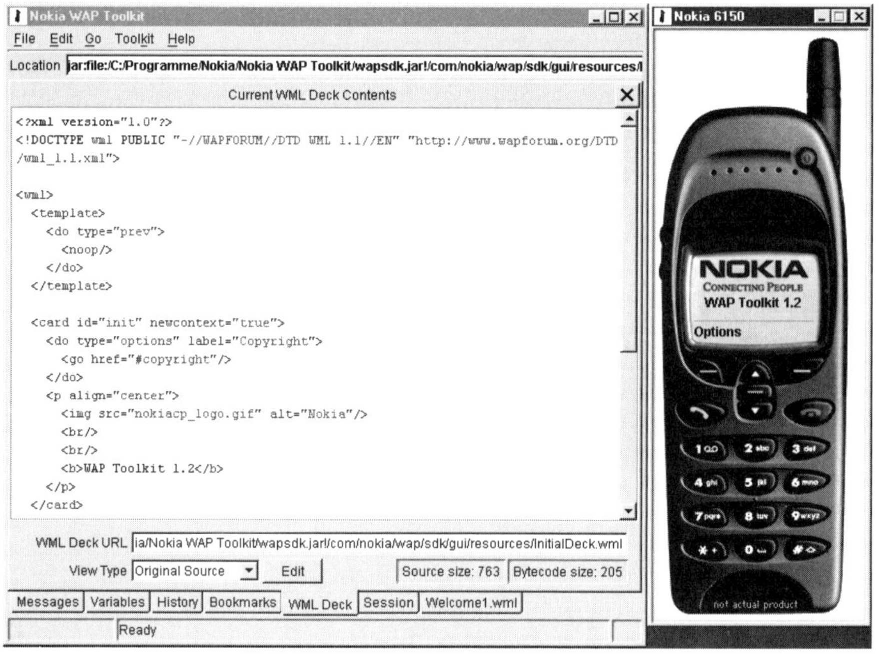

Abbildung 1.16: Die WAP-Entwicklungsumgebung von Nokia

Weitere Informationen finden sich im Internet unter:

http://www.nokia.com/wap/ Die Nokia-Entwicklungsumgebung
http://www.wapforum.org/ Die Homepage des WAP-Konsortiums
http://www.w3.org/Mobile/Activity Eingliederung der Aktivitäten in den W3C-Prozess

1.8 Zugang zum Internet

1.8.1 Zugangsbedingungen

Um eine Verbindung zum Internet herzustellen, benötigt man vier grundlegende Verbindungselemente:

1. Eine physikalische Verbindung, die den Datenverkehr überträgt (Telefonleitung)
2. Einen Zugangsprovider mit fester Internetverbindung
3. Einen Rechner, der TCP/IP-Protokolle handhaben kann (Netzwerktaugliches Betriebssystem)
4. Eine Benutzeranwendung, die die Verbindung zum Server herstellt, um den Austausch von Daten zu vollziehen (Browser)

1.8.2 Die Verbindung zum Internet

Die Verbindung vom lokalen Rechner zum Internet erfolgt meist über eine Verbindung zu einem Provider. Dazu wird das SLIP, Serial Line Internet Protocol, oder besser das PPP, Point-to-Point-Protokoll, verwendet.

Für die Verbindung zum Internet ist somit ein Provider und eine Datenleitung notwendig. Für eine professionelle Nutzung des Internets sollte mindestens eine ISDN-Leitung mit 64 Kbit/sek zum nächsten Einwahlknoten gewählt werden. Die nächsthöhere Leitungskapazität ist die T0-Leitung, bei der 30 ISDN-Kanäle gebündelt sind. Sie erlaubt die Übertragung von 2 Mbit/sek.

1.8.3 Backbone

Ein Backbone verbindet mehrere Computernetze mit leistungsfähigen Datenleitungen. Das Ebone ist das europäische Hochleistungnetz, das »Rückgrat« aller europäischen Netze. Das Non-profit-Netz wird zurzeit auf eine Bandbreite von 2,4 Gbit ausgebaut.

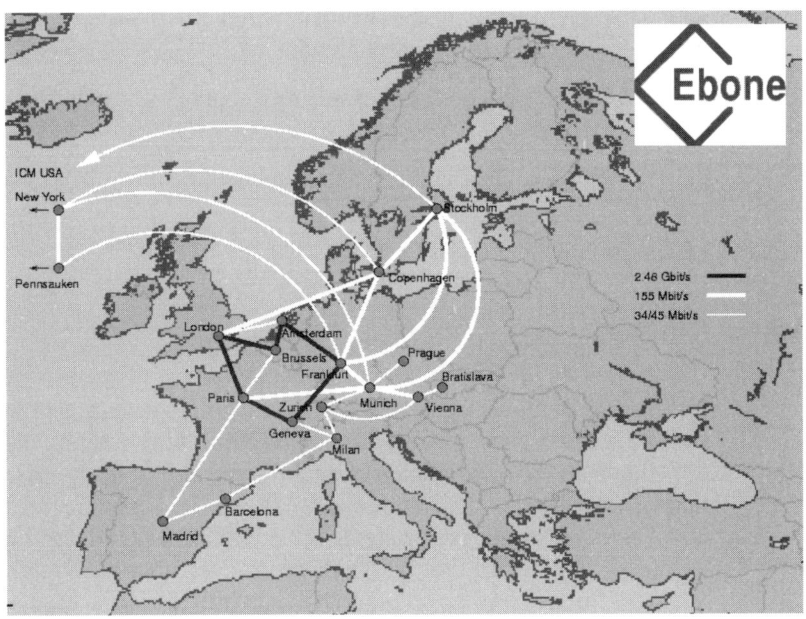

Abbildung 1.17: Das Internet besteht aus vielen Teilnetzen. Jedes einzelne Teilnetz hat wiederum leistungsfähige Datenleitungen, die so genannten Backbone-Leitungen, zur Verknüpfung der Ballungsräume. In Europa laufen viele Leitungen in Frankfurt zusammen, bevor die Datenpakete das Netz wechseln und häufig den Kontinent verlassen.

Weitere Infos zur Struktur des Ebone-Backbone findet man im Internet auf der Website: *HTTP://www.ebone.net/structure/backbone.html.*

Bandbreite

Unter der Bandbreite einer Datenleitung versteht man ihre Datenübertragungskapazität. Das Maß dafür ist »Bits pro Sekunde«, kurz bps. Moderne Modems übertragen Daten z.B. mit 28.000 bps (oder bits/s). ISDN-Leitungen können 64 Kbit/s (d.h. ca. 64.000 bps) bzw. 128 Kbit/s übertragen. Die technische Grenze für die Übertragung auf der Kupferleitung zum Haus liegt bei etwa 10 Mbit/s. Diese wird jedoch selten genutzt, da die Endgeräte auf der Telekomseite nicht mehr Kapazität erlauben, der Einsatz von T-DSL erlaubt aber bereits eine Übertragungsrate von über 600 Kbit/s über die private Telefonleitung.

Mit Glasfaserkabeln bzw. Koaxialkabeln lassen sich weitaus höhere Datenübertragungsraten realisieren. Eine Standard-ATM-Leitung (Asynchron Transport Mode) kann 655 Mbits/s übertragen. Die aktuelle technische Grenze für die Übertragungsleistung in einer Glasfaser liegt bereits bei 1 Tbit/s (1.000 Gbit/s) und erreicht damit immer noch nicht die physikalische Grenze von 50 Tbit/s.

Wie schnell allerdings in einem Netzwerk tatsächlich Daten von einem Rechner zu einem anderen übertragen werden, hängt außer von der Bandbreite noch von anderen Faktoren ab, nämlich von

1. der Leistungsfähigkeit des Ursprungsrechners und aller dazwischen liegenden Router
2. dem Weg, den die Datenpakete nehmen
3. dem Datenverkehr zum gegebenen Zeitpunkt, d.h., wie stark die Leitung durch andere Benutzer belastet wird

1.8.4 ISDN

ISDN (Integrated Services Digital Network) ist ein digitales Netz, das über Nutzkanäle Daten übertragen kann. Dabei kann jede digitale Information übertragen werden, seien es Daten aus einem PC, Bildinformation oder digitalisierte Sprache. Man kann die Kanäle bündeln und dadurch leistungsstarke Kommunikationsnetze aufbauen. 1968 wurden die ersten Versuche mit ISDN gestartet. Das Ziel damals war, Fax, Teletext, Videotext und Telefon unter einem digitalen Netzwerk zu vereinen. Da man in diesen Jahren noch nicht einmal den PC kannte, schienen 64 Kbps Bandbreite unheimlich viel.

Eine ISDN-Leitung besteht aus drei Duplexkanälen: zwei B-Kanälen, die jeweils 64 Kbps übertragen, und einem D-Kanal mit 16 Kbps. Die zwei B-Kanäle dienen zur Datenübertragung und können zusammen kombiniert werden und dadurch 128 Kbps übertragen. Durch die D-Leitung werden die Signale geschickt, die die Verbindung beschreiben. Alle organisatorischen Vorgänge, wie beispielsweise Wählen oder Rufnummernübermittlung, werden über diesen D-Kanal übertragen. Diese Signale werden als Pakete verschickt, wodurch eine Verbindung in

Bruchteilen von Sekunden aufgebaut ist, während herkömmliche Verbindungen 8 bis 10 Sekunden benötigen. Durch die Trennung der einzelnen Kanäle können Daten parallel übertragen werden. Die Zusammensetzung dieser Daten am Ankunftsort muss durch Protokolle geregelt werden, die diese Aufgabe übernehmen. Die Protokolle, die ISDN und Internet miteinander verbinden, sind PPP, SLIP und X.25.

Man unterscheidet zwei Arten von ISDN-Anschlüssen:

1. der Basisanschluss (dieser beinhaltet zwei B-Kanäle und einen D-Kanal)
2. der Primärmultiplexanschluss (30 B-Kanäle und ein D-Kanal)

Der Primärmultiplexanschluss ist eher für Großkunden von Interesse, da er durch die hohe Anzahl von Leitungen hohe Kosten verursacht. Er ist technisch vergleichbar mit einem Basisanschluss, nur mit einer entsprechend großen Anzahl von Nutzkanälen.

Für einen ISDN-Anschluss können die alten Kupferkabel auch weiterhin genutzt werden. Es müssen also keine neuen Kabel verlegt werden. Der Netzterminator (NT) ist ein zusätzliches Gerät, das von der Deutschen Telekom installiert wird. Dieses Gerät sorgt dafür, dass zwei B-Kanäle gleichzeitig den Telefonanschluss benutzen können. Dadurch können Sie beispielsweise telefonieren und während des Gesprächs ein Fax versenden.

Ein Mehrgeräteanschluss ist ein an den Netzterminator angeschlossener Datenbus. Dieser Datenbus kann bis zu acht Geräte verwalten. Davon können aber nur höchstens zwei an einer Verbindung teilnehmen, da ja nur zwei B-Kanäle vorhanden sind. Jedes Gerät erkennt die Art eines Anrufes und entscheidet anhand der angerufenen Nummer und der Diensterkennung, ob es den Anruf annimmt oder nicht. Dabei gilt: »Wer zuerst kommt, mahlt zuerst«.

Mehr Infos über ISDN:

http://www.zdnet.de/specials/isdn/isdn-wc.html
http://www.lrz-muenchen.de/services/netzdienste/modem-isdn/isdn

Hardware

✔ Einfaches Modem:
Ein Modem ermöglicht die Anbindung eines Computers an eine Datenübertragungsleitung. Leistungsfähige Modems übertragen mit Geschwindigkeiten bis zu 56.000 Bit pro Sekunde.

✔ ISDN:
Für den Computer gibt es ISDN-Karten und externe ISDN-Adapter. Grundsätzlich können diese Geräte genau das, was Modems auch können: wählen, Daten transportieren und faxen. Allerdings kann ISDN-Hardware nicht mit einem normalen Modem als Gegenstelle kommunizieren, da dieses völlig anders arbeitet.

- ✔ Anders ist es bei einigen externen ISDN-fähigen Modems, wie beispielsweise von Elsa oder ZyXEL. In diese Geräte ist ein analoges Modem eingebaut, so dass sie auch mit herkömmlichen Modems kommunizieren können.
- ✔ Man unterscheidet zwischen aktiven und passiven Karten. Aktive Karten haben einen eigenen Prozessor und lassen den Rechner dadurch deutlich schneller erscheinen, da der Prozessor des Computers nur gering belastet wird. Dies ist beispielsweise beim Empfang von Faxen sinnvoll, da dies viel Rechenzeit in Anspruch nimmt. Allerdings muss der Anwender diesen Vorteil in der Regel bezahlen: Aktive Karten sind deutlich teurer als passive Karten. Wenn man nicht jederzeit auf die volle Rechnerleistung angewiesen ist, reicht eine passive Karte völlig aus.
- ✔ Man sollte aber immer beachten, dass interne Karten erst nach dem Laden von Treibern ihre Arbeit aufnehmen können. Diese Treiber kosten Speicherplatz. Daher kann es sich schon lohnen, ein teureres externes Gerät zu kaufen, um Speicherprobleme zu vermeiden.

1.8.5 ADSL

Ein normaler Telefonanschluss mit ISDN nutzt nur etwa 1 % der Bandbreite des Kupferkabels. Es gibt daher verschiedene Versuche, die restlichen 99 % für den Internetanschluss oder auch Dienste wie Digitalfernsehen zu nutzen.

Der Ansatz mit den besten Zukunftsaussichten ist ADSL (**A**symmetric **D**igital **S**ubscriber **L**ine). ADSL nutzt die herkömmlichen Telefonleitungen und wandelt sie in digitale Hochgeschwindigkeitsleitungen um. Man kann dann parallel auf einer Leitung telefonieren und gleichzeitig surfen. Durch dieses Verfahren werden folgende Übertragungsraten auf 0,4-mm-Kupferdrähten möglich:

- ✔ 8 Mbit/s (downstream) und 640 Kbit/s (upstream) bis zu einer Leitungslänge von 2,4 km
- ✔ 6 Mbit/s (downstream) und 600 Kbit/s (upstream) bis zu einer Leitungslänge von 2,9 km
- ✔ 4 Mbit/s (downstream) und 400 Kbit/s (upstream) bis zu einer Leitungslänge von 3,8 km
- ✔ 2 Mbit/s (downstream) und 192 Kbit/s (upstream) bis zu einer Leitungslänge von 4,8 km

Die einzige Voraussetzung dafür, dass dieser Service verfügbar wird, ist ein entsprechender Ausbau der Telefoninfrastruktur.

Viele weitergehende Informationen zu ADSL in Deutschland finden sich unter: *http://www.adsl-links.de/hardware.htmlStromnetz*

1.8.6 Stromnetz

Das Stromnetz ist ein weiterer Leitungsweg, der in jeden Haushalt führt, allerdings nicht mit der gleichen Bandbreite wie die Telefonleitung und vor allem nicht individuell schaltbar. Es ist aber denkbar, dass innerhalb von Gebäuden das Leitungsnetz für die Datenübertragung verwendet wird, ähnlich den Baby-Watch-Geräten.

Der Vorteil dieser Technik ist, dass nicht nur jeder Haushalt, sondern jedes Stromnetzgerät damit sofort einen Internetanschluss bekommen kann.

1.8.7 Satellitenempfang

Für die Übertragung der Informationen aus dem Internet kann natürlich auch die Satellitentechnik eingesetzt werden. In der Praxis ist es bereits heute so, dass manche Webseiten aus anderen Kontinenten Zwischenstopp auf einem geostationären Satelliten machen. Allerdings geht die Bedeutung von Satellitenverbindungen für das Backbone des Internets stark zurück und nur jedes 100.000ste Dokument wird auf diesem Weg transportiert. Für den Endanwender liegt der Vorteil in der ungewöhnlich hohen Bandbreite einer Satellitenverbindung. Dies erkennt man bereits daran, dass es möglich ist, mit einer Satellitenantenne Dutzende verschiedener Fernsehkanäle zu empfangen.

Ungenutzte Fernsehkanäle können für die Übertragung von Webseiten an Endkunden genutzt werden, die eine entsprechende Satellitenantenne und den notwendigen Decoder besitzen. Problematischer ist die Rücksendung von Informationen zum Server. Zumeist weichen die Anbieter hier auf die konventionelle Telefonleitung aus. Das bedeutet leider, dass auch zusätzliche Telefongebühren anfallen. Technisch ist die Überbrückung der erheblichen Entfernung zum Satelliten nicht unproblematisch, da die Laufzeit der lichtschnellen Signale etwa eine Viertelsekunde beträgt. Eine merkliche Verzögerung, wenn die Verbindung für Telefonie oder spezielle Echtzeitanwendungen eingesetzt werden soll.

Die Preisstruktur für die Verbindungskosten ist hier sehr stark tageszeitabhängig. Da Satellitenverbindungen während der Geschäftszeiten intensiv genutzt werden, liegen dann auch die Gebühren zumeist höher als bei konventioneller Übertragungstechnik. Spielt aber die Geschwindigkeit der Datenübertragung eine große Rolle, sollen etwa große Software-Dateien rasch übertragen werden, kann sich der etwas höhere Preis durchaus lohnen.

Neben der Übertragung der Daten zu geostationären Satelliten wird zukünftig die Kommunikation zu Satelliten in niedrigen Umlaufbahnen erheblich an Bedeutung gewinnen. Mit modernen funktechnischen Verfahren (phasengesteuerte Aussendung) können die Satellitensignale direkt mit einfachen Antennen empfangen und zurückgesendet werden.

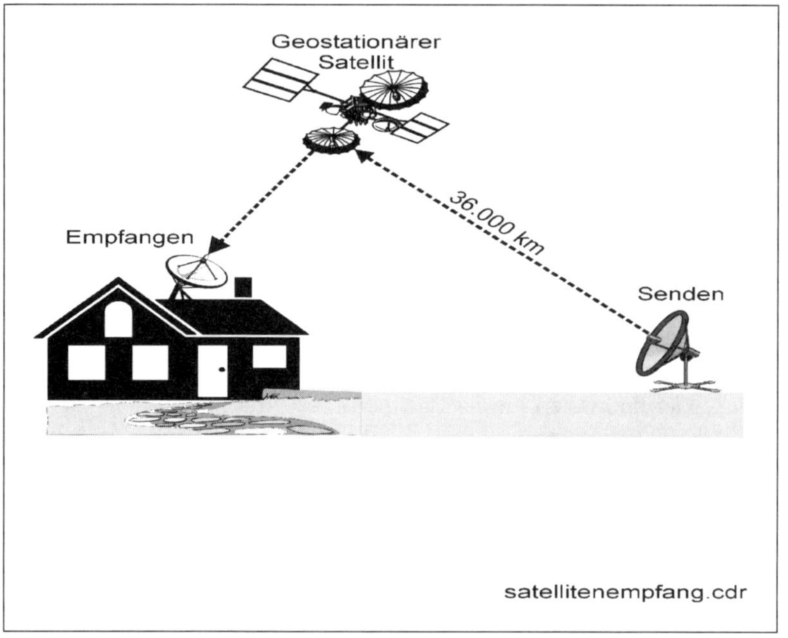

Abbildung 1.18: Der Internetempfang über geostationäre Satelliten kann sehr schnell sein, wenn der Satellit gerade nicht ausgelastet ist. Der Empfang ist an nahezu jedem Ort der Erde möglich, sofern die Antennen des Satelliten in die entsprechende Region gerichtet sind.

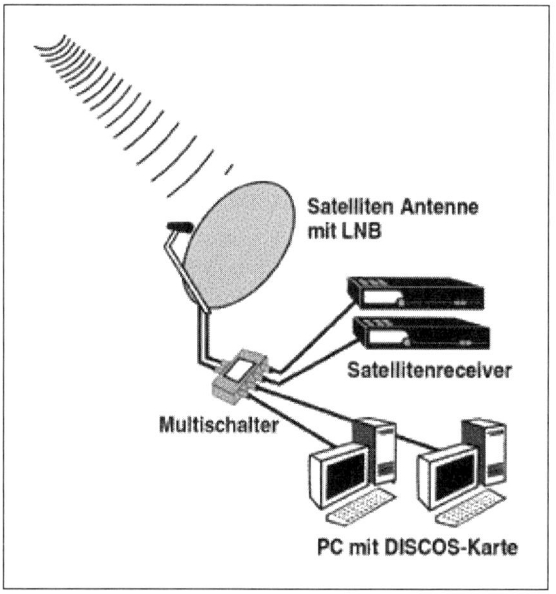

Abbildung 1.19: Abbildung: Wird das Internetsignal über Satellit empfangen, so kann dies parallel zum normalen Fernsehsignal mit der gleichen Schüssel geschehen. (Bildquelle: *http://www.discos.lu/multy/modelle.htm*)

So plant die Firma Microsoft derzeit ein Satellitennetz mit Übertragungsleistungen im Bereich von Terabit pro Sekunde, das sind 1.000 Gigabit. Diese Leistung verteilt sich selbstverständlich auf viele Einzelempfänger, für die dann aber immer noch im Megabit-Bereich Datenströme zur Verfügung stehen werden.

Die Kosten für Empfangssysteme und für das Mieten der Kanäle sind allerdings noch offen, sie werden im Bereich heutiger Handy-Verbindungen liegen.

Informationen zum Satellitenempfang bei der Firma SKYCOM im Internet: *http://www.discos.lu.*

1.8.8 Funknetze

Eine weitere Alternative zur Übertragung der Signale zum Endbenutzer liegt in der erdgebundenen Funkstrecke. Dazu besitzt der Provider einen Sendemast und der Empfänger eine entsprechende Antenne. Dieses Verfahren arbeitet mit 2,4 Gigahertz, ein Frequenzbereich, der heute in Deutschland für private Anwendungen freigegeben ist. Ein Nachteil dieser Funkfrequenz liegt in der starken Absorption durch Hindernisse (Gebäude, Bäume), weshalb eine direkte Sichtverbindung zwischen Sender und Empfänger bestehen muss. Diese Methode der Übertragung birgt ein zusätzliches Abhörrisiko, da jeder mit Sichtverbindung zum Sender/Empfänger die Datenströme aufzeichnen kann. Um dies zu verhindern, müssen die Daten verschlüsselt werden. Die notwendige Hardware ist relativ preisgünstig und problemlos zu installieren, es sind keine Erdarbeiten oder aufwändige Antennen nötig.

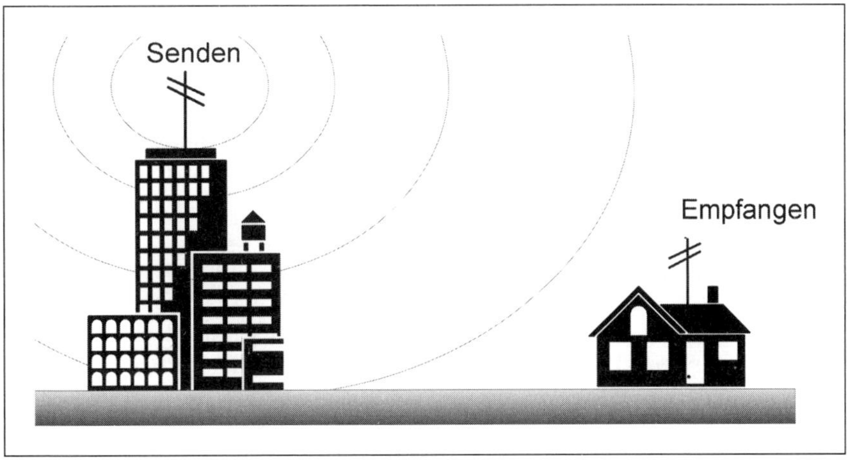

Abbildung 1.20: Funknetze: Alle Gebäude in Sichtweite der Sendeantenne des Providers können mit einer einfachen Antenne die Internetsignale empfangen.

1.9 Intranet

Kurz nachdem sich der Begriff Internet in weiten Kreisen etabliert hatte, sprach man 1995 von Intranet-Anwendungen, ohne dass dafür jemals eine genaue Definition gegeben wurde. Die Grundidee, auf der Intranet-Applikationen beruhen, besteht aber in der Übernahme der weit verbreiteten Internet-Technologie für die Kommunikation innerhalb eines Unternehmens.

Dabei kann man mindestens drei verschieden tiefe Ebenen der Anwendung unterscheiden. Einige Hersteller sprechen bereits dann von Intranet, wenn die im Haus vernetzten Rechner gemeinsame Ressourcen nutzen und eine Kommunikation der Anwender über dieses Computernetz stattfindet. Ein typisches Beispiel dafür war Lotus Notes bis zur Version 4.5.

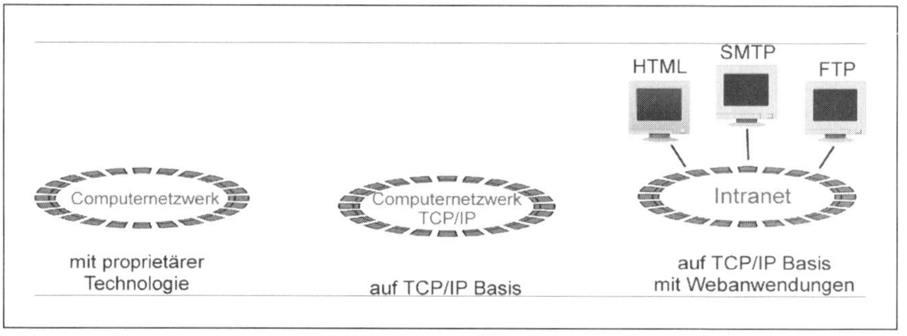

Abbildung 1.21: Das Intranet in drei Stufen. Es beginnt mit einem Computernetz, dieses kann mit der Internettechnik TCP/IP betrieben werden und in ein echtes Intranet mit reiner Internettechnologie weiterentwickelt werden.

Wesentlich präziser an der Internet-Idee sind alle Firmennetze, die vollständig auf TCP/IP-Technologie basieren und in denen keine anderen Protokolle im Computernetz verwendet werden. Am präzisesten wird der Internetgedanke realisiert, wenn im Hausnetz alle Kommunikationsdienstleistungen auf TCP/IP-Basis basieren und von entsprechend erweiterten Webservern verteilt werden, mehr zu diesem Thema findet man bei Steffen/Darimont: »Der Netzwerkadministrator«, Addison-Wesley. Dazu wird das Internet-Protokoll um einige besondere Normen erweitert, es gibt für den Austausch von Adressdaten das vCard-Format, für den Austausch und die Organisation von Terminen kann vCalender verwendet werden. Zukünftige Intranet-Applikationen werden sich auch stark auf die XML-Formatierung stützen.

1.9.1 Vorteile des Intranet-Konzepts

Die Verwendung von offenen Protokollen aus dem Internet ist für die preisgünstige Realisierung der Intranet-Kommunikation hervorragend geeignet. Dies erlaubt zum einen den Einkauf einer sehr breiten Produktpalette von verschiedenen Herstellern, die jedoch auf der Kommunikationsebene zueinander

pel sind. So muss der Webserver keineswegs vom gleichen
verden wie der eingesetzte Browser, solange beide die Spra-
echen. Im Gegenteil, es kann für die jeweilige Anwendung
Lösung in Bezug auf Preis und Leistung auf dem Markt

render Vorteil ist die Unabhängigkeit von Betriebssystemen
ware. Heute existieren für alle wichtigen Computerplattfor-
/Linux, Mac usw., Webbrowser und Webserver verschiedener
spielt auch die bereits vorhandene Netzwerktechnologie
e, wobei es allerdings anzustreben ist, möglichst leistungsfä-
ir Intranet-Anwendungen bereitzuhalten, da die vollständige
ommunikationsprozesse im Intranet erhebliche System-
igt.

ügbaren Software-Lösungen für das Internet sind sehr preis-
sind zumeist kostenlos. Dies liegt vor allem daran, dass die
ikte auf einem sehr großen Markt abgesetzt werden können.
e große Verbreitung der einzelnen Produkte den Vorteil, dass
nglichkeiten, auch Sicherheitslücken, wesentlich schneller
ils in Software-Produkten, die nur für einen kleinen Nutzer-
urden. Die Installation und Wartung der Software lässt sich
r realisieren, da wesentlich mehr Personal mit Kenntnissen
ettechnologie zur Verfügung steht, als dies bei Spezialsoft-
Nicht zuletzt kann fast für jedes auftretende Problem im Inter-
prechenden Newsgroups und Herstellerseiten eine Lösung
n.

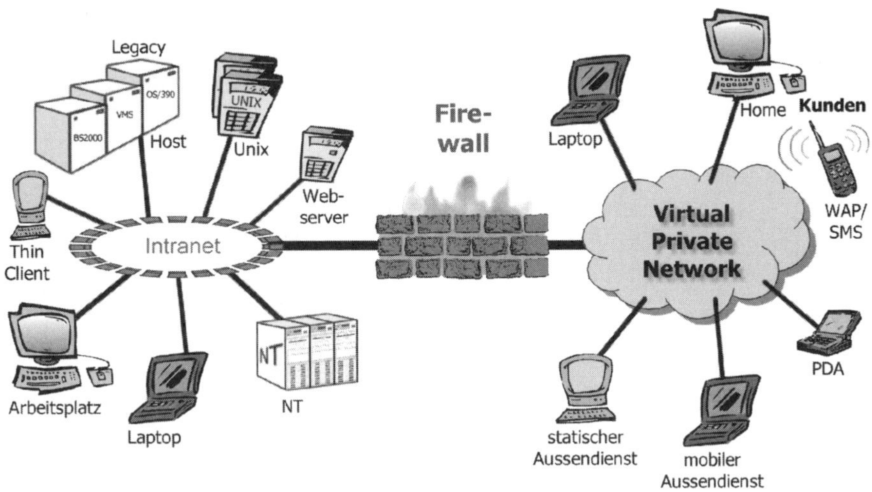

Abbildung 1.22: Die Elemente eines Intranets und die über eine Firewall verbundenen Teilnehmer eines virtuellen privaten Netzwerks

1.9.2 Wichtige Anwendungsfelder für Intranet

Die bedeutendste Intranet-Anwendung in den meisten Unternehmen ist heute die E-Mail. Mit ihr können schnell und formlos Informationen zwischen den einzelnen Mitarbeitern ausgetauscht werden, ohne dass der jeweilige Mitarbeiter durch ein Telefonklingeln in seinem konzentrierten Arbeitsprozess gestört wird. Es wird lediglich, wenn eine E-Mail eingetroffen ist und ein entsprechender Arbeitsabschnitt erledigt wurde, das entsprechende Dokument gelesen. Dies führt zu wesentlich ruhigeren Büros, wobei in manchen Software-Unternehmen das Telefon vollständig von den Arbeitsplätzen der Programmierer verbannt wurde. Die einlaufenden Meldungen können zudem einfach archiviert werden, Locher und Aktenordner gehören zumindest in diesem Bereich der Vergangenheit an. Alte Mitteilungen lassen sich bei den meisten Mail-Clients problemlos mit den entsprechenden Suchfunktionen wieder auffinden.

Der nächste Schritt beim Ausbau des Intranets, was stets ein kontinuierlicher Prozess ist, der nicht von einem Tag auf den anderen abgeschlossen wird, ist der Aufbau einer internen Webpräsenz. Dort finden die Mitarbeiter zunächst statische Informationen vor, wie sie häufig in Loseblattsammlungen und Rundschreiben erscheinen, etwa das Firmentelefonverzeichnis, sofern noch nötig, die Organisationsdiagramme, wichtige Ressourcen, Arbeitspläne und Regelungen. Der Aufbau dieser Dokumente kann allerdings erheblich mehr Ressourcen verschlingen, als im ersten Ansatz vermutet wird, da bei inkonsequenter Realisierung eines Intranets begleitende Papierdokumente weiterhin erstellt werden müssen, was die Arbeit eher verdoppelt als reduziert.

Abbildung 1.23: Im Intranet können Entscheidungsprozesse durch die Internettechnologie Newsgroup ort- und zeitunabhängig verbessert werden.

Die weitere Entwicklung ist die Anbindung dynamischer Information an das Intranet und damit das Ausgeben von Datenbankinhalten über Webseiten und die Eingabe neuer Informationen mit Hilfe von HTML-Formularen. Hier findet man auch die Schnittstelle zu bestehenden Großrechnersystemen in der Umsetzung von klassischen Terminal-Applikationen in ein Format, das vom Webbrowser aus betrachtet und bearbeitet werden kann. In diesem Bereich sind in den letzten Jahren für die so genannte Host-to-Web-Integration leistungsfähige Software-Pakete entwickelt worden. Dabei unterscheidet man reine Terminal-Emulationen, die auf Java-Applets oder ActiveX basieren, und Lösungen, in denen die Umsetzung im Webserver erfolgt und die damit eine völlige Unabhängigkeit von den jeweiligen Client-Rechnern erlauben.

Sind die wesentlichen Geschäftsprozesse im Intranet abgebildet, wächst der Bedarf, auch Niederlassungen und Geschäftsstellen direkt über Internet an die Zentrale anzubinden. Damit dies ohne Komfort- und Sicherheitsverlust gelingt, sind zusätzliche Sicherheitskonzepte nötig, damit die im Internet transportierte Information nicht in unbefugte Hände gelangt. Man spricht hier von einem Virtual Private Network (VPN), das im Wesentlichen auf der Verschlüsselung der Daten basiert und zumeist technisch an die Firewall-Software angebunden ist.

1.9.3 Veränderung der Unternehmensstruktur durch Intranet

Der Einsatz von Intranet-Technologie bewirkt in den meisten Unternehmen auch einen grundlegenden Wandel in der Organisationsstruktur, da zumeist rasch erkannt wird, dass gerade in großen Unternehmungen bestimmte Hierarchiestufen, die bei klassischen Kommunikationsystemen erforderlich sind, jetzt nicht mehr benötigt werden.

Die Verfügbarkeit umfangreicher Hintergrundinformation bricht häufig auch die hergebrachte Hierarchie auf und kann in günstigen Fällen zu motivierten und selbstbewussteren Mitarbeitern führen, die in höherer Eigenverantwortlichkeit und besser informiert dem Unternehmen dienen.

Gewisse Risiken birgt allerdings der ungeschützte Zugang zum Internet an jedem Arbeitsplatz, da neben technischen Sicherheitsrisiken, die sich allerdings durch geeignete Software und Konfiguration weitgehend vermeiden lassen, soziale Risiken bestehen. Besonders in der Anfangsphase kann die Neugier auf die vielfältigen Inhalte des Internets zu Missbrauch des Mediums führen. Hier ist es erforderlich, dass bereits im Vorfeld klare und nachvollziehbare Regelungen für die Mitarbeiter gefunden werden. Die Regelungen sollten schriftlich festgehalten und jedem bekannt sein. Zusätzlich lassen sich technische Maßnahmen am Intranetzugang einsetzen, die ungewünschte Inhalte filtern oder die durch Erfassung des Surf-Verhaltens zumindest einen Überblick über den Gebrauch des Netzes geben. Hierbei ist es allerdings notwendig, dass der Betriebsrat über das Vorgehen informiert ist.

KAPITEL 2

2 Provider

Zu den wichtigsten Entscheidungen, die schnell getroffen werden müssen, gehört die Wahl von Access- und Content-Providern. Der Access-Provider bietet den Internetzugang, der Content-Provider stellt die Information für den Internetauftritt zusammen. Nicht immer wird man in einer Firma Wissen zu beidem finden.

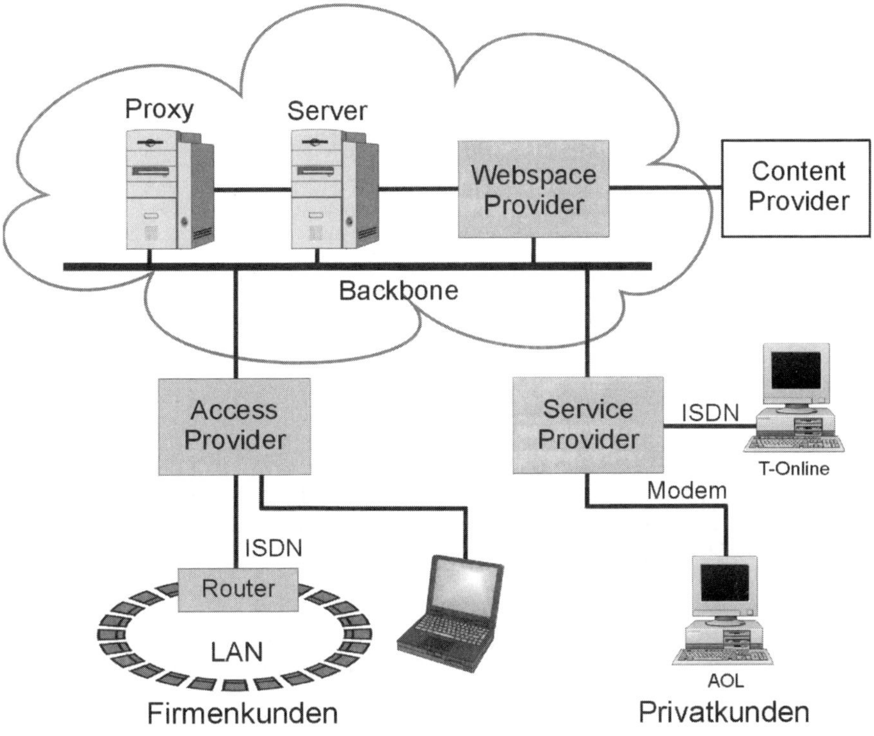

Abbildung 2.1: Die verschiedenen Provider. Der Access-Provider bietet den direkten Zugang zum Internet und sollte gut an das Backbone angebunden sein, wenn er das Firmennetz bedienen soll. Service-Provider sind auf Privatkunden spezialisiert und bieten zusätzliche Serviceleistungen wie Homebanking.
Der Webspace-Provider bietet Plattenplatz für die Darstellung von Webseiten auf seinem Server und der Content-Provider erstellt die Webseiten für Firmen.

Um schnell einsteigen zu können, empfiehlt sich die Unterstützung von externen und darauf spezialisierten Firmen, aber man sollte – wenn man auf diesem Gebiet längerfristig wachsen will – parallel dazu das notwendige Wissen im Hause aufbauen, um in Zukunft schnell und autark reagieren zu können.

2.1 Lokale Internet-Provider

Der lokale Internet-Provider tritt in Deutschland im kommerziellen Bereich immer mehr in den Hintergrund, da im vergangenen Jahr überregionale Serviceanbieter, die überall im Ortsnetz erreichbar sind, wie Pilze aus dem Boden geschossen sind. Der Internet-Provider wird hier im Wesentlichen in seiner Funktion als Access-Provider, d.h. als Bereitsteller eines Zugangs zum Internet beschrieben.

Der lokale Provider hat den entscheidenden Standortvorteil, wenn über den Providerrechner direkt eine Verbindung zum Internet im Telefonortsbereich hergestellt werden kann. Provider, die nicht im Ortsnetz oder Citytarifbereich liegen, scheiden in der Praxis immer aus, da die Verbindungskosten zwischen den lokalen Rechnern und dem Provider sonst auf jeden Fall zu hoch liegen.

In Ausnahmefällen können Standleitungen bei Telekommunikationsanbietern gemietet werden, die gegebenenfalls preisgünstiger als Ortsnetzanbindungen sind. Dies spielt allerdings erst bei großen Datentransfervolumen, sprich sehr leistungsfähigen Kommunikationsleitungen jenseits der ISDN-Qualität, eine Rolle.

2.1.1 Auswahlkriterien

In erster Linie muss darauf geachtet werden, dass der Provider einen zuverlässigen, technisch einwandfreien Zugang zum Internet bietet. Es ist nämlich außerordentlich teuer, wenn der Zugang zum Internet über mehrere Stunden oder gar Tage ausfällt. Man bedenke die nicht rechtzeitig eingegangenen E-Mails und den Verlust an Zeit bei der Aufarbeitung dieser Unterbrechungen. Neben der Zuverlässigkeit spielt die Qualität des Zugangs eine große Rolle. Im professionellen Bereich ist dabei mindestens eine ISDN-Leitung erforderlich. ISDN-Leitungen können 64 Kilobit pro Sekunde übertragen, das entspricht in der Praxis 7 bis 8 Kilobyte Internetdaten (TCP/IP-Transfer) pro Sekunde.

Der Access-Provider leitet diese Daten über seine Standleitungen zu Knoten im Internet weiter. Die Verbindung des Access-Providers zum Internet bestimmt dabei im Wesentlichen die Geschwindigkeit des Internetzugangs.

Ein kleines Rechenbeispiel: Ein Access-Provider hat eine T-0-Leitungsverbindung zum Internet, das entspricht etwa 30 ISDN-Kanälen. Von seinen Kunden sind gerade 300 online, die simultan aus dem Internet mit ISDN-Qualität die Daten abrufen wollen, so bleiben für den einzelnen Kunden nur noch 800 Byte pro Sekunde, also wesentlich weniger Kapazität als die ursprünglich gebuchte ISDN-Leitung. Der genaue Wert hängt natürlich davon ab, wie intensiv die Kunden gerade Daten abrufen.

Eine langsame Verbindung führt einerseits zu längeren Ladezeiten, was die Telefonrechnung belastet, aber auch zu Wartezeiten des Nutzers. Diese Wartezeiten sind wertvolle Arbeitszeit, die ungenutzt verstreicht. Daher muss bei der

Buchung einer Internet-Access-Leitung immer auf das Verhältnis zwischen Zugangsleitung zum Provider und Weiterleitung der Daten vom Provider zum Netz geachtet werden.

Dies kann meist nur durch den Zugang über einen Probe-Account bestimmt werden. Ein guter lokaler Provider wird sicherlich über eine Woche einen Test-Account vergeben. Kürzere Account-Zeiten sind nicht sinnvoll, da sonst der Wochengang der Leistung nicht verfolgt werden kann. Insbesondere an Werktagen sind häufig Datenleitungen im kommerziellen Bereich stark belastet.

Die Nähe des Providers mit Ortsnetz ist allerdings nicht das einzige Kriterium. Es ist auch noch auf die Entfernung zwischen Einwahlknoten und Rechnerstandort zu achten, da es häufig sinnvoll ist, eine Standleitung zwischen Rechner und Provider zu buchen, wenn der Internetverkehr erheblich zunimmt. Die Preise der Standleitungen werden aber aufgrund von Kilometerentfernung berechnet und es sollte frühzeitig bei den Telekommunikationsunternehmen nachgefragt werden, welche Preisstruktur und welche Buchungskosten hier üblich sind.

2.1.2 Einbindung lokaler Netze

Ein weiterer wichtiger Aspekt bei der Auswahl des Providers ist die Möglichkeit, ein lokales Datennetz an das Internet anzuschließen. Soll nicht nur ein einzelner Rechner, sondern ein ganzes Netzwerk betrieben werden, das für jeden Teilnehmer Internetzugang gewährleistet, muss dies ebenfalls mit dem Provider abgeklärt werden. Nicht jeder Provider bietet nämlich die Anbindung von lokalen Rechnernetzen.

Einbindung eines LAN

Soll ein kleines Netzwerk mit ca. zehn PCs an das Internet angeschlossen werden, so bieten sich im Prinzip drei Möglichkeiten:

Jeder PC bekommt ein eigenes Modem/ISDN-Karte, um sich direkt in das Internet einzuwählen. Dieses Vorgehen ist besonders bei sehr wenigen PCs die preisgünstigste Lösung (bei einem ist es immer die günstigste Lösung).

Die zweite Möglichkeit ist eine Software-Lösung, bei der ein PC im LAN die Rolle des Routers übernimmt, indem er die an seiner ISDN-Karte einlaufenden Datenpakete an die jeweiligen Rechner des Netzwerkes weiterleitet. Diese Anordnung ist bei mehreren PCs ebenfalls sehr preisgünstig, hat aber den gravierenden Nachteil, dass der Router-PC immer aktiv sein muss. Fällt dieser PC aus, z.B. wegen eines Programmabsturzes, ist der Internetzugang im gesamten LAN unmöglich.

Die beste, aber auch teuerste Lösung ist der Einsatz eines Routers. Er wird auf der einen Seite mit dem lokalen Netz und auf der anderen Seite mit der ISDN-Leitung verbunden. Die Konfiguration des Routers, die sehr sorgfältig erfolgen sollte, wird über einen der PCs im Netz durchgeführt. Bei dieser Konfiguration müssen insbesondere Sicherheitsaspekte beachtet werden, da andere Teilnehmer des Internets sonst ungewollt auf die lokalen Datenbestände zurückgreifen können.

2.1.3 Serviceleistungen

Ein weiterer Aspekt ist die Möglichkeit, für das lokale Netz Internetadressen zu buchen, die direkt vom Provider vermittelt werden. Hier findet man bereits die Problematik, dass der Provider nicht nur technische Funktionen übernimmt, sondern auch umfangreiche Serviceleistungen. So sollte es möglich sein, den Provider in kürzester Zeit zu erreichen, wenn es zu Netzstörungen kommt. Dabei kann mit dem Provider eine Reaktionszeit vereinbart werden, in der auf Störungen im Netz reagiert wird.

Ein weiteres Kriterium sind technische Serviceleistungen vor Ort, d.h., der Provider übernimmt die Aufgabe, das lokale Netz optimal mit eigener Hardware an das Internet anzubinden. Diese Dienstleistungen sind zwar häufig nicht sehr preiswert, aber sie ersparen viel praktischen Ärger bei der Realisierung einer Netzanbindung. Hier ist auf das technische Know-how und die Manpower des lokalen Providers zu achten.

Die Leistung eines Providers kann von der Vermittlung einer Standleitung bis zur Einrichtung der einzelnen Arbeitsplätze für das Internet reichen. Damit es später nicht zur falschen Einschätzung der gelieferten Leistung kommt, muss genau geregelt werden, welche Datensignale an welchen Geräten zur Verfügung stehen. Insbesondere, welche der verschiedenen Schnittstellengeräte wie Router und Firewall in den Verantwortungsbereich des Providers fallen.

2.1.4 Provider finden

Wie findet man nun einen leistungsfähigen Provider, der diese Kriterien erfüllt? Neben den Veröffentlichungen in entsprechenden Fachzeitschriften wie »PC Professionell« oder »c't« sind natürlich Quellen im Internet außerordentlich nützlich, da sie sehr aktuell sind und man über einen Hyperlink auch sofort mit dem Provider Kontakt aufnehmen kann.

Man findet Vergleichstests und eine Übersicht über die deutschen Provider z.B. unter:

http://web.de/Internet/PoPs
http://www.zdnet.de/internet/isp/

Dort sind die einzelnen Provider nach Postleitzahl geordnet und ihr Dienstleistungsspektrum detailliert angegeben. Wichtig ist auch hier die Frage nach Referenzkunden. Ein guter leistungsfähiger Provider wird bereitwillig entsprechende Accounts mitteilen, und die Rückfrage bei den entsprechenden Kunden wird sehr schnell klären, ob die Leistung den eigenen Bedürfnissen für den Internetzugang entspricht.

Egal ob man über Internet oder Zeitschriften auf Provider stößt, oft werden Angaben gemacht, die für den Laien recht unverständlich klingen. Die einzelnen Features und ihre Bedeutung sollen hier an einem Beispiel erklärt werden.

Beispiel für eine Anzeige eines Providers:

- ✔ Vollwertiger Internetzugang über ISDN-Wählverbindung oder Analogmodem (SLIP/PPP), n*64 Kbit/s (MLPPP)
- ✔ Standleitungen 64Kbit/s – 2Mbit/s
- ✔ monatliche Grundgebühr, darin enthalten:
- ✔ kostenloser DNS-Primary und DNS-Secondary
- ✔ Firewall-Dienste
- ✔ keine Einrichtegebühr
- ✔ Mail-Relaying und virtueller Mailserver ohne Aufpreis
- ✔ NetNews kostenlos
- ✔ lokaler Datenverkehr von und zu unseren Rechnern kostenlos
- ✔ virtueller WWW-Server
- ✔ keine Gebühr für Plattenplatz etc.

Was bedeuten hier die einzelnen Angaben?

In der ersten Zeile wird bestätigt, dass der Zugang über ISDN geschieht, was heute zum Standard gehört. SLIP/PPP (Serial Line Internet Protocol/Point to Point Protocol) wird als Protokoll verwendet, um die Daten vom lokalen Rechner zum Provider zu schicken.

Die nächste Angabe steht für die Bündelung von Daten über eine Multiprotokoll-Lösung (MLPPP-Multi-Link-PPP). Der Provider bietet Standleitungen mit einer Übertragungsrate von 64 Kbit bis 2 Megabit pro Sekunde an.

Dieser Provider verlangt für seine Leistungen eine monatliche Grundgebühr, in der die Namensauflösung über zwei Name-Server (DNS-Domain Name Server – siehe Kapitel 3) enthalten ist. Weiterhin wird auf eine Firewall hingewiesen, auch das sollte eigentlich jeder Provider vorweisen, um genügend Sicherheit zu gewährleisten.

Um die Verbindung zwischen Provider und User herzustellen, müssen verschiedene Rechner (providerseitig) konfiguriert werden, hierfür wird manchmal eine Einrichtungsgebühr verlangt. E-Mails werden über einen separaten Mailserver verwaltet und von dort weitergeleitet, die Provider bieten heute fast alle mehrere POP3-Mailzugänge inklusive an.

Wenn man sich für Neuigkeiten zu speziellen Themen interessiert, kann man sich an den Newsgroups beteiligen, hierfür muss der Provider einen besonderen Dienst anbieten, hier NetNews genannt.

Die Daten, die vom Server zum User fließen, werden nicht separat berechnet. In vielen Angeboten wird von Transfervolumen gesprochen, das in GByte abgerechnet wird. Um hier einen Einblick in Größenordnungen zu bekommen: Eine kleinere Website mit sechs Einzelseiten und einigen Bildern belegt etwa 150 Kbyte. Diese Größe schlägt sich auf das Transfervolumen nieder, wenn die Seite vom Server zum Bildschirm des Nutzers übertragen wird. Ebenfalls relevant ist sie, wenn man Speicherplatz, auch als Webspace bekannt, beim Provider buchen möchte. Angebote mit 20 Mbyte Plattenplatz inklusive sind für Standardseiten oft ausreichend.

Die Preisstruktur von Providern in Deutschland ist stark durch die Kosten der Telekommunikationsunternehmen bestimmt. Der Internetzugang des Providers kostet typischerweise nur 20 bis 30 % der gesamten Internetkommunikationskosten, d.h., 70 % entfallen auf die Leitungskosten zum Einwahlknoten.

2.1.5 Abrechnungsmodus

Wichtig bei der Vereinbarung mit dem Provider ist, darauf zu achten, dass geklärt ist, ob nach Volumen, Nutzungszeit oder pauschal abgerechnet wird. Hier zeigen sich erhebliche Unterschiede bei den lokalen Providern, und gute Leistungen sind meist nicht umsonst zu haben. Besonders niedrige Preisangebote sind hier misstrauisch zu beäugen, da es kaum realistisch ist, mit dieser Kalkulation ein dauerhaft leistungsfähiges Access-Angebot zu bieten.

Im Jahr 2000 haben sich die Preisstrukturen gewaltig geändert und ein Ende ist noch nicht abzusehen. Die Ursache hierfür lag vor allem im Fall des Telekommunikationsmonopols und im dadurch entstandenen Kampf um Marktanteile. Dieser Verdrängungswettbewerb ist noch nicht abgeschlossen, weshalb die Preise auch noch weiter purzeln werden. Bei der Vertragsgestaltung ist deshalb darauf zu achten, dass ein kurzfristiger Austritt möglich ist, d.h. bei Missachtung der Qualitätsvorgaben der Vertrag gekündigt werden kann oder auch entsprechende Schadenersatzleistungen festgeschrieben werden.

Zeigt sich, dass die Leistung und Preise eines Providers längerfristig nicht den Ansprüchen genügen, kann auf jeden Fall der Wechsel empfohlen werden, da die Konkurrenz im Bereich des Providermarkts außerordentlich ausgeprägt ist und sicherlich gute Angebote auch von anderen lokalen Providern bestehen. Der Wechsel ist technisch unproblematisch. Im Prinzip muss nur in eine andere Zugangsnummer eingewählt werden. Die IP-Nummern können allerdings nicht mitgenommen werden, was technische Gründe hat, völlig anders ist es mit den Domain-Namen, die problemlos umgezogen werden können, wenn man als AdminC bei Denic eingetragen ist. Daher sollte vorab geklärt sein, welche Möglichkeiten bei Providerwechsel bezüglich der Internetadressen vom neuen Vertragspartner geboten werden.

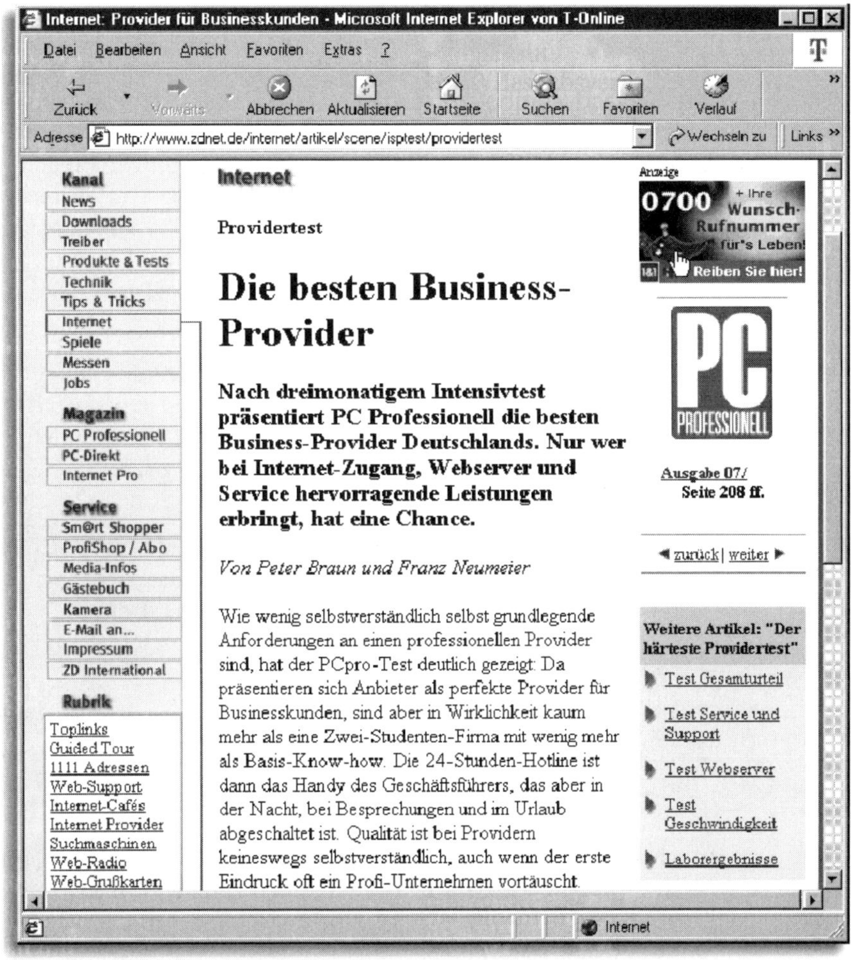

Abbildung 2.2: Wer ins Internet will, findet die besten Angebote im Internet selbst. Auf dieser Webpage lassen sich die Provider nach Telefonnummer oder Postleitzahlbereich suchen. Außerdem gibt es Vergleichstests für die Großstädte.

2.2 Service-Provider

2.2.1 Anbieter von Onlinediensten

Jede Woche tauchen unzählige neue Provider in den Medienzeitschriften mit Billigangeboten auf – das Angebot ist schlichtweg unüberschaubar. Listen mit Billiganbietern oder den schnellsten Providern werden ständig veröffentlicht, jedoch bleibt dem Kunden die Wahl selbst überlassen.

Zuerst muss man die Entscheidung treffen, ob man mit einem Access-Provider einen festen Vertrag abschließt oder ob man sich für die Internet-By-Call-Alternative entscheidet. Internet-By-Call ist relativ neu und man bezahlt wirklich nur die Zeit, die man auch effektiv im Internet verbracht hat. Eine Grundgebühr entfällt und die Preise werden in der Regel pro Minute abgerechnet. Das Internet-By-Call verursacht dabei bei übermäßiger Nutzung entsprechende Kosten, die bei regulären Providern durch angepasste Pakete reduziert werden können. Außerdem ist die Bandbreite aufgrund der hohen Nutzung oft unzureichend, um vernünftig im Web surfen zu können. Einen großen Vorteil verschafft das Internet-By-Call denjenigen, die nur gelegentlich im Internet unterwegs sind.

Eine aktuelle Liste mit den billigsten Internet-By-Call-Anbietern hier aufzuführen, wäre schon beim Drucken veraltet. Die Preise ändern sich fast wöchentlich und die zuverlässigsten Informationen bekommt man aus dem Internet selber. Verschiedene Anbieter erstellen Vergleiche und veröffentlichen diese Tabellen im Netz.

Ab rund zehn Stunden Onlinezeit pro Monat empfiehlt es sich in jedem Fall, auf einen regulären Provider umzuschwenken. Das macht sich vor allem beim Datei-Download bemerkbar, denn hier gilt: Zeit ist Geld.

T-Online

T-Online ist der Online- und Internet-Dienst der Deutschen Telekom. T-Online gehört zu den größten nationalen Online-Diensten in Europa. Über 9 Millionen Kunden nutzen diesen Zugang, um ihren Informationsbedarf zu decken oder Bestellungen durchzuführen.

Die bundesweit einheitliche Rufnummer gewährt den Zugang mit analogen wie auch mit ISDN-Endgeräten. Als einer der wenigen Provider unterstützt T-Online beim digitalen Zugang die Kanalbündelung, um die Datenübertragungsrate auf 128 Kbit/s zu beschleunigen. Dieser Effekt wird zwar aufgrund der doppelten Verbindungskosten zum normalen Surfen nicht benutzt, bei größeren Dateitransfers halbiert sich jedoch die Übertragungszeit.

Jeder Kunde verfügt über eine E-Mail-Adresse, die sich zunächst aus der Telefonnummer ableitet (Telefonnummer@t-online.de). Es gibt aber auch die Möglichkeit, eine E-Mail-Adresse der Form *Vorname.Nachname@t-online.de* einzutragen. Weiterhin wird begrenzter Speicherplatz (10 Mbyte) für eine eigene Homepage zur Verfügung gestellt.

Nähere Informationen dazu findet man unter *http://www.t-online.de.*

AOL

Gegründet 1985, ist AOL (America Online) heute der weltgrößte Anbieter von Internetserviceleistungen. Der Hauptsitz ist in Virginia, Amerika, Serviceleistungen werden jedoch in Kanada, Deutschland, England, Frankreich, Schweden, Schweiz und Japan angeboten. AOL hat inzwischen ca. 2 Mio. Haushalte in

Deutschland und 28 Mio. Nutzer weltweit ans Netz angebunden. Die Leistungen umfassen sowohl Access-Leistungen wie auch E-Mail-Dienste.

Weitere Infos zu AOL unter *http://www.germany.aol.com.*

2.3 Content-Provider/Internetagenturen

Der Begriff Provider wird auch auf weitere Dienstleistungen im Internet ausgedehnt. Der Content-Provider, auch als Internetagentur bezeichnet, ist dabei jener, der die Inhalte für den Internetauftritt bearbeitet, gestaltet und programmiert. Soll ein Internetauftritt realisiert werden, ist das Erstellen der Inhalte nach unseren Erfahrungen der kosten- und zeitaufwändigste Prozess. Dies liegt an der geringen Automatisierbarkeit und an der schwierigen Anpassung von vorhandenen Informationen an das neue Medium.

Die meisten Firmen wünschen zunächst eine direkte Umsetzung der bisherigen Corporate Identity, d.h., die Gestaltung soll sich sehr eng an das vorhandene Broschüren- und Werbematerial anlehnen. Dies ist leider im Internet nur begrenzt realisierbar oder führt zu unangemessenen Ladezeiten und Präsentationsformen. Der Grund liegt an der mangelnden Verfügbarkeit von Schriftsätzen und dem völlig anderen Auflösungs- und Darstellungsmodus von Bildschirmen.

Ein weiterer Aspekt ist die Programmierung von Inhalten, um dem Nutzer einerseits grafisch attraktive Seiten zu präsentieren, aber auch, viel sinnvoller, nützliche Anwendungen und Führung durch die Webseiten zu ermöglichen. All diese Aufgaben müssen nicht unbedingt im Haus erledigt werden und daher kann an die Auslagerung an entsprechende Firmen gedacht werden. Diese haben zumeist Erfahrung mit der Umsetzung und können dadurch viel Zeit bei der Realisierung des Internetauftritts sparen.

Bei der Auswahl ist es daher aber auch wichtig, auf erfahrene und zuverlässige Agenturen zurückzugreifen, da in dieser recht neuen Branche teilweise sehr Unerfahrene versuchen, mit ihren einfachen Kenntnissen eine Homepage zu vermarkten.

Auswahlkriterien

Standort: Es empfiehlt sich die Wahl einer Firma vor Ort, da sich in der Praxis zeigt, dass viele Besprechungen notwendig sind, um die Gestaltung und Entwicklung abzugleichen. Dies lässt sich über sehr große Entfernungen nicht kostengünstig realisieren.

Kompetenz im Haus der Agentur: Dazu gehören auf der einen Seite Experten im Bereich Grafik und Bildbearbeitung, die in der Lage sind, das vorhandene Material einzulesen und optimal zu konvertieren. Weiterhin benötigt man HTML-Programmierer und nicht zuletzt Programmierer für Java und Datenbankanbindung, da langfristig die Webseiten natürlich solche Angebote beinhalten werden. Ein Wechsel der Agentur, nur weil ein Update erforderlich wird, ist nicht wünschenswert.

2.4 Webspace-Provider

Neben dem Access-Provider, der den Zugang zum Internet bietet, und den Content-Providern, die Inhalte für das Internet aufbereiten, ist der Webspace-Provider derjenige, bei dem die Internetseiten ihren Platz auf dem Server finden. Entscheidet man sich, die Internetseiten nicht auf dem eigenen, im Haus lokalisierten Server zu platzieren, muss ein Webspace-Provider gefunden werden, bei dem die Daten lagern.

Wieso ist ein Webspace-Provider nicht immer identisch mit dem Access-Provider? Dies liegt an der technischen Struktur des Internets und an den Zugangskosten zum Netz, die zwischen einzelnen Telekommunikationsanbietern und insbesondere je nach Land unterschiedlich sind. So ist in Deutschland noch immer das Anbinden von Servern an das Internet ein kostspieliges Unterfangen, da die Standleitungen von den großen Kommunikationsunternehmen zu hohen Marktpreisen vertrieben werden.

Das Internet kennt hingegen keine Landesgrenzen. Von daher ist es interessant, die Daten dort zu lagern, wo der Zugang zum Internet am preisgünstigsten ist. Dies sind traditionell die USA mit ihrer langen Geschichte im Telefon- und Internetbetrieb. Das amerikanische Backbone ist sehr gut ausgebaut, und Beobachtungen auf Websites zeigen immer wieder, dass eine große Zahl von Zugriffen direkt aus dem amerikanischen Backbone auf Webseiten erfolgt.

Nun wird nicht jeder einen realen Server in den Vereinigten Staaten platzieren wollen, sondern man mietet sich bei einem Webspace-Provider entsprechend Plattenplatz an. Dieser Plattenplatz wird zumeist pauschal, d.h. ohne weitere Übertragungskosten zur Verfügung gestellt. Dies kann zu erheblichen Einsparungen bei mittelgroßen Websites führen. Die Anbietersituation ist allerdings nicht so leicht zu überblicken wie bei lokalen Internetanbietern, die auch Webspace vermieten. Daher muss bei der Auswahl eines Webspace-Providers im Ausland besonders sorgfältig auf die Rahmenbedingungen und die Vertragsvereinbarungen geachtet werden.

2.4.1 Auswahlkriterien

Wie auch bei der Beurteilung eines Access-Providers ist die tatsächliche Qualität der Internetanbindung wichtig. Obwohl die Webspace-Provider häufig hervorragende Backbone-Leistungen vermarkten, zeigt sich in der Praxis, dass nicht alles Gold ist, was im Hyperraum glänzt. Warum? Die gute Anbindung an das Internet muss mit vielen anderen geteilt werden, die auf dem gleichen Server des Webspace-Providers platziert sind. Weiterhin kann die Anbindung nach Deutschland ineffizient sein.

Bestimmung der Zugangsqualität

Die Qualität der Internetanbindung des Webspace-Providers kann einfach getestet werden. Dazu lässt man sich vom Webspace-Provider entsprechende Referenzkunden nennen. Der erste Test ist das einfache Abrufen von Seiten, die auf einem solchen Server liegen. Erscheinen die Seiten zu jeder Tageszeit schnell auf dem Browser? Dabei muss beachtet werden, dass besonders in den Abendstunden in Deutschland, das entspricht den Tagesstunden in den USA, das amerikanische Backbone sehr stark belastet ist und dadurch das Zeitverhalten signifikant anders sein kann.

Erscheint der Abruf erfolgreich, kann als weiterer Test ein Traceroute erfolgen. Dieser Befehl steht in den meisten Betriebssystemen zur Verfügung. Unter Windows NT wird dazu im Eingabefenster für DOS der Befehl: `tracert` gefolgt vom Domain-Namen eingegeben. Anschließend verfolgt man auf dem Bildschirm, wie viele Sprünge bis zum Zielrechner erfolgen. Die Anzahl der Sprünge sollte nicht wesentlich über 20 Hops (Sprünge von einem Netz in ein anderes) betragen. Mehr als 30 Sprünge führen bei der Übertragung von Daten meist zum Abbruch der Übertragung.

Außerdem bietet die Verfolgung der Datenpakete auch einen Überblick über die Geschwindigkeit zwischen den einzelnen Teilnetzen, die an der Datenübertragung beteiligt sind. Zeiten im Bereich von 200 Millisekunden sind als vorzüglich einzustufen, Zeiten wesentlich über 500 Millisekunden können bereits als problematisch bezeichnet werden.

BEISPIEL Beispiel einer Routenverfolgung mit `tracert`

Die Laufzeit und der Name der einzelnen Router wird in der Liste angezeigt. Es zeigt sich, dass der Zielrechner nach durchschnittlich 0,092 Sekunden geantwortet hat. Dies ist ein ausgezeichneter Wert, insbesondere wenn man bedenkt, dass es sich um eine Transatlantik-Verbindung handelt.

```
C:>tracert www.solarserver.de
TraceRoute: 48 data bytes to www.solarserver.de [207.227.210.107]
1:[192.168.0.1] Reutlingen7.Nepustil.net in 0 msec.
2:[194.55.100.11] Bempflingen4.Nepustil.NET in 30 msec.
3:[195.180.0.41] Bempflingen1-e0-0.is-bone.net in 30 msec.
4:[194.64.253.145] Stuttgart2-s2.is-bone.net in 30 msec.
5:[195.180.2.110] BB1-fe4-0-0.Stuttgart.is-bone.net in 40 msec.
6:[195.179.50.101] BB2-s6-1-0.Frankfurt.is-bone.net in 60 msec.
7:[195.180.3.101] BB1-fe6-0.Frankfurt.is-bone.net in 40 msec.
8:[146.188.33.69] Hssi9-0-0.GW1.FFT1.ALTER.NET in 40 msec.
9:[146.188.3.125] 321.ATM1-0-0.CR1.FFT1.Alter.Net in 40 msec.
10:[146.188.5.218] 212.ATM5-0-0.BR1.NYC5.Alter.Net in 120 msec.
11:[137.39.30.133] 331.ATM4-0-0.GW2.NYC5.Alter.Net in 120 msec.
12:[146.188.177.250] 152.ATM3-0.XR1.NYC1.ALTER.NET in 120 msec.
13:[146.188.178.178] 195.ATM2-0.TR1.NYC1.ALTER.NET in 120 msec.
14:[146.188.136.149] 104.ATM7-0.TR1.CHI4.ALTER.NET in 151 msec.
15:[146.188.208.217] 299.ATM6-0.XR1.CHI4.ALTER.NET in 150 msec.
16:[146.188.208.153] 195.ATM9-0-0.GW1.CHI1.ALTER.NET
   in 150 msec.
```

```
17:[137.39.130.174] napnet-gw.customer.ALTER.NET in 150 msec.
18:[207.112.247.130] NChicago2-core0.nap.net in 161 msec.
19:[207.112.240.142] chi2-olm-ds3.axxs.net in 150 msec.
20:Rcvd pkt type 0:  [207.227.210.107] ?, 48 bytes in 150 msec.
TraceRoute Statistics for www.solarserver.de
Start Time: Wed, 09 Sep 1998 13:31:47
20 packets transmitted, 20 packets received, 0% packet loss
round-trip (ms) min/avg/max = 0/92/161
```

Eine weitere sehr nützliche Methode zum Vermessen der Qualität bietet die Website von *http://www.traceroute.org/*, dort kann man fast von jedem Land aus einen Test auf die Verbindungsqualität durchführen.

Für eine erfolgreiche Präsenz ist nicht nur die reine Geschwindigkeit des Servers und der Datenzugänge relevant, sondern auch die technische Zuverlässigkeit der Server und des Rechenzentrums. Dabei sind einige wichtige Forderungen zu stellen

- ✔ Redundante Internetanbindung
- ✔ Gespiegelte Platten
- ✔ 7*24 Stunden Support
- ✔ Klimatisierte Rechnerräume
- ✔ Feuergeschützte Systeme
- ✔ Ausfallsichere Stromversorgung

Denn nur eine einwandfrei Umgebung ermöglicht einen unterbrechungsfreien Betrieb, der bei E-Commerce von den Kunden erwartet wird.

Serviceleistungen

Neben der Geschwindigkeit der Anbindung spielt auch der zur Verfügung gestellte Service eine Rolle. Dazu gehört eine oder mehrere E-Mail-Adressen, die frei gewählt werden können. Die Möglichkeit eines Zugangs über FTP zum Server muss auf jeden Fall vorhanden sein, damit die Daten einfach übertragen werden können. Wer seine Seiten unter FrontPage erstellt, muss darauf achten, dass die FrontPage-Extensions vorhanden sind. Diese erlauben es, direkt aus der FrontPage-Seitenerstellungs-Software Daten auf den Server zu spielen und zu verwalten. Der Zugang zum Webserver mit dem Telnet-Protokoll gibt die Möglichkeit, direkt auf dem Server spezifische Prozesse zu starten und zu editieren.

Neben diesen Basisfunktionen sollte der Webspace-Provider zusätzliche Serviceleistungen wie die Auswertung von Logfiles und das Einrichten von CGI-Files, gegebenenfalls Seitenzählern und Datenbankanbindungen, ermöglichen.

Gerade in diesen Dienstleistungen unterscheiden sich die Billiganbieter von den Qualitätsprovidern. Webspace wird heute oft kostenlos angeboten, weitere Leistungen sind dabei natürlich nicht enthalten. Entsprechen die Dienstleistungen den eigenen Bedürfnissen, wird beim Webspace-Provider das Angebot mit der dazugehörigen Domain gebucht. Dieser Prozess hat sich nach unserer Erfahrung als problemlos erwiesen. Allerdings müssen die meisten Abrechnungen über Kreditkarten erfolgen. Auch hier ist darauf zu achten, dass der Finanztransfer nur über eine sichere Verbindung SSL (secure socket layer) erfolgen darf.

Die Qualität der Serviceleistung muss während des Serverbetriebs immer wieder geprüft werden. Und dabei sollte die Abrufgeschwindigkeit nicht nur vom eigenen Server, sondern auch von Fremdzugängen aus getestet werden, da gegebenenfalls der Abruf vom eigenen Account schneller erfolgt als über andere Datennetze. Die wichtigsten Zugänge der Endkunden in Deutschland wie T-Online und AOL dürfen dabei nicht vernachlässigt werden.

Checkliste Webspace-Provider

Dienstleistung	Mögliche Angebote
Technische Sicherheit	Verfügbarkeit (97 %, ... 99,9 %), USV (Unterbrechungsfreie Stromversorgung), tägliches Backup
Domain-Anmeldung	Unterschiedliche Toplevel-Domains (.de, .com etc.), verschiedene virtuelle Domains in einem Servicepaket (Alias), feste IP-Adresse,, Anmeldung bei Suchmaschinen
Technische Dienste	Telnet, FTP, Anonymus-FTP
Serviceleistungen	Technische Unterstützung, 24 h x 7 d Notfallunterstützung, mehrsprachiger Support, Probebetrieb über ein bis drei Monate, Dauer der Servereinrichtung
Internetanbindung	T1 ... T3-Anbindung, redundante Anbindung (Einspeisung in mehrere Netze)
Datensicherheit	Passwort, Passwort für jedes Directory, Secure Server Access, PGP (Pritty Good Privacy), SSL (Secure Socket Layer) 2.0, 3.0
Datentransfer	Megabyte pro Monat, Hits pro Monat oder Preis pro Megabyte oder Pauschale
Plattenplatz	Megabyte Plattenplatz auf dem Server
Webstatistik	Häufigkeit der Statistik, monatlich, täglich, stündlich, in Echtzeit, Zugriff auf Rohdaten (Logfile) und Traffic-Analyse (Zugriffsgeschwindigkeit)
Server-Typ	Hardware-Plattform, Router, Betriebssystem (Unix, NT)
CGI-Zugriff	Gästebuch, Formulare, SQL, Textsuche, JavaLibrary, Mime
Software-Features	FrontPage, Webbased Control Panel, ColdFusion, Truespeach, RealAudio, Audio / Video, Javajet, ASP
Shop-Optionen	Cybercash, Einkaufskorb, Storefront, SET (Secure Electronic Transaction), Echtzeit-Kreditkarten-Bearbeitung
E-Mail	Anzahl der Adressen, automatische Beantwortung, POP3-Anmeldung, Aliasing

Tabelle 2.1: Dienstleistungen von Webspace-Providern

2.4.2 Wechsel des Webspace-Providers

Kommt man zur Entscheidung, dass die Leistung und Qualität des Webspace-Providers nicht hinreichend ist, wird die Domain abgemeldet und ein anderer Webspace-Provider, der leistungsfähiger erscheint, gewählt. Damit der Wechsel der Domain problemlos erfolgt, muss allerdings bei der Vertragserstellung genau darauf geachtet werden, dass die Kündigung fristlos oder kurzfristig möglich ist.

Bei langfristigen Verträgen, jährlich oder länger, kann es zu Verlusten kommen, da die verbleibenden Monate selten zurückerstattet werden. Im Lauf der Nutzung von Webspace-Providern wird man gegebenenfalls eine Erweiterung des Plattenplatzes benötigen. Dies muss auf jeden Fall vom Anbieter gewährleistet sein, da sonst der Internetauftritt wegen mangelnder Erweiterungsmöglichkeiten in eine Sackgasse führt. Die meisten Anbieter sind hier allerdings sehr flexibel.

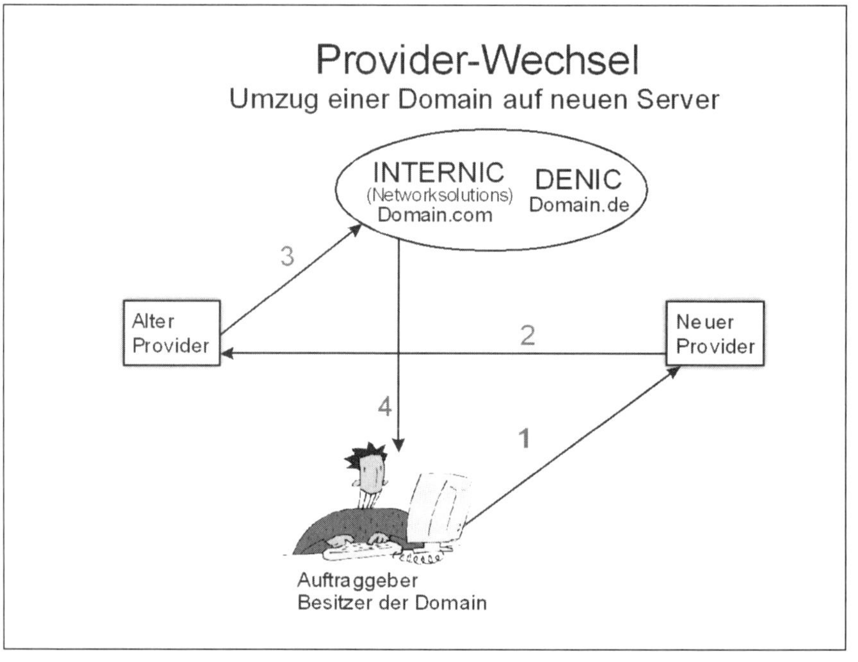

Abbildung 2.3: Der Wechsel des Webspace-Providers läuft in der Regel problemlos ab, wenn man im Besitz der Domain ist. Je nach Top-Level-Domain wird zuerst der neue Provider und anschließend der DENIC oder der alte Provider über die Änderung informiert.

Es muss sich zeigen, wie sich in Zukunft der Markt zwischen Access-Providern, Service-Providern und Webspace-Providern entwickelt. Wie alles im Internet unterliegen auch diese Gebiete einem raschen Wandel und hängen stark von der Preisentwicklung des Telekommunikationsmarktes ab.

2.4.3 Kosten der Provider

Im Folgenden soll ein einfaches Schema für die Berechnung der Kosten der Internetnutzung gegeben werden. Dazu trägt man den eigenen Bedarf für die verschiedenen Dienstleistungen in der zweiten Spalte ein und die Angebotspreise des Providers in die dritte Spalte. Damit lassen sich dann mühelos die Gesamtkosten überblicken.

Dienstleistung	Eigener Bedarf	Preis des Providers	Berechnete Kosten
Monatliche Grundgebühr für den Internetzugang			
Monatliche Telefonkosten für Standleitung/ Übertragungszeit			
Übertragungskosten pro Megabyte			
Preis pro Internetadresse			
Kosten für ISDN-Router pro Monat			
Kosten für feste IP-Adressen			
Preis pro E-Mail-Adresse			
Monatliche Grundgebühr Seitenpräsentation			
Preis pro Mbyte Festplattenplatz			
Datentransferkosten der Webseiten pro Megabyte			
Laufende Kosten pro Monat			
Summe der einmaligen Einrichtungskosten für die verschiedenen Dienste			

Tabelle 2.2: Berechnung der Providerkosten

Typische Rechenbeispiele mit 100 Stunden Online-Zeit und 5 Gigabyte Datentransfer auf der eigenen Domain liegen zurzeit bei deutschen Providern etwa um € 100 pro Monat.

KAPITEL 3

3 Domain

Die feste Adresse in der virtuellen Welt des Internets ist der Domain-Name. Obwohl es im Prinzip auch möglich ist, die Internetseiten unter einer reinen Servernummer abzulegen, ist das Anmelden eines festen Domain-Namens auf jeden Fall sinnvoll. Wer kann sich schon eine zwölfstellige IP-Adresse merken, und diese IP-Adresse kann sich auch noch ändern, wenn der Provider gewechselt wird. Nicht so beim Domain-Namen, dieser steht dauerhaft für die Internetpräsenz der Firma oder Organisation.

3.1 Domain-Vergabe

Der Name eines Internetauftritts besteht zumeist aus drei Teilen: den führenden drei Buchstaben www, dies ist die Subdomain, unter der die Webseiten präsentiert werden. Dieser Namensteil ist nicht zwingend erforderlich, wird jedoch von fast allen gewählt, und gehört somit zum tradierten Namensteil eines Internetauftritts. Er zeigt auf einen Blick an, dass es sich um eine Webadresse handelt, auf der die Firma ihre Informationen zur Verfügung stellt.

Für den zweiten Teil wird zumeist der Firmenname gewählt. Dieser ist heute leider nicht für jedes Unternehmen verfügbar, da Firmennamen innerhalb eines Landes mehrfach verwendet werden. In der Fachsprache ist dieses Problem unter der Eindimensionalität des Namensraums bekannt. Der Domain-Name darf nur aus Buchstaben, Ziffern und dem Bindestrich bestehen. Die Groß- und Kleinschreibung spielt keine Rolle, Umlaute und Sonderzeichen können nicht verwendet werden. Für den Namen sind maximal 24 Zeichen zulässig, längere Namen können nicht von allen Rechnern gelesen werden.

Der dritte und letzte Teil des normalen Domain-Namens ist die Top-Level-Domain, die als Landeskennung erscheint, in Deutschland .de, in der Schweiz .ch, in Österreich .at. Daneben gibt es die amerikanischen Kennungen .com, die weltweit beliebteste Kennung für den kommerziellen Bereich; .org und .net können ebenfalls erworben werden.

3.1.1 Finden eines geeigneten Domain-Namen

Der natürlichste Domain-Name ist der Firmenname. Daher sollte zuerst geprüft werden, ob dieser im Internet noch verfügbar ist. Für die deutsche Top Level Domain .de kann dies am einfachsten durch Abfrage der Datenbank des DENIC unter *http://www.nic.de/Domains/reservedDomains.html* festgestellt werden. Die international verfügbaren Domains mit der Endung .com können im Internet unter *http://www.internic.net/* gesucht werden. Stellt man fest, dass der ideale Name für den Webauftritt bereits vergeben ist, so gibt es mehrere Möglichkeiten, dieses Problem zu lösen.

Überprüfung der Rechtmäßigkeit

Bevor nach Namensalternativen gesucht wird, sollte auf jeden Fall geprüft werden, ob der Eigentümer des Domain-Namens diesen rechtmäßig besitzt. Es gibt nämlich zahlreiche auf Vorrat gebuchte Internetadressen, die mit dem einzigen Zweck erworben wurden, diese an den Namensinhaber teuer weiterzuverkaufen. Diese Namenspiraterie ist allerdings nicht rechtskräftig. Die Rechtsprechung entscheidet regelmäßig für die Herausgabe des entsprechenden Domain-Namens, wenn dieser nicht namensrechtlich abgesichert ist. Die reine Anmeldung bei der deutschen Namensvergabestelle DENIC führt zu keinerlei Rechtsansprüchen auf den angemeldeten Domain-Namen. Dies wird von der Vergabestelle auch ausdrücklich betont.

Nutzung einer gemeinsamen Domain

Besitzt ein anderes Unternehmen bereits den Domain-Namen, ist auch das Domainsharing möglich, d.h., die Firmen teilen sich einen Domain-Namen, und auf der Homepage stehen Links zu den einzelnen Unternehmen. In der Praxis sollten die Homepages der jeweiligen Unternehmen dann in einem Unterverzeichnis mit der Ortsangabe oder Spezialisierung erscheinen.

BEISPIEL *http://www.firma.de/autohaus* und
http://www.firma.de/immobilien

Diese Lösung erfordert allerdings genaue vertragliche Vereinbarungen über die technische Realisierung, da keine Partei auf die Datenbestände der anderen zugreifen darf. Technisch kann dies durch geeignete Serversoftware oder Proxy-Server leicht gelöst werden.

Wahl eines alternativen Domain-Namens

Sehr häufig wird der Firmenname für den Domain-Namen abgewandelt, dafür stehen zahlreiche plausible Formen zur Verfügung. Am einfachsten ist die Abkürzung des Firmennamens in drei oder vier Buchstaben. Dies hat auch den Vorteil, dass ein kurzer Domain-Name fast immer leichter zu schreiben und zu merken ist. Bietet sich keine Abkürzung an, kann der Name durch den Zusatz »online« oder »server« abgegrenzt werden. Auch die unterschiedlichen Gesellschaftsformen (AG, GmbH, Co, KG etc.) an den Firmennamen angefügt, führen häufig bereits zu einer praktikablen Lösung. Sind auch hier keine freien Namen zu erreichen, kann der Orts- oder Produktname als Zusatz versucht werden.

BEISPIEL für Abkürzungen:

http://www.wsj.com	für Wallstreet Journal
http://www.ietf.org	für Internet Engineering Task Force

BEISPIEL für zusammengesetzte Namen:

http://www.mc-consulting-gmbh.com	für die gleichlautende Marketingfirma
http://www.dm-online.de	für das Magazin DM
http://www.arbeit-online.de	für den kostenlosen Stellenmarkt
http://www.dino-online.de	für die Suchmaschine Dino

Ausweichen auf andere Top-Level-Domains

Für viele international tätige Firmen bietet es sich an, nicht oder nicht nur die Top-Level-Domain.de zu buchen, sondern die vom amerikanischen InterNIC durch seine Vertragspartner vergebene Top-Level-Domain .com. Hierbei sei allerdings bemerkt, dass dort etwa 10-mal so viele Namen bereits vergeben sind wie für .de-Domains.

Hier ist zu beachten, dass die rechtlichen Möglichkeiten zum Gewinnen einer bereits vergebenen .com-Domain sehr eingeschränkt sind, da sie dem amerikanischen Recht unterliegen und entsprechende Auseinandersetzungen vermutlich zu kostspielig und wenig Erfolg versprechend sind.

Findet sich keine .com-Domain, kann auf Domain-Namen mit der Erweiterung .org oder .net ausgewichen werden. Diese Domain-Namen sind allerdings sehr ungewohnt und werden daher von vielen sicherlich schlechter behalten als die vorgenannten .de- und .com-Domains.

Exotische Domain-Namen

Einige Staaten haben sehr sprechende Top-Level-Domains und nutzen dies, um Firmen anzulocken. So können in Island Domains unter der Bezeichnung *http://www.This.is/firmennamen* eine reizvolle Varianten sein. Der Staat Turkmenistan mit seiner Top-Level-Domain .tm suggeriert zumindest im englischen Sprachraum die Trademark, was zu einigen Domain-Namen der Form *http://www.Produkt.tm* geführt hat. Hier sei allerdings auf die hemmungslose Produktnamenpiraterie in diesem Bereich hingewiesen.

Originell ist auch die armenische Lösung mit dem Domain-Namen *http://www.I.am/Name*. Sehr preisgünstig ist das Verwenden eines etablierten Domain-Namens und die Anmietung eines Unterverzeichnisses, z.B. bei T-Online, AOL und anderen Service-Providern. Diese Lösungen sollen hier aber nicht näher diskutiert werden, da sie zumeist nur für persönliche Homepages üblich sind.

3.1.2 Vergabestellen

Die Vergabe der Domain-Namen erfolgt durch die für jede Top-Level-Domain zuständige Organisation. Dies ist in Deutschland (.de) das DENIC in Karlsruhe, eine als eG (Eingetragene Genossenschaft) geführte Untergruppe des InterNIC. Die Anmeldung der Domain-Namen erfolgt dort zumeist durch den lokalen Provider, der dem Domain-Namen auch gleichzeitig eine feste IP-Adresse zuordnet. Die Vergabe ergeht für den Fall, dass der entsprechende Name noch frei ist, innerhalb weniger Werktage und kostet eine feste Monatsgebühr von ca. € 12,50.

Näheres über die Konditionen und die bereits vergebenen Namen findet man unter der Webadresse des DENIC *http://www.denic.de*.

Internetadressen unter der Top-Level-Domain .com werden in den USA von der dort agierenden Gesellschaft InterNIC, die auch für die Domain-Bereiche .net und .org zuständig ist, vergeben.

Die Vergabe erfolgt nach amerikanischem Recht. Der Preis für die Registrierung liegt etwas unter dem der deutschen Domains und muss natürlich in Dollar beglichen werden. Die dort erworbenen Domains unterliegen dem amerikanischen Recht.

Näheres zu bereits vergebenen Namen und Preisen findet sich auf der Homepage des InterNIC *http://www.internic.net/*.

Domain-Namen in anderen Staaten werden von den jeweiligen Landesvertretungen des InterNIC vergeben. Die Vergaberichtlinien in den einzelnen Staaten sind sehr unterschiedlich, und nicht immer ist es Ausländern möglich, entsprechende Domain-Namen zu erwerben. Hinweis: Auch in Deutschland ist es ausländischen Unternehmen nur dann möglich, eine .de-Domain zu erwerben, wenn sie eine entsprechende Niederlassung in Deutschland haben. Umgekehrt spielt aber der Serverstandort, der die Daten unter einer entsprechenden Domain führt, keine Rolle. So laufen ca. 60 % der Server mit der Erweiterung .de in den Vereinigten Staaten.

3.1.3 Anmeldung der Domain

Die Anmeldung der Domain erfolgt zumeist durch den Provider, dieser ist auch der administrativ zuständige Ansprechpartner für technische Fragen. Es muss also darauf geachtet werden, dass man wirklich im Vollbesitz der Rechte für die Domain ist und nicht der Provider selbst. Die Besitzrechte spielen immer dann eine besonders große Rolle, wenn der Provider gewechselt wird. Dazu ist es nämlich notwendig, dass der Besitzer der Domain seine Zustimmung gibt. Ist die Domain im Namen des Providers eingetragen, kann dieser die Herausgabe blockieren oder zumindest verzögern, was eine kostspielige Störung für die Website bedeutet.

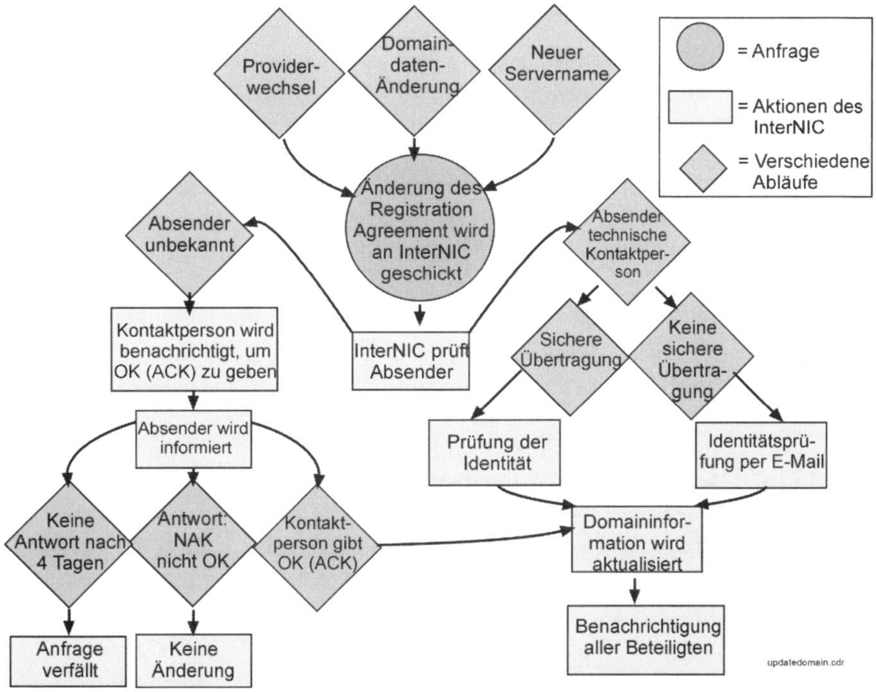

Abbildung 3.1: Immer wenn eine Änderung im Zusammenhang mit der Domain-Registrierung erfolgt, sei es ein Providerwechsel oder eine Namensänderung, muss dies bei com-Domains dem InterNIC mitgeteilt werden. Dort wird überprüft, woher die Anfrage kommt. Falls der Anfragende unbekannt ist, wird die für die Domain zuständige Kontaktperson über die Anfrage informiert und um ein Statement gebeten. Wird die Änderung abgelehnt oder nicht geantwortet, geschieht nichts, andernfalls werden die Daten auf den neuesten Stand gebracht und alle Beteiligten über den Eintrag bei InterNIC informiert. Für die Anfragen sollte immer die sichere Übertragung genutzt werden, da andernfalls Fremde auf die eigene Domain illegal Einfluss erlangen können. Die E-Mail-Identitätsprüfung ist nicht 100%ig sicher.

3.2 Domain-Recht

Für Juristen ist das Domain-Recht zwischen dem Namensrecht und den technischen Nummern und Bezeichnungen (Telefonnummern) schwer einzuordnen. In Deutschland hat sich die Rechtsprechung dahingehend entwickelt, dass die IP-Nummer einer Telefonnummer vergleichbar ist, der Domain-Name jedoch eher Bestimmungen des Namensrechts unterliegt. So wird regelmäßig entschieden, dass Besitzer von Domain-Namen, die ihrem Familiennamen entsprechen, die rechtmäßigen Eigentümer der gleich lautenden Domain sind. Im Falle mehrerer gleicher Familiennamen gilt die Regel, wer zuerst kommt, mahlt zuerst.

Unternehmensnamen

Für Unternehmensnamen ist die Situation etwas komplizierter. Dort wird der Richter nicht nur denjenigen Recht geben, die bereits im Besitz des Domain-Namens sind, sondern auch die Qualität des Unternehmens berücksichtigen, etwa Weltkonzern gegen Briefkastenfirma. Eine besondere Rolle spielen allgemeine Begriffe im Namensrecht, da diese nicht geschützt werden können. Im Zweifelsfall kann hier allerdings nur die Rechtsprechung über die Vergabe entscheiden. Dies soll das folgende Beispiel illustrieren.

Wunderliches Namensrecht

Das Wort Eltern erscheint auf den ersten Blick ein freies Wort zu sein und wurde auch so als Servername angemeldet. Bis die Zeitschrift Eltern vom Namensbesitzer die Herausgabe mit Erfolg vor Gericht erstritt. In der Begründung wird auf die überragende Bedeutung des Namens für die Zeitschrift verwiesen. Im sehr ähnlichen Fall des Wortes Freundin, das ebenfalls bereits im Internet angemeldet war, kam es zur Auseinandersetzung mit der Zeitschrift Freundin. Hier erkannten die Richter keine Notwendigkeit zur Aufgabe des Domain-Namens wegen der geringeren Bindung. Aktuelle Urteile zum Domain-Recht sind unter *http://www.denic.de/doc/recht/index.html* zu finden.

Diese Entscheidungen beziehen sich allerdings auf .de-Domains. Vergleichbare Rechtsprechung in anderen Top-Level-Bereichen ist noch schwerer nachzuvollziehen.

3.3 Webserver

Die neue Domain ist zunächst nur ein Verweis der Name-Server auf eine bestimmte Internetadresse. Technisch bedeutet dies, dass der Benutzer eines Browsers nach Eingabe dieser Adresse mit dem entsprechenden Rechner verbunden wird. Solange jedoch auf diesem Rechner noch keine Webserver-Software läuft, wird er nicht mehr als eine Fehlermeldung erhalten. Damit dies nicht so bleibt, wird ein Webserver benötigt, auf dem die Internetseiten unter dem neuen Domain-Namen für jedermann zugänglich sind.

3.4 Standort des Servers

Wo soll dieser Server stehen und welche technischen Voraussetzungen sind dazu erforderlich? Es gibt drei mögliche Serverstandorte:

- ✔ Der Server steht im Haus und ist über eine ISDN-Leitung mit dem Internet verknüpft.
- ✔ Der Server steht beim Provider und wird vom eigenen Internetzugang aus konfiguriert.

✔ Oder der Server steht an irgendeinem anderen Ort im Netz und kann über TCP/IP-Dienste gesteuert werden.

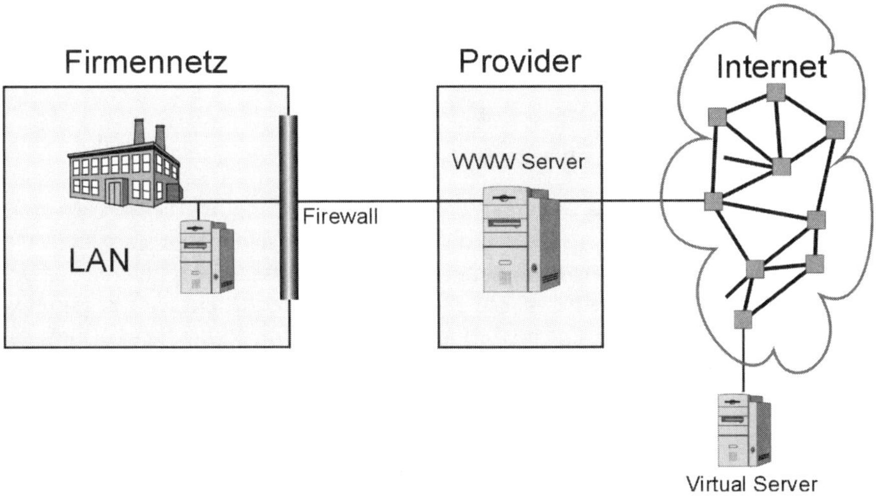

Abbildung 3.2: Die verschiedenen möglichen Standorte des Webservers. Der Server im Haus ermöglicht eine sehr gute Integration von Datenbanken. Je nach Standort, vor oder hinter der Firewall, gibt es allerdings Sicherheitsfragen zu klären. Der Server beim Provider erlaubt eine sehr schnelle Anbindung ans Internet, häufig wird auch ein virtueller Server an einem preisgünstigen Standort im Internet, etwa in den USA, gewählt.

3.4.1 Server im Haus

Damit ein stabiler Internetauftritt mit dem eigenen Webserver im Haus gelingt, muss die Hard- und Software nach den eigenen Bedürfnissen ausgewählt und konfiguriert werden.

Webserver-Hardware

Die meisten Webserver in Firmen benötigen keine besonders leistungsfähige Hardware, da die erforderliche Rechnerleistung im Wesentlichen durch den Internetzugang bestimmt wird. Ist der Webserver etwa über eine ISDN-Leitung mit dem Internet verknüpft, so müssen maximal sieben Kbyte Daten pro Sekunde in das Netz weitergereicht werden. Dies ist auch mit einfachen 386-Prozessoren realisierbar. Der Schwerpunkt bei der Hardware-Auswahl sollte daher mehr im Bereich Sicherheit und Stabilität des Systems liegen. Fällt der Server aus, ist dies nicht nur ein Verlust an Arbeitszeit, wie bei anderen Rechnern im Haus, sondern kann auch einen Imageverlust für die Firma bedeuten.

Notwendige Hardware-Komponenten

Die wichtigsten Komponenten sind also ein PC mit unterbrechungsfreier Stromversorgung und doppeltem Netzteil, das im laufenden Betrieb gewechselt werden kann. Dazu ein doppelt ausgelegtes Plattenlaufwerk und, falls nicht bereits im Rechnernetz vorhanden, ein Backup-Bandgerät zum regelmäßigen Sichern der Daten. Die Ausstattung an Monitor und Tastatur darf äußerst schlicht sein, sie dient im Wesentlichen nur zur Konfiguration des Rechners. Es ist nicht sinnvoll, an diesem Rechner die Internetseiten zu erstellen, da erfahrungsgemäß während dem Entwickeln von aufwändigen Seiten, Grafiken und Software die Stabilität des Systems gefährdet ist, was den reibungslosen Betrieb des Webservers stören kann.

Erforderliche Prozessorleistung

Die Anforderungen an die Prozessorleistung bei Webservern steigen nur dann bedeutend an, wenn auf dem Webserver neben den statischen Webseiten dynamisch Information generiert werden muss. Während eine statische Webseite nur von der Festplatte gelesen und an den Client weitergeleitet wird, erfordert die Benutzung von Active Server Pages (ASP) die Bearbeitung des Dokuments, das im unfertigen Zustand auf der Festplatte liegt, durch die Webserver-Software. Ähnlich verhält es sich mit der Abfrage von Datenbankinformationen. Hier wird auf der Servermaschine sowohl die Datenbank abgefragt, als auch eine Internetseite generiert. Dies kann insbesondere bei komplexen Datenbankabfragen zu enormem Bedarf an Rechenleistung führen.

Bei der Verwendung von interaktiven Informationen ist neben der reinen Prozessorleistung auch ein guter Ausbau der RAM-Speicherkapazität sinnvoll, damit alle Daten im Hauptspeicher gehalten werden können. Als Faustregel kann 64 Mbyte plus die Größe der Website und der Datenbank gelten.

Anmerkung: Da die Hauptaufgabe des Webservers in der Ausgabe von Dateien von der Festplatte an das Internet besteht, hier ein kleiner Vergleich: Das Auslesen eines beliebigen Bytes von Festplatte benötigt ca. 10 Millisekunden (ms), das Auslesen eines Bytes vom Hauptspeicher liegt im Bereich von 10 Milliardstel Sekunden (ns). Damit ist die Festplatte eine Million Mal langsamer als der Hauptspeicher.

3.4.2 Netzanbindung

Zwischen dem Webserver und dem Internet muss eine Verbindung bestehen. Dies kann im einfachsten Fall eine ISDN-Wählverbindung sein, die immer dann aktiviert wird, wenn jemand auf die Informationen zugreifen will. Dazu ist es allerdings erforderlich, dass der Provider die Anfragen entsprechend weiterleitet. Technisch wird dazu auf dem ISDN-D-Kanal ein entsprechendes Signal an den Server geschickt, der daraufhin den Provider anwählt und eine normale ISDN-Verbindung herstellt. Die Kosten der Verbindung trägt dann der Betreiber des Webservers. Diese Lösung ist für schwach genutzte Server sicherlich ausreichend, doch bei mehr als ca. zwei Stunden Abfrage pro Tag wird der Einsatz einer Standleitung zum Provider sinnvoll. Hierbei sei allerdings auf die hohen Anfangskosten bei der Anmietung einer Standleitung verwiesen, deren Kosten sich aber im Zusammenhang mit der firmenweiten Internetnutzung rasch amortisieren können.

Dynamischer Ausbau

Wächst der Datenverkehr weiter an, kann die Standleitung weiter ausgebaut werden, von der ursprünglichen Kapazität 64 Kbit/sek in gleich großen Schritten bis zu einer Primärmultiplexleitung mit etwa 2 Megabit/sek. Dies entspricht 30 ISDN-Kanälen. Ein weiterer Ausbau ist mit dem normalen Telefon-Kupfer-Kabel nicht möglich, da, physikalisch bedingt, auf diesen Leitungen nicht mehr Signale mit der ISDN-Technik transportiert werden können. Die Tarifstruktur für diese großen Bandbreiten ist erheblich günstiger und kann mit den lokalen Telefongesellschaften entsprechend ausgehandelt werden. Neben der Leitungsqualität zwischen Serverstandort und Einwahlknoten zum Provider ist natürlich darauf zu achten, dass die entsprechende Datenmenge auch an das Internet weitergegeben wird. Dies erfordert sorgfältige Planung in Zusammenarbeit mit dem Provider und Buchung der notwendigen Kapazitäten.

3.4.3 Webserver-Software

Das Betriebssystem für Webserver

Für den Webserver bieten sich zwei Betriebssystemplattformen an. Zum einen die im Internetbereich sehr erfolgreiche UNIX/Linux-Umgebung und zum anderen die im Geschäftsleben weit verbreitete Windows-NT-Serverplattform. Bei großen Datenmengen, hohem Datendurchsatz und besonderen Anforderungen an Stabilität und Sicherheit des Systems sollte eine Unix-Plattform bevorzugt werden.

Liegt der Schwerpunkt bei einfacher Konfigurierbarkeit und Kompatibilität zu bereits vorhandener Software wie Datenbanken und Webseitenmanagement-Software, fällt die Wahl eher auf das Betriebssystem Windows NT. Auch wenn prinzipiell ein Webserver unter den Betriebssystemen Windows 95/98 lauffähig ist, kann hier keine vergleichbare Systemstabilität und Sicherheit erreicht werden, da diese Betriebssysteme nicht für solche Anforderungen ausgelegt sind.

Arbeitsweise der Webserver-Software

Die Grundaufgabe eines Webservers besteht darin, auf eine Anfrage des Webbrowsers die passende Seite von der eigenen Festplatte zu lesen und an den Browser zu senden. Der technische Ablauf wurde bereits im Kapitel HTTP-Protokoll geschildert. Die Server-Software muss dazu nur still im Hintergrund laufen und auf eine Anfrage des TCP/IP Port 80 (HTTP) achten. Diese einfache Leistung wird heute durch viele Sonderfunktionen, die der komfortablen Serverwartung, der Sicherheit und der Beschleunigung des Datenverkehrs dienen, erweitert, wodurch sich die Webserver-Software zu einem sehr komplexen Produkt entwickelt hat. Hatten die ersten Webserver nur wenige Hundert Zeilen Programmcode, so benötigen aufwändige Implementationen heute bis zu hundert Megabyte.

Die Konfiguration eines Webservers

Für den Betrieb des Webservers stehen zahlreiche leistungsfähige Software-Pakete zur Verfügung, von denen immer noch einige kostenlos aus dem Internet bezogen werden können.

Der Apache-Server

Die am weitesten verbreitete Software für Webserver ist der Apache-Server, der kostenlos im Internet erhältlich ist. Kostenlos bedeutet hier nicht leistungsschwach, eher gewöhnungsbedürftig. Die Apache-Software ist sowohl für UNIX-Server, NT-Rechner als auch für Macintosh verfügbar, dort heißt die Software aber Webten 2.0 und kostet ca. DM 900. Weitere Informationen zur Webten unter *http://www.tenon.com.*

Wird der Apache-Server im Quellcodeformat aus dem Internet geholt, so müssen zuerst lauffähige Programmmodule erzeugt werden. Dazu wird zuerst mit »Configure« ein passendes Makefile für den C-Compiler erstellt, mit diesem Makefile wird dann der C-Compiler aufgerufen, der den tatsächlichen lauffähigen Programmcode erzeugt. Das lauffähige Programm muss dann mit dem Befehl »apachectl start« gestartet werden. Davor sollten allerdings alle anderen Konfigurationsfiles richtig eingestellt sein.

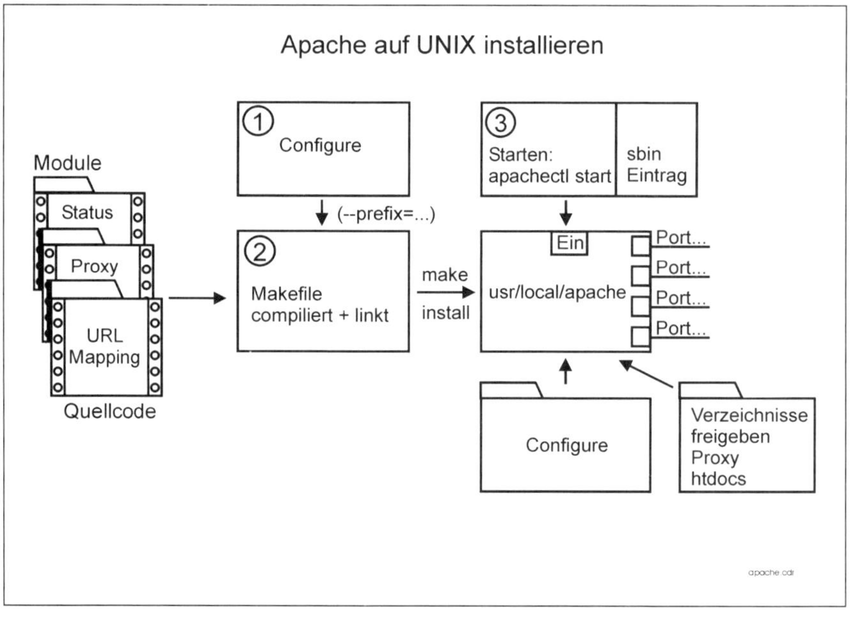

Abbildung 3.3: Die Quellcodemodule können bei Apache völlig individuell angepasst werden.

Die Konfiguration des Apache-Servers wird vollständig über Konfigurationsfiles durchgeführt, das bedeutet: Der Webmaster muss sich genau mit den einzelnen Einstellungen in der Konfigurationsdatei `httpd.conf` auseinander setzen. Er hat dann aber die Möglichkeit, die Einstellungen seines Servers genau zu kennen, was bei Menü-orientierten Konfigurationsverfahren zumeist nicht vollständig gewährleistet ist.

Ausschnitt aus dem Apache-Konfigurationsfile httpd.conf:

```
...
# Unix platforms.
ServerType standalone
#
# ServerRoot: The top of the directory tree under
# which the server's
# configuration, error, and log files are kept.
# Do NOT add a slash at the end of the directory
# path.
ServerRoot "/usr/local/apache"
#
# PidFile: The file in which the server should
# record its process identification number when it # starts.
PidFile /usr/local/apache/logs/httpd.pid
```

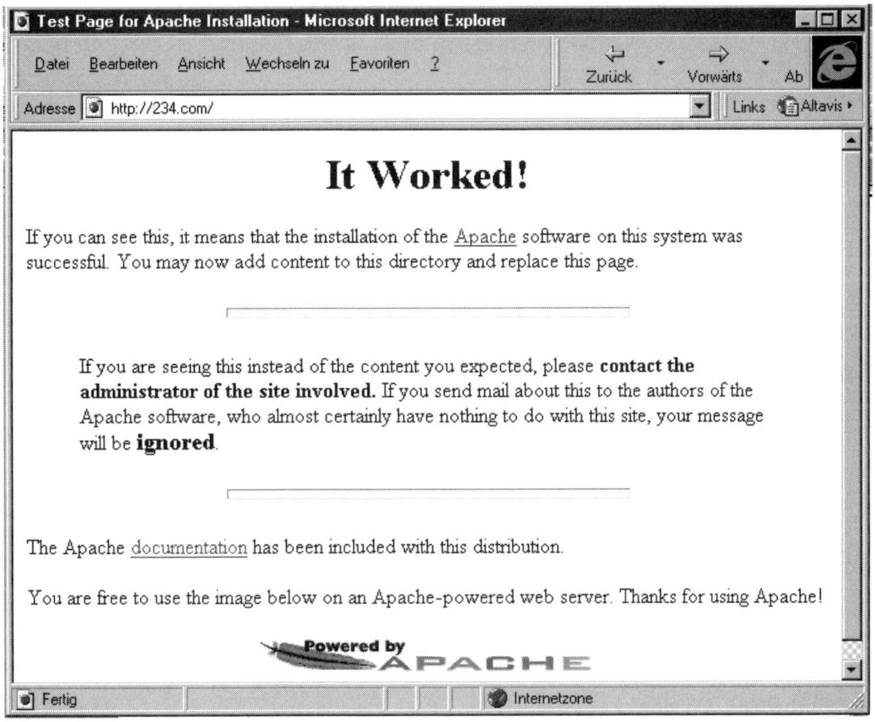

Abbildung 3.4: Die Installation des Apache-Webservers erfolgt mit Konfigurationsfiles, die in der Dokumentation gut erklärt sind. Hat der Webmaster dies gemeistert, erscheint der erlösende Bildschirm. Danach geht es an das Seitenerstellen.

Neben den Grunddiensten gibt es für den Apache-Webserver zahlreiche Zusatzprogramme, mit denen Datenbanken angesprochen werden. Besonders ausgeprägt ist die Möglichkeit, Zugriffsrechte für einzelne Seiten präzise zu vergeben.

Die Apache-Version für Windows NT basiert auf den gleichen Quellen wie die UNIX-Version, wird zurzeit aber nur als Beta-Version angeboten und ist nach Angaben der Hersteller, »The Apache Project«, bezüglich der Systemsicherheit nicht so zuverlässig. Die Konfiguration erfolgt auch für die Windows-NT-Umgebung anhand von Konfigurationsfiles.

Die Version für den Macintosh lässt sich über den Browser konfigurieren, das Macintosh-eigene Betriebssystem beschränkt allerdings die Möglichkeit der Vergabe von Zugriffsrechten.

Weitere Hinweise zum Apache-Webserver unter *http://www.apache.org.*

Microsoft Information Server

Ein weiterer kostenloser und sehr leistungsfähiger Webserver ist der Microsoft Information Server 4.0, wie er mit der Windows-NT-4-Server-Software mitgeliefert wird. Seine Stärken liegen in der guten Integration in das Windows-NT-Betriebssystem und den vielen Programmierschnittstellen zu CGI, Java, Java-Servlets, Visual Basic Script und Active Server Pages.

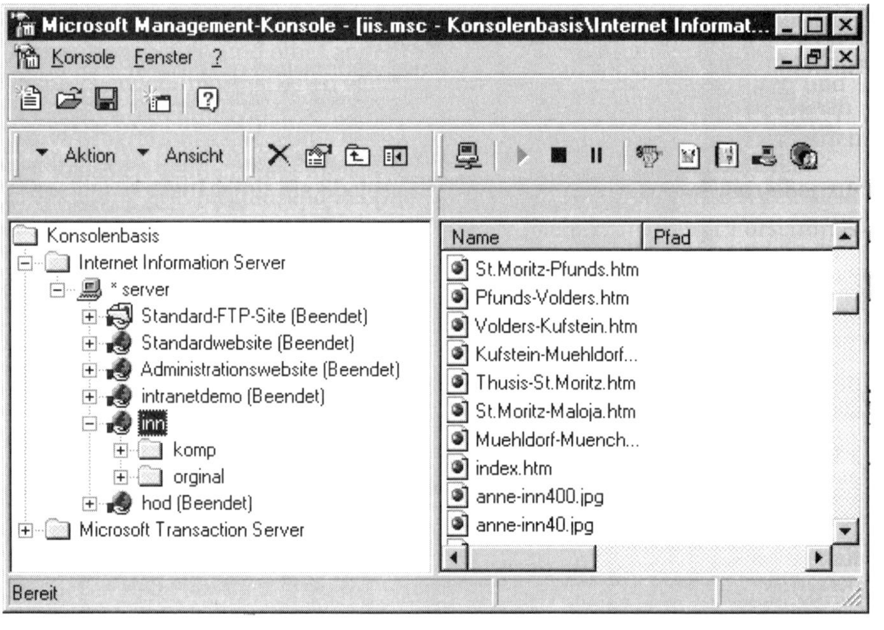

Abbildung 3.5: Die Microsoft Management-Konsole ist die Steuerzentrale für verschiedene Serverdienste, darunter Webserver und FTP-Server. Start, Stopp und Pause eines Dienstes erfolgen über Schaltflächen wie bei einem Kassettenrecorder.

Die Konfiguration des Internet Information Servers erfolgt über die Microsoft Management-Konsole (MMC), damit lassen sich alle Eigenschaften des HTTP- und FTP-Dienstes verwalten. Die Benutzergruppen aus Windows NT können weiterverwendet werden.

Die Verwaltung eines bestimmten Webservers erfolgt über die Einstellung der Eigenschaften des jeweiligen Servers. Unter den entsprechenden Karten kann eine sehr detaillierte Konfiguration erfolgen, allerdings ist es schwierig, eine Gesamtübersicht zur aktuellen Konfiguration zu erhalten.

Die wichtigsten Punkte in der Konfiguration sind:

- ✔ IP-Adresse des Servers
- ✔ Port des Webservers, Standard ist 80
- ✔ Basisverzeichnis, dort liegen die Webseiten
- ✔ Defaultdokument, index.html oder default.htm ist üblich
- ✔ Zugriffsrechte in den Verzeichnissen
- ✔ Format des Protokolls, auch als Logfile bezeichnet

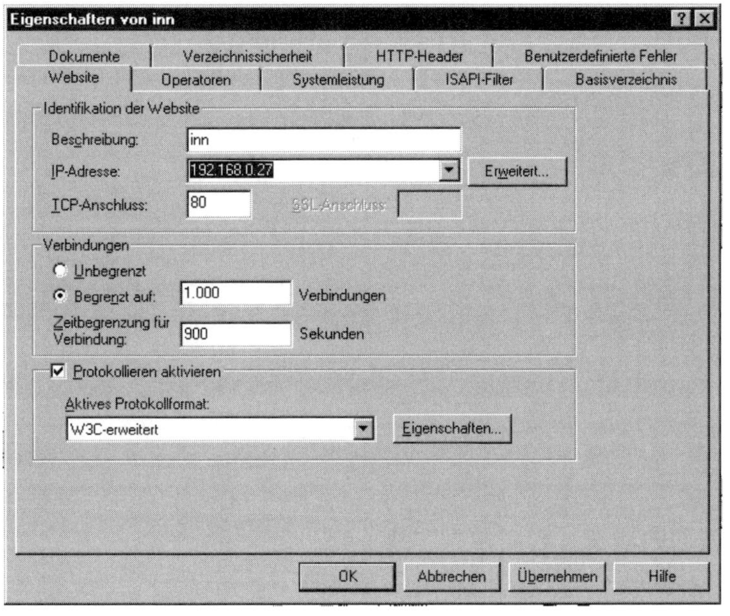

Abbildung 3.6: Das Eigenschaften-Fenster: Für jeden einzelnen Webserver können die individuellen Eigenschaften separat konfiguriert werden. Die Default-Einstellungen mit 1.000 Verbindungen dürften aber für kleinere Web- oder FTP-Server sicherlich in der Praxis weit zu hoch liegen.

Die Konfiguration eines FTP-Servers erfolgt ähnlich wie beim Webserver. Der Unterschied liegt in einer viel kleineren Zahl von möglichen Einstellungen, da der FTP-Dienst nicht so komplex wie der HTTP-Dienst des Webservers ist. Die Default-Einstellungen mit 1.000 Verbindungen dürften aber für kleinere Web- oder FTP-Server sicherlich in der Praxis weit zu hoch liegen.

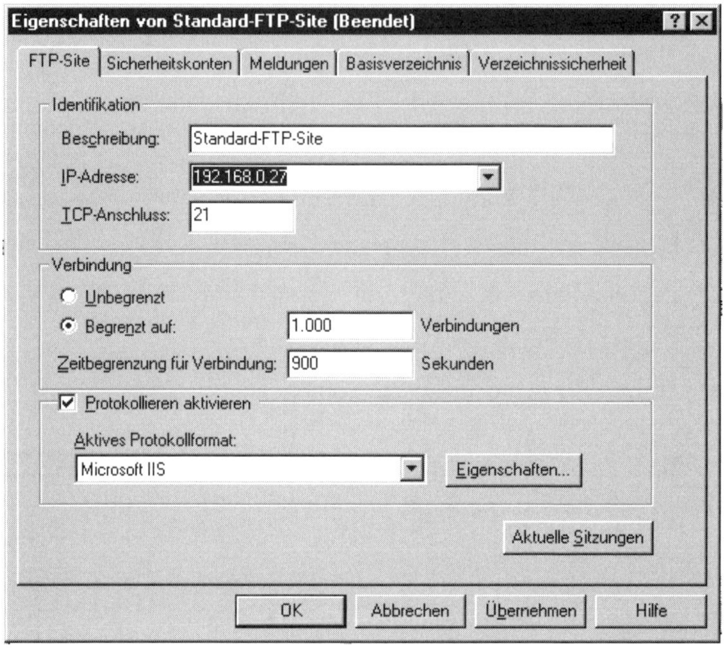

Abbildung 3.7: Eigenschaften des FTP-Servers, wie sie über die MMC aus zugänglich sind.

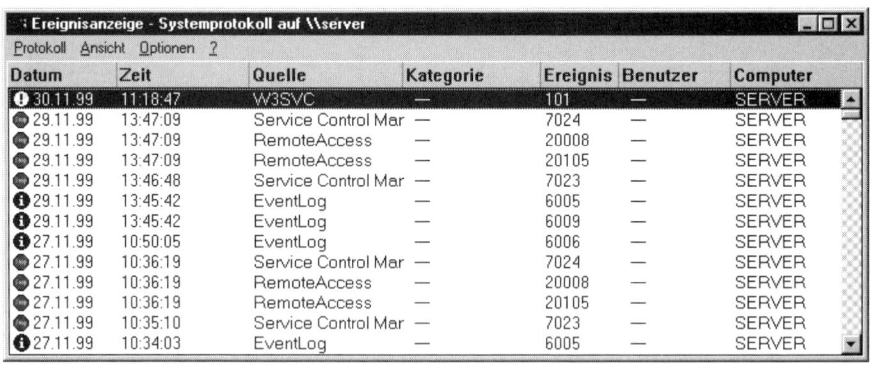

Abbildung 3.8: Die verschiedenen Ereignisse des IIS werden ausführlich protokolliert.

Weitere Hinweise unter *http://www.microsoft.com/iis.*

Netscape Enterprise Server

Wie alle Netscape-Produkte sticht der Webserver von Netscape durch seine Unabhängigkeit vom Betriebssystem hervor. Er ist für nahezu alle UNIX- und NT-Versionen verfügbar. Die Administration ist über HTML-Seiten möglich und kann somit von jedem Browser aus erfolgen.

Der Server bietet umfassende Möglichkeiten zur Datenbankanbindung, für die sichere Zugriffsverwaltung und die Datenübertragung. Allerdings ist der Netscape-Server nicht kostenlos, der Preis liegt bei ca. € 1.500.

Mehr Information dazu im Internet unter *http://www.netscape.com.*

Weitere Webserver

Neben den bereits kurz vorgestellten gibt es zahlreiche weitere Webserver mit speziellen Eigenschaften, die in der Praxis ausschlaggebend sein können. So arbeitet der Javaserver 1.1 von Sun mit der Programmiersprache Java und ist somit völlig systemunabhängig (sofern Java auf dem System läuft). Detaillierte Hinweise findet man dazu bei Sun Microsystems unter *http:// java.sun.com.*

Der Go Webserver von Lotus ist für die Intranet-Umgebung von Lotus Notes optimiert und arbeitet mit dem Internet Connection Secure Server (ICSS) von IBM. Informationen im Internet unter *http://www.lotus.com.*

3.4.4 Domain Name Server (DNS)

Der Domain Name Server liefert auf Anfrage durch den Browser für jeden Domain-Namen die dazugehörige IP-Adresse. Betreibt man im Haus mehrere Webserver unter eigenen Subdomain-Namen, etwa info.firma.de, verkauf.firma.de, service.firma.de, so muss ein Name-Server im Haus für die Zuordnung der IP-Adressen installiert werden. Dazu wird die Name-Server-Software auf einem stabilen, am Internet angebundenen Rechner eingerichtet und die IP-Adresse dieses Name-Servers dem DENIC (bei .com-Domains dem InterNIC) mitgeteilt, damit entsprechende Anfragen korrekt weitergeleitet werden. Viele Webserver haben die Domain-Name-Server-Funktionalität fest integriert.

Checkliste für die Server-Software

- ✔ Serverplattformen
  Die Webserver-Software muss natürlich auf dem vorhandenen Betriebssystem laufen, da ein Betriebssystemwechsel nicht nur aufwändig ist, sondern auch entsprechend ausgebildetes Personal erfordert. Dies grenzt die Webserverauswahl immer entscheidend ein.
- ✔ Unterstützte Dienste
  Viele Webserver können neben dem reinen HTTP-Protokoll zusätzlich das Filetransfer-Protokoll (FTP), oder können sogar als E-Mail-Server eingesetzt werden. Dies ist immer dann vorteilhaft, wenn mehrere Dienste gleichzeitig angeboten werden sollen.

- ✔ Datenbankanbindung
  Soll neben den reinen Webseiten auch eine Datenbankabfrage ermöglicht werden, muss die Server-Software über die entsprechenden Schnittstellen verfügen. Besonders leistungsfähig ist dabei ODBC (Open Database Connector) oder JDBC (Java Database Connector). Weitere Schnittstellen können häufig auch über Drittanbieter bezogen werden.
- ✔ Programmierschnittstellen
  Will man auf dem Webserver selbst entwickelte Dienste laufen lassen, muss es entsprechende Schnittstellen zu den verschiedenen Server-seitigen Programmsystemen geben. Praktisch alle Server bieten die CGI-Schnittstelle. Sinnvoll ist häufig auch eine Java- und JavaScript-Umgebung und eine Visual-Basic-Schnittstelle.
- ✔ Secure Socket Layer (SSL)
  Für die sichere Datenübertragung zwischen Client und Server muss SSL implementiert sein. Die Version SSL 2.0 gewährleistet nur eine Server-Authentifizierung, mit SSL 3.0 ist es auch möglich, den Client sicher zu erkennen (notwendig für Banking und E-Commerce-Anwendungen).

3.4.5 Sicherheitsaspekte

Das Aufstellen des Webservers im eigenen Firmennetz stellt immer ein Sicherheitsrisiko dar, da jeder mit dem Internet Verbundene auf diesen Rechner Zugang hat und sich dort die Webseiten holen kann. Ein Sicherheitsproblem entsteht immer dann, wenn nicht nur die gewünschten Informationen abgerufen werden, sondern auch firmeninterne, nicht öffentliche Informationen abrufbar sind oder der Server von außen manipuliert werden kann. Mehr zu Sicherheitsfragen steht in Kapitel 9.

Konfiguration der Anbindung

Die sicherste und einfachste Methode, dies zu unterbinden, ist die völlige Abtrennung dieses Webservers vom Firmennetz und die direkte Anbindung des Webservers über eine ISDN-Leitung zum Internet. Damit sind auf jeden Fall nur Informationen auf dem Server gefährdet, ein weiter gehendes Eindringen über den Webserver ins Firmennetz ist unmöglich. Diese Lösung ist zwar sehr sicher, aber auch unkomfortabel, zumeist werden Alternativen angestrebt. Dazu wird der Webserver so konfiguriert, dass wirklich nur die reinen Serverdienste über das HTTP-Protokoll ansprechbar sind, alle anderen Internetdienste wie TELNET und E-Mail werden explizit ausgeschaltet, was entsprechende Einstellungen in der Konfiguration von UNIX (Abschalten der Demons für Mail, TELNET etc.) erfordert.

Schreib- und Leserechte

Um den Server vor Manipulationen durch die Aktivierung von CGI-Programmen zu schützen, ist es wichtig, dass kein Außenstehender Schreibrechte auf das Verzeichnis mit der CGI-Software (cgi-bin) besitzt. Andernfalls könnte ein Hacker sein Programm in dieses Verzeichnis spielen und entsprechende Störungen durch einen Programmstart über das Internet auslösen.

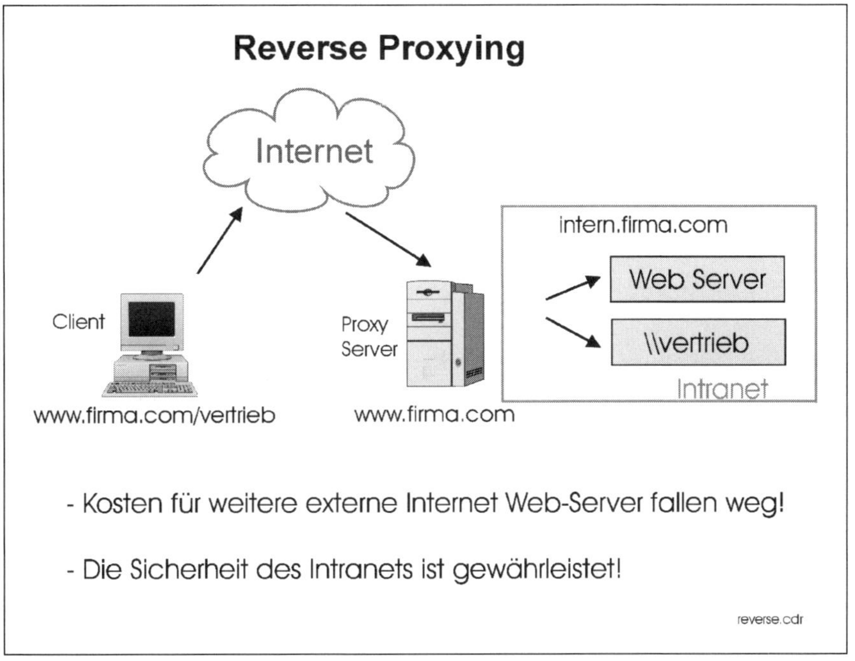

Abbildung 3.9: Werden im Haus ein oder mehrere Webserver betrieben, ist der Einsatz eines Reverse-Proxy-Servers zu empfehlen. Für den Client scheinen alle Webdaten von einem Server zu kommen und nur in verschiedenen Unterverzeichnissen zu liegen. Zusätzlich bietet diese Technologie einen guten Schutz vor Hackerangriffen, da diese nur mit dem Server kommunizieren und nicht in das Firmennetz eindringen können.

Bei der Verwendung mehrerer Server im Haus oder wenn die Webserver aus technischen Gründen im Firmennetz eingebunden sein müssen, z.B. für Datenbankabfragen, ist das Vorschalten eines Reverse Proxy Servers ein ausgezeichneter Schutz vor Eindringlingen. Die tatsächlichen IP-Adressen der Webserver sind nämlich von außen nicht ansprechbar, sondern die gesamte Kommunikation läuft über den Proxy-Server. Die notwendige Proxy-Server-Software ist zumeist auf Angriffe von außen gut vorbereitet und kann somit das System gut schützen (Firewall-Systeme).

3.4.6 Server beim Provider

Eine Alternative zum Server im Haus ist das Aufstellen des Webservers beim Provider. Die wesentlichen Vorteile liegen in der guten Netzanbindung. Man spart sich die Standleitung zum Provider und zugleich ist der Webserver vom Firmennetz entkoppelt. Wird beim Provider eigene Hardware aufgestellt, so spricht man von »Server Housing«. Der Server ist dann weiterhin Eigentum des Betreibers, der auch die gesamte Verantwortung für Wartung und Software auf diesem Rechner trägt. Diese Dienstleistung ist deutlich teurer als die wesentlich häufiger genutzte Methode des virtuellen Webservers. Nur sie bietet allerdings den Vorteil einer maßgeschneiderten Konfiguration bezüglich Betriebssystem und eigener Software-Entwicklung.

Die meisten Webserver im Internet sind virtuelle Server, die auf den leistungsfähigen Maschinen der Provider laufen. Hier hat der Betreiber des Servers nur begrenzten Einfluss auf die Software-Konfiguration, allerdings zumeist mit dem großen Vorteil, dass der Webserver professionell konfiguriert und betreut wird. Die entsprechenden Dienstleistungen umfassen neben der Netzanbindung regelmäßiges Backup, unterbrechungsfreie Stromversorgung, mehrfache und alternative Verbindungen zum Internet, garantierte Verfügbarkeit und Einbruchsicherheit.

Einen besonderen Sicherheitsvorteil hat der virtuelle Server beim lokalen Internet-Provider, da bei korrekter Konfiguration Änderungen an den Webfiles nur durch Einwahl über die freigeschaltete ISDN-Nummer möglich sind. Die Manipulation der Daten über das Internet wird damit fast völlig ausgeschlossen.

3.4.7 Server bei Webspace-Providern

Eine preisgünstige und wartungsarme Alternative für die Präsentation der Internetseiten ist das Anmieten von Webspace bei einem Webspace-Provider. Dieser übernimmt die Konfiguration und Anmeldung der Domain. Näheres zu Service und Dienstleistungen findet sich im Kapitel 2.

3.5 Installation des Webservers

Die Installation des Webservers hängt natürlich vom jeweiligen Betriebssystem und auch von der ausgewählten Serversoftware ab. Die einzelnen Schritte sind jedoch sehr ähnlich und sollen immer am Beispiel des Internet Information Servers von Microsoft vorgestellt werden, der bereits mit der Windows-NT-Serversoftware (er ist nicht in der Windows NT Workstation enthalten) mitgeliefert wird.

3.5.1 Installation der Software

Die Installation beginnt, nach Zustimmung zu den Software-Lizenzen, mit der Einstellung der einzelnen Setups. Bei der Verwendung des Apache-Webservers kann erst nach Kompilieren der einzelnen Programmkomponenten mit der eigentlichen Installation begonnen werden. Beim Internet Information Server muss man sich zunächst festlegen, welche Internetservices installiert werden sollen. Zur Auswahl stehen:

- Internet Service Manager
- World Wide Web-Service
- FTP-Service
- ODBC Drivers
- Beispielfiles
- Internet Explorer

Für die Präsentation der Webseiten würde prinzipiell die Aktivierung des WWW-Service genügen, sollen jedoch von anderen Rechnern aus Daten an den Webserver gesendet werden, ist der FTP-Service sehr nützlich. Die Dienste des ODBC Drivers benötigt man zum Anbinden von Datenbanken. Ist dies nicht geplant, so kann man diesen Dienst weglassen, da jeder zusätzliche Dienst das System belastet. Die Installation eines Gopher-Service ist heute nicht mehr sinnvoll, da diese Technik praktisch aus dem Internet verschwunden ist.

3.5.2 Konfiguration des IIS

Der Internetserver ordnet immer ein Verzeichnis auf der Festplatte dem Root der Website zu. Das bedeutet, Files, die in diesem Verzeichnis stehen, erscheinen direkt unter dem Domain-Namen des Webservers.

BEISPIEL Wird das Verzeichnis `c:/Daten/wdok/` als Rootverzeichnis für den Webserver gewählt, so erscheint nach Eingabe der Internetadresse *http://www.firma.de/homepage.html* das File `homepage.html` aus dem Verzeichnis `c:/Daten/wdok`.

Dieses Rootverzeichnis muss sowohl für den Webserver als auch für den FTP-Server und ggf. Gopher-Server festgelegt werden. Häufig wählt man das gleiche Verzeichnis für FTP und Webserver, damit die Übertragung der Daten leichter nachvollziehbar ist. Für die Sicherheit der Files auf der eigenen Festplatte ist bemerkenswert, dass niemand von außen ein Verzeichnis unterhalb des Rootverzeichnisses erreichen kann. So ist das Verzeichnis `c:/daten/privat` nicht über den Webserver zugänglich. Speziell bei der Benutzung des Internet-Information-Server (IIS)-FTP-Dienstes muss zunächst der NT-eigene FTP-Dienst abgeschaltet werden, worauf die Startroutine automatisch hinweist.

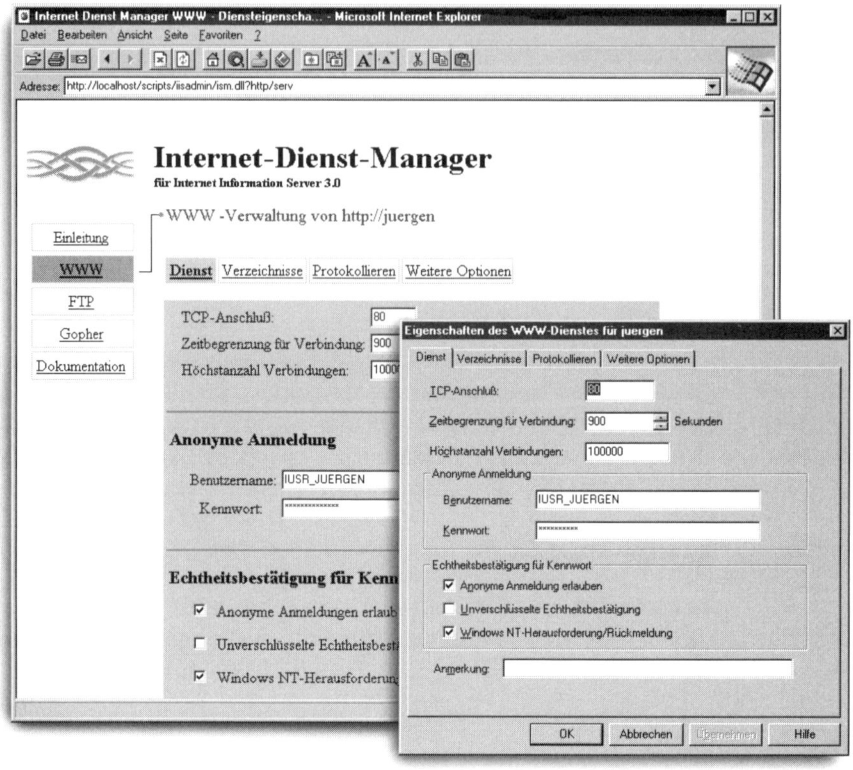

Abbildung 3.10: Der Internet Information Server 3 lässt sich entweder direkt über einen Webbrowser konfigurieren, dazu muss allerdings der Internet Service Manager aktiviert sein oder man nutzt zur Konfiguration der verschiedenen Internetdienstleistungen die üblichen Windows-Panels. Diese sind zumeist etwas übersichtlicher, können jedoch nur am lokalen Rechner aufgerufen werden.

3.5.3 Verzeichnisstruktur

Die Grundkonfiguration des Webservers ist im Prinzip sehr einfach. Was dem Webmaster jedoch bei der Realisierung eines großen Internetauftritts Kopfzerbrechen bereitet, ist die detaillierte Organisation der vielen Verzeichnisse. Dabei hat er die Möglichkeit, nicht nur neue Verzeichnisse auf der Festplatte in den Server einzubinden, sondern auch jedes Verzeichnis mit unterschiedlichen Zugriffsrechten sowohl für den Filetransfer-Prozess als auch für den Internetzugriff einzurichten. Hier empfiehlt es sich, die Verzeichnisstruktur dadurch übersichtlich zu halten, dass zu jedem Thema nur ein Unterverzeichnis angelegt wird, und die FTP- und Webverzeichnisse synchron geführt werden.

Protokolldateien

Der Betrieb des Servers wird in den Logfiles ausführlich dokumentiert. Da jeder einzelne File-Zugriff eine einzelne Zeile im Logfile generiert, sollte sorgfältig geplant werden, über welche Zeiträume ein Logfile aufgezeichnet wird. Häufig zeigt sich, dass der Monatsrhythmus bei ausreichender Festplattenkapazität für die statistische Auswertung am aussagekräftigsten ist. Eine Spezialität des IIS ist die Möglichkeit, die Log-Daten direkt in eine Datenbank einzuspielen. Dies ist bei intensiver statistischer Auswertung interessant, erfordert aber die Aktivierung der ODBC-Funktion im Server. Die Standard-Logfiles können mit allen marktüblichen Webstatistik-Paketen analysiert werden.

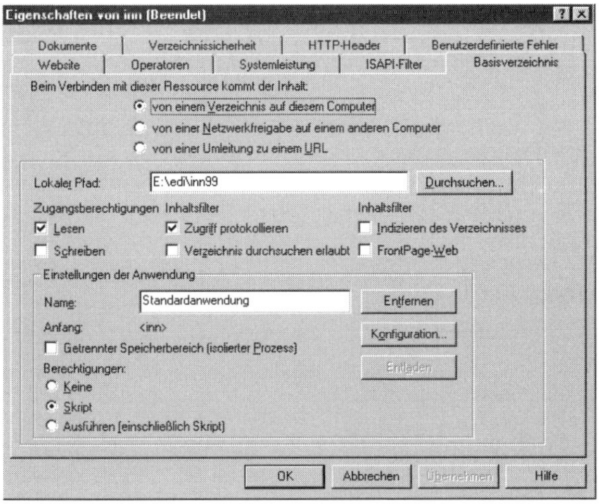

Abbildung 3.11: Das Konfigurationsfenster für das Basisverzeichnis. Der lokale Pfad gibt das Verzeichnis an, das beim Aufrufen der Website aus dem Internet erscheint (bei Apache-Servern ist dies zumeist das Index.html-File).

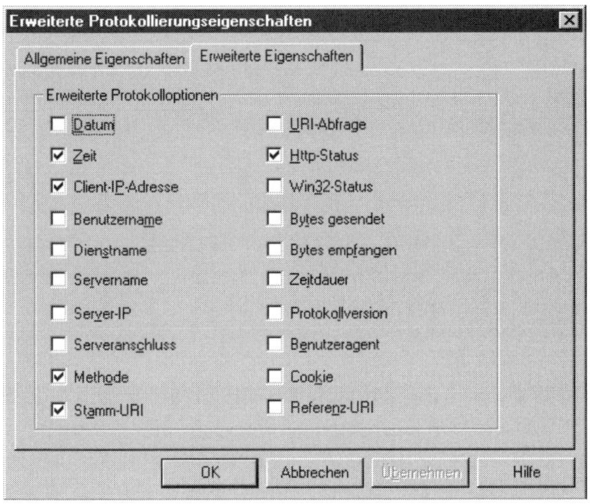

Abbildung 3.12: Die Protokolldienste des Internet Information Servers sind ungewöhnlich umfangreich und können den eigenen Bedürfnissen genau angepasst werden. Das Logfile sollte jedoch nicht in ein öffentlich zugängliches Verzeichnis geschrieben werden, da dies aus Datenschutzgründen problematisch ist.

3.5.4 Datenformate für das Internet

Im Internet können prinzipiell beliebige Datenformate ausgetauscht werden, wobei es für ältere E-Mail-Programme die Einschränkung gibt, dass nur die ersten sieben Bits eines Bytes übertragen werden. Dies führt natürlich dazu, dass »normale Dateien« völlig defekt ankommen. Man hat daher eine genaue Regelung für die Übertragung von Binärdaten bei E-Mails getroffen und als Multipurpose Internet Mail Extension (MIME) eingeführt.

Die Beschreibung für die verschiedenen MIME-Typen aus der E-Mail wurde für das HTTP-Protokoll übernommen, daher wird es hier genauer vorgestellt. Zunächst werden alle erdenklichen Dateien in sieben verschiedene Grundtypen eingeteilt, das sind:

- ✔ Application (Anwendung)
- ✔ Audio (Töne)
- ✔ Image (Bilder)
- ✔ Message (Mitteilung)
- ✔ Multipart (zusammengesetzt)
- ✔ Text (ASCII-Dokumente)
- ✔ Video (Film)

Jeder der Datentypen ist weiter untergliedert, damit der empfangende Rechner genau weiß, welche Software die Daten wiedergeben soll. Bei der Übertragung zwischen Browser und Webserver kann der Browser dem Server mitteilen, welche Dokumenttypen akzeptiert werden. Werden etwa alle Textdateien angenommen, so lautet der Befehl im Clientheader: `accept: text/*`

Werden nur HTML-Seiten angenommen, lautet der Befehl: `accept: text/html`

Der Webserver schickt jedem Dokument eine Mitteilung über das Dokumentformat voraus.

BEISPIEL Übergibt der Server ein gif-Bild, steht in der Kopfzeile `"content-type: image/gif"`. Damit weiß der empfangende Browser unabhängig von der Filenamen-Erweiterung, um welches Dateiformat es sich handelt.

Die aufzurufende Anwendung, falls nicht vom Browser selbst ausgewertet wird, steht in einer Tabelle in der Browser-Software, die bei Netscape unter Bearbeiten/Einstellungen/Navigator/Anwendungen aufgerufen werden kann.

Der Administrator des Webservers muss natürlich dafür sorgen, dass jedes Dokument mit dem richtigen MIME-Typ in Verbindung steht. Dazu kann er in der Webserver-Konfiguration für jede Dateierweiterung den dazugehörigen MIME-Typ zuordnen, im IIS findet man die Einstellung unter Eigenschaften/

HTTP-Header/Dateitypen, im Apache sind die Zuordnungen im Konfigurationsfile mime.types eingetragen. Für die Standarddateien ist dies zumeist vorab richtig eingestellt.

Wird ein völlig neues Dateiformat eingeführt, so kann dies mit einem Untertyp bezeichnet werden, der allerdings mit x beginnt, nach dem Bindestrich den abgekürzten Firmennamen zeigt und nach einem weiteren Bindestrich den neuen Dateitypen.

BEISPIEL Die Firma Silicon Graphics hat ein eigenes Film-Format entwickelt, der zugehörige MIME-Typ heißt daher: `video/x-sgi-movie`.

3.5.5 Sicherheitseinstellungen

Der Betrieb eines Webservers ist immer ein gewisses Risiko, da er, falls er in das Firmennetz eingebunden ist, einen Übergang zwischen dem weiten Internet und dem hausinternen Datennetz herstellt. Der Webmaster muss daher, unter Berücksichtigung der Schutzbedürfnisse anderer, sorgfältig auf die Zugangsbeschränkung am Server achten.

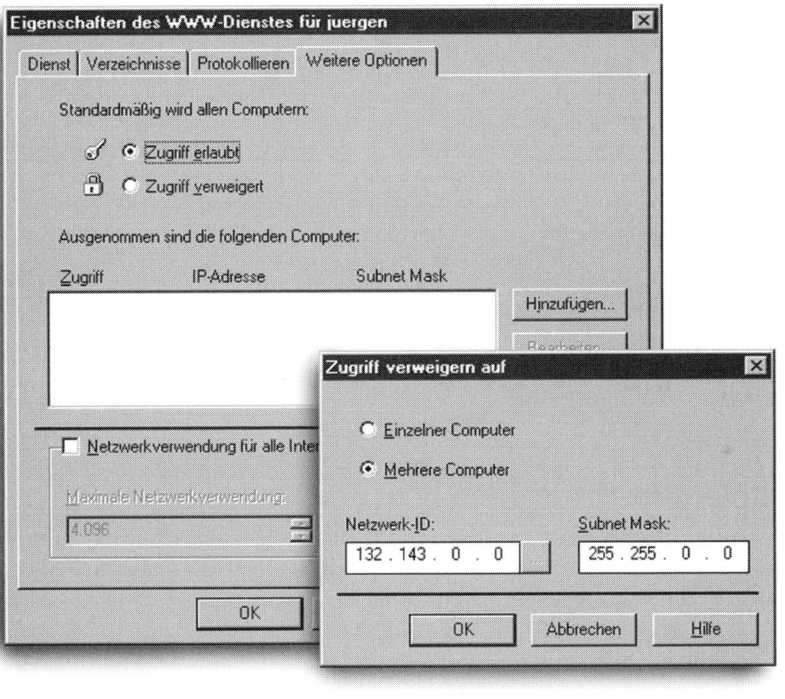

Abbildung 3.13: Der Internet Information Server erlaubt eine präzise Konfiguration der Zugriffsberechtigung. Dazu wird im Untermenü zum Ausschließen mehrerer Computer zunächst die Netzadresse und der Netzbereich angegeben (Subnet Mask), für die diese Regelung gilt. Eine zu komplizierte Konfiguration kann schnell unübersichtlich werden und gefährdet damit die Systemsicherheit.

Neben den bereits vorgestellten Möglichkeiten, bestimmte Verzeichnisse von außen praktisch unzugänglich zu konfigurieren, bietet der Internet Information Server gewisse Firewall-Grundfunktionen. Dazu gehört das explizite Ausschließen von ganzen Netzwerken. Eine noch restriktivere Form der Konfiguration ist das Sperren des Servers für alle außer dem vorher festgelegten Benutzerkreis. Dabei können bestimmte Netzwerke oder auch nur einzelne Teilnehmer von Netzwerken (feste IP-Adresse) als zulässige Besucher auf die Daten zugreifen.

3.6 Entscheidungskriterien für den Serverstandort

Die wichtigsten Kriterien für den Serverstandort sind die Gesamtkosten und die Sicherheit beim Internetauftritt.

3.6.1 Kostenaspekte

Neben den offensichtlichen Kosten für den Datentransfer und die monatlichen Grundgebühren entstehen je nach Standort viele versteckte Zusatzkosten. Wird der Server im Haus betrieben, muss ein festes Zeitbudget für die technische Betreuung und Wartung des Webservers durch einen gut ausgebildeten Administrator eingerechnet werden.

Wird ein eigener physischer Server aufgestellt, so kommen Raumkosten für den Rechnerplatz, Hard- und Software-Kosten sowie Stromverbrauch für den Betrieb dazu.

Die Nebenkosten beim virtuellen Server werden vor allem durch Übertragungskosten vom lokalen System auf das entfernte System und ggf. durch den Aufwand der Spiegelung der Daten verursacht, d.h., die Webserverdaten werden im Haus nochmals vollständig gespeichert und laufen ggf. sogar auf einem lokalen Webserver zu Testzwecken.

Bei all diesen Rechnungen ist darauf zu achten, dass die Kosten für die Erstellung der Inhalte zumeist erheblich über den Kosten zur Bereithaltung der Daten im Internet liegen.

3.6.2 Sicherheitsaspekte

Wird der Server im Haus installiert, stehen einerseits Fragen der lokalen Systemsicherheit im Brennpunkt, wie sie bereits angesprochen wurden, aber auch die Verfügbarkeit des Systems kann kritisch sein. Gibt es im Haus kein Rechenzentrum mit Rund-um-die-Uhr-Betreuung, so kann ein Serverausfall am Freitagabend zu mehreren Tagen Betriebsruhe im Internet führen, mit teilweise gravierenden Problemen. Imageverlust, verlorene Kundenanfragen und möglicherweise auch die Streichung der Webseiten aus den Datenbanken einiger Suchmaschinen können die Folge sein.

3.6.3 Zeit- und Personalaufwand

Die Installation eines Webservers wird zwar heute von den Software-Produkten relativ leicht gemacht, es zeigt sich aber, dass die optimale Konfiguration insbesondere im Bereich der Systemsicherheit viele Personentage benötigen kann. Dies übersteigt schnell die reinen Hard- und Software-Kosten. Wie bei allen Produkten in der Computerindustrie werden regelmäßig Updates und Fehlerkorrekturen geliefert, die dann auf dem lokalen Server eingespielt werden müssen und daher weitere wertvolle Administratorzeit benötigen.

Internetadressen zum Thema Domain:

- ✔ DENIC *http://www.nic.de*
- ✔ InterNIC *http://www.internic.net*
- ✔ Netscan Tools *http://www.nwpsw.com*
- ✔ Online-Recht *http://www.online-recht.de*

Weitere Informationen enthält auch das Buch »Der IT-Sicherheitsexperte«, bei Addison-Wesley 2001 erschienen.

KAPITEL 4

4 WWW Seiten-Struktur und Aufbau

4.1 Struktur einer Website

Die Realisierung einer Website gliedert sich in zwei Teile: zum einen in den Inhalt (Themen, Struktur) und zum anderen in die technische Umsetzung (Design, Programmierung). Was den Inhalt betrifft, muss klar untersucht werden, welche Informationen innerhalb der Website gezeigt werden.

Ob Themenserver, Online-Shop oder Datenbank – die Möglichkeiten sind vielfältig. Wichtig ist, dass die Planer der Website den Nutzen für die Besucher im Auge behalten.

4.2 Bestimmung des Inhaltspektrums

4.2.1 Information

Eine Organisation/Institution beispielsweise kann ihren Mitgliedern mit Hilfe eines Themenservers eine wichtige Nachrichtenplattform im Internet bieten. Information ist der wichtigste Inhaltsbestandteil der Mehrzahl aller Webseiten. Forschung, Industrie, Handel, Privatpersonen, Verbände, Organisationen und Vereine – sie alle können das Netz nutzen, um ihre Klientel zu informieren. Eine Website ist für Firmen eine PR-Präsentation in digitaler Form, die weltweit zugänglich ist. Das Internet bietet eine Plattform für die Vermarktung des eigenen Produkts. Ein Beispiel: Unbekannte Musiker nutzen diese Möglichkeit seit längerem, da Plattenfirmen als herkömmlicher Weg für die Publikation musikalischer Werke für die meisten nicht zugänglich oder nicht finanzierbar sind. Ähnlich können Internetseiten auch für die Präsentation industrieller Produkte herangezogen werden.

4.2.2 E-Commerce

Der Webinhalt mit den höchsten Wachstumsraten ist der E-Commerce, der elektronische Handel. Er bezieht sich nicht nur auf Händler und Endkunden, sondern darf viel weiter gefasst werden. Alle formellen Transaktionen über das Netz, seien es Homebanking, Händler-zu-Händler (B2B), Zulieferer-zu-Abnehmer (B2C), Behörde-zu-Privatperson (A2C) gehören in diese Kategorie[1]. Da sie das Geschäfts- und Privatleben ungemein erleichtern können, wird der Siegeszug des E-Commerce wohl nicht aufzuhalten sein.

---

1. (A): Administration, (B): Business, (C): Consumer

4.2.3 Kommunikation

Ebensolche Bedeutung gewinnt die Kommunikation über das Internet. Firmen können ihren Kunden eine Betreuung quasi rund um die Uhr bieten. Eine E-Mail kann auch abends um 22 Uhr noch abgeschickt werden. Diskussionsforen, Chatrooms und Newsgroups beinhalten ein Kommunikationspotenzial, das nicht zu unterschätzen ist. Die elektronische Kommunikation verläuft informell und zielgerichtet, so dass sie für viele Menschen bereits zum Alltag gehört. Spezielle Serviceangebote wie Datenbankabfragen erfreuen sich ebenfalls allgemeiner Beliebtheit. Wer erspart sich nicht gern den Gang zum Fahrkartenschalter der Deutschen Bahn durch eine Fahrplanrecherche im Internet?

4.2.4 Unterhaltung

Was ebenso als geschätzter Website-Inhalt nicht vergessen werden sollte: Unterhaltung, Zerstreuung, Entertainment. Ein ausgefallenes Rezept für die Party am Donnerstag, ein neues Computerspiel, ein animierter Cartoon oder einfach mal seinen Freunden eine digitale Postkarte schicken – auf einer sonst trockenen Firmen-Homepage macht sich ein solcher Gimmick gut.

4.3 Wie sollte man bei der Planung einer Website vorgehen?

Der Marketingleiter, Produktverantwortliche und Mitarbeiter des Vertriebs definieren in einer Brainstorming-Sitzung die wichtigsten Inhaltsbereiche.

Abbildung 4.1: An der Planung der Website sollten sich alle Verantwortlichen beteiligen, dadurch identifizieren sich die Teilnehmer rasch mit dem neuen Medium. In einer Brainstorming-Sitzung werden die Themen für den Internetauftritt gefunden und gemeinsam gegliedert.

Dabei gruppiert man die Inhalte in verschiedene Kategorien, abhängig von ihrer zeitlichen Gültigkeit. Langfristige Inhalte sind Informationen, die lange gelten und nur in Sonderfällen zu ändern sind, wie z.B. Adressen und Telefonnummern, aber auch Anfahrtsskizzen, Gebäudeaufnahmen und Firmenstrukturen. Auf der anderen Seite finden sich kurzfristige Informationen, die sich häufig ändern. Diese Zeit zwischen zwei Änderungen wird dabei unterschiedlich lang sein. So kann es in einer Website eine tagesaktuelle, wöchentliche oder monatliche Zusatzinformation geben. Daneben existieren mittelfristige Informationen wie Produktbeschreibungen.

Die Teilnehmer der Brainstorming-Sitzung notieren ihre Ideen auf Kärtchen und ordnen diese zu Gruppen an einer Pinnwand. Dies ermöglicht es sehr leicht, die Struktur der Information zu erkennen. So werden sich rasch Oberthemen herausbilden, z.B. Hintergrundinformationen zur Firma, Produktbeschreibungen, Serviceleistungen oder Ähnliches.

4.3.1 Link-Struktur

Nach dieser Phase wird der Inhalt der Website festgelegt und eine logische Gliederung der Information vorgenommen. Entscheidend ist vor allem die Startseite. Sie ist der Anlaufpunkt für den Benutzer, den Surfer, und sie entscheidet, ob er auf der Site verweilt oder gleich wieder weiterspringt. Die erste Seite muss so gestaltet werden, dass sie schnell erscheint, immer wieder neu interessant ist und den Benutzer fasziniert.

Der Benutzer sollte wissen, wo er sich befindet, deshalb gehören vor allem Firmenname und Logo auf die erste Seite. Eine Kurzbeschreibung über konkrete Ziele der Firma kann hilfreich sein. Der Benutzer muss in Sekundenschnelle entscheiden können, ob die Homepage für ihn interessant ist oder nicht. Ebenso schnell muss er entscheiden können, was ihm diese Seite bringt. Handelt es sich nur um Informationen oder kann man z.B. auch etwas bestellen.

Das Inhaltsverzeichnis ist das Hauptelement der Startseite. Von hier aus beginnt die Navigation, die Reise durch die Website, deshalb muss es klar strukturiert und durchschaubar sein.

Kurze Hyperlinks, die in einer Liste oder Tabelle geordnet sind, erfüllen diesen Zweck. Mit diesen Links springt man in die nächste Unterkategorie, die inhaltlich noch einmal in ihre verschiedenen Themenbereiche untergliedert werden kann.

Zum Beispiel kann eine Firmenbeschreibung auf einer Seite zusammengefasst werden. Sie besteht aus Grundinformationen, von der Anschrift über die wichtigsten Abteilungen und Ansprechpartner zu Anfahrtsskizzen, Verkehrsanbindung und Gebäudeansichten bis hin zu Außenstellen, Referenzkunden und Zulieferern.

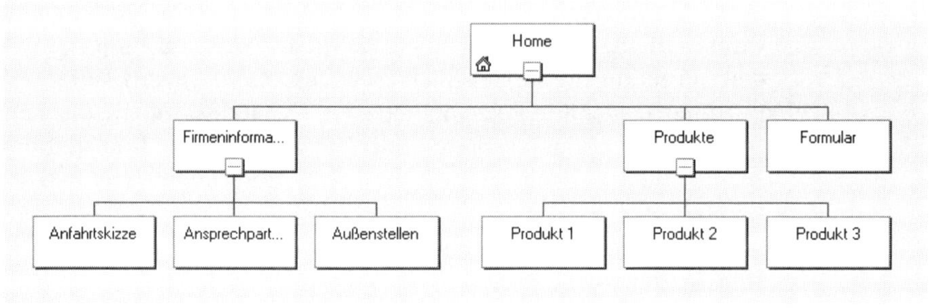

Abbildung 4.2: Die Gliederung einer Website, wie sie von der Webseiten-Software FrontPage vorgeschlagen wird. Die Verknüpfung der einzelnen Informationen entspricht der thematischen Gliederung.

Die Hauptseite muss auf einen Blick erscheinen, ohne dass man umblättern muss, d.h., ohne dass man den Scrollbalken nach unten fahren muss. Sie sollte also nicht mehr als eine Bildschirmseite füllen. Ist die Seite jedoch sehr umfangreich, empfiehlt es sich, zusätzliche Navigationshilfen anzubieten, wie Links zum Anfang oder Ende der Seite oder zu Unterkapiteln.

Das Entscheidende der Startseite ist jedoch ihre Dateigröße. Muss der Benutzer zu lange vor dem Bildschirm warten, bis die Seite geladen ist, hat er schnell weitergeklickt. Die Grafiken der Titelseite sollten zusammen maximal 15 bis 20 Kbyte benötigen. Sounds und andere byteschluckende Gags sollten deshalb sparsam eingesetzt werden. Auch Java-Anwendungen fordern die Geduld des Betrachters heraus. Die obere Grenze solcher Seiten liegt bei einem Textumfang von etwa 20 Kbyte, die sich noch in vernünftiger Zeit von etwa fünf Sekunden mit einem Modem laden lassen. Dabei sollte die Seite so gestaltet sein, dass der Besucher sofort, noch während die Seite geladen wird, etwas zu sehen bekommt.

Neben den Basisseiten werden sich einige Spezialseiten auf der Website finden, z.B. das Rückmelde- oder Anmeldeformular. Dieses Formular sollte möglichst einfach strukturiert sein und nur die wichtigsten Anweisungen zum Ausfüllen enthalten.

4.3.2 Verzeichnisstruktur innerhalb des Webservers

Liegt die ganze Zusammenstellung vor, beginnt die Umsetzung. Neben der logischen Struktur folgt nun die technische Umsetzung der Website. Der erste Schritt ist das Anlegen einer Verzeichnisstruktur innerhalb des Webservers, auf dem später die einzelnen Daten zur Verfügung stehen.

Im Gegensatz zu anderen Verzeichnis/Directory-Strukturen, wie sie in klassischen Dateisystemen verwendet werden, sollte man hier besonders sorgfältig darauf achten, keine zu tiefen, geschachtelten Strukturen zu entwickeln. In der Praxis hat sich eine flache Verzeichnisstruktur mit nur einer Unterebene sehr bewährt.

Aufbau der Verzeichnisstruktur der Website

Im obersten Verzeichnis, dem Root-Directory, befinden sich die Homepage (index.html), gegebenenfalls auch Bilder, die zur Homepage gehören und, wenn mit mehreren Sprachen gearbeitet wird, auch die anderssprachigen Homepages. Weiterhin müssen einige Spezialdateien, wie robots.txt mit Anweisungen für Suchmaschinen und favicon.ico als Symbolicon für die Bookmarks, im Root-Directory stehen. Alle anderen Dateien der Website sollten in Unterverzeichnissen abgelegt werden.

Die Unterverzeichnisse werden nach Themen gegliedert. So ist es sinnvoll, für jedes Produkt ein eigenes Unterverzeichnis anzulegen, in dem sich die relevanten Informationen zum Produkt befinden. Das ist normalerweise die Produktbeschreibungsseite oder weiterführende Seite, wie eine Bedienungsanleitung, eine Preisliste oder ein Bauplan. Im Produktverzeichnis befinden sich natürlich auch die zum Produkt gehörenden Grafiken und Fotografien. Dies hat den Vorteil, dass derjenige, der die einzelnen Produktseiten betreut, immer die Übersicht hat, welche Bilder zu den einzelnen Produktseiten gehören.

Neben den Unterverzeichnissen für die Produkte gibt es weitere technische Verzeichnisse und Verzeichnisse, die die Organisation und die schnelle Abrufbarkeit verbessern.

Ein Verzeichnis beinhaltet die Standardgrafiken der Website. Diese setzen sich z.B. aus dem Firmenlogo, aus Seitenhintergründen, grafischen Strukturelementen, z.B. Trennstrichen und Buttons, zusammen. Alle anderen Seiten der Website greifen auf dieses Verzeichnis zu, wenn ein Logo oder ein Button in die HTML-Seite eingebunden wird. Der Vorteil dieser Technik liegt darin, dass die lokal gespeicherten Bilder der Buttons nicht bei jeder Seite neu über das Internet abgerufen werden, sondern sofort im Cache des Benutzerrechners zur Verfügung stehen. Ein anderer großer Vorteil besteht darin, dass immer ein einheitliches Logo zum Einsatz kommt. Bei einer Veränderung erscheint es sofort auf allen Seiten im neuen, richtigen Format.

Das nächste Verzeichnis dient der Speicherung von Software auf dem Server. Normalerweise hat es den Namen cgi-bin. In diesem Verzeichnis finden sich Scripts für die Bearbeitung der einzelnen Formulare und die Software z.B. für Seitenzähler oder Animationen, die in Java geschrieben sind.

Beispiel für ein Verzeichnis:

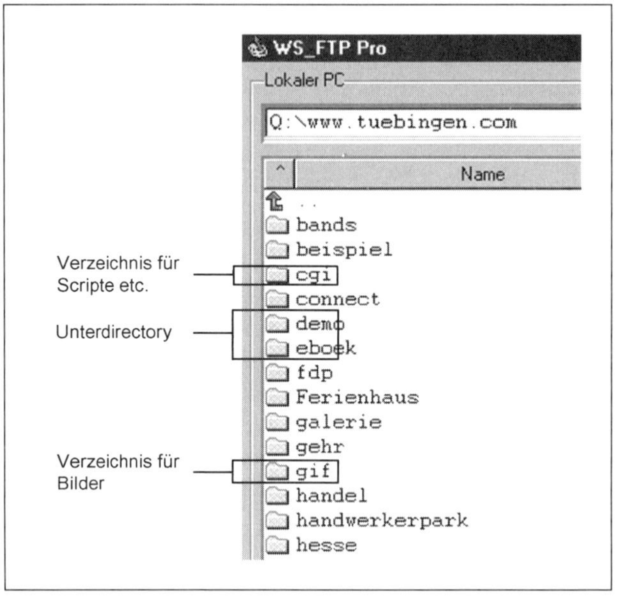

Abbildung 4.3: Die klassischen Verzeichnisse auf einer Website. Neben den Internetseiten, die in inhaltlich gegliederten Verzeichnissen stehen, etwa demo, handel etc., gibt es einige Verzeichnisse, in denen nur Software oder nur Grafiken untergebracht sind, z. B. cgi-bin und gif.

4.4 HTML

Ein wesentlicher Vorteil des WWW liegt in der einheitlichen Sprache zum Beschreiben von Webseiten. Die Standardsprache ist HTML, was für **H**yper**T**ext **M**arkup **L**anguage steht, und die aus der sehr allgemeinen Seitenbeschreibungssprache SGML hervorgegangen ist.

Konnte die erste bedeutende Version, HTML 1.1, nur Text auf grauem Hintergrund und Gif-Bilder darstellen, so wurden nach und nach Möglichkeiten zur komplexeren Seitengestaltung genormt. Besonders wichtig war dabei die Integration von Tabellen und interaktiven Formularen, die Implementierung der Programmiersprache JAVA und die Hinzunahme von Meta-Informationen. Zurzeit ist HTML 3.2 die allgemein akzeptierte Norm, die von beiden Browsern unterstützt wird. Es gibt zwar seit Ende 1997 den HTML-4.0-Standard, jedoch werden nicht alle Features von den Browsern unterstützt. Die neuesten Entwicklungen können unter *http://www.w3c.org* verfolgt werden.

Im Gegensatz zu »normaler« Textverarbeitung, wie etwa Word oder WordPerfect, hat die Seitengestaltung mit HTML einige Besonderheiten.

Der gesamte Text ist mit dem ASCII-Zeichensatz verschlüsselt.

Das hat den großen Vorteil, dass die Seiten im 7-Bit-Format vorliegen und per E-Mail direkt ohne Verlust versendet werden können. Außerdem ist die Seitengestaltung im Quelltext direkt einsehbar.

4.5 Aufbau einer HTML-Seite

Jeder Befehl (Tag) hat folgenden Aufbau: <Tag-Name Attribute>, zwischen zwei spitzen Klammern ist der Tag-Name, der den Befehl spezifiziert, gefolgt von beliebig vielen Attributen. Jedes Tag muss auch wieder geschlossen werden, durch </Tag-Name>.

Vor den Beginn des HTML-Dokuments wird aus Gründen der Kompatibilität zu XML ein Prolog vorangestellt, in dem die genaue HTML-Version übermittelt wird. Damit ist es dem Browser oder einer anderen Software möglich, die genaue Struktur des Dokumenttyps in der angegebenen DTD (Document Type Definition) nachzusehen.

Danach folgt das eigentliche Dokument, dessen Wurzel-Tag den Dokumenttyp beschreibt, in diesem Fall durch `<HTML>` markiert, das Ende des Dokuments wird durch das schließende `</HTML>` gekennzeichnet. Damit sind prinzipiell auch andere Textformate als HTML denkbar, etwa SGML.

Jede HTML-Seite besteht aus einem Seitenkopf `<HEAD>`, in dem Zusatzinformationen wie Seitentitel, Autor, Erstellungsdatum, aber auch Stichwörter stehen, und einem Seitenkörper `<BODY>`, der den Text und das Layout der Seite, so wie sie später im Browser erscheint, beschreibt.

```
<!DOCTYPE HTML PUBLIC "-//W3C//DTD HTML 4.0 Transitional//EN" "http://
www.w3.org/TR/REC-html40/loose.dtd">
<HTML>
  <HEAD>
    <TITLE>Titel des Dokuments</TITLE>
 ... weitere Dokumentinformationen
  </HEAD>
  <BODY>
    ... Seiteninhalt
  </BODY>
</HTML>
```

4.5.1 HEAD-Aufbau

Im Header befinden sich die Angaben, die für den Benutzer nicht sichtbar sind, aber dennoch für andere Vorgänge, wie z.B. Suchmaschinen, von Bedeutung sind. Die wichtigsten sind die Meta-Tags.

```
<META NAME="DESCRIPTION" CONTENT="Beschreibung der Seite">
```

Mit diesem Befehl wird der Inhalt der Webseite beschrieben und auch so von den meisten Suchmaschinen als Ergebnis ausgegeben.

Ein weiteres wichtiges Meta-Tag ist der Befehl:

```
<META NAME="KEYWORDS" CONTENT="REISE, FLUG, BILLIG, FLUGHAFEN">
```

Hier werden die Stichwörter festgelegt, die man vom Benutzer erwartet, wenn er nach einem bestimmten Begriff sucht. Es können beliebig viele Stichwörter (bis zu 100 werden von Suchmaschinen genutzt) eingegeben werden, die wichtigsten sollten jedoch zu Beginn stehen, da die einzelnen Suchmaschinen die Position unterschiedlich gewichten. Doppelnennungen sind zu vermeiden.

Es gibt 15 vorgegebene Meta-Tags, doch kann jeder eigene Metas definieren, die nur von der eigenen Software ausgewertet werden können. Die meisten Metas sind für die Suchmaschinen nicht erheblich und dienen nur der Identifizierung.

```
<META NAME="AUTHOR" CONTENT="MAX SCHMIDT">
```

Hier könnte man auf den Verfasser der HTML-Seite verweisen.

Um diese Metas einzugrenzen, hat man auch hier versucht, einen gewissen Standard zu schaffen, und hat in der Vereinbarung von Dublin 15 relevante Metas vorgeschlagen. Man findet die Vorschläge unter: *http://purl.oclc.org/metadata/dublin_core_elements.*

4.5.2 Textgliederung

Für die Grundstruktur des Textes gibt es verschiedene Überschriftsgrößen und den Absatz. Hält man sich an diese Gliederungsbefehle, ist es später wesentlich einfacher, die Dokumente mit neuen Techniken wie CSS zu formatieren.

Es gibt insgesamt sechs verschieden große Überschriften, die größte ist <h1>, die kleinste <h6>, häufig wird aber bereits <h4> kleiner als die normale Schrift dargestellt. Man sollte sich in normalen Webdokumenten auf die ersten drei großen Überschriftstypen beschränken.

Die einzelnen Textabsätze werden mit dem Tag <p>, p steht für Paragraph, gekennzeichnet. Soll eine neue Zeile beginnen, ohne dass ein neuer Paragraph eingeleitet wird, kann mit dem Einzeltag <BR> ein Zeilenumbruch bewirkt werden.

BEISPIEL

```
<h1>Die Hauptüberschrift</h1>
<p>Ein kurzer Abschnitt</p>
<h2>Bereichsüberschrift</h2>
<p>Da kommt eine Menge Text</p>
```

4.5.3 Textformatierung

Der Befehl <FONT> gibt dem Text, der formatiert werden soll, ein entsprechendes Aussehen. Man kann hier die Attribute für Schriftgröße, Schriftart etc. eingeben. Alle Befehle, die sich auf das Layout der Seite beziehen, müssen im Body stehen.

```
<FONT SIZE ="2« FACE="ARIAL"> TEXTFORMATIERUNG</FONT>
```

Dies würde eine Formatierung bewirken mit der Größe 2 (10pt) und Schriftart Arial. Man kann beliebig viele Attribute in eine Befehlsklammer einfügen.

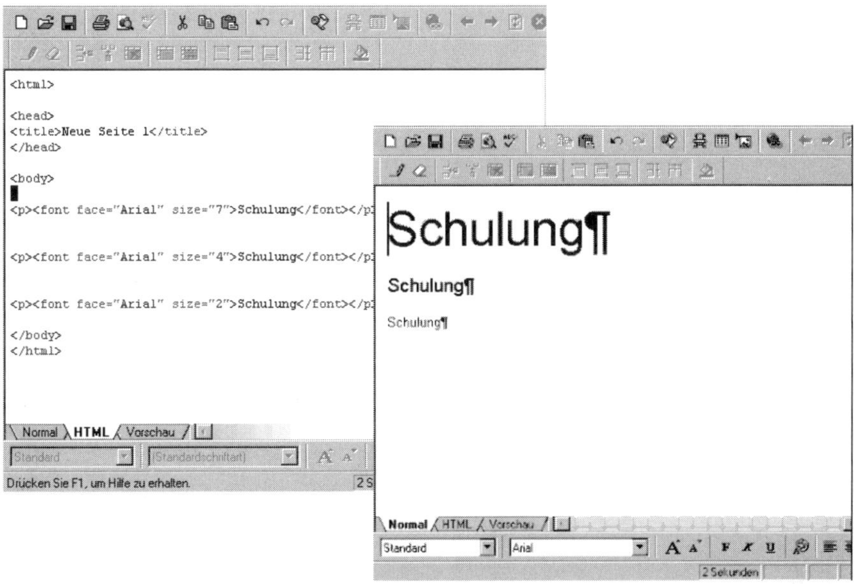

Abbildung 4.4: Abbildung Ansicht im Quelltext – rechts Ansicht im Browser

Weitere Formatierungsattribute:

SIZE	Schriftgröße
FACE	Schriftart
COLOR	Schriftfarbe

Weitere Formatierungsbefehle:

<B></B>	Fett
<I></I>	Kursiv
<U></U>	Unterstrichen
 	Zeilenumbruch

<P ALIGN="CENTER"> ="RIGHT" ="LEFT" </P>	Platzierungsmöglichkeit
<P></P>	Absatzformatierung

Diese Befehle werden sehr häufig benutzt. Um eine vollständige Liste zu erhalten und ihren Einsatz kennen zu lernen, kann man unter: *http://www.w3.org/TR/REC-html40/index/elements.html* nachschauen.

4.5.4 Der Hyperlink

Links sind Verweise zu anderen Seiten. Sie verbinden die einzelnen Internetseiten. Durch einen Mausklick auf einen Link springt der Benutzer zu jener Seite, die zu dem Link gehört.

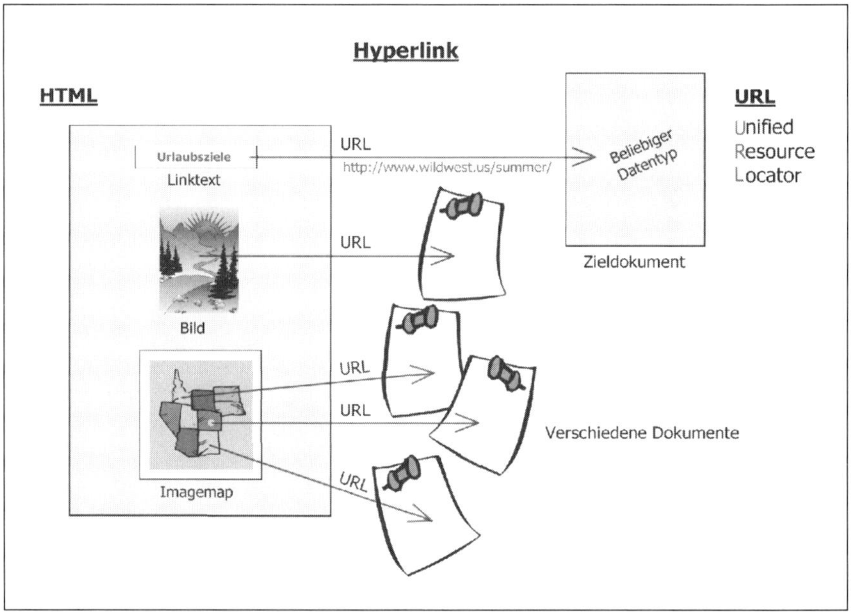

Abbildung 4.5: Hyperlinks können in einem HTML-Dokument von Textelementen, Bildern oder Bildbereichen (Imagemap) ausgehen.

URL (Uniform Resource Locator), die einheitliche Internet-Adresse:

Jede Datei im Internet (Webseite, Bilddatei, Programm oder Daten) wird durch einen einheitlichen Namen, den URL, abgerufen. Dieses einheitliche Format ist unabhängig vom Betriebssystem. Die Struktur eines URL setzt sich wie folgt zusammen:

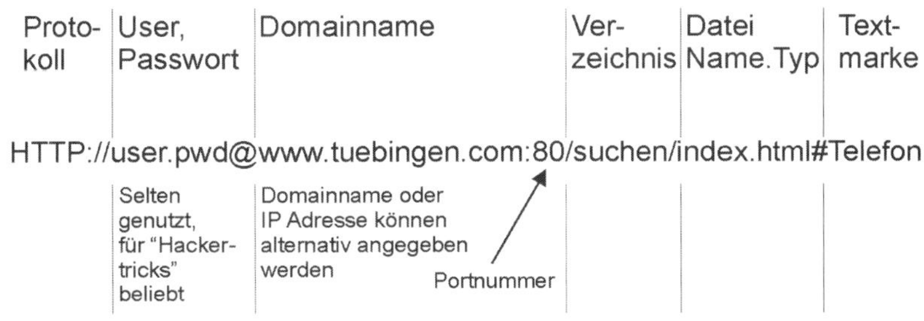

Abbildung 4.6: In diesem Beispiel liegt die Seite mit Namen `index.html` unter dem Verzeichnis `suchen`, auf der Domain *www.tuebingen.com* und wird mit HTTP abgerufen. Die Elemente User, Passwort und Portnummer können normalerweise weggelassen werden.

HINWEIS Auf UNIX-Rechnern wird zwischen Klein- und Großschreibung bei Dateinamen unterschieden, daher muss genau auf die Schreibweise geachtet werden. Es hat sich daher bewährt, für Unterverzeichnisnamen, Dateinamen und die Dateierweiterung nur Kleinbuchstaben zu verwenden. DOS kennt nur maximal drei Zeichen in der Erweiterung, daher heißen dort HTML-Dateien immer »*.htm«.

Der Befehlsaufbau für einen Link sieht wie folgt aus:

```
<A HREF="http://www.berlin.de">Infos zu Berlin</A>
```

Nach dem A HREF wird die Internet-Adresse eingegeben, die angesprochen werden soll. Hier muss der vollständige Pfad erscheinen. Wird der Pfad ohne Seitenangabe eingegeben, wird automatisch im Server nach der Datei `index.html` gesucht. Nach dem Befehl folgt der Text oder auch die Grafik, die angeklickt wird.

Im folgenden Beispiel wird die Index-Seite, die unter dem Verzeichnis `Stadtrundgang` unter der Domain *www.berlin.de* liegt, angesprochen.

```
<A HREF="http://www.berlin.de/stadtrundgang">
```

Möchte man eine Seite verlinken, die im selben Verzeichnis liegt, genügt es, direkt auf den Seitennamen zu verweisen. Im folgenden Beispiel erstellen wir auf der `seite1.htm` einen Link zur `seite2.htm`.

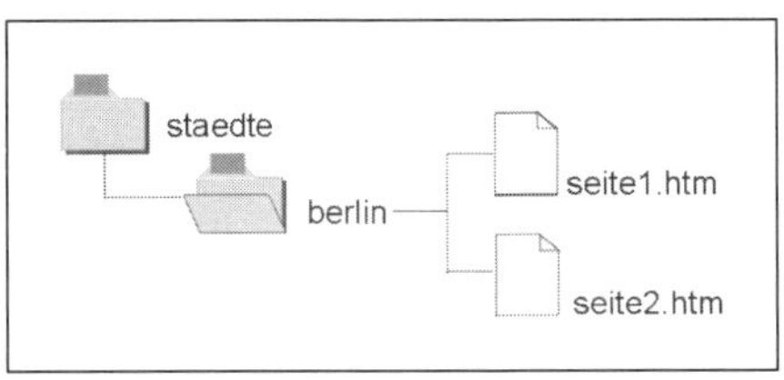


```
Befehl: <A HREF="seite2.htm"> zur Seite 2 </a>
```

Liegt die Datei in einem Unterverzeichnis, muss die genaue Pfadangabe folgen. Hier wird von der `seite1.htm` zur `seite2.htm` im Unterverzeichnis `berlin` gesprungen.

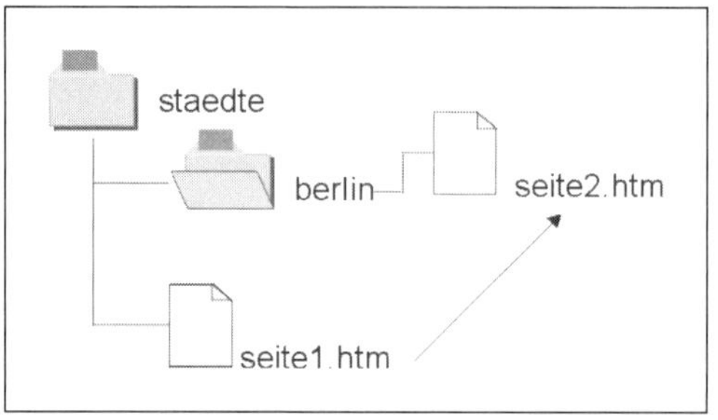


```
Befehl: <A HREF="berlin/seite2.htm">zur Seite 2 </a>
```

Um einen Pfad nach oben zu springen, setzt man **../** ein. Man muss also genau die Verzeichnisstrukturen kennen.

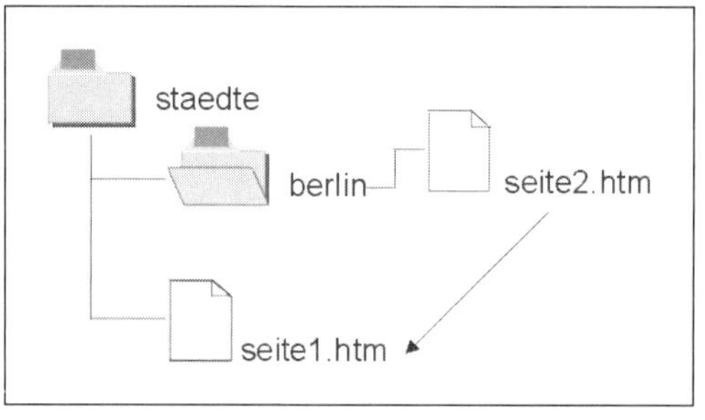


```
Befehl: <A HREF=«../seite1.htm">zur Seite 1 </a>
```

Diese Links führen immer auf andere Seiten. Man kann auch einen Link innerhalb der Seite setzen. Das wird dann gebraucht, wenn die Seiten länger als eine Bildschirmseite sind oder wenn man eine gewisse Strukturierung vornehmen will, z.B. einzelne Kapitel in einem Artikel.

Hierzu setzt man an die gewünschte Sprungstelle eine Textmarke mit dem Befehl `<A NAME="SEITENENDE"></A>`. Diese Sprungstelle befindet sich irgendwo am Textende. Dann setzt man an anderer Stelle (z.B. am Textanfang) den Sprungbefehl mit

```
<A HREF="#SEITENENDE">zum Seitenende</A>
```

Dieser Link muss nun genau denselben Namen wie die Textmarke haben.

4.5.5 Bilder

Bilder werden mit `<IMG SRC="bild.jpg">` eingebaut.

Hier gelten dieselben Regeln wie bei den Hyperlinks. Das Bild kann entweder im gleichen Verzeichnis liegen oder unter einer anderen Adresse. Man muss nur den vollständigen Pfad angeben, damit das Bild auch wirklich eingebaut werden kann. Erst der Browser fügt das Bild mit dem HTML-Text zusammen und stellt dann die komplette Internetseite dar, obwohl er separat auf ein Verzeichnis zugreifen muss, um ein Bild zu laden. Sind auf einer Seite vier Bilder eingebaut, muss viermal auf den Server zugegriffen werden, obwohl für den Nutzer alles in einer Seite erscheint.

Einige Nutzer haben die Bildanzeige ausgeschaltet, andere können nicht sehen und lassen sich die Webseiten vom Computer vorlesen. Um jenen trotzdem Informationen über die Bilder zu geben, kann man einen Alternativtext eingeben. Mit dem Attribut `alt` wird dies dem IMG-Befehl hinzugefügt.

```
<IMG SRC="bild.jpg« alt="Stadtbild">
```

Damit vor dem Einlesen der Bilddatei vom Browser schon ein Platz auf der Seite reserviert werden kann, sollte unbedingt die Größe des Bildes in Pixel angegeben werden. Dies erfolgt durch die Höhen- (height) und Breitenangabe (width), damit lautet der vollständige Befehl für das Einbinden eines Bildes:

```
<IMG SRC="bild.jpg« alt="Stadtbild« width="320« heigth="134">
```

Bilder können auch als Hintergrundbilder verwendet werden. Dazu gibt man die Bildquelle im Bodytag an.

```
<BODY BACKGROUND="bild.jpg">
```

Dabei sollte man jedoch bedenken, dass bei einem großen Bild eine riesige Datenmenge übertragen werden muss.

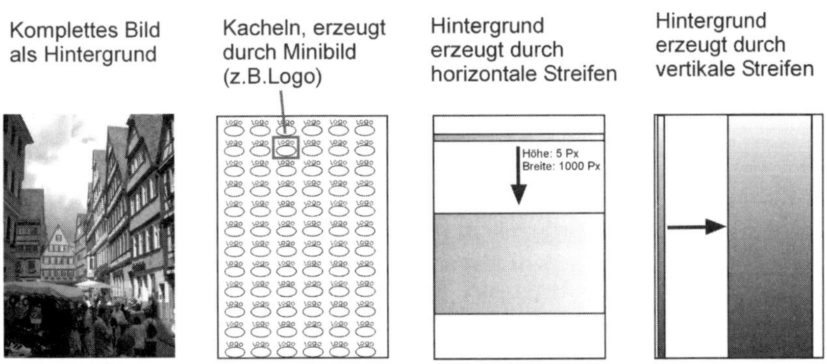

Abbildung 4.7: Eine Besonderheit bei Bildern ist die Möglichkeit, diese als Hintergrund der Webseite erscheinen zu lassen. Wenn die Hintergrundbilder sich als Kacheln wiederholen, kann man mit relativ kleinen Bildern schöne Effekte erzeugen.

4.5.6 Tabellen

Um Texte oder Bilder positionieren zu können, bleibt nur die Möglichkeit, die Objekte in Tabellen zu stecken. Eine andere Layout-Möglichkeit steht unter HTML nicht zur Verfügung.

Eine Tabelle wird durch den Befehl: `<TABLE>` eingeleitet und ihr Ende muss durch `</TABLE>` wieder angezeigt werden.

`<TR>` gibt den Anfang einer Reihe wieder und wird durch `</TR>` beendet.

Innerhalb einer Reihe werden die einzelnen Spalten durch die Anzahl der Tabellenfelder wiedergegeben: `<TD>`

BEISPIEL für eine dreizeilige Tabelle mit 2 Spalten:

```
<TABLE>
<TR><TD>1.Zeile,1.Spalte</TD><TD>1.Zeile,2.Spalte</TD></TR>
<TR><TD>2.Zeile,1.Spalte</TD><TD>2.Zeile,2.Spalte</TD></TR>
<TR><TD>3.Zeile,1.Spalte</TD><TD>3.Zeile,2.Spalte</TD></TR>
</TABLE>
```

Um nun einer Tabelle ein etwas anderes Aussehen zu geben, kann man einzelne Zellen über mehrere Spalten oder Reihen ausdehnen.

<table>
<tr><td colspan="3"></td></tr>
<tr><td></td><td></td><td></td></tr>
<tr><td></td><td></td><td></td></tr>
<tr><td></td><td></td><td></td></tr>
</table>

Hier erstreckt sich die erste Zeile über 3 Spalten. Das erreicht man mit dem Befehl: `<COLSPAN="3">`

Mit dem Befehl `<ROWSPAN="3">` erreicht man dieselbe Wirkung auf Reihen.

<table>
<tr><td></td><td></td></tr>
<tr><td></td><td></td></tr>
<tr><td></td><td></td></tr>
</table>

Wenn man die Breite der Tabelle beeinflussen will, so kann man das Attribut `width` einfügen. Die Werte, die darauf folgen, können in Prozentangaben stehen oder auch in Pixel angegeben werden.

BEISPIEL

```
<table width="100%">
```

Diese Tabelle würde sich über den ganzen Bildschirm erstrecken, unabhängig davon, welche Auflösung eingestellt wurde. Dasselbe Attribut kann auch in einer einzelnen Zelle angewendet werden.

```
<td width="150">
```

Hier würde man die Feldbreite auf 150 Pixel beschränken. Weitere Attribute, die in der Tabelle eingesetzt werden können:

```
<table bgcolor="red">
```

Hiermit wird der Hintergrund der Tabelle rot eingefärbt. Bevorzugt man eher ein komplettes Bild:

```
<table background="bild1.jpg">
```

Mit `<table border="0">` setzt man den Tabellenrand auf 0 und erhält dadurch eine unsichtbare Tabelle.

Die Breite einer Tabelle kann man mit dem Attribut `WIDTH="100%«` bestimmen. Hier können sowohl prozentuale Angaben wie auch Pixel-Angaben stehen.

```
<TABLE WIDTH="200">
```

Dasselbe kann man auch in einer Tabellenzelle bewirken:

```
<TD WIDTH="20%">
```

4.6 Seitenerstellung

Die technische Realisierung einer Webseite besteht aus Einfügen und Formatieren von Texten, Bildern und Tabellen. Sondereffekte werden erzielt durch den Einbau von Sounds, Applets, Frames, Animated GIFs, Videos und Java-Scripts.

4.6.1 Editoren

Die direkteste Methode für die Seitenerstellung ist das Eintippen von HTML-Tags per Hand. Man tippt den HTML-Quelltext in einen einfachen Texteditor ein und speichert anschließend die Datei als HTML- oder HTM-Datei ab. Dieses Vorgehen ist heute nur noch bei Puristen und Sonderfällen wie Shop-System-Programmierung im Einsatz. Nachteil: Es ist sehr schwer, Fehler in der Syntax zu erkennen und sie zu beheben.

Wer jedoch hohen Komfort für Seitengestaltung und möglichst geringen Zeitaufwand für die Administration bestehender Seiten wünscht, kommt an einem professionellen Editor nicht vorbei. Site-Management sowie automatische Link-Verwaltung und Link-Anpassung bei Strukturänderung gehören zu den unerlässlichen Features. Hierzu bietet der Markt unzählige Produkte in den unterschiedlichsten Preiskategorien. Diese Programme helfen, Seitenkomponenten übersichtlich zu platzieren und Syntaxfehler auszuschalten, ohne alle HTML-Elemente auswendig zu beherrschen.

Bei der Auswahl des Editors sollte der wesentliche Einsatzbereich für die Webseitenerstellung klar sein. Dabei spielen folgende Punkte eine wichtige Rolle:

- ✔ Wie viele Dokumente werden erstellt?
- ✔ Welche Erfahrung bringen die Autoren mit?
- ✔ Liegen bereits viele Dokumente digital vor?
- ✔ Sollen alle Möglichkeiten von HTML ausgereizt werden?
- ✔ Werden viele Bilder eingesetzt?
- ✔ Auf welcher Software-Plattform wird gearbeitet?
- ✔ Welche Software haben die Leser?

Sind diese Punkte bekannt und abgeklärt, kann ein entsprechender Editor eingesetzt werden. Gewisse Probleme ergeben sich, wenn eine Webseite nicht nur auf einer Plattform erstellt wird. Die Nachbearbeitung von Seiten aus dem HTML-Editor mit einem Text-Editor erfordert größte Sorgfalt. Zu leicht wird die korrekte Syntax von HTML gestört, andererseits lesen nicht alle HTML-Editoren von Hand erstellte Seiten korrekt ein.

Beispiele für gute Editorlösungen: Dreamweaver, FrontPage 2002, Hotdog Professional 5.0, Hotmetal Pro 5.0, Homepage 3.0, Homesite 4.0, Cyberstudio 3.1.

Am Beispiel vom **Macromedia Dreamweaver** sollen die Merkmale eines leistungsstarken Editors aufgezeigt werden. Charakteristisch für Dreamweaver sind die verschiedenen Menüfenster, die eine bequeme Steuerung der vielfältigen Editierfunktionen zulassen. Problemlos ist in diesem Programm zudem der ständig notwendige Wechsel zwischen aktueller Ansicht und Quelltext zu meistern – eine Markierung im formatierten Dokument erscheint auch markiert im Quellcode. Für die Formatierung selbst gibt es übersichtliche Menüs mit Symbolen, die aus der Textverarbeitung bekannt sind.

Editieren fürs Internet

HTML ⟶ Dokument

	Standard Editor	HTML Editor	Dokument Konverter	Dokument as is Browser liest
VORTEIL	alle Features von HTML können genutzt werden, immer verfügbar	je nach Editor viele Möglichkeiten, fast WYSIWYG	schnell, einfach zu bedienen	sehr schnell, exakte Wiedergabe
NACHTEIL	fehleranfällig, zeitaufwendig, gute Kenntnis von HTML notwendig	nicht immer ausgereift, nicht alles implementiert	teilweise unerwartetes Ergebnis, Links müssen nachgearbeitet werden	nur mit geeigneten Plug-ins möglich, keine Standards

Abbildung 4.8: Die verschiedenen Wege zum Internetdokument: Für Programmierer und Experten gibt es die Möglichkeit, die HTML-Seiten direkt im Quellcode einzugeben. Wesentlich bequemer und üblicher ist die Verwendung eines HTML-Editors. Das automatische Konvertieren von Dokumenten geht schnell, führt aber nur zu schlichten Ergebnissen. Im Prinzip können Dokumente auch im Originalformat im Web gespeichert werden, nur sind sie dann nicht kompatibel.

Darüber hinaus lassen sich Cascading Style Sheets (CSS) erstellen, die die Formatierung einer Site zentral festlegen. Wer sich viel Arbeit ersparen will, programmiert zunächst als Grundgerüst einer Site **Templates**, also Vorlagenseiten. Muss man zum Beispiel ein Projekt mit 100 Seiten administrieren und beschließt nachträglich einen Link in die Navigationsleiste aufzunehmen, genügt es, dies einmal im Grundtemplate zu tun. Danach wird auf allen anderen Seiten dieser Link automatisch eingesetzt.

Sehr sinnvoll ist es, die Funktion des Site-Managements zu nutzen. Die Struktur der Site wird dadurch transparent und es lässt sich über Dreamweaver sogar eine direkte Verbindung zum Server aufbauen. Automatisch werden übermittelte Dokumente in die entsprechende Verzeichnisstruktur auf dem Server eingefügt. Bilder, Tabellen und Formulare sind in Dreamweaver, wie in allen anderen modernen Editoren auch, per Mausklick in ein Dokument einsetzbar. Sie werden von übersichtlichen Menüs begleitet, die das Anpassen erleichtern. Die wichtigsten Meta-Tags werden vorstrukturiert angeboten und müssen nur noch durch Inhalt angereichert werden.

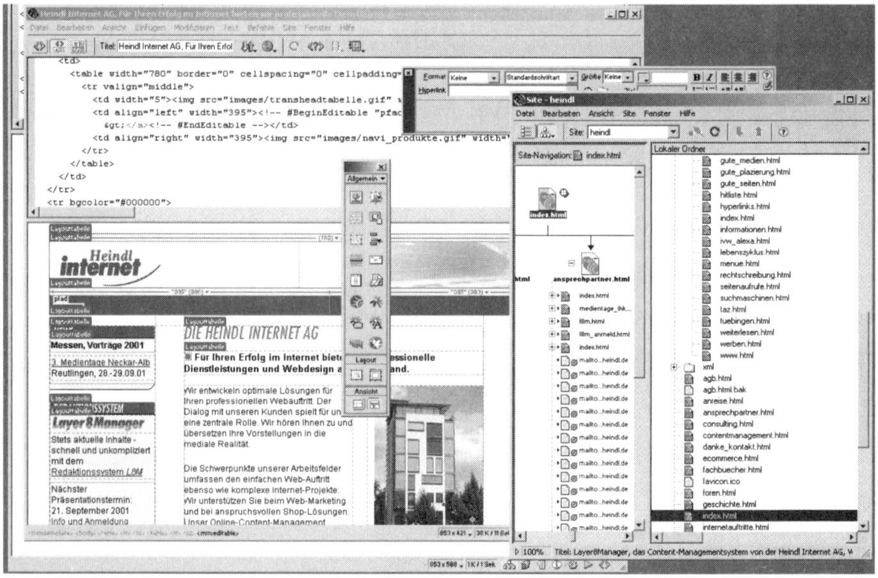

Abbildung 4.9: Dreamweaver 4.0 mit seinen zahlreichen Menüfenstern. Sie ermöglichen ein schnelles, effektives Arbeiten, allerdings sollte man einen großen Monitor besitzen.

Ebenso übersichtlich verläuft die Herstellung eines **Framesets**. Die Frame-Grenzen werden durch einfaches Mausziehen platziert. Über die Funktion »Frame Inspektor« werden die Inhaltsseiten eingefügt, über die Target-Einstellung ausgewählt, auf welchen Frame ein Navigationslink verweist. Weitere Eigenschaften des Framesets wie Frame-Größe oder Scrollleiste können ebenfalls über ein Menü bearbeitet werden.

Die Dreamweaver-Software bietet verschiedene Möglichkeiten, um eine Website mit Interaktivität und Spezialeffekten auszustatten. **Formulare** gehören in vielen Internetpräsentationen zur Standardausstattung. Einzelne Bestandteile wie Drop-down-Menüs, Radio-Buttons oder Check-Boxes werden mit einem Klick eingefügt, ein Begleitmenü fragt alle wichtigen Einstellungen ab. Besonders sinnvoll: Mit dem Button »Hidden Fields« kann das Formular auf jedes Formularmanagement-Programm abgestimmt werden.

Eher das grafische Erscheinungsbild betreffen **JavaScripts**, die innerhalb Dreamweaver eingebaut werden können. Dreamweaver bietet vorprogrammierte Scripts an, die man nur noch einfügen muss. Sehr beliebt sind so genannte Mouseovers – eine Grafik wird durch das Herübergleiten der Maus durch eine andere Grafik ersetzt. Ähnlich funktioniert die Layer-Technik. Die Funktion Timeline befähigt den Nutzer oder die Nutzerin dazu, Animationen im Dreamweaver zu erzeugen. Für eigene JavaScripts bietet der Editor ein Einfügefenster, in das nur der Code eingefüllt werden muss. Ähnliche Insert-Funktionen bestehen für Java-Applets, ActiveX-Codes, Plug-Ins sowie Flash- oder Shockwave-Objekte.

4.7 Bilder

Bilder sind das wichtigste multimediale Element im Internet. Bilder waren der Grund, warum das WWW gegenüber dem bisherigen traditionellen Internet an so hoher Attraktivität gewonnen hat, dass es weit über den Forschungs- und Wissenschaftsbereich hinaus Verbreitung fand und kommerziell in vielfältiger Weise eingesetzt wird.

Bilder sind informativ, attraktiv und beleben die Textwüste von Dokumenten. Ein Bild sagt mehr als tausend Worte, und leider benötigen sie im Internet auch tausendmal so viel Speicherplatz. Dies ist auch der Grund, warum wir hier ausführlich auf Fragen der Bildkompression eingehen. Viele Websites können bis zu zehnmal schneller werden, wenn die Bilder optimal genutzt werden.

Die Quellen der Bilder für den Internetauftritt sind sehr unterschiedlich, Überwiegen auf privaten Homepages oft »geklaute« Bilder aus dem Web, so müssen alle Bilder auf professionellen Websites mit Copyright versehen sein. Als Bildmaterial kommen eingescannte Fotos, Prospekte und Grafiken, Digitalfotografien aus Digitalkameras, Digitalvideos und der Photo-CD in Frage. Für die Illustration werden häufig Grafiken mit entsprechenden Programmen erstellt und für das Web konvertiert. Die häufigsten Bilder sind allerdings schlichte Worte, die, mit dem firmeneigenen Fonts und grafisch aufgewertet, in Bilder konvertiert wurden.

Die Standard-Formate für Grafiken im Internet sind pixelorientiert (Bitmaps). Dabei wird je nach Inhalt der Abbildung diese in ein im Internet übliches Grafikformat umgewandelt. Noch können die meisten Browser nur die Formate GIF, JPG und PNG darstellen.

4.7.1 Bitmap-Bilder

Bitmaps setzen sich aus einzelnen Punkten (Pixel) zusammen. Jedem Pixel ist eine Farbe zugeordnet. Bei der Bildverarbeitung werden nun einzelne Punkte bearbeitet, aber nicht das ganze Objekt. Der Vorteil bei Bitmaps ist die Möglichkeit von Spezialeffekten, wie z.B. Schattierung oder andere fotorealistische Effekte, da hier die einzelnen Pixel einzeln eingefärbt werden können. Die Auflösung einer Bitmap ist abhängig von der Einstellung, für die man sich zu Beginn entscheidet. Das Bild wird dann immer in der eingestellten Auflösung dargestellt, egal wie hoch die Auflösung des Ausgabegerätes ist.

Auflösung und Pixel

Unter Auflösung versteht man die Dichte der Punkte (Pixel), die dargestellt, gescannt oder gedruckt werden kann. Die Angabe wird in der Regel in dpi angegeben(dpi = dots per inch). Die Auflösung ist von der Hardware abhängig, Drucker erreichen bis zu 1.200 dpi, der Computermonitor hingegen nur 72 dpi. Wenn man Bilder fürs Internet erstellt, genügt daher eine Auflösung von 72 dpi, da dann die Bilder im Originalformat auf dem Monitor erscheinen.

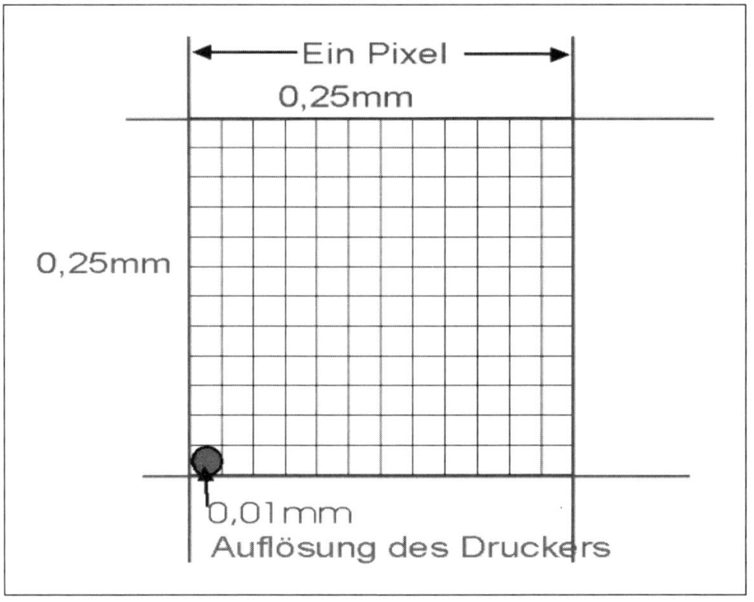

Abbildung 4.10: Ein Pixel am Bildschirm hat eine Kantenlänge von ca. 0,25 mm, der Drucker verwendet wesentlich feinere Punkte mit etwa 0,01 mm Kantenlänge

Zumeist wird man aber von vornherein weniger Wert auf die Auflösung in dpi als vielmehr auf die absolute Größe in Pixel legen. Fast alle Monitore können heute 600*800 Pixel darstellen, ein Bild, das den Browser etwa zu einem Viertel ausfüllen soll, benötigt dann eine Größe von 300*400 Pixel.

4.7.2 Bildformate

Wir werden uns in diesem Kapitel mit den Bildformaten im Internet, mit der Nutzung der Bilder und auch mit dem Speicheraufwand, der gleichzusetzen ist mit dem Datenübertragungsaufwand für die Bilder, beschäftigen.

Welche Bildformate sind für das Internet möglich?

Die klassische HTML-Seite kennt nur zwei Bil

dformate. Zum einen das GIF- Format (die Abkürzung steht für Graphic Interchange Format), das ursprünglich im Compuserve-Bereich als Bildformat verwendet wurde. Zu Beginn des World Wide Webs war rechtlich unklar, wer GIF-Bilder verwenden darf, inzwischen ist das GIF-Format bezüglich des Datenformats frei verwendbar.

Neben dem GIF-Format existiert das JPEG-Format, ein erst ab der Kategorie HTML 2 allgemein akzeptiertes Bildformat. JPEG steht für Joint Photograph Expert Group, eine Vereinigung von Wissenschaftlern, die sich mit der Kompression von Fotografien und Bildern auseinander gesetzt und dieses Format, das immer noch in der Weiterentwicklung ist, realisiert hat.

Welches Bildformat eignet sich nun für die Darstellung im Internet?

GIF-Format

Zunächst das GIF-Format. Das GIF-Format ist technisch wesentlich einfacher zu verstehen als das JPEG-Format, und es ist auch in der Speicher- und Wiedergabetechnik einfacher.

Das GIF-Format beruht auf einem lauflängenkodierten Kompressionsalgorithmus. Das bedeutet: Der Rechner speichert nicht Bildpunkt für Bildpunkt separat in einer Datei ab, sondern er zählt die Anzahl der gleichfarbigen Bildpunkte entlang einer Bildzeile. Er speichert dann nur die Information über die Wiederholung einer bestimmten Farbe innerhalb einer Bildzeile ab. Dies ist deshalb im GIF-Format so gut möglich, weil es nur eine begrenzte Zahl von Farben gibt. Das GIF-Format hat nämlich nur maximal 256 verschiedene Farbtöne zur Verfügung.

Für den flüchtigen Betrachter reicht dies allemal, da das Auge kaum feinere Farbnuancen innerhalb eines Bildes entdeckt. Sollen die Daten besonders stark komprimiert werden, kann die Zahl der Farben sogar weiter reduziert werden, typischerweise auf 16 Farben, was bereits den Datenumfang eines Bildes halbiert. Es kann auch auf rein zweifarbige Bilder, Schwarzweißbilder, reduziert werden. Damit verliert das Bild natürlich seine fotografische Qualität und wird eher zum Kupferstich. Dies gibt uns auch bereits einen Hinweis darauf, welche Bilder besonders gut im GIF-Format abgespeichert werden können.

Einfache Grafiken mit wenig Farben, Schwarzweißbilder, Schriften und gescannte Texte oder Schriftgrafiken, Karikaturen oder Ähnliches. Nicht jedoch Schwarzweißaufnahmen mit verschiedenen Grautönen. Diese eignen sich nicht für eine zweifarbige GIF-Darstellung, im Gegensatz zu mehrfarbigen Grafiken, wie sie häufig in Stadtplänen oder Liniennetzplänen auftauchen. Die meisten Stadtpläne verwenden weniger als 16 unabhängige Farbtöne. Ein klarer Fall, diese im GIF-Format abzuspeichern. Höher wertige Grafiken mit mehr als 16 Farben können ebenfalls als GIF gut abgespeichert werden, es sollte jedoch berücksichtigt werden, dass die Kompression der Daten zunehmend schlechter wird.

Wenn scharfe Kanten klar hervortreten sollen oder das Bild weniger als 80 x 80 Pixel oder weniger als 1,5 Kbyte hat, dann sollte immer das GIF-Format gewählt werden.

GIF-Bilder liefern zusätzliche Möglichkeiten für die grafische Präsentation. Ein schöner Effekt ist die Tatsache, dass es im GIF-Format eine transparente Farbe gibt. Wählt man etwa den weißen Hintergrund innerhalb einer Grafik als transparent, so erscheint diese auf einem fotografischen Hintergrund nicht, und der Hintergrund scheint durch das Bild durch. Dies ermöglicht es, Konturen beliebiger Form auf Hintergründen darzustellen und nicht nur rechteckige Bilder.

JPEG-Format

Warum gibt es noch ein zweites Format, das JPEG-Format? Immer dann, wenn es sich um eine Grafik mit sehr vielen Farben handelt oder wenn größere Bilder dargestellt werden, wird das JPEG-Format verwendet.

Welche besonderen Eigenschaften hat das JPEG-Format? Es komprimiert Fotografien außerordentlich effizient. Insbesondere gibt es die attraktive Funktion, den Kompressionsfaktor festzulegen. So ist eine typische Fotografie mit einem Kompressionsfaktor auf 30 % der Ausgangsqualität meist für das Internet noch ein attraktives Bild, das den Betrachter kaum merken lässt, dass ein Datenverlust vorliegt. Neuerdings gibt es Software, wie Photoshop 6.0 oder JPEGOptimizer, die je nach Bildbereich unterschiedlich stark komprimieren. So können Gesichter, bei denen das menschliche Auge sehr genau hinschaut, gering komprimiert werden, der unscharfe Hintergrund hingegen drastisch. Damit erreicht man, bei gleichem visuellen Eindruck, nochmals 50 % Speicherplatzeinsparung.

Allerdings dürfen hoch wertige Aufnahmen und Grafikvorlagen nicht mit diesem verlustbehafteten Verfahren komprimiert werden, sonst verliert man wichtige Informationen, die später nicht regeneriert werden können. Daher sollten auch immer die Originale aufbewahrt werden. Auch das nachträgliche Komprimieren von bereits komprimierten JPEGs ist nicht zu empfehlen.

Bei einer standardmäßigen JPEG-Komprimierung wird das Bild im Browser von oben nach unten aufgebaut. Das bedeutet, dass zuerst ein großer Teil der Grafik übertragen sein muss, bevor der Betrachter den Inhalt einschätzen kann.

Eine Alternative bieten Bilder, die im Format Progressive JPEG abgespeichert wurden: Hierbei wird das Bild zunächst in einer niedrigen Auflösung sichtbar, danach folgt erst die Verfeinerung der Bilddaten. Der Benutzer kann also schneller entscheiden, ob er die Grafik sehen möchte oder nicht. Dieses Format wird allerdings erst von den Browsern Netscape 3 und höher bzw. Internet Explorer 4 und höher richtig wiedergegeben und von vielen Grafikprogrammen nicht perfekt unterstützt.

TIPP Weitere gute Informationen über Bildformate kann man unter: *http://www.heindl.de/internettips/index.html* finden.

JPEG-Bildkompressionsverfahren

Original - 10,7 Kb

20% Qualität - 4,97 Kb

5% Qualität - 2,36 Kb

0% Qualität - 1,47 Kb

Abbildung 4.11: Das JPEG-Bildkompressionsverfahren kann bei geringfügigem Verzicht auf die Bildschärfe eine gewaltige Reduktion der Bilddateigröße erreichen. Im obigen Beispiel sind verschiedene Kompressionsfaktoren wiedergegeben. Eine Reduktion der ursprünglichen Datei auf ca. 5 Kbyte liefert noch ein brauchbares Bild. Die drastische Reduktion auf 2 Kbyte liefert dagegen kein brauchbares Ergebnis.

Der Grafikformatvergleich

HTML unterstützt die bit-maps-Kodierung *.gif und *.jpg

GIF: Graphic Interchange Format
- gif ist eine Lauflängenkodierung
- gute Kompression bei linienorientierter Grafik
- nur 256 Farben verfügbar
- neuerdings ein public domain Format

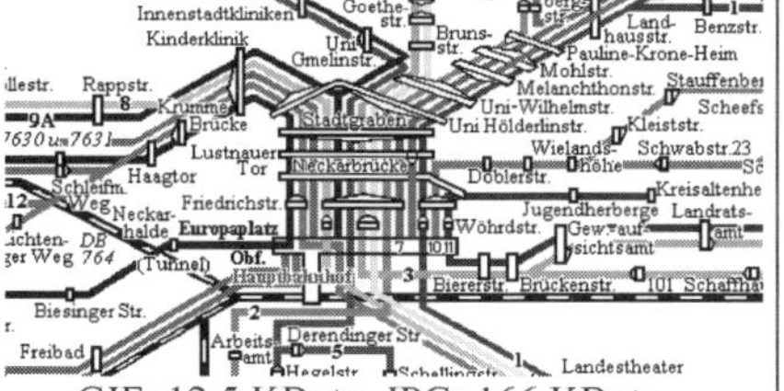

GIF: 12,5 KByte JPG: 166 KByte

JPEG: Joint Photographic Experts Group
- jpg basiert auf der Wavelet Transformation
- sehr gute Kompression bei Fotos
- Kompressionsgrad wählbar
- public domain

GIF: 50,8 KByte JPG: 12,5 KByte

Abbildung 4.12: Auswahl des optimalen Grafikformats. Die Faustregel lautet, Fotografien immer als JPEG abspeichern.

Format	GIF	JPEG
Ausgeschrieben	Graphic Interchange Format	Joint Photograph Expert Group
Dateiextension	.gif	.jpg, .jpeg
Standard	GIF87a, GIF89a	ISO DIS 10918-1
Farben	2 ... 256	Bis 16 Mio.
Kodierung	LZ78 (LZW-Algorithmus von Lempel, Ziv und Welch)	Wavelet-Artiger Kompressionsalgorithmus
Komprimierung	Fest vorgegeben, verlustlos	Frei wählbar, verlustbehaftet bei < 100 %
Transparente Farbe	Eine frei wählbar	Nein
Bewegung	Ja, Animated GIF, zumeist mit GIF89a	Nein
Ladeprozess	Zeilenweise oder Interlaced (zuerst grobes Mosaik, dann feine Rasterung)	Vollständig oder progressiv (zuerst unscharf, dann scharf)
Beste Ergebnisse bei	Grafiken mit einfarbigen Flächen, Schriftzügen	Farbverläufen
Einsatzbereich	Grafik, Scan von Stadtplänen etc., nach Farbreduktion	Digitalkamera, Scans von Fotos

Tabelle 4.1: Die wichtigsten Eigenschaften der Grafikformate, die im Internet verwendet werden.

Optimale Kompression von Grafiken in das GIF-Format

Wenn für Internetseiten flächenhafte Farbgrafiken aufbereitet werden, wie Stadtpläne, Layouts, Busfahrpläne oder Ähnliches, die nur als Scan vorliegen, ist es notwendig, die Bilder nachzubearbeiten, wenn man unnötigen Speicherplatz für die Bilder vermeiden will. Ein GIF-Bild kann zwischen zwei und 256 verschiedene Farbtöne gleichzeitig abspeichern. Die meisten Stadtpläne haben hingegen höchstens 16 Farben. Es genügt daher, das Bild mit 16 Farben abzuspeichern. Leider erkennt ein Scanner während des Scan-Vorgangs die Farbtöne nicht genau, sondern zeichnet die feinen Farbunterschiede in 16 Millionen Farbtönen auf. Die Aufgabe ist also, 16 Millionen Farbtöne auf 16 Farbtöne so zu reduzieren, dass die Bildqualität nicht erheblich leidet.

Der erste Schritt besteht darin, eine Farbpalette mit den dominierenden Farbtönen aufzubauen, etwa Gebäudeflächen, Wasserflächen und Begrenzungslinien, Buslinien usw. Diese Farben werden in eine Palette übertragen, wie es z.B. mit dem Grafikprogramm Paintbrush einfach möglich ist. Man fährt mit dem Pinsel auf die Grafik, und holt den Farbton und überträgt ihn dann auf eine zweite, noch leere Grafik. Dies wiederholt man für jeden Farbton separat. Danach liegen in der leeren Grafik Farbtupfer mit den entsprechenden Farbwerten vor.

Im nächsten Schritt reduziert man von dem Farbtupferbild die Palette auf die häufigsten 16 Farben, so dass die Palette nur noch aus den Hauptfarben der Vorlage besteht. Diese Palette speichert man ab.

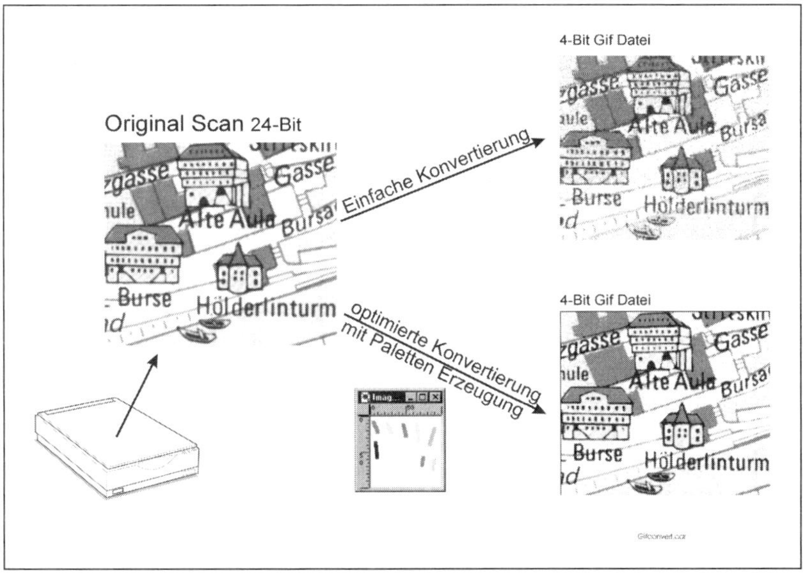

Abbildung 4.13: Scannt man eine Farbgrafik, so liefern moderne Scanner die Farben mit 24-Bit-Genauigkeit. Für die Präsentation einer Farbgrafik genügen zumeist 16 Farben (4 Bit). Bei einer automatischen Konvertierung verliert das Bild an Schärfe und wird im GIF-Format zudem sehr viel Speicher beanspruchen. Daher sollte man mit geeigneter Grafik-Software eine passende Farbpalette erzeugen und das Bild auf diese Palette reduzieren.

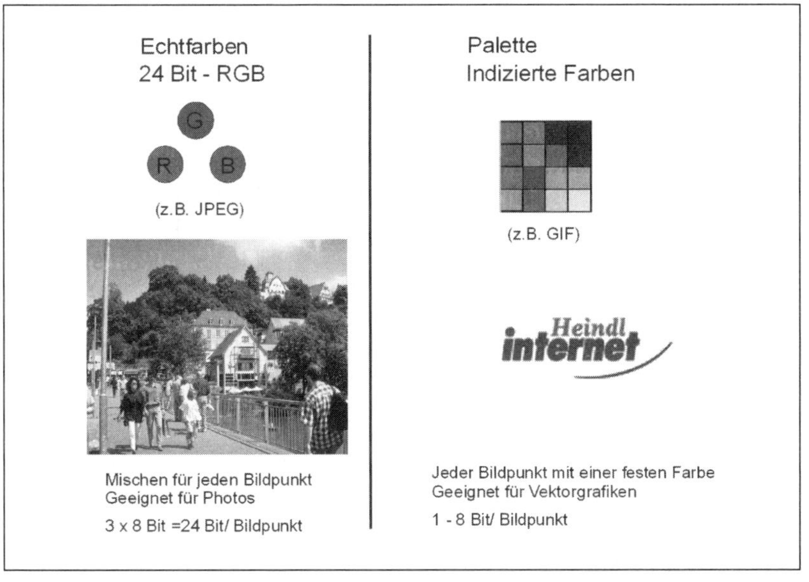

Abbildung 4.14: Fotografien haben sehr viele Farbnuancen, daher werden pro Bildpunkt 24 Bit für das Abspeichern der Farbtöne benötigt. Einfache Grafiken nutzen oft nur eine kleine Palette, daher werden nur Palettenfarben abgespeichert. Bei 16 verschiedenen Farben genügen dafür bereits 4 Bit. Zusätzlich muss aber die genaue Palette abgespeichert werden.

Danach wird diese Palette für die Vorlage verwendet. Dazu aktiviert man die Vorlage, lädt die abgespeicherte Palette und übernimmt für die Farbtöne auf der Vorlage jeweils den nächstliegenden Eintrag aus der Palette. Damit werden auch leicht inhomogene Farbflächen in den idealen Farbtönen dargestellt, wie im Beispiel zu sehen ist. Dies führt einmal dazu, dass die Flächen gleichmäßig und übersichtlich wirken, zum anderen kann jetzt durch Abspeichern im GIF-Format erheblich Speicherplatz gespart werden. Der Kompressionsalgorithmus für GIF speichert homogene eingefärbte Flächen wesentlich kompakter als inhomogene, granulierte Flächen, wie sie z.B. durch Dithern entstehen.

Was ist Dithern?

Um mit einer Grafikkarte, die nur wenige Farben darstellen kann, Zwischentöne wiederzugeben, nähert der Dither-Algorithmus die gewünschte Farbe durch zwei in feine Pünktchenmuster aufgetragene ähnliche Farben. Ebenso werden für GIF-Bilder, die nur wenige feste Farbtöne nutzen, die Zwischentöne durch feine Punktmuster ersetzt.

Dieses Vorgehen gibt die gewünschten Farben relativ gut wieder, hat jedoch den gravierenden Nachteil, dass geditherte GIF-Bilder wesentlich mehr Speicherplatz benötigen, da keine gleichfarbigen Flächen zum kompakten Abspeichern vorhanden sind.

Bei der Verwendung von Animated GIFs kann Dithern zu sehr unruhiger Wiedergabe führen. Daher sollte das Dithern hier auf jeden Fall vermieden werden und Fotografien sinnvollerweise im JPEG-Format gespeichert werden.

PNG-Format

Wenn Bilder im JPEG-Format abgespeichert werden, gehen Daten verloren, da gefiltert wird, was nicht für das vorliegende Bild benötigt wird. PNG (Portable Network Graphics) arbeitet mit einer nahezu verlustfreien Komprimierung. Die Browser ab Version 4 unterstützen dieses Format. PNG ist patentfrei und hat gegenüber GIF auch noch andere Vorteile: Es können Alpha-Kanäle abgespeichert werden (damit variable Transparenz) und ein zweidimensionales Interlacing ist möglich. Das Interlace-Feature, das das schichtweise Erkennen eines Bildes ermöglicht, ist weiterentwickelt als bei dem GIF-Verfahren. PNG hat eine Datenkomprimierung, die um bis zu 10 bis 30 % besser ist. Eine Möglichkeit, mehrere Bilder hintereinander zu schalten, gibt es nicht.

PNG unterstützt drei Arten von Bildfarben: Vollfarben, Graustufen und Palettenfarben. Während bei GIF nur die letzte Variante möglich ist, bei JPEG jedoch die ersten zwei, zeigt sich auch hier eine deutliche Überlegenheit.

4.7.3 Allgemeiner Ablauf der Bildbearbeitung

Damit die beste Qualität der Bilder im Internet erreicht wird und weiterhin auf die Originale zugegriffen werden kann, sollte die Bearbeitung immer in einer einheitlichen Reihenfolge ablaufen:

Schritt	Bearbeitung	Archivformat
1.	Aufzeichnung, Erstellung mit Kamera oder Grafikprogramm	Photo-CD, Vektorformat
2.	Bildfehler ausgleichen, Farbtöne anpassen, zuschneiden, beschriften, Vektorgrafik in Bitmap konvertieren	
3.	Anpassen der Bildgröße für die Webseite, Angabe in Pixel wählen	TIFF
4.	Kompression, endgültiger Dateiname	JPEG, GIF

4.8 Animation

4.8.1 Herstellung von Animated Gifs

Bei GIF-Bildern besteht die Möglichkeit, diese auch zu animieren. Wenn kleine Bewegungen in der Webseite stattfinden, sind GIF-Bilder die Technik, dies zu realisieren. Das Animated-GIF-Format arbeitet ähnlich einem kleinen Daumenkino. Dazu werden die einzelnen Teilbilder im GIF-Format mit einem Grafikwerkzeug erstellt und auf der Festplatte abgespeichert. Anschließend werden die Einzelbilder mit einer geeigneten Software, wie z.B. dem GIF-Animation-Set oder entsprechenden Werkzeugen in der Grafikumgebung zu einem Gesamtbild zusammengestellt.

Innerhalb des Bildformats werden dann die Teilbilder nach festvorgebbaren Zeiten nacheinander auf dem Bildschirm dargestellt, was dem Betrachter Bewegung suggeriert. Weiterhin kann kontrolliert werden, wie häufig die Bewegung stattfinden soll. Danach kommt das Bild zur Ruhe.

Folgende Bildsequenz ergibt ein hüpfendes Männchen:

Abbildung 4.15: Diese Bilder müssen zuerst unter 4 verschiedenen Teilbildern abgespeichert werden und können dann mit dem Animationsprogramm weiterverarbeitet werden.

Animated Gif benötigt keine Java oder sonstige Programmiertechnik. Der Vorteil liegt in der einfachen Erstellung von bewegter Grafik. Nachteil ist allerdings, dass nur eine geringe Farbpalette und nur eine kleine Anzahl von Bildchen sinnvoll übertragen werden kann. Es eignet sich nicht für Video, außerdem kann kein Ton synchron dazu gespielt werden.

4.8.2 Tipps für Animated GIFs

Viele Bewegungen erfassen nicht die gesamte Bildfläche, sondern nur einen kleinen Teilbereich, etwa einen fliegenden Ball. Dann genügt es, nur das kleine Teilbildchen des Balls an anderer Position im Animated GIF zu platzieren. Dies spart erheblich Speicherplatz, da nicht jedes Mal der gesamte Hintergrund übertragen wird.

Mit dem Animated-GIF-Format kann auch Transparenz genutzt werden, womit ansprechende grafische Effekte möglich sind, etwa ein kleines Fahrzeug, das sich auf der Webseite vor dem Seitenhintergrund bewegt.

Ältere Browser können bewegte Bilder nicht darstellen, sondern zeigen statt dessen das erste, selten das letzte Bild der Serie an. Man sollte die Teilbilder daher passend auswählen. Dies gilt auch für das Ausdrucken von Seiten mit Animated GIFs!

Obwohl es möglich ist, Animated GIFs auch als Hintergrund zu verwenden, sollte dies bei Textseiten tunlichst vermieden werden. Der Text wird dadurch unlesbar.

4.8.3 Tools

Um die verschiedenen Komprimierungsverfahren durchzuführen, sollte man Grafikprogramme einsetzen, die für den Interneteinsatz konzipiert sind. Neben den professionellen Grafikprogrammen, wie Adobe Photoshop, Corel Photo Paint etc., stehen auch Spezialprogramme, die extra für den HTML-Einsatz entwickelt wurden, wie Paint Shop Pro, Photo Impact, Web Razor, Cool 3D (speziell für 3D-Schriften), Animagic, GIF-Construction-Set (beide für Animated GIFs) zur Verfügung.

4.8.4 Achtung: Bewegung kann stören!

Animated GIFs sind vor allem auf Webseiten mit Text nicht zu empfehlen, denn der Leser der Seite ist meist nicht besonders angetan, wenn er sich durch einen seitenlangen Text lesen muss und ständig ein Bild blinkt.

Das liegt psychologisch betrachtet am menschlichen Sehsystem, das reflexartig bewegte Stellen im peripheren Gesichtsfeld anvisiert, da es sich um eine mögliche Gefahrenquelle handeln könnte. Liest man einen Text, springt das Auge regelmäßig an die bewegte Stelle und das Lesen wird sehr anstrengend. Daher sollte man bewegte Bilder im Internet immer so programmieren, dass sie nach ca. 7 Sekunden zur Ruhe kommen, der Besucher auf den Seiten wird es durch größere Aufmerksamkeit für den Text danken.

4.9 Multimedia

Neben Bildern können auch Ton und Videoelemente für die Seitengestaltung genutzt werden. Hier gibt es allerdings unzählige Datenformate.

4.9.1 Audio

Dateinamen-erweiterung	.aif, .aiff	.au	.mid, .midi	.snd	.wav
Ursprüngliche Plattform	Apple, SGI	NeXT, Sun	Key board	Mac, NeXT, Tandy	PC
Dateigröße pro Minute	960 Kbyte	480 Kbyte	50 Kbyte	480 Kbyte	480 bis 1.024 Kbyte
Sound-Qualität	sehr gut, fast Radio-Qualität	Fernseh-/ Telefon-Qualität	Soundcard-abhängig	Fernseh-/ Telefon-Qualität	gut bis hervorragend, Radio- bis CD-Qualität

Tabelle 4.2: Audioformate im Vergleich

Dateiformate, die nicht standardmäßig im Browser enthalten sind, können durch die Installation von passenden Plug-Ins (das sind dafür geeignete Zusätze) bearbeitet werden. Die gängigsten Plug-Ins für Netscape findet man unter *http://home.netscape.com/plugins/index.html.*

Mit Übertragungsverfahren wie Real Audio ist eine Audioübertragung in Echtzeit über das Internet möglich. Die damit erreichbare Qualität ist allerdings nicht für den ernsthaften Musikgenuss oder zum Vertrieb von Musik über das Internet geeignet. Die Übertragung von Musik in CD-Qualität kommt aufgrund der hohen Datenmengen ebenfalls nicht in Frage: Bereits fünf Minuten einer CD verschlingen rund 50 Mbyte bei der bekannten Samplingrate von 44,1 kHz und einer Auflösung von 16 Bit.

Um diese ungeheuren Datenmengen zu reduzieren, ist ein Verfahren entwickelt worden, MP3 genannt (Exakte Bezeichnung: MP1 Layer 3), das einen Standard für die Kompression von Audiodaten bezeichnet. MP3 dampft digital gespeicherte Musikstücke auf ein Zwölftel ihrer ursprünglichen Größe ein, ohne dass dabei allzu viele Zwischentöne verloren gehen: Die Wiedergabequalität ist beeindruckend hoch, sie braucht den Vergleich mit der CD nicht zu scheuen. Diese hohe Qualität versetzt die Plattenindustrie in Angst und Schrecken, denn mit diesem Verfahren kann nun jeder Bastler seine Lieblings-CDs in handliche Audiodateien verwandeln und via Web der ganzen Welt zum Download anbieten, was allerdings verboten ist.

Um die Daten auf den lokalen Rechner zu bekommen, muss man lediglich die Datei vom Server downloaden und als Datei abspeichern. Unter *www.mpeg3.com* und *www.mp3.com* finden sich sowohl Musikdateien zum Downloaden als auch die entsprechenden Tools. Der Download von Copyright-geschützten Musikdokumenten ist nicht erlaubt, wenn man nicht die Original-CD besitzt.

Um eine MPEG-3-CD nun anzuhören, benötigt man spezielle Software-Player, die auf dem PC installiert werden und dann die Dateien während des Abspielens dekodieren. Diese Player findet man natürlich im Internet, wobei WinAmp unter: *http://www.winamp.com/*, der RealPlayer unter: *http://www.real.com/player/index.html* oder der QuickTime Player unter: *http://www.apple.com/quicktime/download/* zu den meistverbreiteten gehören.

Abgesehen von der urheberrechtlich eher bedenklichen Nutzung bietet MP3 ganz neue Möglichkeiten für kleine Musikgruppen. Ein weiteres Indiz für die Bedeutung von MP3 ist die Lizenzpolitik der Hersteller: Microsoft, Bertelsmann und auch Macromedia haben diese Technologie bereits lizenziert, um sie in eigenen Produkten einzusetzen.

Tonqualität	Bandbreite	Mono/ Stereo	Übertragungsrate	Kompression
Telefon	2,5 kHz	Mono	8 Kbps	96:1
Besser als Kurzwelle	4,5 kHz	Mono	16 Kbps	48:1
Besser als Mittelwelle	7,5 kHz	Mono	32 Kbps	24:1
Wie UKW-Radio	11 kHz	Stereo	64 Kbps	24:1
Fast CD	15 kHz	Stereo	96 Kbps	16:1
CD	> 15 kHz	Stereo	112 ... 128 Kbps	14 ... 12:1

Tabelle 4.3: Übersicht der Datenrate bei unterschiedlicher Kompression der Audiodaten

4.9.2 Video

Es gibt zwei unterschiedliche Videoarten: Animationen, die aus mehreren schnell hintereinander abgespielten Standbildern bestehen (ähnlich dem Daumenkino), und Filme, die mit einer Videokamera aufgezeichnet und anschließend digitalisiert wurden. Falls Sie über einen Video-Player verfügen und dieser für den Browser konfiguriert wurde, wird der Videoclip direkt im Browserfenster abgespielt. Andernfalls wird er auf die Festplatte zur späteren Verwendung abgespeichert. Meist verfügt das Video über eine festgelegte Anzeigebreite und -höhe, so dass die Vergrößerung des Videos mit Hilfe der Maus zu einer beträchtlichen Vergröberung oder Verzerrung des Videos führen kann.

Die anfallenden Datenmengen sind bei Videos sehr hoch: Geht man davon aus, dass man für die Darstellung eines Farbbildes auf dem PC-Bildschirm 900 Kbyte benötigt und für die Darstellung einer fließenden Bewegung 25 Bilder pro Sekunde benötigt werden, ergibt sich eine Zahl von über 20 Mbyte, die pro Sekunde von der Festplatte über Systembus und Grafikkarte auf dem Bildschirm realisiert werden müssen. Das bedeutet, dass die Daten komprimiert werden müssen, um die Sequenzen fürs Internet interessant zu machen. Hierfür haben sich einige Formate herauskristallisiert:

Das MPEG-Format

Dieses Format (MPEG für Motion Picture Experts Group – internationales Gremium, das Standards für die Kodierung von bewegten Bildern entwickelt) genießt auch im Videobereich die größte Popularität.

Um die größtmögliche Anwendungsbreite zu gewährleisten, spezifiziert der MPEG-Standard nur ein Datenmodell zur Kompression von bewegten Bildern und Tonsignalen. Auf diese Weise bleibt MPEG für die verschiedensten Computer-Plattformen unabhängig. Prinzipiell kann derzeit zwischen vier Standards unterschieden werden: MPEG-1, MPEG-2, MPEG-4 und MPEG-7 (MPEG-5 und -6 gibt es nicht, nach MPEG-7 kommt MPEG-21).

MPEG-4 zählt zu den neuesten Videoformaten und verfolgt das Ziel, eine möglichst hohe Videoqualität bei extrem niedrigen Datenraten im Bereich zwischen 10 Kbit/s und 1 Mbit/s zu erreichen und eignet sich deshalb besonders gut für Videoübertragungen im Internet. Eine völlige Neuerung in MPEG-4 ist die Gliederung des Bildinhalts in eigenständige Objekte, um sie gezielt anzusprechen oder weiter zu verarbeiten. Einige Hersteller planen, in Zukunft bewegte Bilder per Handy zu übertragen. MPEG-4 soll dann die Basis für den Datentransfer bilden.

MPEG-7 ist das jüngste Projekt aus der MPEG-Familie. Es stellt einen Standard zur Beschreibung von Multimedia-Daten dar, der unabhängig von den anderen MPEG-Standards eingesetzt werden kann. MPEG-7 soll voraussichtlich 2001 den Status des internationalen Standards bekommen.

AVI von Microsoft

Videos für Windows-Dateien sind an der Endung »AVI« erkennbar. Vom eigentlichen Video werden dabei nur einige Schlüsselbilder vollständig gespeichert, im Weiteren nur die Unterschiede zum zugehörigen Schlüsselbild. Diese Bilder werden bei der Wiedergabe berechnet. AVI ist im Windows-Betriebssystem enthalten und muss nicht extra installiert werden.

QuickTime von Apple

Mit QuickTime wurde von der Firma Apple Macintosh ein Standard gesetzt, der die Hardware-unabhängige Manipulation von Videosequenzen sowie die Datenkompression beinhaltet. QuickTime-Dateien sind an der Endung »MOV« erkennbar, in Multimedia-Awendungen weit verbreitet und unter Windows ebenso wie unter dem Mac-Betriebssystem einsetzbar.

Format	Dateiendung	Kompression
MPEG	.mpeg ,.mpg ,.mpe	Ja
AVI	.avi	Ja
QuickTime	.mov ,.qt	Ja

Videoformate

Alle diese Darstellungen mit externen Programmen erlauben keine weitere Interaktion, so gibt es z.B. keine Links in den Bildern. Zukünftig werden aber immer mehr Browser die Einbindung von fremden Datenformaten über Plug-Ins erlauben. Das sind kleine Programmzusätze für die Browser, um entsprechende Formate darzustellen.

Prinzipiell kann jede beliebige Datei mit ihrem URL angesprochen werden und damit für das Internet genutzt werden. Der Anwender wird in diesen Fällen vom Browser gefragt, ob er die Datei auf der Festplatte abspeichern will. Die übertragene Datei kann nach der Übertragung entsprechend lokal genutzt werden. Diese Methode wird bei der Verteilung von Software und Treibern, z.B. auch von gezippten Dateien, häufig eingesetzt.

Links

Dr. Web – Know-how für Webworker
http://www.ideenreich.com/drweb.shtml

4.10 Programmieren für Webseiten

Bald nachdem sichtbar wurde, welche interessanten Anwendungen mit HTML realisierbar sind, kam die Idee, nicht nur Formatierungsinformation an den Browser zu senden, sondern auch Software, die unter dem Browser läuft. Um den großen Vorteil der plattformübergreifenden Darstellung nicht zu verlieren, musste eine Sprache gefunden werden, die unabhängig von der jeweiligen Rechnerplattform läuft und außerdem kein großes Risiko bezüglich Viren darstellt.

4.10.1 Java und JavaScript

Die Ähnlichkeit der Namen deutet auf eine Verwandtschaft der beiden Sprachen hin. Jedoch muss klar zwischen beiden unterschieden werden, da die Unterschiede bedeutender sind als die Gemeinsamkeiten. Gemeinsam sind beiden die Sprachelemente und die Syntax.

Java wurde zwar im Hinblick auf die Realisierung von Internet-Anwendungen entwickelt, ist aber trotzdem eine Allzweck-Programmiersprache.

4.10.2 JavaScript

JavaScript wurde von Netscape unter dem Namen LiveScript entwickelt, mit dem Ziel, den HTML-Seiten Interaktivität zu verleihen. HTML ist lediglich eine Beschreibungssprache, die nur eine statische Seite erzeugen kann, während Script-Sprachen eine Steuerung des Programmablaufs ermöglichen. JavaScript ermöglicht es, Aktionen und Eingaben von Benutzern zu registrieren und zu verarbeiten.

JavaScript kommt mit einem relativ kleinen Befehlsumfang aus und ist deshalb auch leicht erlernbar. Ein weiterer Vorteil liegt in der Integration des Interpreters in nahezu jedem Webbrowser. Dadurch entfällt eine zeitraubende Kompilierung und es kann schnell getestet werden. In JavaScript erstellte Scripts verlangen keine bestimmten Systemeigenschaften, sie bedürfen nur eines geeigneten Webbrowsers. Deshalb kann man sie als plattformunabhängig bezeichnen.

Ein weiterer Vor- oder auch Nachteil ist, dass der Anwender den Quelltext mit seinem Browser direkt betrachten kann. Dies führt auch dazu, dass praktisch keine Viren auf diese Weise realisierbar sind.

Das erste Script

Der Programmcode kann praktisch an jeder Stelle im Text stehen, aber er sollte aus formalen und praktischen Gründen immer im HEAD-Bereich des Dokuments stehen.

Alle Scripts in HTML beginnen mit dem Befehl

```
<SCRIPT LANGUAGE="Programmiersprache">
```

und enden mit dem HTML-Tag

```
</SCRIPT>
```

Dazwischen steht der Programmcode in einer HTML-Kommentarzeile

```
<!-- Java Programm Code -->
```

Dies dient dazu, dass ältere Browser und Suchmaschinen, die kein Java verstehen, den Programmbereich vollständig ignorieren.

Sollten innerhalb des Programms Kommentare zum Programm erscheinen, so werden diese Programmzeilen, wie bei C++, durch

```
// Kommentar zum Programm
```

am Zeilenanfang kenntlich gemacht.

- ✔ Muss der Kommentar mehrzeilig sein, steht er zwischen `/* -----*/`.
- ✔ Anweisungen werden durch das Ende der Zeile abgeschlossen

- ✔ Jede Anweisung sollte durch ein Semikolon getrennt werden
- ✔ Groß- und Kleinschreibung muss beachtet werden
- ✔ Fehler werden durch den Interpreter mit Angabe der Zeilennummer angezeigt

BEISPIEL

```
<HTML>
<HEAD>
<TITLE>Das erste Script</TITLE>
</HEAD>
<BODY>
<script language="JavaScript">
<!--
// Anweisungen mit Kommentar versehen
name=prompt (»wie heißt du?«,"");
document.write(»Hallo »+name"+wie geht's?«);
//Ende des Kommentars-->
</script>
</BODY>
</HTML>
```

Hierbei wird durch die Funktion `prompt` ein Dialogfenster geöffnet, in dem man nach dem Namen gefragt wird. Mit der leeren Zeichenkette `""` bleibt das Eingabefeld leer. Der später eingegebene Name wird an die Variable `name` übergeben und durch die Anweisung `document.write` auf dem Bildschirm ausgegeben.

Ein kleines Programm

Neben dem Aufruf von Funktionen können natürlich auch eigene Funktionen in Java programmiert werden. Die Funktionen müssen mit ihren Eigenschaften und Variablen definiert und implementiert werden.

Der einfachste Weg, wenn man nur peripher mit Programmiersprachen zu tun hat, ist, ein bestehendes Script zu nehmen und dieses umzubauen und an die eigene Seite anzupassen. Scripts werden auf vielen Seiten zum Herunterladen angeboten. Man muss sich nur die passende Funktion auswählen und dann in den Quelltext einfügen.

Im folgenden Beispiel soll ein Script für eine Laufschrift angepasst werden.

Das bestehende Script sieht so aus:

```
<SCRIPT language=JavaScript>
<!-- begin
var id,pause=0,position=0,revol=9;
function banner()
  {var i,k;
   var msg="+++ Wo laufen sie denn?+++«;
   var speed=4;
```

```
if ((msg.length-
position)<70){document.form2.banner.value=(msg.substring(position,position+7
0))+
(msg.substring(0,(70-(msg.length-position))))}
  else document.form2.banner.value=msg.substring(position,position+70);
  if(position++==msg.length)
{
      if (revol-- < 2) return;
      position=0;
  }
  id=setTimeout("banner()",1000/speed);
}
// end -->
</script>
```

Dieser Teil muss in den Header der Datei eingebaut werden.
Damit das Java-Script auch aktiviert wird, muss ein so genannter EventHandler platziert werden. (Die zur Verfügung stehenden EventHandler sind im Anhang aufgeführt). Er dient als Bindeglied zwischen HTML-Code und JavaScript. Das kann dann so aussehen:

```
onload="banner()"
```

Hier würde durch den Ladevorgang (Öffnen der Datei) eine Funktion, die vorher definiert wurde, ausgelöst. Die Funktion heißt hier `banner()`.

Um wieder zu der Laufzeile zurückzukommen, wird dieser Event-Handler im Body-Tag platziert.

```
<BODY onload="banner()">
```

Nun muss nur noch festgelegt werden, wo die Laufschrift auf der Seite erscheinen soll. Dazu wird in den Quelltext eine leere Formularzeile geschrieben, die dann durch das Script mit Inhalt gefüllt wird.

```
<form name=form2>
<input name=banner size=30>
</form>
```

Der Erfolg – eine Laufschrift, die in einer Formularzeile läuft – ist bereits nicht mehr auf Papier darstellbar.

Wenn man nun den Text verändern möchte, schreibt man einfach den eigenen Text in die Zeile, in der »wo laufen sie denn« steht. Möchte man die Geschwindigkeit erhöhen, setzt man den Wert, der unter der Variablen `speed` steht, höher.

4.10.3 Java

1995 veröffentlichte Sun Microsystems »Java«, eine objektorientierte Programmiersprache, die sich besonders zur Erstellung von Programmen für das Internet eignet. Java erfreute sich schnell einer großen Popularität. Seine Sprachelemente und Syntax sind der Programmiersprache C bzw. C++ entlehnt. Java ist eine Allzweck-Programmiersprache, die sich besonders gut für die Programmierung von Internetanwendungen eignet, aber auch für andere Problemstellungen. Java liegt ein objektorientiertes Programmierkonzept zugrunde. Sein Befehlsumfang ist wesentlich komplexer als der von JavaScript, dadurch auch schwerer erlernbar. Java-Programme müssen kompiliert werden. Das bedeutet, dass der Programmtext einmal, vor Beginn des Programmablaufs durch einen Compiler in Maschinensprache übersetzt werden muss. Dadurch sind sie in der Regel etwas schneller als interpretierte Sprachen.

Genau genommen werden Java-Programme sowohl kompiliert als auch interpretiert: Zuerst wird das Programm in einen Byte-Code kompiliert. Dieser Byte-Code ist keine echte Maschinensprache, sondern nur die Maschinensprache der virtuellen Java-Maschine. Der Byte-Code wird vom Webbrowser geladen und interpretiert.

Programmbeispiele unter: *http://www.developer.com/directories/pages/dir.java.html*

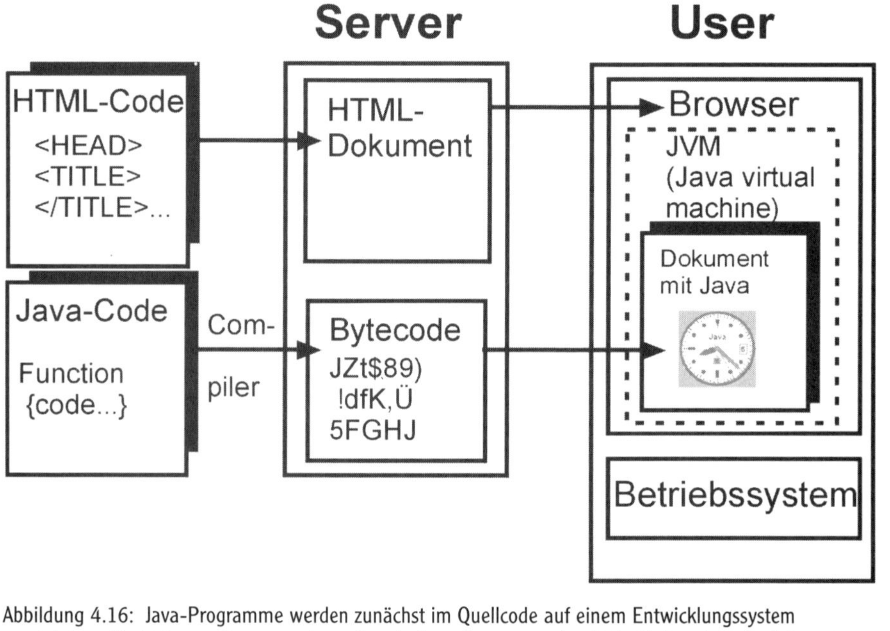

Abbildung 4.16: Java-Programme werden zunächst im Quellcode auf einem Entwicklungssystem geschrieben. Ein Bytecompiler erzeugt aus dem fertigen Programm den Byte-Code, wie er im Internet versendet wird. Die Anwendung läuft dann auf dem Browser, nachdem sie über das Internet eingelesen wurde.

Die Programmiersprache Java lässt sich, wie wohl alle Programmiersprachen, nicht innerhalb weniger Stunden lernen.

Sicherheit mit Java

Java wurde so entwickelt, dass es keinen direkten Zugriff auf die Festplatte erhält. Damit ist die Möglichkeit, Viren mit Java zu programmieren, sehr weit eingeschränkt. Zurzeit sind dem Autor keine echten Java-Viren bekannt, allerdings gibt es einige Möglichkeiten, den Rechner des Anwenders mit entsprechenden Java-Programmen lahm zu legen.

So kann mit Java ein Fenster auf dem Bildschirm geöffnet werden, auf das der Anwender klicken muss, und das sofort den Prozess, ein weiteres Fenster zu öffnen, auslöst. Damit wird der Nutzer genervt und gegebenenfalls der Prozessor durch zu viele Tasks überlastet.

Stößt man jemals im Internet auf solch ein Beispiel, hilft es immer, den Browser zu schließen, weil dieser das Java-Programm ausführt. Bei Windows 95 muss dazu [Strg]+[Alt]+[Entf] gleichzeitig gedrückt werden und die Anwendung Internet Explorer oder Netscape beendet werden.

4.10.4 Java-Applets

Für umfangreichere Programme und bei Programmen, bei denen der Anwender keinen Zugriff auf den Quellcode haben soll, werden Java-Applets verwendet. Java-Applets sind erheblich mächtiger, da es möglich ist, während des Programmablaufs weitere Programmobjekte aus dem Internet hinzuzufügen. Kann ein Grafikprogramm nur Linien zeichnen und benötigt der Benutzer die zusätzliche Funktion Kreise, so könnte das Javaprogramm sich das entsprechende Objekt zum Kreiszeichnen aus dem Internet holen. Diese modulare Technik erlaubt es, zunächst nur kleine Datenmengen vom Server an den Client zu übertragen, obwohl damit ein umfangreiches, komplexes Programmpaket in Java realisiert werden kann.

Dabei werden die Programme ebenfalls in der Programmiersprache Java geschrieben, dann aber bereits vom Programmierer mit einem Java-Compiler in Byte-Code umgewandelt. Es handelt sich dabei um keine echte Kompilierung, sondern nur um die Umwandlung in eine vom Interpreter lesbare Binärform des Programms.

Auch hier ist, wie bei JavaScript, die Ausführung völlig unabhängig vom Betriebssystem und der zugrunde liegenden Hardware.

Will der Internetautor für seine Website die Java-Technik einsetzen, so kann er entweder auf die umfangreichen Java-Anwendungen im Internet (z.B. *http://www.sun.com*) zurückgreifen, oder er programmiert selbst neue Java-Objekte. Dies erfordert allerdings eine geeignete Entwicklungsumgebung, die von verschiedenen Herstellern geliefert werden:

- ✔ JDK 1.2 von Sun, kostenlos
- ✔ Visual Age von IBM
- ✔ Visual J++ von Microsoft
- ✔ JBuilder4 von Borland
- ✔ PowerJ von Powersoft
- ✔ SuperCede von Asymetrix

✔ CodeWarrior von MetroWerks

✔ Visual Cafe von Symantec

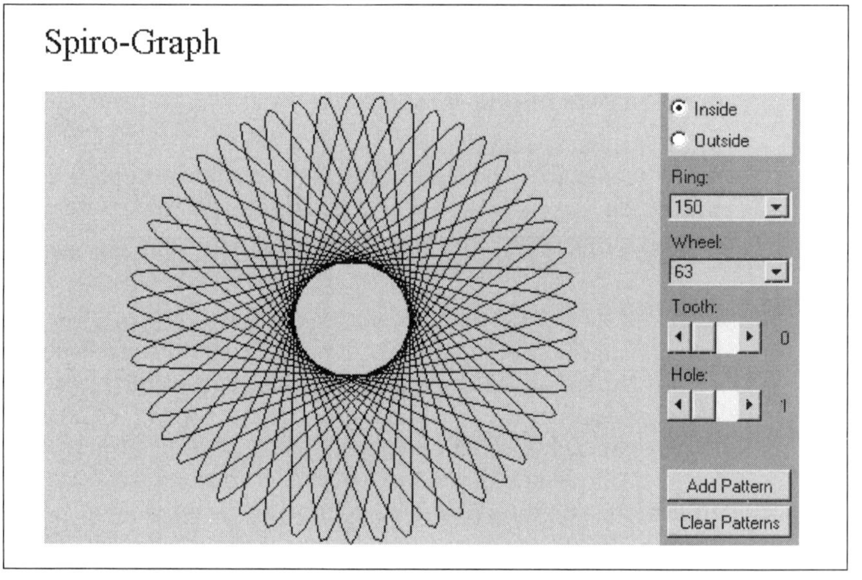

Abbildung 4.17: Beispiel für ein Applet: Man gibt auf der rechten Seite verschiedene Werte ein und die Grafik ändert sich dann entsprechend in einen weiteren oder engeren Spiro- Graphen.

Abbildungsbeispiel aus *http://users.lia.net/jonnes/java-spiro_graph.stm*

4.10.5 SCRIPTLETS

Scriptlets sind eine Mischung aus Dynamic HTML und Scripts und nutzen eine neue Funktion des Internet Explorers 4. Dieses Verfahren wird nur von HTML 4.0 unterstützt.

Scriptlets erlauben es, immer wiederkehrende JavaScript-Elemente nur noch einmal zu erstellen, da sie dann automatisch auf allen Seiten des gesamten Webs – auch bei einzelnen Änderungen oder einem kompletten Redesign – verfügbar bleiben. Scriptlets-Seiten werden von Netscape Navigator 4.0 nicht unterstützt.

Der Befehl zum Einbinden eines Scriptlets lautet:

```
<OBJECT width=320 height=80 id="scriptlet1 type="text/
x-scriptlet« data="scriptlet.html"> </OBJECT>
```

Das Data-Attribut verweist auf die zu ladende Seite.

4.10.6 ActiveX

Neben Java, der allgemein anerkannten Programmiersprache für das Internet, hat Microsoft das Konzept ActiveX vorgestellt. Es soll die Webseite mit dynamischen Leistungsmerkmalen versehen. Das kann von einer Laufschrift bis zu einer automatischen Banküberweisung gehen.

Der Vorteil von ActiveX liegt im Leistungsumfang. Es kann direkt auf die Ressourcen des Rechners, inklusive der Festplatte, zurückgreifen. Damit das Risiko der Programmierung aber begrenzt wird, dürfen nur von Microsoft zertifizierte Anwender echte ActiveX-Programme ins Netz legen.

Für den Autor von WWW-Seiten besteht aber die Möglichkeit, auf umfangreiche Bibliotheken von fertigen ActiveX-Elementen zurückzugreifen. Entsprechende Informationen findet man in Internet unter der Adresse *http://msdn.microsoft.com.*

Sicherheitsmodell der Internetsprachen

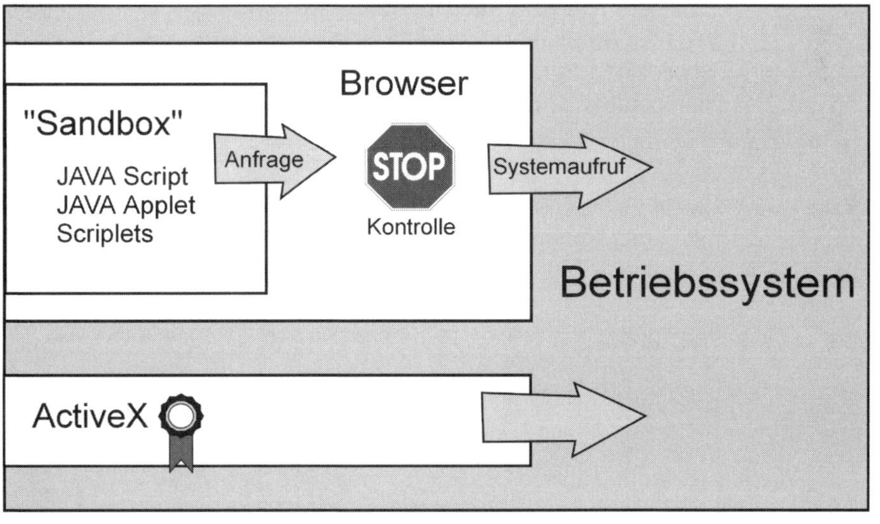

Abbildung 4.18: Die Java-Sprachen laufen innerhalb einer Sandbox, ActiveX greift direkt auf das Betriebssystem zu.

Die verschiedenen Programmiersprachen greifen auf unterschiedliche Weise auf das Betriebssystem zu. JavaScript, Java-Applet und Scriptlets befinden sich in einer so genannten Sandbox innerhalb des Browsers. Das ist eine geschützte Umgebung, von der aus die Programmobjekte Systemanforderungen zunächst an den Browser stellen, dieser leitet die Anfrage an das Betriebssystem weiter, sofern der Befehl zulässig ist. Will etwa ein Java-Objekt ein Textstück am Bildschirm ausgeben, sendet es den entsprechenden Text mit einer Anfrage an die Browser-Software. Diese stellt dann unter Nutzung der Betriebssystemaufrufe den Text innerhalb des Browserfensters dar. Soll ein illegaler Befehl, wie z.B.

Festplatte löschen, ausgeführt werden, wird der Browser diesen ignorieren. Sollte sich das Java-Programm in einer Endlosschleife verfangen, genügt es immer, das Browserfenster zu schließen, da damit die Sandbox auch verschwindet.

Völlig anders ist das Programmiermodell von ActiveX. Diese Programme arbeiten direkt auf Betriebssystemebene (OLE-Technik). Das bedeutet, dass diese Objekte, sobald sie gestartet sind, vom Browser nicht mehr kontrolliert werden (Virenrisiko!). ActiveX-Programme können mit digitalen Zertifikaten signiert werden, damit lässt sich deren Herkunft eindeutig bestimmen und das Sicherheitsrisiko abschätzen.

4.11 Cascading Style Sheets – CSS

CSS – Cascading Style Sheets erlauben, Formate vorzudefinieren, wie es in jedem Textverarbeitungsprogramm möglich ist, und diese dann auf ein gesamtes Dokument anzuwenden. Änderungen im Layout müssen nicht mehr Zeile für Zeile per Hand eingegeben werden, sondern werden einmalig in bestimmten Formatierungsbefehlen übergreifend festgelegt und kommen dann beim Seitenaufbau automatisch zum Einsatz.

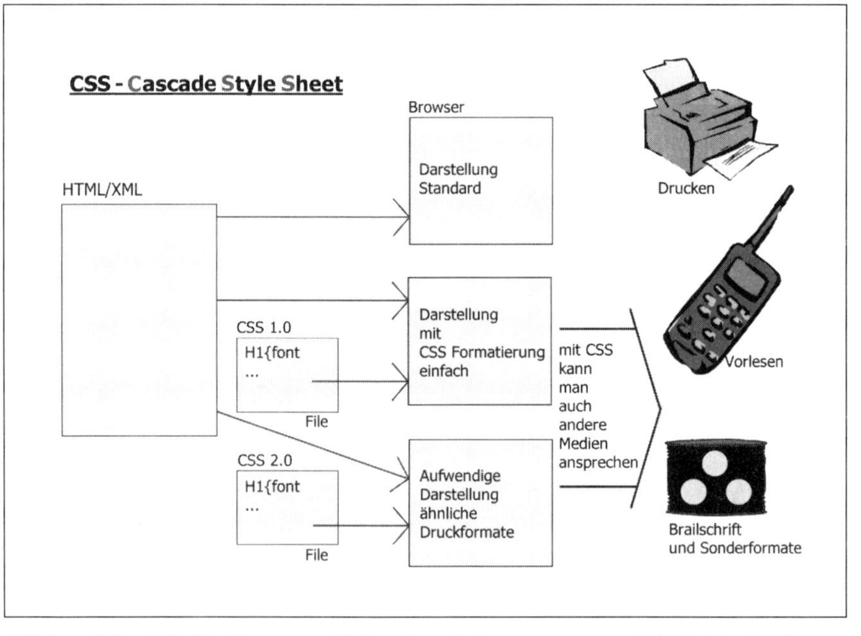

Abbildung 4.19: CSS-Files können verschiedene Ausgabeformate erzeugen, leider funktioniert das Druckformat noch nicht mit dem Internet Explorer.

Obwohl CSS als Standard vom W3-Consortium verabschiedet wurde, kommt immer noch nicht jeder Browser zu demselben Ergebnis.

Hier folgt ein Beispiel, bei dem der Programmcode exakt gleich ist, einmal mit dem Explorer und einmal mit Netscape:

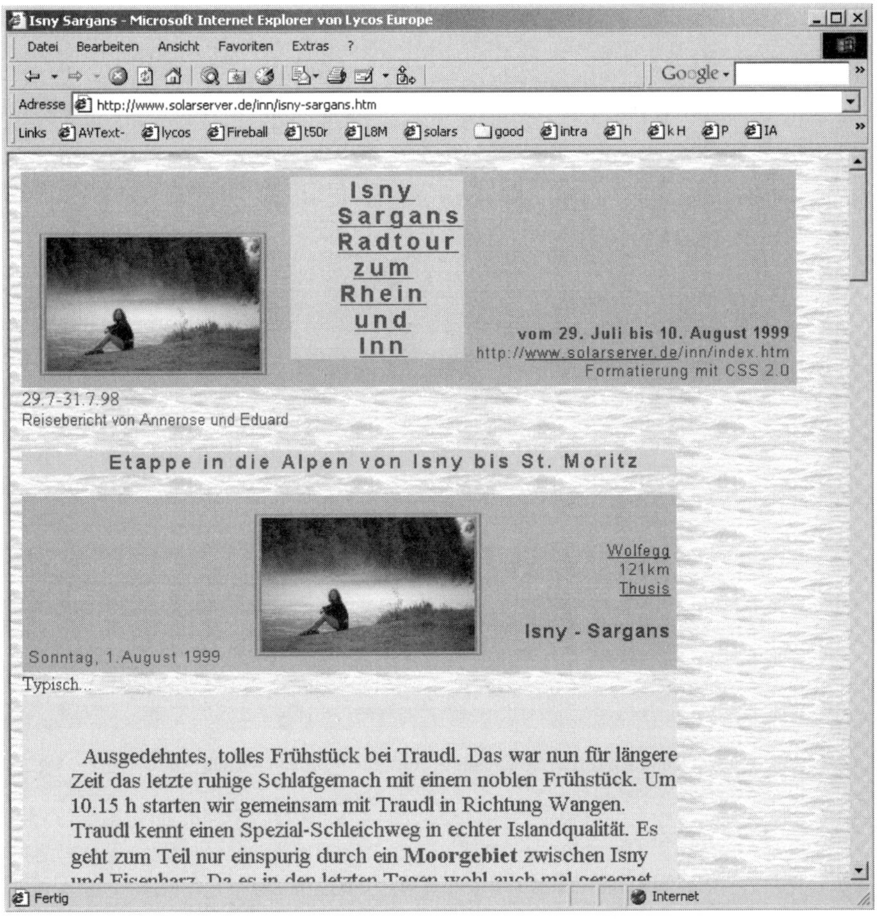

Abbildung 4.20: Darstellung durch Microsoft Internet Explorer 5.5, gleiche Fenstergröße wie Netscape

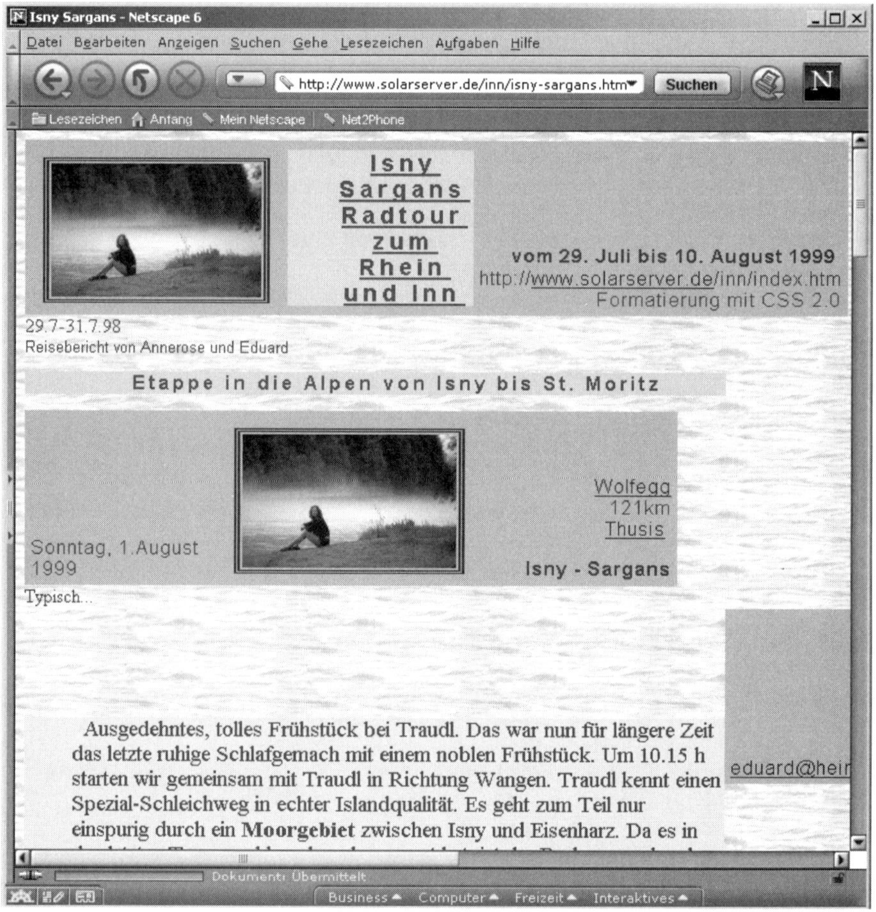

Abbildung 4.21: Darstellung durch Netscape Navigator Version 6.0 (Gecko)

4.11.1 Syntax

Jedes HTML-Element kann als Selektor dienen. Selektoren sind die Elemente, denen ein bestimmter Stil zugeordnet wird:

Achtung Satz (Absätze mit Pfeil GP oder wie O-Buch Listing?)

```
H1 { font-size: 12pt}
```

H1 wäre jetzt hier der Selektor, darauf folgend eine geschweifte Klammer, Definition, Ende geschweifte Klammer.

Jeder Selektor kann verschiedene Klassen haben, diese werden durch einen Punkt vom eigentlichen Selektor getrennt und frei definiert. Hierdurch erhält man verschiedene Stile für dasselbe Element.

```
H1.text {font-size:10pt}
H1.bild {font-size:15pt}
```

Man kann eine Klasse auch ohne Element festlegen:

```
.otto {font-size: 20pt}
```

Vor dem zu formatierenden Text wird dann das Attribut class eingesetzt, um ein Kennzeichen zu setzen.

```
<H1 class="text">.......</H1>
```

Die Definition des Elementes besteht aus der Eigenschaft (font, color etc.) und dem Wert (10pt, red etc.)

Man kann Selektoren auch gruppieren, um sich Einzeldefinitionen zu sparen.

```
H1, H2, H3, H4 {color: red}
```

Hierdurch würden alle Überschriften in Rot erscheinen.

Eine Selektor-Eigenschaft gilt so lange, bis sie aufgehoben wird oder durch innere Selektoren ersetzt wird.

Wenn z.B. im Body eine Farbe definiert wird, gilt diese auch in den einzelnen Absätzen, außer es erfolgt eine separate <P>-Formatierung.

4.11.2 Eigenschaften von Fonts

Font-family

Um verschiedene Schriften zu formatieren gilt die Syntax:

```
Font-family: Schriftart, Schriftgattung
```

Es kann jede Schriftart verwendet werden. Bei der Gattung sind folgende Angaben gültig:

```
serif
sans-serif
cursive
fantasy
monospace
```

Das sieht dann so aus:

```
H1 {font-family: Arial, monospace}
```

Font-Style

Hier können die Werte: normal, italic oder oblique vorkommen.

Font-Weight

Der Schriftschnitt kann die Werte:

```
Normal|bold|bolder|lighter|100|200|300|400|500|600|700|800|900
```

annehmen. Je höher die Zahl, desto dunkler der Text.

Font-Size

Die Schriftgröße bietet viele Möglichkeiten zur Darstellung. Wenn man den Wert als Größe angibt, kann man px, pt, cm oder in verwenden und so die Schriftgröße Pixel-genau festlegen.

Man kann auch einen Prozentwert eingeben:

```
H1 {font-size: 200%}
```

Hier steht der Wert relativ zur allgemeinen Schriftgröße. Bei 200 % wäre die Schrift doppelt so groß.

Einen absoluten Wert kann man mit:

```
xx-small|s-small|small|medium|large|x-large|
```

definieren.

Font

Um nicht unendlich viele Definitionen eingeben zu müssen, kann man mit dem Befehl font alles mit einem Befehl definieren:

```
H1 {font:italic bold 16pt Arial}
```

4.11.3 Farb- und Hintergrundeigenschaften

Mit dem Wert `color` kann eine Farbe festgelegt werden.

```
H1{color: red}
```

Der Wert kann auch hexadezimal angegeben werden.

```
H1{color: #FF0000}
```

Die Hintergrundfarbe kann für die ganze Seite gültig gemacht werden, sowie für ein einzelnes Element durch `background-color`.

```
H1 {background-color: red}
```

4.11.4 Positioniermöglichkeiten

Abstand vom oberen Rand

Mit der Eigenschaft `margin-top` kann man den Randabstand festlegen.

```
H1 {margin-top: 10px}
```

So würde die Überschrift H1 10 Pixel vom oberen Rand positioniert werden.

Abstand vom rechten/linken Rand

Mit `margin-right` wird der Abstand vom rechten Rand und mit `margin-left` vom linken Rand festgelegt.

Mit `border-color` kann dem Rand eine Farbe zugewiesen werden.

4.11.5 Style-Sheets anwenden

Es gibt verschiedene Varianten, CSS festzulegen. Eine Möglichkeit ist die Verknüpfung mit einem externen Dokument, in dem alle Stilvorlagen gespeichert sind und auf das dann zugegriffen wird. Die zweite Variante ist, die Befehle direkt im Header einzubinden.

4.11.6 Definition von Style-Sheets im Header

Der Befehl, der eine css-Datei einleitet und im Header stehen muss:

```
<style type="text/css">
</style>
```

Dazwischen können nun verschiedene Formatierungen festgelegt werden, z.B. Hintergrundfarbe, Font, Größe oder Farbe des Textes etc.

Die Definition des Formats wird nun auf ein bestehendes HTML-Element angewendet und im Body platziert.

Es können beliebig viele Eigenschaften zugeordnet werden, diese müssen dann durch Semikolon voneinander getrennt werden, stehen aber alle innerhalb der geschweiften Klammer.

Sollte ein Browser nicht in der Lage sein, CSS zu erkennen, erreicht man durch : <!- ....->, dass der Befehl einfach übergangen wird.

Häufigste Eigenschaften:

Eigenschaft	Syntax	Werte (Beisp.)
Schriftfamilie	font-family	Arial, Times
Schriftart	font-style	Italic
Schriftgröße	font-size	10pt, 10px
Schriftgewicht	font-weight	Bold
Farbe	color	#CC00CC etc.

4.11.7 Definition von Style-Sheets in einer externen Datei

Um Formatierungen für viele Seiten gültig zu machen, legt man die Style-Sheets in einer separaten Datei fest und verknüpft die Webseiten mit der Style-Sheet-Vorlage.

Folgender Befehl wird hierzu im Header eingefügt:

```
<LINK REL=STYLESHEET TYPE="text/css« HREF="http://firma.com/vorlage.css">
```

Nach HREF wird der genaue URL angegeben, unter der die Style-Sheet-Vorlage liegt. In diesem Beispiel heißt die Datei, in der die Formatierungen abgelegt sind, vorlage.css.

In der `vorlage.css` werden die Formatierungen in einer einfachen Textdatei abgespeichert, die nur die Informationen enthält, die man benötigt, um die Elemente zu definieren. Es werden keinerlei HTML-Tags benötigt, nur die reinen Formatierungsanweisungen.

z.B. : `P {font-size: 10px}`

4.11.8 Integrierte Formatierungen

Man kann auch direkt in einem Element eine Formatierung definieren. Das wird vor allem dazu benützt, um übergeordnete Style-Angaben zu überschreiben.

```
<P style="font-size:20px">Dieser Text ...</P>
```

Dazu muss aber im Header zuvor stehen, dass es sich im Dokument um Style-Sheet-Angaben handelt. Entweder wurden noch weitere Style-Angaben im Header festgelegt, dann braucht man das nicht mehr separat zu tun, ansonsten muss man dies in einem Meta-Tag festlegen:

```
<META HTTP-EQUIV="content-Style-Type« content="text/css">
```

FAZIT

Cascading Style Sheets bieten unendlich viele Formatierungsmöglichkeiten, von denen bisher Webautoren nur träumen konnten. Leider ist es aber immer noch so, dass auch die neuesten Browser CSS, insbesondere die CSS-2.0-Befehle, völlig unterschiedlich interpretieren (oder sogar ignorieren!). Deshalb sollte man den Einsatz genau abwägen. In einer Umgebung, in der der Nutzerkreis überschaubar ist (Intranet), braucht man diese Bedenken nicht zu haben.

4.12 VRML

VRML steht für Virtual Reality Modeling Language. Es handelt sich hierbei um eine Beschreibungssprache für dreidimensionale Welten.

Mit der Entwicklung der 3D-Technik kam Anfang der 90er-Jahre die Idee auf, auch dem immer stärker wachsenden Internet die dritte Dimension hinzuzufügen. 1994 entstand auf der WWW-Konferenz in Genf die Idee, eine Beschreibungssprache zu kreieren, mit deren Hilfe 3D-Welten erzeugt werden könnten.

Es sollte sich dabei um ein 3D-Gegenstück zu HTML (HyperText Markup Language) handeln, mit dessen Hilfe man auch zwischen verschiedenen Welten hin und her browsen sollte. Zu diesem Zeitpunkt stand VRML noch für Virtual Reality Markup Language. Da verschiedene Szenen jedoch spezielle Informationen benötigen, wurde aus »Markup« später »Modeling«. Die Details der Sprache wurden in einer offenen Mailingliste im Internet diskutiert. Im Mai 1995 wurde schließlich die Spezifikation von VRML 1.0 vorgestellt.

Abbildung 4.22: Blick in eine virtuelle Welt, wie sie durch die Sprache VRML möglich wird. Einzelne Personen können durch so genannte Avatare dargestellt werden. Da nur die Struktur der Objekte und die Oberfläche übertragen wird, sind die Wartezeiten erträglich. Ist die Szene im Rechner, kann man sich frei in ihr bewegen und auch einzelne Objekte anklicken.

VRML 1.0 ist eine ASCII-Beschreibungssprache. Die Informationen der aus dem Internet übertragenen Dateien werden lokal von den jeweiligen Browsern interpretiert. Diese erstellen dann die virtuelle Welt, die man durchfahren und durchfliegen kann. Dadurch, dass nur Beschreibungsdaten übermittelt werden, wird die zu übertragende Datenmenge stark reduziert. Die eigentliche Rechenleistung findet dann auf dem lokalen Rechner statt.

Die ersten VRML-Browser und -Plug-In-Prototypen wurden entwickelt. Das bekannteste Beispiel ist wahrscheinlich das VRML-Plugin Live3D des stark verbreiteten Netscape Navigators. Gerade durch dessen Verbreitung ist die rasche Ausbreitung von VRML zu erklären.

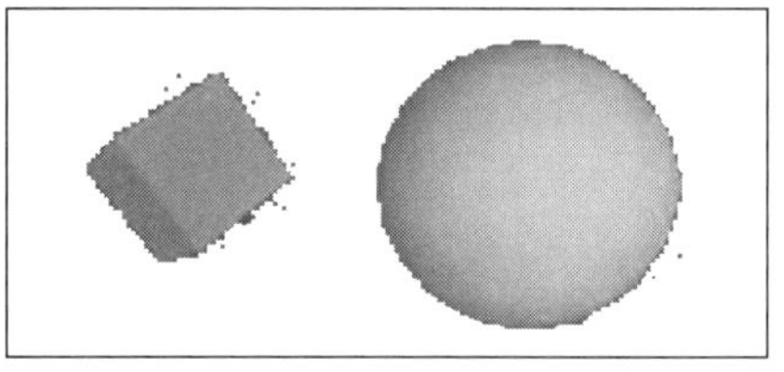

Abbildung 4.23: Zwei einfache VRML-Objekte, eine rote Kugel und ein blauer Kubus, wie er im Folgenden beschrieben wird.

```
#VRML V2.0 utf8
Transform {
  children [
    NavigationInfo { headlight FALSE } # We'll add our own light
    DirectionalLight {        # First child
        direction 0 0 -1      # Light illuminating the scene
    }
    Transform {               # Second child - a red sphere
      translation 3 0 1
      children [
        Shape {
          geometry Sphere { radius 2.3 }
          appearance Appearance {
            material Material { diffuseColor 1 0 0 }   # Red
         }
        }
      ]
    }
    Transform {               # Third child - a blue box
      translation -2.4 .2 1
      rotation    0 1 1  .9
      children [
        Shape {
          geometry Box {}
          appearance Appearance {
            material Material { diffuseColor 0 0 1 }  # Blue
         }
        }
      ]
    }
  ] # end of children for world}
```

Listing 4.1: Der VRML-Code, um einen blauen Würfel und eine rote Kugel zu beschreiben. Die Beschreibung ist objektorientiert und erinnert an C++-Programmquellcode. Für die Erstellung von virtuellen Welten werden normalerweise spezielle Editoren eingesetzt, da niemand den Code per Hand eingeben will.

Im August 1996 kam dann die Nachfolgeversion auf den Markt, die viele Veränderungen beinhaltete. Obwohl die Grundsyntax erhalten geblieben ist, ist VRML 2.0 nicht mehr kompatibel zu VRML 1.0. Gleich geblieben ist das Prinzip, mittels Knoten (die Objekte einer 3D-Szene), eingeleitet durch Schlüsselwörter, sowie weiteren Subknoten die Welten zu beschreiben. Als Konsequenz aus dieser Inkompatibilität erschienen neue Browser und Plug-Ins für vorhandene. Einer der ersten war der Cosmo Player von SGI. Aber auch Netscape schuf eine neue Version seines Plug-Ins Live 3D 2.0.

Man kann VRML-Welten mit einem einfachen Texteditor erstellen. Bei großen Welten wird aber meistens auf entsprechende teure Softwaretools zurückgegriffen.

BEISPIEL für Programmierung:
http://www.addison-wesley.de/service/kloss/kap_08-03.htm

4.13 Formular

4.13.1 Allgemeines

Soll der Nutzer zu einem bestimmten Thema eine genau formatierte Antwort geben, ist die Eingabe der Information in ein Formular der beste und präziseste Weg, dies zu tun.

Besonders für die Abfrage von Datenbanken ist es erforderlich, dass die Abfrage formatiert geschieht. Damit kann die CGI-Software im Webserver die Anfrage in der syntaktisch richtigen Form an die Datenbankanwendung weiterleiten, diese liefert das entsprechende Ergebnis an den Webserver, der es dann an den Benutzer weiterleitet. Es ist sinnvoll, nur die wirklich notwendigen Informationen von einem Nutzer abzufragen, denn dieser muss ja jeden einzelnen Punkt ausfüllen, und es bleibt ihm häufig unklar, welche Punkte relevant sind. Sind es zu viele, werden möglicherweise wichtige Einträge übersehen und übersprungen.

Von zentraler Bedeutung ist hier natürlich eine klare Möglichkeit zum Reagieren auf die Kundenanfrage. Das bedeutet, der Kunde sollte mindestens eine E-Mail-Adresse, Telefonnummer oder aber eine vollständige Postadresse hinterlassen. Hier ist auch auf die Länderkennung zu achten. Was nützt eine Telefonnummer, wenn man nicht weiß, in welchem Land sich der Anschluss befindet. Dies kann zu vermeidbaren Telefonaten führen. Weiterhin werden auf vielen Websites Datenbankabfragen angeboten. Diese erfordern ebenfalls Formularseiten und sollten genauso wie alle anderen Formulare schlicht und übersichtlich gestaltet werden.

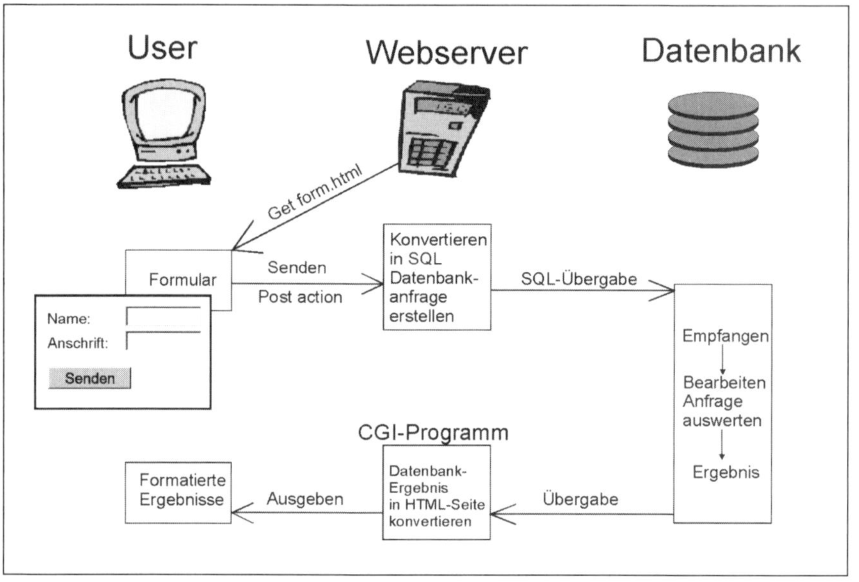

Abbildung 4.24: Ablauf einer Datenbankabfrage mit einem Formular

4.13.2 Elemente eines Formulars

Das Formular in HTML kennt verschiedene Elemente:

- ✔ die Checkbox, Kästchen zum Auswählen aus Listen
- ✔ einfache Textfelder, in die Namen eingegeben werden (einzeilig wie mehrzeilig)
- ✔ große Textfenster, in denen Fließtext geschrieben werden kann
- ✔ Menüfeld, hier können aus einer Auswahlliste eine oder mehrere Optionen gleichzeitig gewählt werden
- ✔ anklickbare Fenster, so genannte Radiobuttons, mit denen aus verschiedenen Möglichkeiten eine ausgewählt wird
- ✔ Submit button, Knopf zum Absenden des Formulars
- ✔ Reset button, um die Eingabe zu löschen
- ✔ Verdeckte, für den User nicht sichtbare Information durch den Befehl `hidden`

4.13.3 Aufbau eines Formulars

Der Aufbau eines Formulars im Quellcode ist analog organisiert wie alle anderen Eigenschaften innerhalb von HTML-Dokumenten.

Das Formular beginnt mit dem Befehl `<form ... >` und endet mit dem Endtag `</form>`. Dazwischen können alle HTML-Elemente verwendet werden, die auch im Body stehen dürfen.

```
<form method="POST" action=http://www.firma.de/cgi-bin/mailto>
```

Mit `method` wird die Methode festgelegt, mit der das Formular versendet wird, und das Ziel des Formularinhalts wird durch `action=""` angegeben. Es können auch andere Versandmethoden benutzt werden.

Hier einige Beispiele:

```
<FORM METHOD="GET" ACTION="http://tuebingen.com/cgi/ demo.exe?TEXT?TEST1">
<FORM METHOD="GET" ACTION="http://tuebingen.com/kino">
<INPUT TYPE="SUBMIT" VALUE="Elemente der CGI-Umgebung"><BR>
</FORM>
<FORM METHOD="POST" ACTION="mailto:eduard@heindl.de">
<INPUT TYPE="HIDDEN" NAME="TEST" VALUE="TESTWERT">
<INPUT TYPE="SUBMIT" VALUE="Sendet Mail mit den Daten"> </FORM>
<FORM METHOD="POST" ACTION="http://www.tuebingen.com/demo.pl">
<INPUT TYPE="SUBMIT" VALUE="Dieses Formular kommt vom Server">
</FORM>
```

4.13.4 Die verschiedenen Eingabefelder

Hier wird der Typus `(type=" ")` der einzelnen Felder festgelegt. Das zweite Attribut ist der Name: `name=" "`, dieses Feld ist obligatorisch und dient der Identifikation durch das cgi-bin-Programm. `Value` ist optional und gibt bei Feldern, die nicht vom Anwender ausgefüllt werden, den ausgewählten Wert an.

```
<input type=" " name=" " value=" ">
```

Die Checkbox

Ein Feld vom Typus Checkbox kann zwei Zustände annehmen: ausgewählt oder nicht. `Value` ordnet der Auswahl einen Wert zu, der vom Server ausgewertet wird. Mit dem Attribut `Checked` kann man eine Auswahl vorgeben, die jedoch jederzeit durch den Nutzer wieder geändert werden kann. Beispiel: Ein Nutzer soll ankreuzen, über was er informiert werden will. Der entsprechende Befehl für die »INTERNET-Schulungen«-Zeile lautet:

```
<input type="checkbox" name="dienstleistung"
 value="schulung">INTERNET – Schulungen.
```

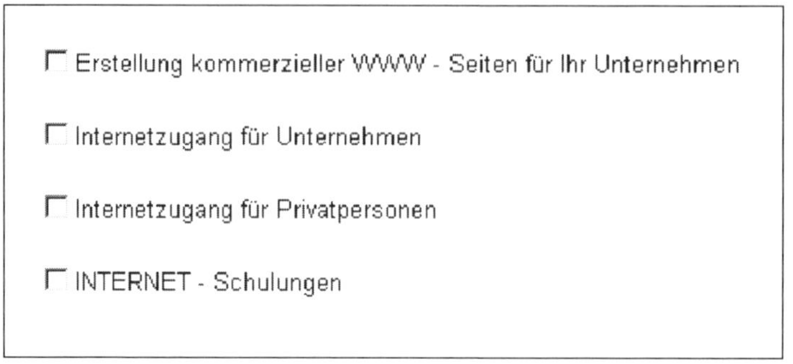

Abbildung 4.25: Beispiele für Checkbox

Auf der Webseite erscheint nun ein kleines Kästchen, in das der Nutzer klicken kann. Bei der Übermittlung des Formulars an den Server wird dabei Schulung als `checked` übergeben, falls der Nutzer dies gewählt hat.

Textzeile

Die Eingabe von Text wird durch die Abfrage mit einer kleinen Eingabezeile möglich. Der Befehl lautet dabei:

```
<input type="text" name=" " size="Zahl">
```

Der Parameter `size` bestimmt dabei die Erscheinungslänge des Eingabefelds. Überschreitet der Nutzer diese Länge, wird das Feld weiter aufgescrollt. Möchte man jedoch eine Begrenzung der Zeichenlänge einbauen, kann man das mit dem Attribut `maxlength` tun.

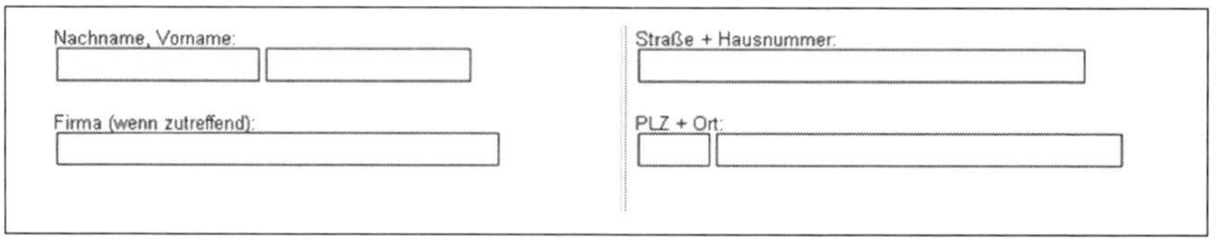

Abbildung 4.26: Beispiele für Textzeilen

BEISPIEL Um eine Straße einzugeben, wird folgender Befehl verwendet: `<input type="text" name="strasse" size="50" maxlength="200">`.

Gibt der Benutzer den Straßennamen an, wird er zusammen mit dem Wort `strasse` übermittelt und kann entsprechend ausgewertet werden.

Die mehrzeilige Eingabe

Etwas komplizierter ist das Freitext-Eingabefeld, da die Größe der Eingabefläche bestimmt werden muss. Der Name des Befehls lautet:

```
<textarea name="Name des Bereichs« rows="Anzahl der Zeilen« cols="Anzahl der
Spalten">.
```

Dieser Befehl muss mit dem Ende-Tag `</textarea>` versehen werden. Liegt zwischen den beiden Befehlstags Text, erscheint dieser im Textfeld.

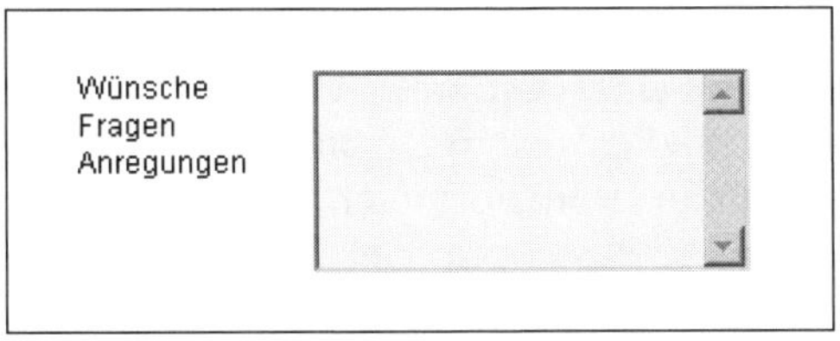

Abbildung 4.27: Eine mehrzeilige Eingabe

BEISPIEL Der Benutzer wird nach einem Wunsch gefragt. Dafür soll er ein Eingabefenster mit einer Breite von 40 Zeichen und einer Länge von 5 Zeilen bekommen. Der Befehl lautet:

```
<textarea name="Sonstwunsch« rows="5« cols="40"></
 textarea>
```

Menü

Sollen mehrere Optionen gleichzeitig aus einer Menüliste ausgewählt werden, wird der Befehl `select` eingesetzt. Im Optionsfeld wird `selected` eingefügt, um eine Voreinstellung zu verankern.

```
<select name=" "  multiple>
<option value=" " selected>option1</option>
<option value=" ">option2</option></select>
```

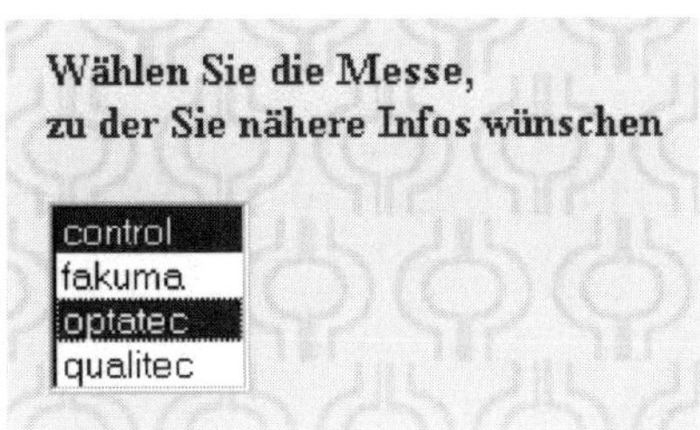

Abbildung 4.28: Menüliste

BEISPIEL Wählen Sie die Messe, zu der Sie nähere Infos wünschen:

```
<select name="messe« multiple size="4">
<option selected>control</option>
<option >fakuma</option>
```

```
<option selected>optatec</option>
<option >qualitec</option>
</select>
```

Der Radiobutton

Mit diesem Kästchen kann ein Wert aus verschiedenen Optionen ausgewählt werden. Nur eine Antwort aus einer bestimmten Gruppe ist möglich. Alle Radiobuttons mit dem gleichen Namen sind miteinander verknüpft, sie müssen jedoch nicht direkt hintereinander im Formular erscheinen. Auch hier kann mit `checked` eine Vorauswahl eingestellt werden. Damit lautet der Befehl:

```
<input type="radio" name=" " value=" ">
```

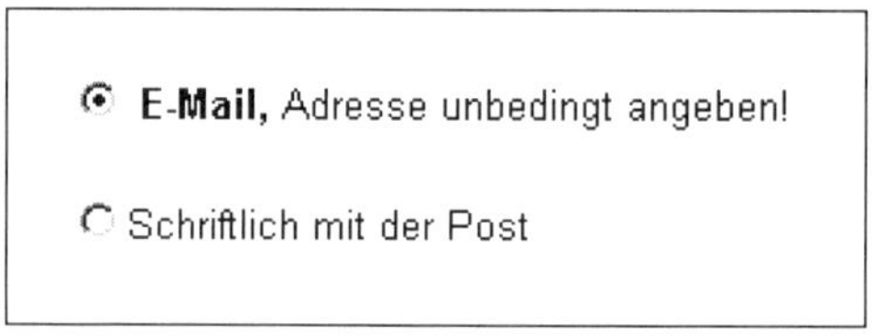

Abbildung 4.29: Radiobuttons

BEISPIEL Der Benutzer soll wählen, ob er eine E-Mail-Antwort oder eine Antwort per Post wünscht. Der Befehl lautet für das erste Kästchen:

```
<input type="radio" name="Versandart" value="E-Mail">.
```

Und für den Postweg das zweite Kästchen:

```
<input type="radio« name="Versandart« value="Post">.
```

4.13.5 Absenden und Löschen

Zum Schluss des Formulars muss noch eine Schaltfläche erscheinen, mit der das Dokument nun abgesendet wird. Soll das Formular gelöscht werden, kann man auf den Löschen-Button klicken.

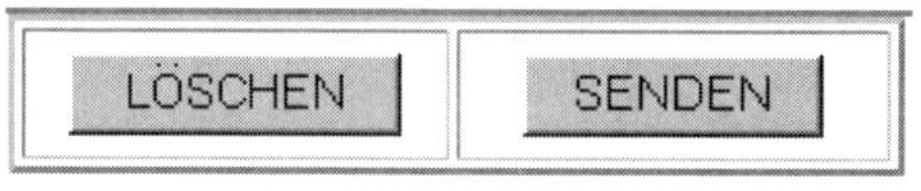

Abbildung 4.30: Schaltfläche löschen / absenden

Der entsprechende Befehl lautet für die Schaltfläche `"SENDEN"`:

```
<input type="submit" name="buchung" value="senden">
```

Damit kann der Benutzer durch Anklicken der Schaltfläche »Senden« das Formular abschicken. Es wird dann an die in der Zeile »Form« vereinbarte Adresse geschickt. Mit dem Befehl:

```
<input type="reset" name="buchung" value="loeschen">.
```

erhält der Anwender eine Schaltfläche, mit der er den Inhalt des Formulars löschen kann. »Value« bezieht sich auf den Text, der auf der entsprechenden Schaltfläche steht.

Das Formular wird mit dem Befehl `</form>` abgeschlossen.

4.13.6 Auswerten des Formulars

Die Auswertung der Information innerhalb des Formulars erfolgt dann im Zielprogramm oder die Information wird ohne weitere Verarbeitung per E-Mail versendet. Dazu kann im Formular die Methode »E-Mail« angegeben werden. Dies empfiehlt sich in der Praxis jedoch nicht, da für den Versand der E-Mail die E-Mail-Software des Anwenders zum Einsatz kommt, die erfahrungsgemäß häufig schlecht konfiguriert ist. Dann läuft das Formular ins Leere.

Abbildung 4.31: Die Auswertung eines Formulars sollte auch immer eine Rückmeldung an den Besucher enthalten.

Bei der Übertragung von sicherheitsrelevanten Daten wie Kreditkartennummern oder Überweisungsinformationen sollte kein Standardformular verwendet werden, sondern mit Secure-HTML gearbeitet werden. Dazu ist es allerdings notwendig, dass der Server mit entsprechender Sicherheitssoftware läuft. Die neueren Browser (ab Netscape 2.0 und IE 3.0) sind praktisch alle in der Lage, die Daten auch verschlüsselt an die Server zu übermitteln (SSL 2.0, SSL 3.0).

4.14 Frames

Ein völlig anderes Konzept der Website-Gestaltung ist mit »Frames« (engl. »frame«: Rahmen) möglich. Mit Frames wird das Browserfenster in Teilbereiche untergliedert, in denen jeweils wieder ein WWW-Dokument steht. Dies kann zu einer sehr übersichtlichen Gestaltung der Website führen, bei falschem Gebrauch aber erhebliche Verwirrung beim Betrachter hervorrufen.

4.14.1 Vor-/ Nachteile

Einer der Vorteile bei Frames liegt in der einfachen Wartung und Bedienerfreundlichkeit für unterschiedliche Abteilungen. Bei Frames müssen nur am Grundgerüst Änderungen vorgenommen werden und diese sind dann für alle Seiten gültig. Deshalb ist es kaum möglich, versehentlich Änderungen am Design vorzunehmen, auch wenn mehrere Bearbeiter an einem Projekt beteiligt sind. Ein weiterer Vorteil liegt in der einfachen Navigation: Man muss nicht an den Anfang der Seite zurück, wenn der Inhalt eine Bildschirmseite übersteigt, sondern die Button-Leiste bleibt fest und ist somit immer bedienbar.

Oft überwiegen bei Frames jedoch die Nachteile. Wenn man ein Lesezeichen setzen will, so kann man das nur auf die Startseite tun. Alle weiteren Seiten werden unter der gleichen Adresse angezeigt.

Dieses Problem taucht auch bei der Verlinkung durch externe Seiten auf. Der Link kann nur auf die Startseite gelegt werden und nicht auf die entsprechende Unterseite.

Dasselbe Problem gilt für die Suchmaschinen. Diese indizieren in der Regel nur die Startseite, in dieser ist leider nur das Grundgerüst definiert und ansonsten ist sie mit sehr wenigen Informationen gefüllt. Probleme tauchen auch beim Drucken auf. Obwohl es in dem Druckmenü eine Option für Frames gibt, wird das kaum von den Nutzern wahrgenommen. Das Resultat: Nur ein Teil der Seite (z.B. die Button-Leiste) wird gedruckt, da der Drucker die Seite als Einzel-Frame erkennt.

4.14.2 Aufbau

Eine Frame-Seite besteht aus mehreren eigenständigen HTML-Dokumenten, die durch eine Frame-Seite zusammengehalten werden. Die Grundstruktur der Frame-Seite hat dabei den Aufbau einer Standard-HTML-Seite, jedoch wird der Bereich `<BODY>` durch `<FRAMESET>` ersetzt.

Die Browser-Seite kann in einzelne Spalten (COLS) und Zeilen (ROWS) eingeteilt werden.

BEISPIEL

```
<FRAMESET COLS="30%,70%">
... Dadurch ergeben sich zwei Spalten, eine sehr schmale und eine breite,
deren Inhalt hier bestimmt wird ...
</FRAMESET>
```

1. Frame Linke Spalte, Breite 30 % vom Browserfenster.	2. Frame Rechte Spalte, Breite 70 %

Die Höhe ist nicht vereinbart, sie wird durch die Größe des Browserfensters bestimmt.

BEISPIEL

Frame-Datei: `framedemo.html`

Grafischer Aufbau der Seite:

1. Frame menu.html name=lspalte button1 button2 button3	2. Frame welcome.html name= rspalte

Programm für das Set (framedemo.html):

```
<HTML>
<HEAD>
<TITLE>Frame-Demo</TITLE>
</HEAD>
<FRAMESET COLS="40%,60%">
     <FRAME SRC="menu.html" name="lspalte">
     <FRAME SRC="welcome.html" name="rspalte">
</FRAMESET>
</HTML>
```

Programmierung für linken Frame (menu.html):

```
<HTML>
<HEAD>
<TITLE>Linke Spalte</TITLE>
</HEAD>
<body>
<a href="seite1.html" target="rspalte"> button 1 </a><br>
<a href="seite2.html" target="rspalte"> button 2 </a><br>
<a href="seite3.html" target="rspalte"> button 3 </a><br>
</body>
</HTML>
```

Programmierung für rechten Frame (welcome.html):

```
<HTML>
<HEAD>
<TITLE>rechte Spalte</TITLE>
</HEAD>
<body>
Hier den Text für die Hauptseite eingeben
</body>
</HTML>
```

Programmierung für restliche Seiten:

z.B. Seite 1 (restliche Seiten ähnlich)

```
<HTML>
<HEAD>
<TITLE>Seite 1</TITLE>
</HEAD>
<body>
Hier den Text für Seite1 eingeben
</body>
</HTML>
```

Die Fenstereinteilung kann beliebig komplex gewählt werden, dabei muss aber immer darauf geachtet werden, dass nicht zu viele Fenster erscheinen, von denen der Benutzer nur noch winzige Ausschnitte sieht. Dies ist besonders bei kleinen Bildschirmen relevant.

1. Frame menu.html name=lspalte	2. Frame oben.html
button1 button2 button3	3.Frame unten.html

```
<HTML>
<HEAD>
<TITLE>Frame-Demo</TITLE>
</HEAD>
<FRAMESET COLS="40%,60%">
     <FRAME SRC="menu.html" name="lspalte">
          <frameset rows="20%, 80%">
             <frame src="oben.html">
             <frame src="unten.html">
          </frameset>
</FRAMESET>
</HTML>
```

Weitere Einstellungen

Der Befehl SCROLLING=yes erzeugt eine Scroll-Bar am Rand des jeweiligen Frames. Der Befehl muss im Frameset eingebaut werden. Zum Beispiel <FRAME SRC="menu.html" name="lspalte" scrolling=yes>. Durch die Angabe scrolling=yes im Definitionstag eines Frames wird erzwungen, dass das Anzeigefenster des Frames in jedem Fall Scroll-Bars besitzt. Durch die Angabe scrolling=no wird das verhindert. Ebenfalls möglich ist die Angabe scrolling=auto, die jedoch mit der Voreinstellung identisch ist und daher wegfallen kann.

- ✔ MARGINWIDTH=Breite legt die Breite zwischen Inhalt des Frames und Rand fest.
- ✔ MARGINHEIGHT=Höhe legt die Höhe zwischen Inhalt des Frames und Rand fest
- ✔ NORESIZE (NO RESIZE) blockiert eine Veränderung der Frame-Größe durch den Benutzer, verhindert also bei kleinen Fenstern die vollständige Darstellung des Frame-Inhalts!
- ✔ Die Angaben zur Darstellung der Rahmen können im einleitenden <frameset>-Tag vorkommen:
- ✔ border= ["Pixel"] ist Netscape-Syntax und bestimmt die Breite der Rahmen in Pixel. Erlaubt sind Zahlenwerte von 0 (keine Rahmen anzeigen) und größer (border = Rahmen).
- ✔ frameborder=" " ist Microsoft-Syntax und bestimmt, ob 3D-Rahmen angezeigt werden sollen oder nicht.
- ✔ framespacing= ["Pixel"] ist Microsoft-Syntax und bestimmt den Abstand zwischen Frame-Fenstern, mithin also die Breite der Rahmen in Pixel.
- ✔ Mit der Angabe bordercolor= im obersten <frameset>-Tag können Sie eine Rahmenfarbe für alle Fensterrahmen bestimmen.

§ Internet-Recht

Das Einblenden von fremden Seiten innerhalb eines Frames, und damit die Suggestion, der Inhalt wäre vom Ersteller des Frames gestaltet, ist in Deutschland unzulässig, da es sich um eine Form der Copyright-Verletzung handelt. Daher muss man immer die Erlaubnis für das Einblenden von fremden Inhalten in die eigenen Frame-Seiten einholen, andernfalls kann es zu empfindlichen Abmahnungen kommen.

KAPITEL 5

5 XML – eXtended Markup Language

5.1 Grundidee

Das bisherige World Wide Web lebt von HTML-Dokumenten, die optisch durch geschicktes Seiten-Design den Benutzer ansprechen, jedoch können HTML-Seiten nicht für den direkten Datenaustausch zwischen Computern genutzt werden. So findet man zwar auf vielen Homepages die Anschrift und die Telefonnummer des jeweiligen Unternehmens, will man hingegen die Daten in das Adressbuch etwa von Outlook übernehmen, bleibt dem User nur das Abtippen oder der Import per Copy and Paste. Die Idee von XML ist, genau diese Probleme zu überwinden. Dazu werden alle Informationen mit entsprechenden semantischen Zusätzen versehen, so dass es für den empfangenden Rechner ohne Probleme möglich ist, die Daten direkt weiterzuverarbeiten.

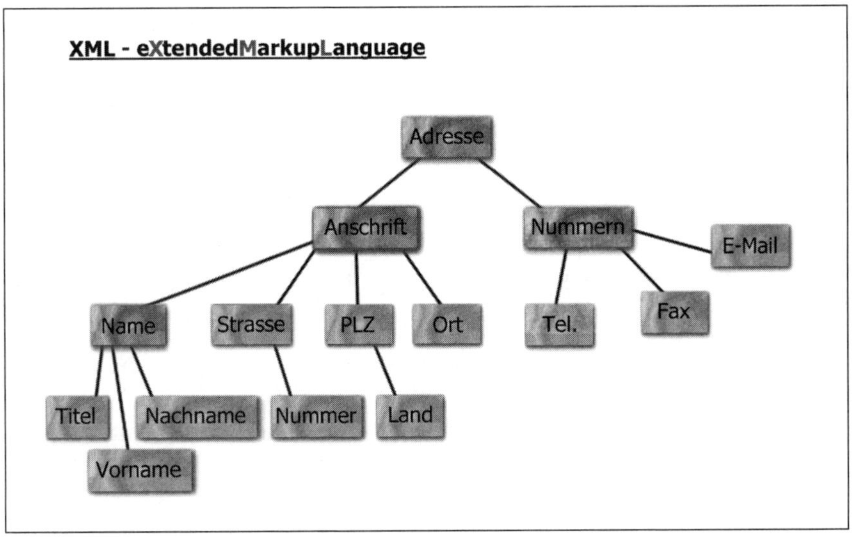

Abbildung 5.1: XML-Dokumente sind wie Datenbäume aufgebaut. An den Knoten und Blättern können die Daten eingetragen werden.

Obwohl die Aufgabenstellung relativ einfach klingt, erfordert die Lösung sehr umfangreiche Spielregeln, damit die Fragestellung allgemeingültig gelöst werden kann. Das World-Wide-Web-Konsortium hat daher die Aufgabe in viele Einzelprojekte gegliedert, die schrittweise vollendet wurden und zum Teil noch vor ihrer Vollendung stehen.

Es darf daher auch nicht verwundern, dass bestimmte Aspekte noch nicht in jedem Browser implementiert sind oder mit jedem Software-Paket funktionieren. Allerdings schreitet die Entwicklung sehr rasch voran und man kann annehmen, dass innerhalb von zwei Jahren eine stabile technische Basis für die Nutzung der XML-Technologie bereitsteht. So sind bereits heute alle neuen Office-Programme intern hervorragend auf die XML-Technologie vorbereitet. Ebenso bieten Microsoft-Browser ab der Version 5.0 einige wichtige Eigenschaften eines modernen XML-Werkzeugs.

5.2 Technischer Aufbau von XML

Das Web-Konsortium hat die genaue semantische Beschreibung eines XML-Dokuments den Benutzern freigestellt, das bedeutet, die Namen der einzelnen Tags können von den Benutzern oder genau genommen den Organisationen, die entsprechende Tags zusammenstellen, frei gewählt werden. Das Konsortium bestimmt allerdings eindeutig, wie die Syntax eines XML-Dokuments aufgebaut ist und in welcher Notation ein einmal gewählter semantischer Aufbau niedergelegt wird.

HINWEIS

Die Begriffe Syntax und Semantik tauchen hier öfter auf und sollen deshalb in ihrer Verwendung erläutert werden.

Die Syntax beschreibt die exakte logische Abfolge, in der bestimmte Zeichen innerhalb eines Dokuments verwendet werden dürfen und an welcher Stelle ihre Verwendung unzulässig ist. So muss z.B. bei HTML jede öffnende spitze Klammer auch wieder geschlossen werden und innerhalb der Klammer muss ein HTML-Befehl stehen.

Die Semantik beschreibt die Inhalte und deren Notation. Die semantische Notation dient dazu, den Text der Dokumente genauer zu beschreiben, dazu werden bei XML diese frei gewählt.

Ein XML-Dokument kann wohlgeformt sein, das bedeutet, das Dokument hält sich exakt an die Regeln für die Syntax von XML-Dokumenten. Diese Regeln sind im Wesentlichen folgende:

1. Das XML-Dokument beginnt mit einem Prolog, in dem u.a. die XML-Version steht.

BEISPIEL

```
<?xml version="1.0« encoding="UTF-8« standalone="no">
```

2. Der Hauptteil des XML-Dokuments erscheint nur ein Mal, wird mit dem Wurzel-Tag begonnen und endet mit dem schließenden Wurzel-Tag.

BEISPIEL

```
<adresse> ... </adresse>
```

3. Jedes Tag steht in spitzen Klammern.
4. Jedes Tag, das geöffnet wird, wird auch geschlossen.

BEISPIEL

```
<tag></tag> oder alternativ, falls singulär <tag/>
```

5. Bei Verschachtelung von Tags darf es keine Überkreuzung geben.

```
Fehlerhaft ist: <a> <b> </a> </b>
```

6. Für die Namen der Tags gelten enge Regeln.

Tags dürfen nur aus ASCII-Zeichen bestehen und nicht mit »xml« beginnen.

Ist ein Dokument nicht wohlgeformt, wird es weder vom Browser noch von XML-Software eingelesen und weiterverarbeitet, eine Restriktion, die bei HTML in dieser Schärfe bisher nicht bekannt war. Selbst fehlerhafte HTML-Dokumente wurden zumindest vom Browser eingelesen und nie mit einem Syntax-Error angemahnt.

Ein wohlgeformtes Dokument ist allerdings in der Praxis für die Weiterverarbeitung von XML-Dokumenten nicht ausreichend, sondern nur Vorbedingung. Damit das XML-Dokument vom Rechner weiterverarbeitet werden kann, benötigt dieser die Beschreibung der verwendeten XML-Semantik. Die Semantik eines XML-Dokuments wird normalerweise in einer so genannten Document Type Definition (DTD) niedergelegt. In der DTD wird die Struktur des XML-Datenbaums genau beschrieben, dort finden sich also die Namen der Tags und die erlaubte Verschachtelung der einzelnen Elemente, außerdem wird beschrieben, welche Datentypen mit einem Tag umschlossen werden. Zudem findet man die erlaubten Attribute für die einzelnen Tags. Eine DTD beinhaltet damit folgende Elemente:

- ✔ Name der Tags
- ✔ Erlaubte Attribute
- ✔ Verwendete Variablen innerhalb der DTD und dem XML-Dokument
- ✔ Kommentare
- ✔ Verarbeitungshinweise

Da eine DTD nur sehr geringe Freiheitsgrade bei der exakten Vereinbarung von XML-Dokumenten erlaubt, so können z.B. keine detaillierten Datentypen oder die Anzahl einzelner Elemente festgelegt werden, hat die Firma Microsoft ein neues Beschreibungsverfahren vorgeschlagen, das wesentlich detailliertere semantische Vorschriften erlaubt. Dieses Verfahren ist inzwischen vom Web-Konsortium als offener Standard angenommen und unter dem Namen **Schema** als Empfehlung des Web-Konsortiums herausgegeben worden. Somit stehen den Autoren zwei alternative Beschreibungsmethoden für die Semantik eines XML-Dokuments zur Verfügung.

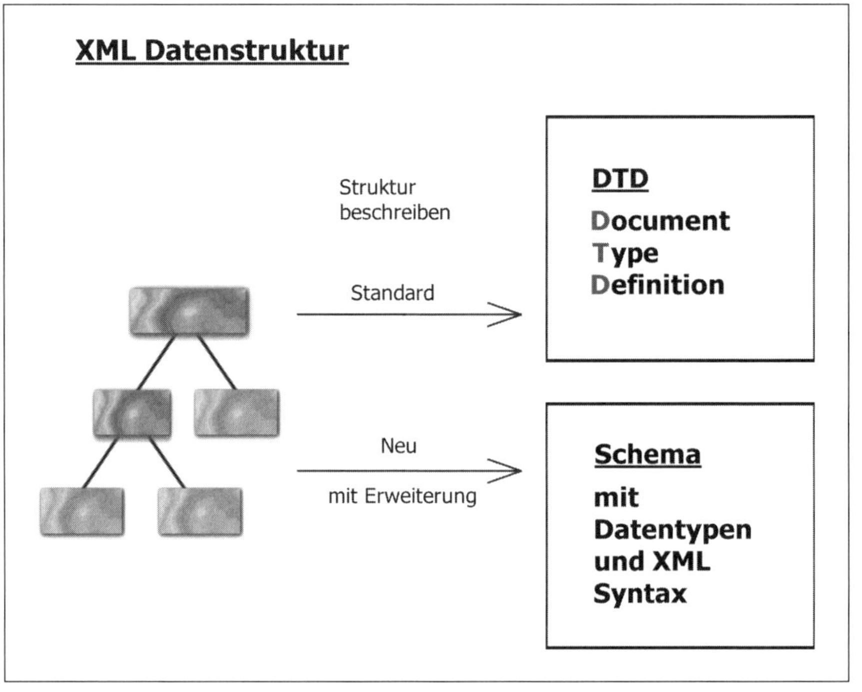

Abbildung 5.2: XML-Strukturen können entweder mit einer DTD oder mit einem Schema beschrieben werden.

5.3 XSL – die Transformationssprache

In der ursprünglichen Entwicklung von XML war geplant, der Sprache XML auch ein Stylesheet-Format zur Seite zu stellen ähnlich dem CSS, das HTML-Dokumente formatieren kann. Bei der Entwicklung der Extended Stylesheet Language (XSL) stellte sich allerdings rasch heraus, dass die Sprache weit über die Formatierung einfacher Dokumente hinausgehen muss.

Zur Abgrenzung wurde daher die Sprache XSL in zwei Teilbereiche aufgeteilt. XSLT als Transformationssprache und XSLFO als reine Formatierungssprache. Im Folgenden soll der wesentlich bedeutendere Zweig XSLT genauer betrachtet werden. Dies liegt auch daran, dass XSLFO noch weit von einer endgültigen Standardisierung und Implementierung entfernt ist. Die Sprache XSLT ermöglicht die Umwandlung von einem speziellen XML-Format in ein anderes XSL-Format, indem für jedes einzelne Tag genau vorgeschrieben wird, wie es im Zieldokument erscheinen soll.

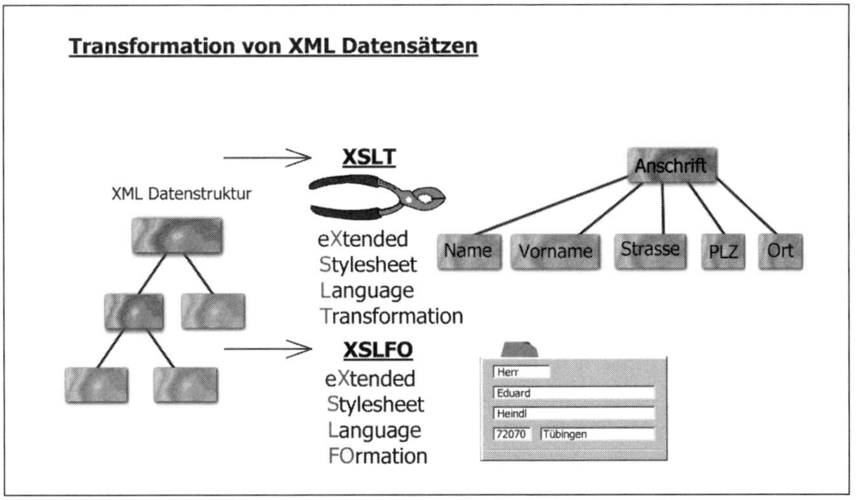

Abbildung 5.3: XSLT ist ein Werkzeug zum Konvertieren verschiedener XML-Formate, XSLFO dient zur Formatierung der Ausgabe und ist noch in Entwicklung.

Die Struktur von XSLT-Dokumenten ist dabei syntaktisch als XML-Dokument aufgebaut, die einzelnen Elemente in XSLT ergeben eine vollständige Programmiersprache mit Schleifenbefehlen, Auswahlbefehlen und IF-Abfragen. Ein entscheidender Punkt in dieser Sprache stellt die exakte Auswahl eines bestimmten Elements im Quell-Dokument dar. Dafür hat man einen eigenen Befehlssatz entwickelt, der in den Standardisierungsbereich des XPointers fällt und anschließend beschrieben wird.

BEISPIEL XSL-Anweisung:

```
<xsl:template match="gesuchtes Element">
  <Neue Tags> <xsl:value-of/> </Neue Tags>
</xsl:template>
```

Resultat in der Ausgabe:

```
<Neue Tags> gesuchter Elementinhalt </Neue Tags>
```

Soll nicht direkt das Element ausgegeben werden, kann eine »Unterroutine« aufgerufen werden:

Aufruf der Unterroutine:

```
<xsl:template match="gesuchtes Element">
  Text direkt <xsl:apply-templates select="name"/> in die Ausgabe
</xsl:template>
```

Unterroutine:

```
<xsl:template match="name">
  Text direkt <xsl:value-of> in die Ausgabe
</xsl:template>
```

Die Möglichkeit, ein XML-Dokument damit zu transformieren, erlaubt es auch, aus einem XML-Dokument direkt in die Sprache HTML zu transformieren, die einen Sonderfall der XML-Sprache darstellt.

BEISPIEL HTML bis zur Version HTML 4.0 wird von den Browsern auch bei fehlerhafter Syntax toleriert. Die Nachfolgesprache XHTML entspricht im Wesentlichen HTML 4, besitzt allerdings die saubere Syntax eines XML-Dokuments und kann daher bei Transformationsvorgängen problemlos verwendet werden.

Die häufigste Version einer XML-Transformation stellt zurzeit noch die Konvertierung in HTML dar, da es damit möglich ist, XML-Dokumente problemlos im Browser darzustellen. Dafür kann entweder das XSL-File direkt an das XML-File gekoppelt und zusammen an den Browser versendet werden, der dann die entsprechende Transformation durchführt und die Seite wie ein HTML-Dokument präsentiert, oder die Transformation wird bereits im Webserver durchgeführt, der dann das daraus resultierende HTML-Dokument an den Browser, der nicht XML-fähig sein muss, aussendet.

Hierfür existieren zurzeit einige Software-Produkte, insbesondere arbeiten bereits viele Content-Management-Systeme auf dieser Basis.

5.3.1 Konvertierung von EDI-Dokumenten

Einen Spezialfall der XSL-Konvertierung stellt heute die Erstellung von Electronic-Data-Interchange-(EDI) Dokumenten dar, die aus XML-Dokumenten erzeugt werden. EDI ist ein weltweit eingesetztes, von der UNO standardisiertes Datenformat zur Kommunikation bei Geschäftsprozessen. So kann mit EDI beispielsweise eine Buchbestellung zwischen Buchhändler und Großhändler durchgeführt werden, da in diesem Format alle relevanten Daten exakt transportiert werden. Allerdings ist das Datenformat derartig kryptisch aufgebaut, dass es erhebliche Probleme bereitet, dazu kompatible Software zu entwickeln, und man daher versucht, neue Systeme mit XML-Ausgabe zu versehen.

Soll die Bestellung aber dennoch bei einem zentralen Server, der nur EDI unterstützt, erfolgen, so wird das XML-Dokument mit Hilfe des geeigneten XSLT-Dokuments in das EDI-Format für den Buchhandel überführt und der entsprechende Datensatz an den zentralen Server gesendet. Mit der zunehmenden Verbreitung elektronischer Geschäftsprozesse werden vermutlich häufig bestimmte XML-Formate mit Hilfe von XSLT in die richtigen Zielformate konvertiert. Hierbei ist zu beachten, dass nicht jede Konvertierung in beide Richtungen möglich ist, so kann beispielsweise ein HTML-Dokument nicht mehr in das ursprüngliche XML-Dokument zurückkonvertiert werden, da bei der Transformation viele Detailinformationen verloren gegangen sind.

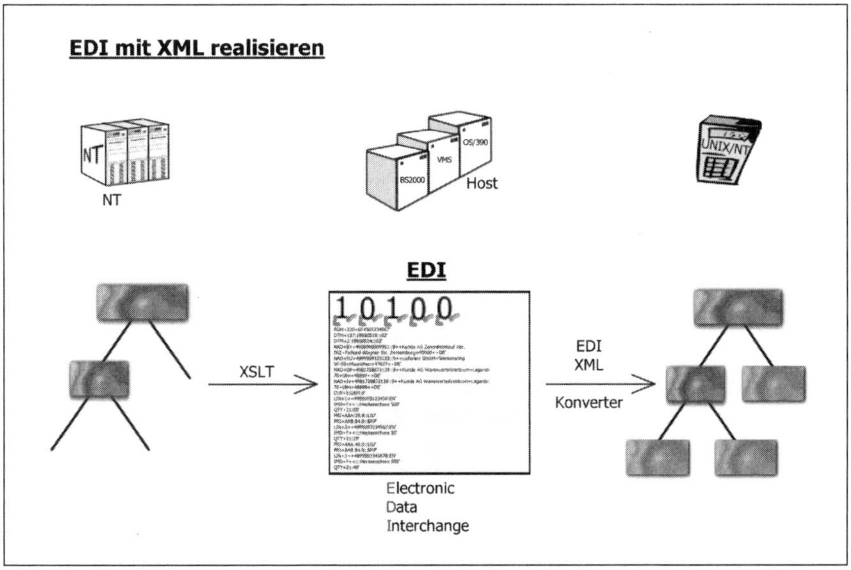

Abbildung 5.4: Mit XSL können EDI-Formate problemlos erzeugt werden, der umgekehrte Weg ist allerdings nur mit spezieller Software möglich.

5.4 XPointer

XPointer ist innerhalb von XML am ehesten mit einer Sprache wie SQL vergleichbar, da es aus dem Datenbaum eines XML-Dokuments gezielt bestimmte Elemente auslesen kann. In der Syntax erinnert XPointer an die Adressierung einzelner Files innerhalb eines Festplattenverzeichnisses. Dies ist nahe liegend, da auch das Verzeichnis der Files einen Datenbaum darstellt. Das Grundelement des XPointers ist das Hinabsteigen innerhalb des Datenbaums mit dem nach rechts gerichteten Slash und dem jeweiligen Namen des Knotens:

BEISPIEL

```
Adressverzeichnis/Adresse/Name/Vorname
```

Es sind aber auch wesentlich präzisere Auswahlmöglichkeiten vorhanden, die mit der umfangreichen Syntax des XPointers angesprochen werden. Hierbei ist allerdings zu beachten, dass einige Befehle, die Microsoft für den XPointer eingeführt hat, nicht oder noch nicht vom Web-Konsortium standardisiert sind und daher ggf. bei der Verwendung anderer Software-Produkte zu entsprechenden Störungen führen können.

5.5 XLink

Das Web hat seinen Durchbruch vermutlich durch die Technik des Hyperlinks erreicht, da es damit erstmals möglich war, Endbenutzern den Zugang zu praktisch jedem Dokument im Internet auf einfache Weise zu gewähren. Selbstverständlich bietet auch XML die Möglichkeit zum Hyperlink, allerdings in einer wesentlich erweiterten und erheblich abstrahierten Form.

So wird zunächst die Technik, mit der Bilder in ein Dokument eingebunden werden (img src="URL«) und der klassische Hyperlink mit einem Befehl abgedeckt. Der Unterschied zwischen Bild einbinden und Hyperlink besteht nämlich nur darin, dass bei ersterem sofort das externe Dokument eingebunden wird, beim zweiten jedoch erst nach einer Aktion des Users das externe Dokument das bestehende Dokument im Browser ersetzt.

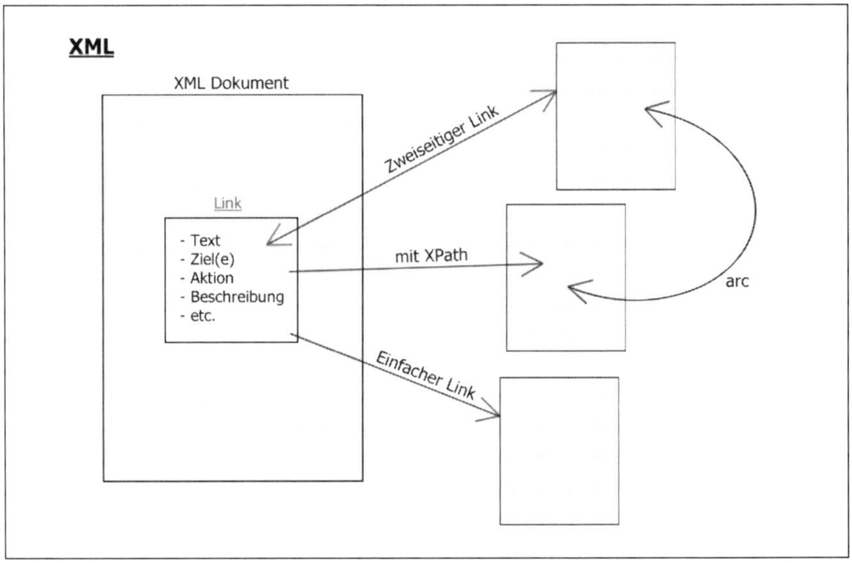

Abbildung 5.5: Der XLink erlaubt wesentlich komplexere Verknüpfungen zwischen Dokumenten, als es bei HTML üblich ist.

Beim XML-Link wird dies durch neue Attribute des Hyperlinks erreicht. So kann ein Hyperlink erst aufgrund einer bestimmten Aktion wirksam werden, etwa nach Anklicken durch den User oder durch schlichtes Öffnen der Seite. Die Stelle, an der das Zieldokument angezeigt wird, wird ebenfalls als Parameter vereinbart. Daneben gibt es beim XLink die zusätzliche Möglichkeit, ein Dokument in beide Richtungen zu verlinken, was durch das Linkattribut type="arc" gekennzeichnet wird. Allerdings schweigt sich das Web-Konsortium über die Implementierung dieser Technik aus und es bleibt zukünftigen Software-Projekten überlassen, technische Umsetzungen dieser Möglichkeit zu finden. Hier hat das Web-Konsortium ganz bewusst neuartige Strukturen vorab syntaktisch definiert mit dem Wissen, dass solche Möglichkeiten die Phantasie der Programmierer anregen.

Zurzeit ist allerdings der XLink noch in keinem Browser implementiert und es bleibt abzuwarten, wie die praktische Realisierung aussieht.

5.6 XMLns Namensraum

Da die Sprache XML jedermann die Definition eigener Tags erlaubt, ist leicht abzusehen, dass zwei Autoren dasselbe Tag mit unterschiedlicher Bedeutung verwenden. Um dies zu verhindern, könnte man eine »Variablennamen-Behörde« gründen, bei der jeder seine Variablennamen und Tags anmelden muss, damit keine zwei gleichen im Einsatz sind.

Dies ist offensichtlich völlig unrealistisch und daher hat das Web-Konsortium einen praktikablen Ausweg entwickelt. Es gibt nämlich die Domain-Namen, die bereits eindeutig sind, und wenn jeder seinen Domain-Namen dem Variablennamen voranstellt, so erreicht man die Eindeutigkeit. Allerdings besitzt nicht jeder eine eigene Domain, daher sind ganz allgemein URLs für das Voranstellen zulässig.

Dies führt in der Praxis natürlich zu extrem langen Variablennamen und als Vereinfachung erlaubt daher das XMLNS-System die Vereinbarung einer Abkürzung für den URL, der dann innerhalb des XML-Dokuments gültig ist und der jeweiligen Variablen vorangestellt wird. Bis auf einige Ausnahmen hat der verwendete URL keine weitere technische Bedeutung, er muss auch nicht konnektiert oder online verfügbar sein, da er lediglich zur eindeutigen Unterscheidbarkeit dient.

BEISPIEL Damit die Befehle innerhalb von XSL-Dokumenten nicht mit Code aus dem zu transformierenden Dokument verwechselt werden, stellt man eine Namespace-Vereinbarung an den Anfang und alle XSL-Befehle beginnen dann mit dem Zusatz »`xsl:`«

```
<xsl:stylesheet version="1.0"
     xmlns:xsl="http://www.w3.org/TR/WD-xsl">
<xsl:template match="gesuchtes Element">
...

</xsl>
```

5.7 Document Object Model (DOM)

Die Verwendung von XML als Format für Daten macht erst dann Sinn, wenn diese Daten nicht nur von einem User in mühevoller Handarbeit eingetippt und von einem Browser entsprechend präsentiert werden, sondern wenn all diese Prozesse vollautomatisch durch Programme erfolgen. Die dazu notwendige Programmierschnittstelle ist daher vom Web-Konsortium ebenfalls standardisiert worden.

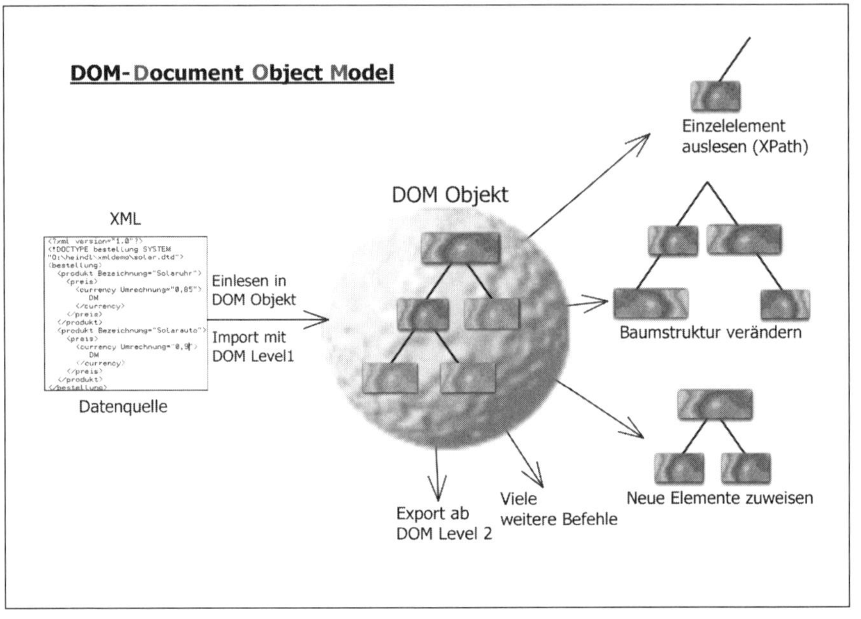

Abbildung 5.6: Mit dem Document Object Model DOM können XML-Dokumente einheitlich in objektorientierten Programmen weiterverarbeitet werden.

Die Entwicklung begann bereits unter HTML, das insbesondere unter JavaScript ab der HTML-Version 3.2 objektorientiert ansprechbare Dokumente ermöglicht. So wird etwa ein Eingabefeld innerhalb eines HTML-Formulars eindeutig über den Objektaufruf mydocument.formular.Eingabezeile ??? ansprechbar. Bei dieser Technik spricht man von DOM Level 0.

Das Auswerten von XML-Dokumenten erfolgt mit DOM Level 1, einer Schnittstelle, die heute für nahezu alle objektorientierten Sprachen zur Verfügung steht und die im Wesentlichen einen Befehl zum Einlesen und Parsen von XML-Dokumenten besitzt, zudem die einzelnen Knoten des XML-Baums definiert ansprechen und manipulieren kann. In der Version Level 1 fehlt allerdings noch ein XML-Export-Befehl. Bei der Verwendung von DOM muss immer sorgfältigst darauf geachtet werden, dass das XML-Dokument wohlgeformt und auch mit der dazugehörigen DTD exakt vereinbar ist. Andernfalls kommt es sofort zu einem Parse-Error beim Einlesen des Dokuments.

HINWEIS Der Microsoft-Browser verwendet zum Teil nur eine abgeschwächte Analyse beim Darstellen von XML-Dokumenten, so dass auch syntaktisch nicht einwandfreie Dokumente scheinbar fehlerfrei angezeigt werden, die bei Auswertung mit DOM Level 1 nicht eingelesen werden können. Es empfiehlt sich daher, einen XML-Validator zum Prüfen einzusetzen.

Die Version DOM Level 2 erlaubt neben vielen neuen Manipulationsbefehlen für den Dokumentbaum auch das Schreiben von XML-Dokumenten auf vorhandene Medien. Die Entwicklung ist aber heute noch nicht abgeschlossen und es wird bereits die nächste Version DOM Level 3 standardisiert. Die Problematik liegt hier in der unterschiedlich umfangreichen Syntax der DOM-Implementierungen verschiedener Hersteller, insbesondere hat Microsoft einige noch nicht standardisierte Befehle in sein Objektmodell aufgenommen.

HINWEIS Wer XML-Dokumente in Software einlesen muss, sollte auf jeden Fall die vorhandene DOM-Schnittstelle verwenden, da es in keinem Fall lohnend ist, einen eigenen Parser zu entwickeln.

5.8 Application Server

Wird eine Website komplexer und mehrere externe Dienste aus Datenbanken oder Hostsystemen angebunden, empfiehlt es sich, einen Server zwischen Webserver und Datenquellen zu installieren, auf dem die Anwendungen ablaufen. Dieses System hat daher den aus dem Englischen erhaltenen Namen des Application Servers.

Ein Application Server spielt eine Schlüsselrolle in modernen Internet- und Intranetanwendungen, daher muss dieses System äußerst stabil laufen. Da im Gegensatz zu Webservern dynamische Datenverarbeitung im Application Server stattfindet, ist zudem eine hohe Performance notwendig, damit die entsprechenden Verarbeitungsschritte in Echtzeit ablaufen können. Dies lässt sich bei umfangreichen Lösungen nur durch mehrere parallel laufende Systeme erreichen. Die Software-Basis vieler Application Server basiert auf Java-Lösungen, da es damit möglich ist, unabhängig von der jeweiligen Plattform Software-Entwicklungen einzusetzen.

Die Erzeugung von Webseiten wird dann auf Basis von Java Server Pages in Zusammenarbeit mit Java Beans erreicht.

Java Server Pages sind im Prinzip unfertige HTML-Seiten, in denen an jenen Stellen, die noch mit Daten gefüllt werden müssen, entsprechender Java Server Page-Code (JSP-Code) steht. Fragt ein Nutzer das entsprechende Dokument an, greift der Application Server auf das entsprechende JSP-Dokument zurück, analysiert den Code, und die einzelnen JSP-Befehle rufen die notwendigen Java Beans auf dem Application Server auf.

Java Beans sind kleine Programmobjekte, die Spezialaufgaben autonom abwickeln und ihre Information an die JSP-Seite zurückliefern. Nach Abarbeiten des Codes wird die dann vollständig erstellte HTML-Seite vom Application Server an den Webserver weitergereicht, der sich um die Auslieferung an den Webbrowser mit Hilfe des Http- oder Https-Protokolls kümmert.

Selbstverständlich können Application Server auch mit anderen Programmiersprachen wie z.B. C++, Perl, PHP, ASP usw. arbeiten und die einzelnen Programme können sogar untereinander über geeignete Schnittstellen wie CORBA kommunizieren.

5.9 Zusammenfassung

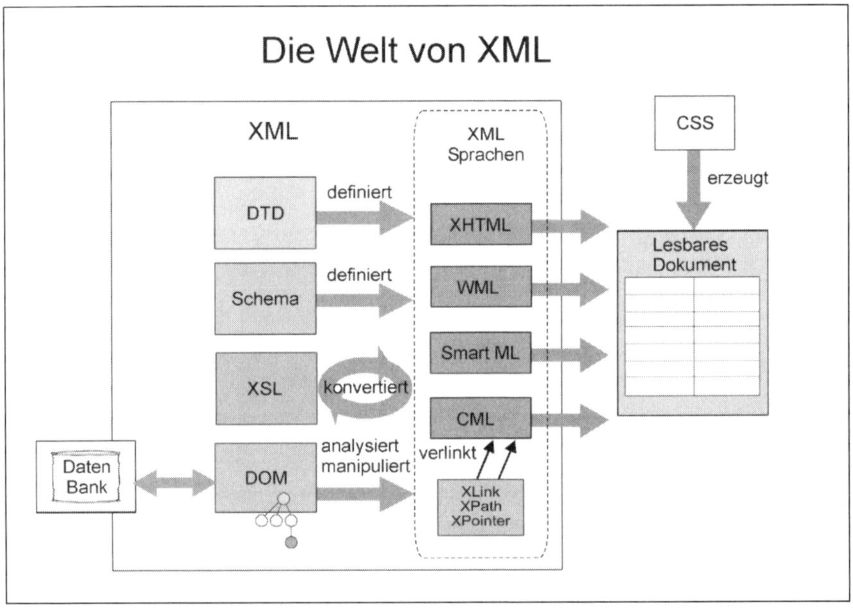

Abbildung 5.7: Das Zusammenspiel der verschiedenen XML-Komponenten

Das Wechselspiel der verschiedenen XML-Komponenten ist nicht leicht zu überschauen, dies liegt daran, dass noch nicht alle Komponenten etabliert sind und die Verarbeitung von semantisch aufgebauten Dateien nicht einfach ist. Die verschiedenen XML-Sprachen werden durch DTDs oder Schemafiles definiert, dabei gibt es bereits einige verabschiedete Formen wie XHTML für Internetseiten, WML für das Handy, SmartML für Chipkarten und CML für die Beschreibung chemischer Substanzen. Viele weitere sind in Entwicklung.

Die Verknüpfung von XML-Dokumenten wird zukünftig mit XLink möglich, die Selektion einzelner Elemente kann bereits mit XPath erfolgen, eine Erweiterung des URL für strukturierte Dokumente.

Die Transformation zwischen den verschiedenen XML-Formaten erfolgt mit XSL, entweder im Browser oder Application Server. Die Anbindung von Datenbanken kann problemlos mit dem Software-Objekt DOM erfolgen.

Die Präsentation von XML-Dokumenten erfolgt mit dem Browser pur oder zusammen mit einem CSS-File, das die Formatierung der XHTML- oder XML-Dokumente beschreibt.

Weitere Informationen zu XML:

http://www.w3.org/XML/	Referenzbereich des Web-Konsortiums
http://www.w3schools.com	Ein ausgezeichneter Kurs mit Online-Beispielen, in englischer Sprache
http://www.xml.org	Die verschiedenen Sprachstandards

Kapitel 6

6 WWW-Seiten – Management und Wartung

6.1 Verwaltung der Seiten

6.1.1 Entwicklung

Die Planung und Entwicklung von Internetseiten erfolgt lokal auf dem Rechner. Dabei spielt es keine Rolle, ob die Seiten direkt in HTML programmiert oder mit einem komfortablen Editor erstellt werden. Die Entwicklungsumgebung ist völlig unabhängig von der späteren Serverplattform (Ausnahmen finden sich bei manchen Editoren, die Server-Software mitliefern und dann auch davon ausgehen, dass diese auf dem Server installiert wird). Die einzige Bedingung wird an das Dateiformat gestellt: Die Dateien müssen als HTM oder HTML gespeichert sein, da die Server auf diese beiden Dateitypen konfiguriert werden. Nun legt man sich Ordnerstrukturen auf dem lokalen Rechner an. Diese müssen mit den späteren Verzeichnissen auf dem Server übereinstimmen.

Beim Anlegen der Verzeichnisstrukturen sollte man nicht zu tief verschachtelte Unterverzeichnisse wählen. Wenn die Namen geschickt gewählt werden, bleibt auch eine gewisse Übersichtlichkeit erhalten. Dadurch werden auch schnellere Seiten gewährleistet, da nicht mehrere Ebenen durchsucht werden müssen. Die Linkstrukturen bleiben übersichtlich, und die Webadresse der einzelnen Seiten bleibt kurz und dadurch besser einprägbar. Ein weiterer Vorteil liegt in der besseren Auffindbarkeit durch die Suchmaschinen, da bei manchen Suchmaschinen nur zwei Ebenen mitindiziert werden.

Die Dateinamen, die gewählt werden, sollten aussagekräftig sein, wie etwa: stanzmaschinen.html und nicht maschineA.html, damit auch andere Bearbeiter sich leicht zurechtfinden. Um Fehler bei der Übertragung zwischen NT- und UNIX-Rechnern zu vermeiden, ist es geschickter, die Datei- und Verzeichnisnamen in Kleinbuchstaben abzuspeichern.

Sobald die Entscheidung für ein Verzeichniskonzept gefallen ist, kann die Bearbeitung und Erstellung der Webseiten, wie in Kapitel 4 beschrieben, beginnen. Es ist wichtig, sich sehr genaue Gedanken über das Konzept zu machen, da Verzeichnisstrukturen nur mit sehr viel Arbeitsaufwand wieder rückgängig gemacht werden können.

6.1.2 Testen

Nachdem nun das komplette Internetprojekt gestalterisch umgesetzt ist, erfolgt die Testphase, die nochmals sehr viel Zeit in Anspruch nimmt, aber dennoch von großer Bedeutung ist. Diese Testphase spielt sich zuerst auf dem lokalen Rechner ab, bevor die kompletten Seiten dem Netz übergeben werden.

6.1.3 Hyperlinks

Die wichtigste Überprüfung sollte den Hyperlinks gelten. Man klickt alle Links einer Seite durch und vergewissert sich, dass auch wirklich alle funktionieren und nicht irgendwo im Internet-Nirwana oder auf einer falschen Seite enden.

Nichts ärgert einen Benutzer mehr als die Meldung über eine nicht gefundene Internetadresse, die hinter einem Link steckt. Von jeder Seite muss gewährleistet sein, dass man auch wieder zur Startseite zurückfindet. Dieser Prozess kann bei einem Projekt, das hundert Seiten umfasst, sehr aufwändaufwändig sein und ist kaum überschaubar, wenn er manuell durchgeführt wird. Hierfür kann entsprechende Software eingesetzt werden, die die Seiten nach kaputten Links durchforstet. Zum Beispiel die Programme Alert Link Runner oder CyberSpyder Link Test, die kostenlos installiert werden dürfen. Zu finden unter der Internetrubrik auf: *http://www.download.com.* Diese Programme durchsuchen automatisch die ganze Site nach fehlenden Links und erstellen anschließend eine Liste mit den Verknüpfungen, die nicht funktionieren.

Peinliche Panne

Ein Designbüro hatte bei der Entwicklung der Homepage die unfertigen Links während der Entwicklungsphase nach guter Programmiererart mit »xxx« als Platzhalter ersetzt. Der Testlauf mit einem Linkkontrollprogramm gab keine Fehlermeldung, somit wurde die Seite ins Netz gelegt.

Die Überraschung war groß, als Anwender die Links der Homepage des Webneulings anklickten. Die schlauen Browser ersetzten das xxx zuerst durch xxx.com und dann durch www.xxx.com. Damit war es aber um den guten Ruf der Firma erst mal geschehen, denn die Besucher waren direkt im Rotlichtviertel des Internets.

6.1.4 Browservarianten

Noch befinden wir uns in einem Stadium, in dem unterschiedliche Browser unterschiedliche Standards diktieren. Deshalb bleibt es keinem Webdesigner erspart, Tränen in den Augen zu haben, wenn er seine schön konzipierte Webseite plötzlich mit einem anderen Browser betrachtet. Was für den einen Browser optimiert wurde, muss für einen anderen Browser auf keinen Fall dasselbe bedeuten. Als Faustregel gilt im Moment, dass Befehle, die auf HTML-Code 3 basieren, von Viererbrowsern unterstützt werden (Microsoft Explorer, Netscape Navigator). Doch auch bei diesen Befehlen kann es zu leichten Abweichungen in der Layoutdarstellung kommen. Es ist ratsam, auf jeden Fall verschiedene

Browserversionen durchzuspielen, nicht nur aktuelle, sondern auch Versionen, die schon ein bis zwei Jahre zurückliegen. Auch wenn die neueste Browser-Software kostenlos zu bekommen ist, können nicht alle Anwender diese installieren, da gewisse Systemansprüche erfüllt werden müssen. Nicht jeder Nutzer ist bereit, alle sechs Monate den Computer aufzurüsten! Auch hierfür gibt es selbstverständlich Software, die diese Tests ermöglicht.

Web Page Backward Compatibility Viewer unter

http://www.delorie.com,/web/wpbcv.html

(Testet, wie sich das Weglassen bestimmter Elemente auf die Seite auswirkt). Bei manchen Editoren sind bereits solche Tests integriert.

Welche Browser im Moment bei den Benutzern im Einsatz sind, kann am besten übers Internet verfolgt werden. Dazu gibt es viele Statistiken, die Benutzerdaten auswerten und verarbeiten. Diese sollte man regelmäßig beobachten, um das Layout entsprechend anzupassen. Unter *http://www.webhits.de/webhits/friend_d.htm* finden sich die geeigneten Statistiken.

Monitor und Grafikkarten

Nicht nur unterschiedliche Browservarianten machen das Leben des Webdesigners schwer, sondern auch die verschiedenen Auflösungen. Abhängig von der Grafikkarte und der Systemeinstellung kann jeder Benutzer individuell einstellen, mit welcher Bildschirmauflösung er arbeiten möchte. Leider hat dies einen großen Einfluss auf das Layout einer Seite.

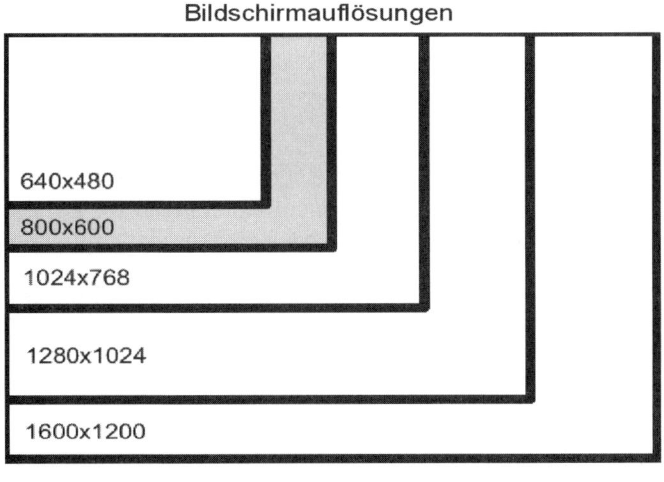

Abbildung 6.1: Die verschiedenen Bildschirmauflösungen beeinflussen den darstellbaren Bereich einer Internetseite sehr stark. So bietet die Auflösung 1600x1200 mehr als viermal so viel Fläche wie 640x480.

Wird eine Seite bei einer Einstellung von 1024 x 768 noch vollständig angezeigt, ergibt sich ein völlig neues Bild bei einer Einstellung von 800 x 600 Pixel. Auch dieser Test sollte durchgeführt werden, um zu sehen, ob das Layout bei allen gängigen Einstellungen noch vertretbar ist. Dasselbe gilt auch für die verschiedenen Bildschirmgrößen. Hier kann es helfen, wieder eine Statistik zu Rate zu ziehen, welche Größen im Moment häufig vertreten sind.

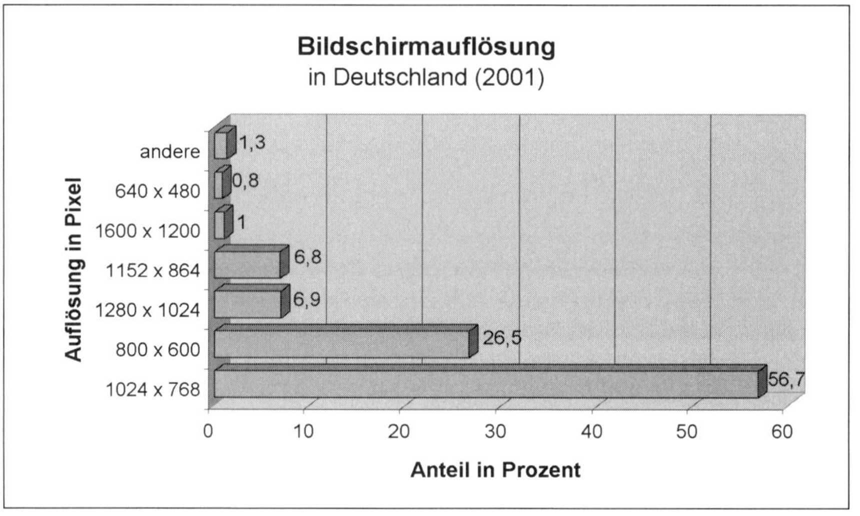

Abbildung 6.2: Bei der Gestaltung von Internetseiten, insbesondere der Homepage, mit ihren zahlreichen Navigationselementen, muss der Grafiker immer die zum Teil niedrige Auflösung der Grafikkarten der Besucher vor Augen haben. Durch Seiten, die für die Mehrheit der Auflösungen (600*800) optimiert sind, können jedoch über 95 % der Nutzer abgedeckt werden.

Daten aus der WebHits-Statistik:

http://www.webhits.de/webhits/friend_d.htm

Drucker

Viele Dokumente werden von den Netzbenutzern auf unterschiedlichen Druckern ausgegeben. Besonders Dokumente mit langen Texten, wie Bedienungsanleitungen, werden regelmäßig ausgedruckt.

Problematisch sind kleine Farbnuancen, wenn das Dokument auf einem Laserdrucker in schwarz-weiß ausgedruckt wird. Daher sollten relevante Teile von Grafiken immer zur Probe schwarz-weiß ausgedruckt werden.

Ein besonderes Problem stellt die Tatsache dar, dass die Browser die Dokumente ohne Hintergrundfarbe drucken. Daher können z.B. gelbe Texte auf dunklem Grund am Monitor gut gelesen werden. Wenn sie auf einem Farbdrucker ausgedruckt werden, sind sie nahezu unleserlich (Gelb auf Weiß)!

Soll eine fertige WWW-Seite mit dem Drucker dokumentiert werden, muss immer ein Screenshot angefertigt werden, damit der genaue Inhalt und die farbliche Gestaltung der Seite festgehalten werden.

TIPP Mit der Tastenkombination [Strg]+[PrintScreen] wird der Bildschirminhalt in die Zwischenablage gelegt und kann in jedes Grafikprogramm mit [Strg]+[C] eingespielt werden.

6.1.5 Testpersonen

Nachdem alle technischen Fehler behoben sind, können einige Testpersonen die Website durchspielen. Hierbei ist die Vorgehensweise genau zu beobachten. Der Ersteller der Webseite kennt seine Seiten so genau, dass er oft nicht mehr sieht, ob die Benutzerführung übersichtlich und klar ist. Er weiß genau, wo die einzelnen Informationen versteckt sind. Doch ist das auch für einen fremden Nutzer so? Brauchen die Testpersonen lange, um gewünschte Informationen auf der Site zu finden, sollte die Testversion nochmals überarbeitet werden, bevor sie ins Netz gestellt wird.

6.1.6 Freigeben

Sind die Tests auf dem lokalen Rechner abgeschlossen, sollten alle Personen, die vom Inhalt betroffen sind, noch einmal zusammenkommen. Erst wenn keine Einwände mehr dagegen bestehen, dass die Daten nun für »Millionen« von Internetbesuchern zugänglich sein werden, darf die Seite auf den Server gespielt werden.

6.1.7 Übertragen

Der Server, auf dem die Internetdaten für den Webauftritt liegen, befindet sich entweder im eigenen Haus oder steht extern bei einem Provider. In beiden Fällen werden jetzt die Daten, die bisher nur auf dem lokalen Rechner vorhanden sind, auf den Server überspielt. Dazu ist auf dem Server die gleiche Verzeichnisstruktur erforderlich wie auf dem lokalen Rechner, damit die Linkstrukturen erhalten bleiben.

Dann überträgt man per FTP-Programm die erstellten Seiten auf den externen Rechner.

Manche Editoren bieten diesen Service auch durch einen einfachen Tastendruck, der z.B. Publizieren heißt. Sobald die Daten auf dem Server angekommen sind, kann man das Ergebnis der wochenlangen Arbeit übers Internet bewundern.

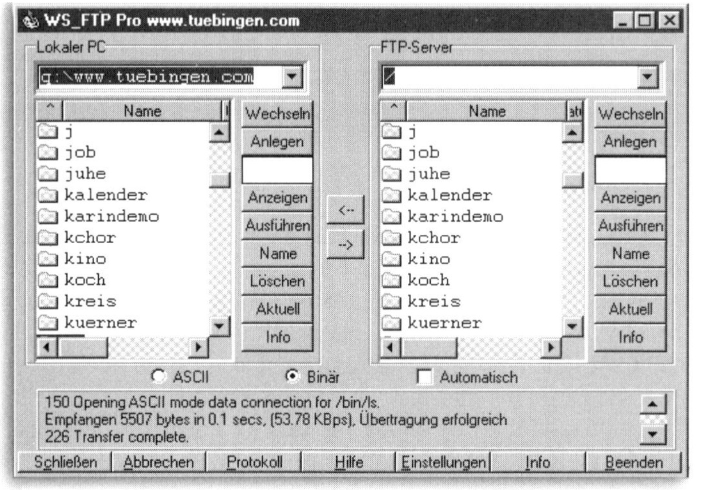

Abbildung 6.3: Zum Überspielen der lokal entwickelten Internetseiten ist das File Transfer Protocol (FTP) der beste und schnellste Weg. Hiermit lassen sich ganze Directories mit einem Knopfdruck versenden, aber auch neue Verzeichnisse auf dem entfernten Server anlegen. Moderne grafische Oberflächen ermöglichen ein einfaches Arbeiten wie auf einem lokalen Rechner.

6.2 Optimale Nutzung der Suchmaschine

Nachdem die Internetseiten erstellt sind und fehlerfrei auf dem Server liegen, beginnt die Phase der Anmeldung.

Internetseiten ohne Anmeldung bei Suchmaschinen sind isoliert und können praktisch nicht gefunden werden. Daher ist es unabdingbar, dass der Webmaster die einzelnen Seiten bei den wichtigsten Suchmaschinen und Internetverzeichnissen anmeldet.

6.2.1 Arbeitsweise der Suchmaschinen

Suchmaschinen ermöglichen es, den gesamten Internetinhalt nach Stichwörtern zu durchsuchen.

Dabei ist es nicht notwendig, dass der Anwender die genaue Einordnung der Seite kennt. Etwa die Hälfte der Sucherfolge im Internet beruht auf Suchmaschinen. Es ist daher eine zentrale Aufgabe, die wichtigsten Suchmaschinen zu nutzen. Wie funktioniert eine Suchmaschine?

Der Robot liest alle ihm bekannten Seiten im Internet Wort für Wort ein. Dabei folgt er allen Links (zuweilen aber nur bis zu einer bestimmten Tiefe auf einer Website) und legt eine umfangreiche Datenbank mit den Wörtern und den zugehörigen Quellen und vielen weiteren Zusatzinformationen über die Webseite an.

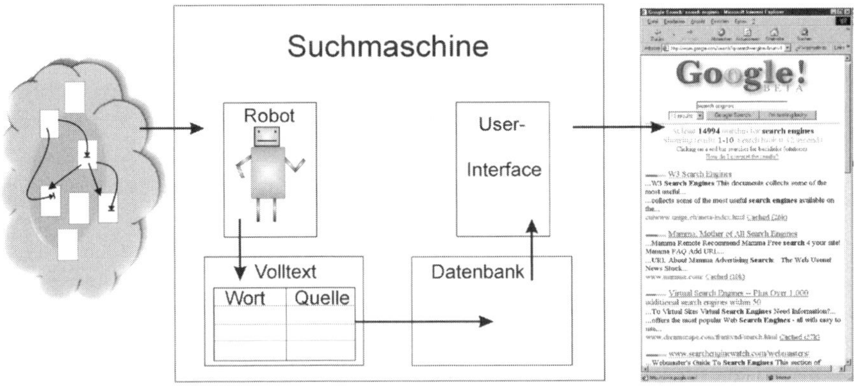

Abbildung 6.4: Suchmaschinen legen von den Dokumenten, die sie im Internet finden, eine Datenbank an, die mit dem Browser abgefragt werden kann. Der Dokumentenbestand im Internet wird durch Anmelden der Seite oder über die Links auf den einzelnen Seiten der Suchmaschinen bekannt. Da eine Suchmaschine nur etwa einmal pro Monat die eigene Datenbank erneuert, kann es immer einige Zeit dauern, bis neue Dokumente gefunden werden.

Hat die Maschine die Datenbank mit den Webseiten erstellt, können diese vom Benutzer über die Eingabemenüs der Suchmaschine direkt gefunden werden. Der Benutzer kann auf die fertige Datenbank zugreifen und erhält das gewünschte Suchergebnis. Das Suchergebnis besteht oft aus einigen Hundert Fundstellen. Meist ergibt die Überschrift oder das Abstrakt sofort, ob es sich um eine sinnvolle Fundstelle handelt.

Die meisten Benutzer geben häufig nur ein Suchwort an, um an eine geeignete Seite zu kommen. Die Suchmaschine hat es dann sehr schwer, zu erraten, welche der vielen Tausend Dokumente, in denen dieses Wort vorkommt, für den Suchenden von Interesse ist.

6.2.2 Kriterien für die Suchmaschine

Jede Suchmaschine wertet eine Seite nach unterschiedlichen Kriterien aus. Dabei können folgende Punkte von Bedeutung sein:

- ✔ Steht das Suchwort im Titel oder Domain-Namen?
- ✔ Wie viele der genannten Suchwörter tauchen im Dokument auf?
- ✔ Liegen die Suchwörter am Anfang des Textes?
- ✔ Taucht ein Suchwort bereits in der Überschrift oder im Abstrakt auf, so beinhaltet die Seite oft die gesuchte Information.
- ✔ Wie häufig tauchen die Suchwörter auf?
- ✔ Wird ein Suchwort mehrfach auf einer Seite erwähnt, behandelt der Text mit großer Wahrscheinlichkeit das gesuchte Thema.

- ✔ Je mehr der eingegebenen Suchwörter in einem Dokument gleichzeitig auftreten, desto wahrscheinlicher enthält die Seite die gesuchte Information.
- ✔ Liegt eine vollständige Übereinstimmung mit den gesuchten Suchwörtern vor?

BEISPIEL Aktienhandel enthält das Suchwort Aktie.

- ✔ Wird auf diese Seite oft verwiesen?

  Viele Maschinen nutzen nicht nur die Übereinstimmung der Suchwörter mit der Seite, sondern auch die Relevanz der Seite. Wenn viele andere Internetseiten auf eine Seite verweisen, wird die Relevanz der Seite von den Suchmaschinen als höher erachtet und sie wird weiter oben platziert.

- ✔ Wie alt ist die Information?

  Ist ein Dokument mehrere Monate, sogar Jahre alt, so wird die Suchmaschine das Dokument als nicht mehr aktuell auffassen und in dem Ranking nach unten setzen. Dagegen hilft ein Renovieren der Seiten durch Textoptimierung und durch Eintrag neuer Informationen.

- ✔ Wann wurde die Seite verändert?

  Suchmaschinen untersuchen auch die Regelmäßigkeit, mit der sich eine Seite ändert. Dies dient dazu, dass die Suchmaschine eine Seite, die sich nur sehr selten ändert, nicht so häufig besucht. Also werden von Suchmaschinen Seiten, die z.B. jede Woche geändert werden, normalerweise jede Woche besucht. Seiten, die sich nur einmal im Monat ändern, nur einmal im Monat. Daher muss eine Seite, die verändert im Netz steht, neu angemeldet werden, damit die Suchmaschine weiß, hier ist wieder Aktuelles zu finden.

- ✔ Wie groß ist das Dokument?

  Es ist klar, dass auf einem Dokument mit vielen Tausend Wörtern die Wahrscheinlichkeit steigt, dass mehrere Suchwörter gleichzeitig auftauchen. Daher versuchen die Suchmaschinen das Dokument zu bevorzugen, das am kleinsten ist.

Bei der Planung der Webseite sollten diese Kriterien berücksichtigt werden. Besonderes Augenmerk sollte dabei auf die Startseite fallen. Diese muss im Text möglichst viele Stichwörter enthalten, die bei einer Suche zu erwarten sind. Die Suchmaschinen gehen davon aus, dass Text mit hohem Informationsgehalt am oberen Ende der Seite platziert wird, deshalb sollten wichtige Stichwörter nicht unten oder in der Mitte stehen.

Falls die Webseite eine große Grafik als Hauptattraktion besitzt, sollte diese mit beschreibendem Text versehen werden, um ein schnelles Auffinden zu ermöglichen. Suchmaschinen durchforsten die Webseiten in regelmäßigen Abständen, um tote Links auszuschließen und die indizierten Informationen upzudaten. Sie sollten daher regelmäßig untersuchen, ob die Seite noch gefunden wird und gegebenenfalls nachbearbeiten.

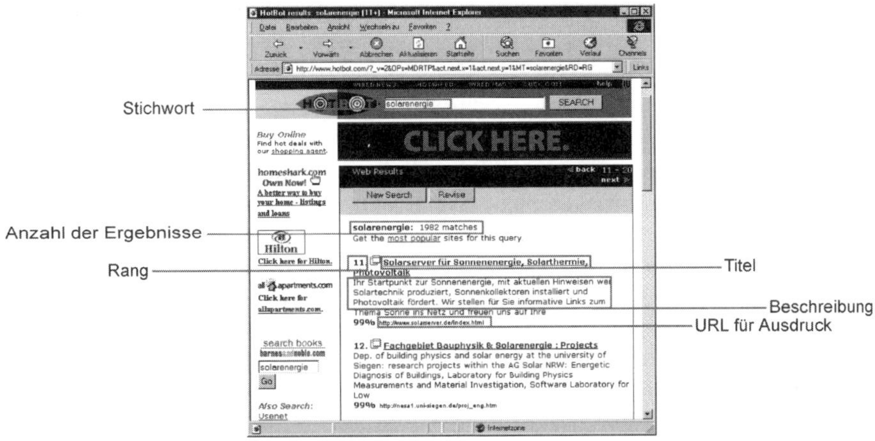

Abbildung 6.5: Das Ergebnis einer Suchmaschine zeigt den Titel der Seite, wie er mit dem Tag <title> vereinbart wurde, daneben einen kurzen Ausschnitt oder die Description, wie sie im Meta-Tag steht. Da der Anwender zumeist aufgrund des Titels entscheidet, welches Dokument er wählt, sollte dieser sorgfältig gewählt werden. Die Zahl der Fundstellen ist zumeist unglaublich groß, oft liegen aber unter den ersten zehn oder zwanzig Fundstellen auch die wirklich relevanten Seiten.

Titel und Meta-Tags

Andere wichtige Elemente, die für die Suchmaschinen relevant sind, sind die Meta-Tags und der Seitentitel, die im Header der Seite stehen. Wählen Sie den Titel `<title>` der Seite möglichst schlagkräftig und aussagestark. Der Titel wird später in der Browser-Titelleiste erscheinen und ist eine der ersten Zeilen, die die Suchmaschinen indizieren.

BEISPIEL Statt

```
<title> Willkommen auf der Homepage des Solarservers </title>
```

zu schreiben, ist es besser,

```
<title> Solarserver für Sonnenenergie / Solarenergie,
Solarthermie, Photovoltaik </title>
```

als Information in den Titel einzugeben.

Meta-Tags bestehen aus dem Attribut `name`, der den Eigenschaft-Namen der Metas definiert und dem Attribut `content`, der den Wert zuordnet. Statt `name` kann auch `http-equiv` stehen, um direkt das HTTP-Protokoll anzusprechen. Dieses Attribut wird dann vom HTTP-Header übernommen.

Hier nun die wichtigsten Meta-Tags:

- ✔ `<META name="author" content="Eduard Heindl">`
  Hier wird eingetragen, wer die Webseite erstellt hat
- ✔ `<META name="publisher" content="Addison Wesley">`
  Hier kann der Verlagsname eingetragen werden.
- ✔ `<META name="description" content="....">`
  Dieses Element wird wiedergeben, was als Zusammenfassung von der Webseite gezeigt wird. Der Inhalt sollte klar dargestellt sein, um zu wissen, was auf der Seite zu erwarten ist.
- ✔ `<META name="keywords" content="....">`
  Hier ist der Bereich für zusätzliche Informationen über die Seite, ohne dass sie sichtbar werden. Was schon im Titel steht, braucht nicht noch einmal zu erscheinen, da die Suchmaschine zuerst die Wörter vom Titel aufnimmt. Es können beliebig viele Wörter eingegeben werden. Für ein Fitness-Center bieten sich z.B. Wörter an wie: Aerobic, Gymnastik, Gewichtskontrolle, Gesundheit, Schönheit, Muskel, Hanteln, Geräte, Stretching, Anabolika, Solarium, Sauna. Es kann von Vorteil sein, auch die Pluralformen von manchen Wörtern einzugeben. Wiederholungen von Wörtern sollte man jedoch vermeiden, da manche Suchmaschinen dies bestrafen.
- ✔ `<META name="Date" content="YYYY-MM-DD">`
  Das Erstellungsdatum kann wichtig sein, wenn die Aktualität von Bedeutung ist.
- ✔ `<META http-equiv="revisit-after" content="20 days">`
  Hiermit wird die Suchmaschine veranlasst, nach 20 Tagen erneut über die Seite zu gehen.
- ✔ `<META http-equiv="pragma" content="no-cache">`
  Dieser Befehl wird an den Proxy-Agenten weitergeleitet und veranlasst, dass die Datei nicht im Proxy-Server gespeichert wird.

Besonders wichtig sind diese Meta-Tags für Seiten mit Frames und Seiten mit vielen JavaScripts, da kein oder nur wenig Anfangstext vorhanden ist.

BEISPIEL Die Meta-Tags des Solarservers

- ✔ `<meta NAME="Description" CONTENT="Ihr Startpunkt zur Sonnenenergie oder Solarenergie mit aktuellen Hinweisen, wer Solartechnik produziert, Sonnenkollektoren installiert und Photovoltaik fördert. Mit vielen Links und einer Firmenliste">`
- ✔ `<meta NAME="KeyWords" CONTENT="Solar, Solare, Sonnenenergie, Solarenergie, Energien, erneuerbare, Solarthermie, Photovoltaik, 99, Kollektor, Energie, Sonnenkollektoren, Solarzelle, Solarstrom, Heizungstechnik, Solartechnik, Solaranlage, Hersteller, Installation, Firmen">`

- ✔ `<meta NAME="Author" CONTENT="E. Heindl, Heindl Internet AG">`
- ✔ `<meta NAME="Classification" CONTENT="Technologie, Messe, Solar, Sonne, Energie, Haus, Dach, Strom">`

Und so erscheint der Eintrag als erster Treffer bei der Suche nach »Sonnenenergie« in der Suchmaschine Altavista:

We found 34,807 results:
Solarserver für **Sonnenenergie** Solarenergie Solaranlagen Solarthermie Photovolt Solaranlagen, Förderung, Sonnenenergie oder Solarenergie mit aktuellen Hinweisen, wer Solartechnik produziert, Sonnenkollektoren installiert und...
URL: *http://www.solarserver.de/* • Related pages • Translate Additional relevant pages from this site

---

Links zum Thema Meta-Tags:

Eine deutschsprachige Erläuterung der Details
http://www.ideenreich.com/suchmaschinen/metatags.shtml

Einen Meta-Tag-Doktor gibt es auch:
http://www.sitesubmission.de/metatag.htm

Das Referenzdokument des Dublin-Core-Gremiums:
http://dublincore.org/documents/1999/07/02/dces/

Stichwörter und Suchwörter

Wie findet man für die eigenen Seiten passende Begriffe, die von Nutzern in die Suchmaschinen eingegeben werden? Eine Möglichkeit bietet das interessante Tool von Wordtracker, eine Website, bei der 350 Millionen Sucheingaben der letzten zwei Monate erfasst und zur Analyse bereitgehalten werden.

Das Tool arbeitet in zwei Schritten: Zunächst kann zu einem bestimmten Begriff das im Internet bereits vorhandene thematische Umfeld analysieren werden. Dazu gibt man ein Stichwort ein und erhält 15 (bei der kostenpflichtigen Version mehrere Hundert) verwandte Begriffe. Zu jedem dieser Begriffe kann man nun im zweiten Schritt die Häufigkeit erfahren, mit der diese Suchwörter eingegeben werden, aber auch andere Begriffe, mit denen Nutzer dieses Suchwort kombinieren. So wird häufig nicht einfach nach dem Wort »solar«, sondern nach dem Begriff »solar power« gesucht.

Mit diesem Wissen können die eigenen Webseiten entsprechend optimiert werden, indem man versucht, häufig gewählte Begriffe oder Begriffskombinationen durch optimierte Seiten abzudecken.

Zudem gibt die Analyse auch Hinweise, welche thematischen Bereiche von den Besuchern erwartet werden, die möglicherweise bisher auf den eigenen Seiten oder dem eigenen Portal keine oder nur eine untergeordnete Rolle spielten.

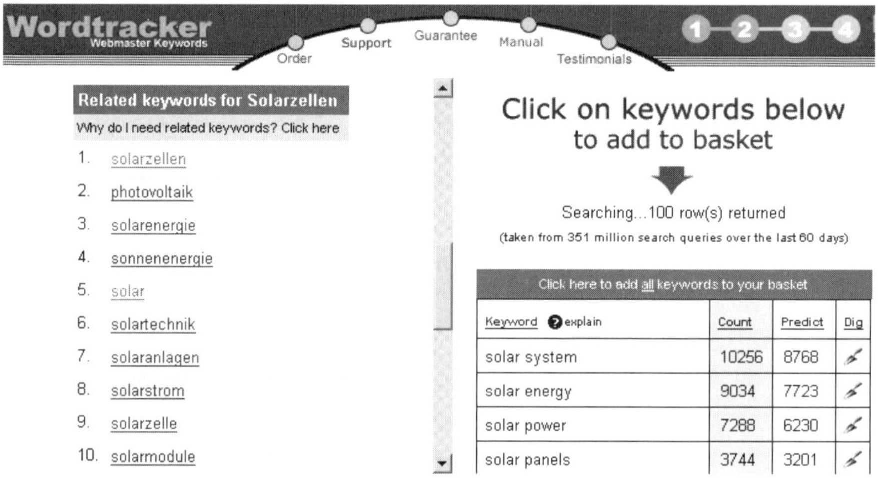

Abbildung 6.6: Mit dem Suchwort »Solarzellen« wurden bei Wordtracker alle Begriffe, die im Zusammenhang mit Solarzellen stehen, gefunden. Diese Begriffe kann man anklicken und sieht rechts die Häufigkeit, mit der diese Wörter gesucht werden, hier wurde das Wort »solar« weiterverfolgt.

6.2.3 Weitere Informationsquellen

Eine weitere sehr interessante Informationsquelle stellt die Beobachtung von Nutzereingaben dar. Die Eingaben kann man im Internet direkt live verfolgen, z.B. unter der Adresse: *http://www.fireball.de/voyeur-fireball.fcg?action=voyeur-queries.* Dabei kann man verfolgen, welche Suchwörter in welcher Zusammenstellung von Benutzern für die Suche nach Webseiten verwendet werden. Von Interesse ist auch die Statistik der häufigsten Suchwörter, die in die Suchmaschine Fireball eingegeben werden: *http://www.fireball.de/qstat.html.*

Neben den im Internet immer häufig auftretenden Fragen nach Seiten mit nackter Haut, die etwa ein Drittel aller Nutzer eingibt, findet man hier die typischen Suchwörtereingaben.

Für die eigenen Seiten kann man daraus lernen, wie Fragen formuliert werden. Dies kann allerdings nur eine Orientierung sein, da man kaum auf Suchbegriffe für die eigene Seite stoßen wird, während man die Live-Eingabe von Suchwörtern verfolgt. Fragen zu analogen Themen können jedoch auch weiterhelfen.

6.3 Anmeldeprozeduren

Es genügt nicht, die Seite optimal aufgebaut zu haben und mit den nötigen Meta-Tags zu versehen. Wenn die Seite bei den Suchmaschinen und Internetverzeichnissen nicht angemeldet wird, kann sie kaum jemand finden. Daher gehört die Anmeldeprozedur zu den zentralen Aufgaben des Webmasters.

Suchmaschinen

Um eine neue Webseite anzumelden, sind zwei Möglichkeiten vorhanden:

Die manuelle Anmeldung bei der Suchmaschine direkt über dem entsprechenden Menüpunkt. Dieser ist meist auf der Startseite der Suchmaschine zu finden, etwa `new url` oder Ähnliches. Man gibt hier die Internetadresse (URL) der neuen Webseite ein.

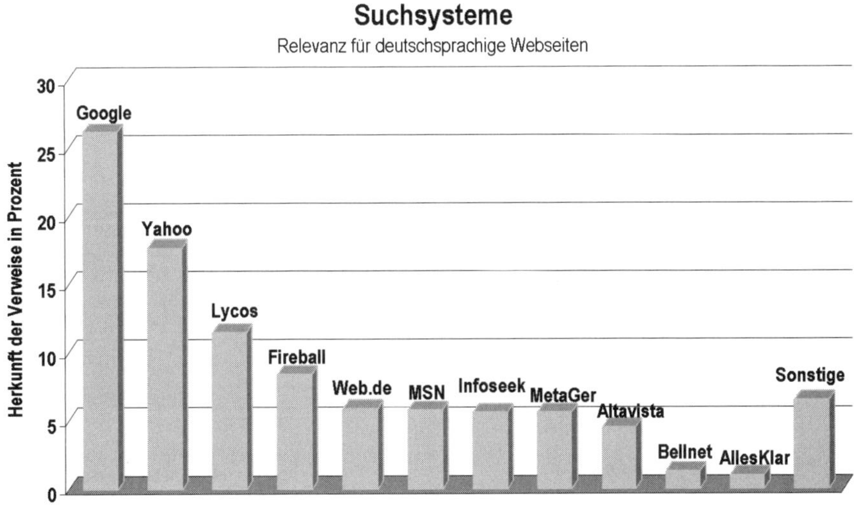

Abbildung 6.7: Die wichtigsten Suchmaschinen nach Zugriffen durch Anwender. Für die eigene Platzierung ist es wichtig, vor allem in diesen Suchmaschinen jeweils unter den ersten zehn Treffern zu stehen (Stand 2001/8).

Danach teilt die Suchmaschine in einem weiteren Screen mit, ob sie die Seite gefunden hat und wann mit einem erfolgreichen Auffinden der Seite zu rechnen ist. Auf jeden Fall sollte getestet werden, ob typische Begriffe auf der eigenen Seite gefunden werden. Ist dies nicht der Fall, kann davon ausgegangen werden, dass die Suchmaschine die Seite nicht indiziert hat. Dann ist es erforderlich, die Anmeldung zu wiederholen oder gegebenenfalls auf Tippfehler in der eigenen Seite zu achten.

Alternativ dazu gibt es Anmeldeservice-Unternehmen wie *http://www.submit-it.com,* die die Anmeldung bei mehreren Suchmaschinen automatisch ausführen.

Internetverzeichnisse

Die Anmeldung bei Internetverzeichnissen ist von gleicher Bedeutung, aber zumeist etwas aufwändiger. Es genügt nicht, nur die Seite direkt einzugeben, sondern es ist erforderlich, sich vorher mit dem Verzeichnis und seiner Struktur vertraut zu machen. Internetverzeichnisse gliedern die Inhalte der Webseiten nach Themen. Dies kann sehr feingliedrig erfolgen, so zum Beispiel das Internetverzeichnis yahoo.com, oder der deutsche Ableger yahoo.de mit seinen 20.000 Kategorien, in denen Seiten eingetragen sind.

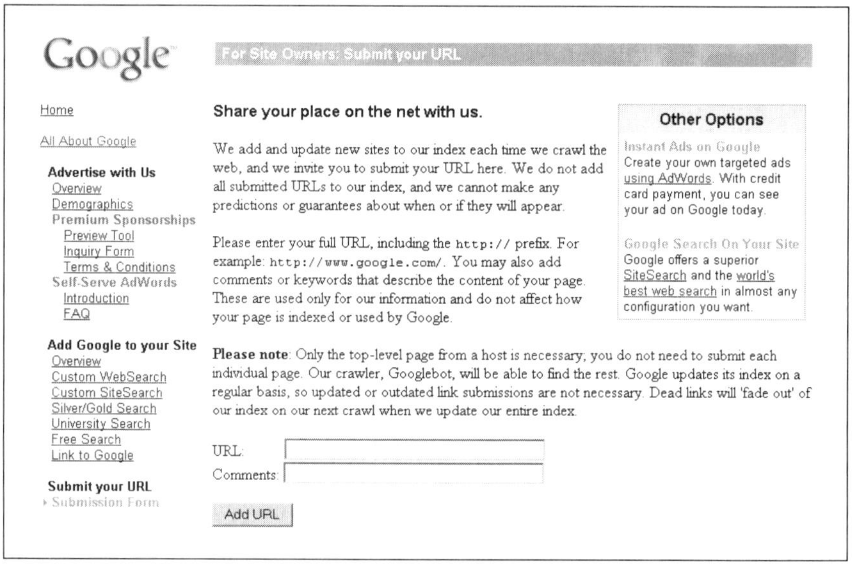

Abbildung 6.8: Das Anmeldefenster bei Google (*http://www.google.de/intl/en/addurl.html*). Der URL muss vollständig angegeben werden, also mit der Angabe *http://www.domainname.tld.*

Man sollte sich also genau über die Einsortierung der eigenen Seiten im Klaren sein. Dies ist am einfachsten, indem man ähnliche Seiten innerhalb des Verzeichnisses sucht. Schauen Sie doch nach den Seiten der Mitbewerber oder nach Präsentationen mit ähnlichen Inhalten und notieren sich das entsprechende Unterverzeichnis.

Bei einigen Suchmaschinen ist es auch möglich, direkt in diesen Unterverzeichnissen den Eintrag mit dem Submit-Button zu platzieren. Hier ist allerdings darauf zu achten, dass manche Seiten nicht von allen Suchverzeichnissen akzeptiert werden.

Dies kann verschiedenste Gründe haben. Zum einen kann die falsche Kategorie gewählt sein. Das bedeutet, man muss nochmals unter den geeigneten Kategorien suchen. Zum anderen können die eigenen Seiten z.B. in der falschen Sprache vorliegen. So werden von einigen deutschen Internetverzeichnissen nur deutschsprachige Seiten akzeptiert.

Sprache

Damit auch englischsprachige Seiten von deutschen Suchmaschinen zumindest prinzipiell akzeptiert werden, sollten die wichtigsten Startseiten auch in deutscher Sprache vorliegen, von denen aus Links zu den englischen Seiten führen. Auch hier ist es erforderlich, nach jeder Anmeldung zu beobachten, ob der Eintrag richtig platziert wurde und der eingetragene Link auch auf die richtige Seite zeigt. Gegebenenfalls muss man den Eintrag wiederholen oder korrigieren.

Beobachtung

Ist die Anmeldung bei den Suchmaschinen und bei den Internetverzeichnissen erfolgt, beginnt die Phase der regelmäßigen Beobachtung. Das Verhalten von Suchmaschinen bleibt nicht immer gleich, da die Such-Software regelmäßig verändert wird, um Internetseiten für den Suchenden noch präziser aufzufinden. Das kann aber dazu führen, dass die eigenen Seiten nicht mehr so gut platziert sind wie zum Zeitpunkt der ersten Anmeldung.

Ein anderer Grund, warum die eigenen Seiten aus der Liste der Top-Ten fallen, ist, dass natürlich auch weitere Mitbewerber ihre Seiten angemeldet und ihre Stichwortlisten und den Text erfolgreicher gestaltet haben. Daher empfiehlt es sich, Seiten nachzumelden und auch den Inhalt der Seiten weiter zu verbessern.

Damit eine stetige Überwachung der Suchmaschine möglich ist, kann ein Service wie z.B. `http://www.Webposition.com`, in Anspruch genommen werden. Dieser untersucht regelmäßig, wie bestimmte Suchwörter die eigene Seite bei den Suchmaschinen platzieren. Ein solcher Service empfiehlt sich immer, wenn viele Seiten beobachtet werden müssen, etwa größere Produktlisten, deren Platzierung regelmäßig durch die Eingabe von typischen Suchwörtern gefunden werden sollte. Zusätzlich lässt sich auch die Herkunft der Besucher aus einer Logfile-Analyse ermitteln.

6.3.1 Abmeldeprozeduren

Nach einiger Zeit werden einige Internetseiten ihre Aktualität verlieren. Möglicherweise wird das Produkt nicht mehr vertrieben oder die Information wird nicht mehr gepflegt. Dann sollte die Entfernung der Seite aus dem Internet erfolgen. Dieser Rückzug muss allerdings planmäßig ablaufen. Er besteht aus mehreren Schritten. Zuerst findet man heraus, welche Seiten auf das zu entfernende Dokument verweisen. Dies lässt sich leicht mit der Suchmaschine Altavista herausfinden, mit der Abfrage:

```
Link:URL-Adresse der alten Seite.
```

Als Ergebnis liefert Altavista alle Seiten im Internet, die auf dieses Dokument verweisen. Anhand dieser Information können nun alle Links auf den eigenen Seiten entfernt werden. Links von fremden Webservern zu entfernen, ist allerdings nicht möglich. Bei sorgfältiger Pflege der Website sollten daher E-Mails an alle zuständigen Webmaster versendet werden, in denen auf die Veränderung hingewiesen wird. Am besten wird auf ein alternatives Dokument verwiesen, das in Zukunft verknüpft werden soll.

Ist dies erfolgt, kann die Seite vom Server genommen werden und wird jetzt bei der Suchmaschine abgemeldet. Dazu geht über das Menü »Seite anmelden«, in dem die genaue Adresse der bisherigen Seite angegeben wird, die jedoch nicht mehr auf dem Server liegt. Die Suchmaschine wird versuchen, die Seite aus dem Netz zu lesen, stellt fest, dass die Seite mit dem Error 404 (Seite nicht verfügbar) nicht gefunden wurde und entfernt die entsprechende Notiz aus der Datenbank. Dieses Vorgehen ist sehr effizient, da Fremde dadurch nicht in der Lage sind, die Seiten abzumelden, sondern nur der Webmaster, der explizit die Seite aus der Maschine genommen hat.

Das Herausnehmen der Seiten bei Internetverzeichnissen gestaltet sich ähnlich. Allerdings beobachten wir immer wieder, dass die Seite erst nach einiger Zeit wirklich aus dem Verzeichnis genommen wird. Es ist daher erforderlich, nach ein bis zwei Wochen den Test auf die Verlinkung der Seite zu wiederholen. Dazu werden die verschiedenen Internetverzeichnisse nochmals aufgesucht. Weiterhin wird in Altavista

```
Link:URL veraltetes Dokument
```

eingegeben und verfolgt, ob es noch immer Verknüpfungen zum nicht mehr existierenden Dokument gibt. Zeigt sich, dass nur noch wenige Links vorhanden sind, können diese vernachlässigt werden, andernfalls ist es möglich, jetzt eine Seite mit dem Inhalt »Achtung, Seite steht nicht mehr zur Verfügung« zu erstellen. Mit einem Link zur alternativen Seite kann dann gleich auf die neue Seite verwiesen werden.

6.4 Website-Statistik und ihre Interpretation

Sind alle Seiten erstellt und bei den Suchmaschinen angemeldet, treffen hoffentlich die ersten fremden Besucher auf den eigenen Seiten ein. Für die genaue Einschätzung der Bedeutung einer Website und auch zum Optimieren des Inhalts ist es unumgänglich, Statistiken über das Nutzungsverhalten und die Anzahl der Besucher zu erstellen. Dabei muss sich jeder darüber im Klaren sein, dass selbst gute Statistik-Software eine kritische Auswertung, die richtigen Folgerungen und die darauf folgende Umsetzung der Erkenntnis nicht ersetzen kann.

6.4.1 Das Logfile

Jede Webserver-Software protokolliert die Vorgänge beim Zugriff auf den Datenbestand. Dazu werden die Anfragen des Clients (z.B. Browser oder Suchmaschinen) exakt nach Herkunft, Dokumentwunsch, Datum und Uhrzeit sowie abschließender Statusmeldung erfasst.

Die Herkunft wird natürlich nur in Form einer IP-Adresse bekannt, der dahinter stehende Betrachter offenbart sich damit nicht. Häufig findet die Software aber die dazugehörige Domain. Weiterhin verdecken die Proxy-Server häufig die genaue IP-Adresse des Betrachters. So wird für die Abfrage aus T-Online z.B. immer nur ein Proxy als Anfragender erscheinen, die dahinter liegenden ca. 9 Millionen Nutzer erscheinen in keiner Weise. Einige Logfiles enthalten allerdings zusätzliche Informationen über verwendete Browser, Hardware-Plattformen oder auch zurückgesendete Cookies, die dann eine genauere Kundenanalyse ermöglichen.

Ein Ausschnitt aus dem Logfile:

Die Daten erscheinen in der Reihenfolge: Anfragende Domain, – [Datum und Uhrzeit +Zeitzone] »HTTP-Befehl /Angefragte Webseite Protokoll« Status File-Größe »referenzierende Webadresse« »Browserversion [Sprachversion] (Betriebssystem)«

```
212.185.248.214 - - [24/Oct/1999:02:51:45 -0500] »GET /wissen/forschung.html
HTTP/1.0« 200 34814 »http://www.solarserver.de/wissen/wissen.html« »Mozilla/
4.08 [de]C-DT  (Win98; I)«
```

```
212.185.248.214 - - [24/Oct/1999:02:51:49 -0500] » GET /images/geldsm.gif
HTTP/1.0« 304 73 »http://www.solarserver.de/wissen/forschung.html« »Mozilla/
4.08 [de]C-DT  (Win98; I)«
```

Hier tritt die Meldung 304 auf. Das bedeutet, das Dokument wird direkt aus dem Proxy-Server geladen, da es sich seit dem letzten Aufruf nicht verändert hat. Wenn der Status 404 angezeigt wird, bedeutet das, dass die angefragte Seite auf dem Server nicht gefunden wurde. Man sollte nun überprüfen, wie der Fehler zustande kam und ihn umgehend beheben.

```
193.159.127.6 - - [24/Oct/1999:02:52:07 -0500] "GET /branche/firma00086.html
HTTP/1.1" 200 0 "http://www.altavista.com/cgi-bin/
query?pg=q&kl=XX&stype=stext&q=%2Bholz+%2Bpellets" "Mozilla/4.0 (compatible;
MSIE 4.01; Windows NT)"
```

Hier ist genau zu erkennen, wie der Nutzer zu der Seite gefunden hat – nämlich über die Suchmaschine Altavista mit den Suchbegriffen »holz«, kombiniert mit dem Wort »pellets«.

Für jede einzelne Anfrage eines Webobjekts vom Server wird eine separate Log-Zeile gespeichert. Das bedeutet z.B., dass der Abruf einer Seite, bestehend aus dem HTML-Text und 40 Bildern, im Logfile 41 Zeilen Protokoll hinterlässt. Bedenkt man, dass gute Websites einige Hundert oder gar Tausend Besucher pro Tag haben, die häufig mehr als nur eine Seite betrachten, kann man sich das Ausmaß eines solchen Logfiles gut vorstellen.

Die direkte Begutachtung des Logfiles, das übrigens als reines Textfile sehr wohl in einem Editor betrachtet werden kann, ist daher nicht ausreichend. Für Detailanalysen kann es jedoch immer wieder sehr interessant sein, unter welchen Umständen Fehler wie 404, Seite nicht gefunden, auftreten. Hier lässt sich im Logfile meist sehr schnell das Dokument finden, auf dem der fehlerhafte Link lag. Außerdem können Logfiles auch Hinweise darauf geben, wenn Hacker versuchen, in den Webserver einzudringen, etwa durch Aufrufen nicht vorhandener Files oder separater Aktivierung von CGI-Programmen.

Neben der Aufzeichnung der Logfiles im Webserver erfolgt diese Aufzeichnung auch zusätzlich in den Proxy-Servern. Diese erlauben damit eine sehr genaue Analyse der Providerkunden, was allerdings aus datenschutzrechtlichen Gründen nicht ohne entsprechende Anonymisierung analysiert werden darf. Innerhalb eines Unternehmens stehen ebenfalls Proxy-Server mit vergleichbaren Logfiles zur Verfügung, deren Auswertung mit der gleichen Datenschutzproblematik behaftet sind.

6.4.2 Auswertung der Logfiles

Im Alltag wird aber vor allem die automatische, statistische Analyse des Logfiles von Interesse sein. Es lassen sich dabei im Wesentlichen folgende Größen ermitteln:

- ✔ Basiszahlen: Wie viele Besucher sind insgesamt gekommen, wie viele Dokumente wurden ausgegeben
- ✔ Zeitliche Entwicklung: nach Stunden, Tagen, Wochen, Monaten und Jahren
- ✔ Häufig abgerufene Dokumente
- ✔ Wichtigste Herkunftsquellen von Besuchern (Hyperlinks, Suchmaschinen)
- ✔ Suchwörter, Suchbegriffe, die von den Besuchern eingegeben wurden
- ✔ Genutzte Software, Browserfähigkeiten
- ✔ Besuchspfade: Reihenfolge der abgerufenen Seiten

Die hohe Kunst besteht nun darin, aus dem üppigen Datenmaterial das gewünschte auszusortieren. Moderne Auswertungssoftware liefert zumeist mehrere Hundert verschiedene Tabellen, aus denen es gilt, die signifikante Information herauszulesen.

Gesamtzahl der Besucher

Zu den wichtigsten Größen zählt die Besucherzahl. Leider kann diese Größe nicht direkt ermittelt werden, weil viele Besucher scheinbar vom gleichen Rechner kommen. So erscheinen alle T-Online-Nutzer von einer IP-Adresse auf den Server zuzugreifen. Damit die Auswertungssoftware trotzdem unterschiedliche Besuche erkennen kann, geht sie davon aus, dass nach einer Pause von 15 Minuten die Anfrage bei gleicher IP-Adresse von einem anderen Benutzer herrührt.

Störung durch Proxy-Server

Eine andere Ungenauigkeit bei der Bestimmung stellen die Proxy-Server dar, die häufig dem Internetnutzer eine bereits zwischengespeicherte Seite zurückliefern, ohne auf das Originaldokument zurückgegriffen zu haben.

Leider lässt sich das Verhältnis zwischen direkt abgerufenen und zwischengespeicherten Seiten nicht allgemein ermitteln. Dies liegt daran, dass selten besuchte Webseiten nie im Proxy erfolgreich zwischengespeichert werden. Proxys entfernen Dokumente zumeist nach einigen Stunden oder Tagen wieder, wenn sie nicht abgerufen werden. Sehr aktive Webserver werden hingegen nur selten direkt eine Anfrage erhalten, sehr häufig genutzte Webdokumente werden regelmäßig aus dem Proxy-Speicher geholt und somit noch häufiger abgefragt, als es das Logfile vermuten lässt.

6.4.3 Zeitliche Änderung der Besucherzahlen

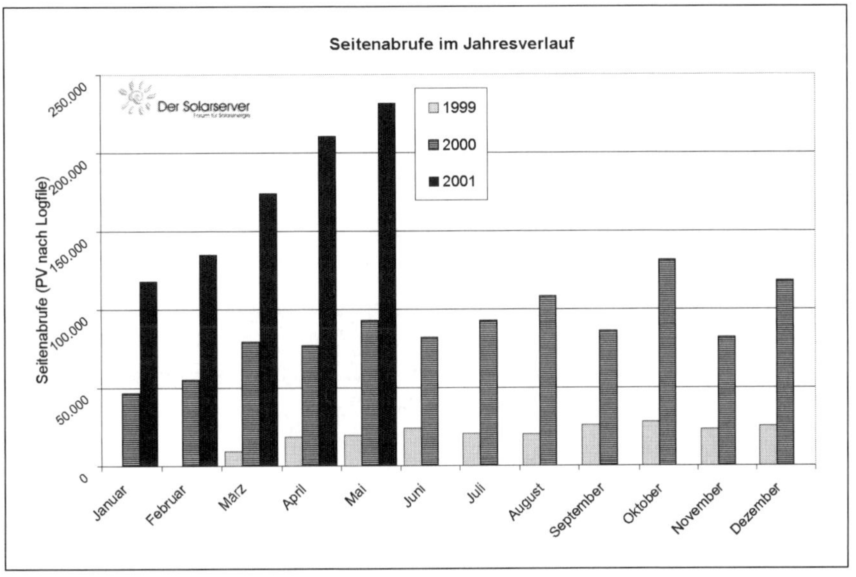

Abbildung 6.9: Eine erfolgreiche Website: Wachstum der Zugriffe innerhalb mehrerer Jahre, gut zu erkennen sind die leichten saisonalen Schwankungen, insbesondere das Sommerloch, und den starken generellen Aufwärtstrend (*http://solarserver.de*)

Die Zahl der Besucher auf einer Website sollte natürlich wachsen. Dies gelingt auch fast allen, die Informationen im Netz präsentieren, allerdings liegt es häufig nur daran, dass es einfach immer mehr Internetnutzer gibt, die immer mehr Zeit im Internet verbringen. Dabei ist dieses natürliche Wachstum mit ca. 5 % im Monat derart hoch, dass sich viele in trügerischer Sicherheit über die Qualität ihres Internetauftritts wiegen.

Zudem ist die monatliche Veränderung in den Besucherzahlen durch eine starke jahreszeitliche Schwankung überlagert. So ist während der Sommermonate Juli, August zumeist deutlich niedrigere Zugriffszahlen (Urlaubszeit) zu beobachten. Aber auch die Semesterferien an den Universitäten verursachen immer noch einen merklichen Besucherrückgang.

Verteilung nach Tageszeit

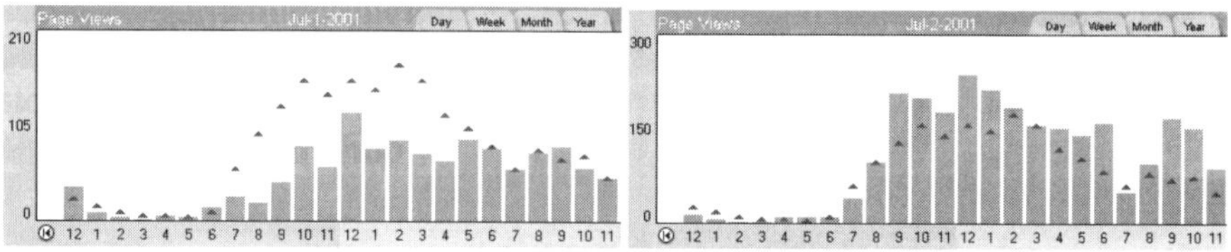

Abbildung 6.10: Der Tagesgang einer Website hängt stark vom Wochentag ab, links der Sonntag, rechts der Montag, bereits um 9 Uhr wird das Web intensiv genutzt (Daten des solarserver.de mit hitbox.com ausgewertet).

Neben der jahreszeitlichen Schwankung sind die Zahlen auch erheblich vom Wochentag und der Tageszeit abhängig. So finden sich während der Arbeitszeit viele Besucher auf Firmenseiten, während am Abend oder Wochenende »Freizeitseiten« besucht werden, übrigens mit der Folge, dass dann auch bessere Browser mit mehr Plug-Ins zum Einsatz kommen, da dies vom heimischen PC aus geschieht.

Herkunft der Besucher

Für die erfolgreiche Entwicklung der Besucherzahl ist es spannend zu sehen, woher die bisherigen User kamen. Die externen Links verursachen zumeist einen erheblichen Besucherstrom. Es ist daher interessant, die zehn wichtigsten Links genauer zu betrachten.

Weiterhin ist es interessant, ob die Zahl der externen Links überhaupt wächst. Zur Optimierung der eigenen Site sollten all jene Seiten, die einen erfolgreichen Link haben, bei den Suchmaschinen angemeldet werden, falls diese dort unbekannt sind. Dadurch wissen zum einen die Suchmaschinen über die vielen Links Bescheid (was die Bewertung verbessert), zum anderen werden im ungünstigsten Fall die Besucher auf diese gut verknüpften Seiten gebracht.

Besuchte Inhalte

Für die Weiterentwicklung des Internetangebots ist es von großer Bedeutung, zu wissen, welche Seiten besonders häufig und intensiv betrachtet werden. Es zeigt sich, dass Seiten, die auf der Homepage sehr weit oben verlinkt sind, häufig auch angeklickt werden. Dies ist weitgehend vom Inhalt der Seite unabhängig! Besonders bei größeren begleitenden Werbekampagnen zu Produkten ist es von Interesse, die Zugriffszahl auf die entsprechenden Seiten zu verfolgen.

Werden bestimmte Angebote ignoriert, so muss hinterfragt werden, ob die entsprechende Information überhaupt zugänglich auf dem Server liegt oder erst durch das Hindurchklicken mehrerer Seiten erreichbar wird. Seiten, die nur sehr kurz betrachtet werden, sind möglicherweise unattraktiv oder bauen sich nicht schnell genug im Browser auf (große Tabellen!).

Rückmeldeformulare

Fast jede Website hat auch ein oder mehrere Rückmeldeformulare. Die statistische Auswertungssoftware zeigt, wie häufig diese Formulare abgerufen werden, aber auch, wie viele Nutzer sie tatsächlich ausfüllen. Möglicherweise sind die Formulare nicht gut gestaltet, wenn dieses Verhältnis nicht stimmt.

Letzte Seite

Der durchschnittliche Internetsurfer verweilt ca. 30 Sekunden auf einer Website, um sie danach über einen Link, nach außen, durch Abschalten des Browsers oder durch Eingeben einer weiteren Internetadresse zu verlassen. Die genaue Analyse der zuletzt betrachteten Seite kann Hinweise auf ungeschicktes Design oder unglücklich gesetzte Links geben.

6.4.4 Dem Logfile auf den Zahn gefühlt

Das Logfile ist eine ideale Quelle, um die Nutzung des Webservers zu analysieren. Im Folgenden soll anhand einiger Beispiele gezeigt werden, was durch geschickte Analyse herausgefunden werden kann. Die allgemeine Analyse der Besucherzahlen erfolgt natürlich mit einer normalen Statistiksoftware. Hier sollen nur Sonderfälle betrachtet werden.

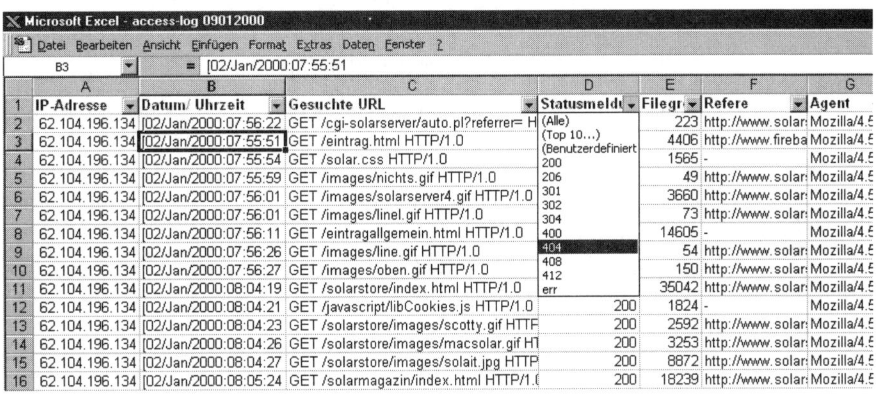

Microsoft Excel - access-log 09012000

Datei Bearbeiten Ansicht Einfügen Format Extras Daten Fenster ?

B3 = [02/Jan/2000:07:55:51

	A	B	C	D	E	F	G
1	IP-Adresse	Datum/ Uhrzeit	Gesuchte URL	Statusmeld	Filegr	Refere	Agent
2	62.104.196.134	[02/Jan/2000:07:56:22	GET /cgi-solarserver/auto.pl?referrer= H	(Alle)	223	http://www.solar	Mozilla/4.5
3	62.104.196.134	[02/Jan/2000:07:55:51	GET /eintrag.html HTTP/1.0	(Top 10...) (Benutzerdefiniert	4406	http://www.fireba	Mozilla/4.5
4	62.104.196.134	[02/Jan/2000:07:55:54	GET /solar.css HTTP/1.0	200	1565	-	Mozilla/4.5
5	62.104.196.134	[02/Jan/2000:07:55:59	GET /images/nichts.gif HTTP/1.0	206	49	http://www.solar	Mozilla/4.5
6	62.104.196.134	[02/Jan/2000:07:56:01	GET /images/solarserver4.gif HTTP/1.0	301 302	3660	http://www.solar	Mozilla/4.5
7	62.104.196.134	[02/Jan/2000:07:56:01	GET /images/linel.gif HTTP/1.0	304	73	http://www.solar	Mozilla/4.5
8	62.104.196.134	[02/Jan/2000:07:56:11	GET /eintragallgemein.html HTTP/1.0	400	14605	-	Mozilla/4.5
9	62.104.196.134	[02/Jan/2000:07:56:26	GET /images/line.gif HTTP/1.0	404	54	http://www.solar	Mozilla/4.5
10	62.104.196.134	[02/Jan/2000:07:56:27	GET /images/oben.gif HTTP/1.0	408 412	150	http://www.solar	Mozilla/4.5
11	62.104.196.134	[02/Jan/2000:08:04:19	GET /solarstore/index.html HTTP/1.0	err	35042	http://www.solar	Mozilla/4.5
12	62.104.196.134	[02/Jan/2000:08:04:21	GET /javascript/libCookies.js HTTP/1.0	200	1824	-	Mozilla/4.5
13	62.104.196.134	[02/Jan/2000:08:04:23	GET /solarstore/images/scotty.gif HTTF	200	2592	http://www.solar	Mozilla/4.5
14	62.104.196.134	[02/Jan/2000:08:04:26	GET /solarstore/images/macsolar.gif HT	200	3253	http://www.solar	Mozilla/4.5
15	62.104.196.134	[02/Jan/2000:08:04:27	GET /solarstore/images/solait.jpg HTTP	200	8872	http://www.solar	Mozilla/4.5
16	62.104.196.134	[02/Jan/2000:08:05:24	GET /solarmagazin/index.html HTTP/1.(	200	18239	http://www.solar	Mozilla/4.5

Abbildung 6.11: Das Logfile kann mit Excel genau analysiert werden.

Damit die Analyse beginnen kann, wird das Logfile am besten in das Tabellenprogramm Excel 97 eingelesen. Beim Import dient als Trennzeichen das Leerzeichen. Danach sollte das Logfile säuberlich in Spalten organisiert als Tabelle erscheinen. Damit die Auswertung etwas leichter fällt, sollte jede Spalte eine Überschrift erhalten, dabei ist Spalte 1 die IP-Adresse des Anfragenden, Spalte 2 enthält Datum und Uhrzeit usw. Bei der Auswertung wird auf die Funktion Daten >Filter >Autofilter zurückgegriffen. Diese Funktion bewirkt, dass in der obersten Zeile der Tabelle in jeder Spalte ein Auswahlmenü steht, das in den Beispielen verwendet wird.

Für die vorgestellten Beispiele ist es notwendig, vollständige Logfiles mit Referee- und Agent-Angabe zu verwenden.

Error 404

Immer, wenn auf dem Webserver ein nichtvorhandenes File gesucht wird, meldet der Server den Fehler 404 zurück und notiert dies auch im Logfile. Um zu sehen, welche Files dies betrifft, wählt man in der Spalte »Statusmeldung« den Inhalt 404. Nun erscheinen nur noch solche Logfile-Zeilen, in denen der Fehler 404 auftrat. In der Spalte »Gesuchte URL« stehen nun alle Files, die angefragt wurden, jedoch nicht auf dem Server lagen.

Häufig befinden sich darunter alte Dokumente, die bewusst vom Server genommen wurden. Hier lohnt nun die Analyse, welche eigenen Dokumente noch darauf verweisen. Dies geschieht am besten dadurch, dass in der Spalte »Referee« nach allen Dokumenten gesucht wird, die den eigenen Domain-Namen enthalten. Die entsprechenden Dokumente müssen dann verbessert werden.

Ist dies durchgeführt, kann untersucht werden, welche fremden Websites auf entsprechende Dokumente verweisen. Dazu filtert man alle Referee, die nicht die eigenen Domain-Namen enthalten und in denen innerhalb des URL kein Gleichheitszeichen auftritt (damit werden die Suchmaschinen ausgeschlossen). Die Eigentümer der entsprechenden Seite sollten per E-Mail informiert werden, dass das entsprechende Zieldokument nicht mehr existiert.

Welche Suchmaschinen besuchen die Website?

Ein sehr einfacher Test, um die Aktivität der Suchmaschinen zu erkennen, besteht darin, nach den abgerufenen robots.txt-Files zu schauen. Dazu filtert man in der Spalte »Gesuchte URL« alle Einträge, die das Wort »robots.txt« enthalten. In der rechten Spalte können dann die Namen der Suchrobots ausgelesen werden. Ist die Spalte leer, sollten die Webseiten dringend bei Suchmaschinen angemeldet werden.

Welche Seiten findet der Suchrobot?

Ist die Website bei einer Suchmaschine angemeldet, erscheint der Robot und liest zunächst das File robots.txt, wie bereits erläutert. Im nächsten Schritt kann nun festgestellt werden, welche Files der spezielle Robot abgeholt hat. Dazu wird in der Spalte »agent« nach den entsprechenden Robotnamen gefiltert, in der Spalte »Gesuchte URL« erscheinen nun alle Dokumente, die der entsprechende Robot eingelesen hat. Fehlen hier wichtige Webseiten, sollte man diese nochmals anmelden oder besser mit der Homepage verlinken.

HINWEIS Damit die einzelnen Filterfunktionen richtig arbeiten, müssen natürlich die anderen nicht zu filternden Spalten immer auf »alle Dokumente anzeigen« gesetzt werden.

6.4.5 Die Verwendung von Zählern

Eine Alternative zum Erfassen der Logfiles ist das Platzieren eines Zählers (Counters) auf den eigenen Seiten. Dieses Verfahren beruht darauf, dass während des Aufrufs der Seite ein zusätzliches Bild vom Counterserver geholt wird. Auf dem Counterserver wird anhand des Aufrufs erkannt, von welcher Webseite die Abfrage erfolgt, und diese Information wird in einer entsprechenden Datenbank gespeichert. Der Webmaster kann auf dem Counterserver jederzeit nachsehen, wie häufig seine Webseite betrachtet wird, manchmal ist diese Information erst nach Eingabe eines Passworts verfügbar.

Der Vorteil dieses Verfahrens liegt in der sehr einfachen Benutzung dieser Dienstleistung, der Webmaster muss lediglich den entsprechenden HTML-Code, der ihm vom Counterserver zugewiesen wird, in die auszuwertenden Webseiten einbauen. Ein weiterer Vorteil liegt in der genaueren Besucherzählung, da das Dokument vom Counterserver normalerweise nicht im Proxy-Server zwischengespeichert wird.

Ein Nachteil dieser Technologie liegt allerdings im etwas höheren Datentransfer für den Besucher, bei ihm muss nämlich das zusätzliche Dokument aus dem Counterserver geladen werden. Außerdem verbinden viele Anbieter von kostenlosen Countern die Einbindung auf der Webseite mit einem Logo des Counterservers.

Zusätzliche Möglichkeiten durch Zähler

Einige Systeme arbeiten mit einem aktiven Perl-Programm und einem Javascript auf der Webseite (z.B. http://www.hitbox.com). Damit wird es möglich, nicht nur die Zahl der Abfragen zu registrieren, sondern eine Vielzahl weiterer Informationen über den Besucher:

- ✔ Verwendeter Browser
- ✔ Verwendetes Betriebssystem
- ✔ Aktivierung von JavaScript
- ✔ Vorhandene Plug-Ins
- ✔ Monitorauflösung
- ✔ Eingestellte Sprache
- ✔ Herkunft der Besucher
- ✔ Letzte besuchte Seite
- ✔ Und alle prinzipiell durch JavaScript abfragbaren Größen

Die Technologie von JavaScript bietet hier den zusätzlichen Vorteil, dass auch Besucher, die die entsprechende Seite aus dem Cache betrachten, diesen Vorgang an den Counterserver mitteilen. Eine Analyse der Besucher auf dem Solarserver hat ergeben, dass ca. 50 % der Pageviews nicht vom klassischen Logfile erfasst werden. Dieser Wert kann allerdings nicht verallgemeinert auf andere Websites angewandt werden, da sehr häufig besuchte Seiten sicher überproportional in Proxy-Servern liegen und somit im Java-Counter noch wesentlich höhere Ergebnisse liefern.

Eine weitere Alternative zu den Zählern liefert das Auswerteverfahren von IVW (Informationsgemeinschaft zur Feststellung der Verbreitung von Werbeträgern e.V.). Dieses Verfahren nutzt ebenfalls ein kleines Dokument, in Form einer unsichtbaren Minigrafik von 43 Byte, die auf der zu zählenden Seite platziert wird. Die Auswertung erfolgt neutral von IVW und kann von jedem eingesehen werden (*http://www.ivw.de*). Das Verfahren ist sehr objektiv, jedoch für den Betreiber der Website nicht kostenlos, die Gebühren können auf der Website von IVW nachgeschlagen werden.

Interpretation der Statistiken

Wie jede Statistik ist auch die Auswertung der Logfiles oder der Zählerergebnisse mit großer Vorsicht zu genießen. Dies liegt zum einen an der technischen Unzulänglichkeit des Zählverfahrens (Proxy, wiederholtes Betrachten der Dokumente ohne Internetverbindung, Ausdrucken der Webseiten). Viele Statistiken erscheinen zudem geschönt, da das Abrufen der Dokumente durch Suchmaschinen und auch der Abruf der Dokumente durch den Webmaster oder eigene Mitarbeiter mitgezählt werden und die Gesamtzahl damit in die Höhe treiben. Bei sorgfältiger Nutzung von Statistikprogrammen können diese Fehler alle aussortiert werden, dazu muss z.B. regelmäßig die Liste der aktiven Suchrobots im Auswerteprogramm eingetragen werden.

Herkunft der Besucher

Im Logfile wird die IP-Adresse des Besuchers oder dessen Domain-Name registriert. In der Praxis ist es besser, wenn nur die IP-Adresse im Logfile aufgezeichnet wird, weil es dann für den Webserver nicht notwendig ist, bei jeder Anfrage den Domain-Namen zeitaufwändig zu bestimmen. Die dazugehörigen Domain-Namen können während der Auswertung des Logfiles wesentlich effizienter aus einer Domain-Datenbank abgerufen werden. Die geringfügigen Fehler, die durch Änderungen entstehen, sind zu vernachlässigen. Mit den ermittelten Domain-Namen kann auf das Herkunftsland und den verwendeten Internetzugang des Besuchers geschlossen werden, etwa Universität, Firma, Privatzugang.

Referer[1] - zuletzt besuchte Seite

Logfiles können auch den zuletzt besuchten URL eines Internetnutzers aufzeichnen, im Http-Protokoll als »referer« bezeichnet. Damit ist es den Statistik-Programmen möglich, genau auf jene Dokumente zu schließen, die einen Link zu den eigenen Dokumenten besitzen. Daneben können die Suchmaschinen-Eingaben mit Suchwörtern, die zum Auffinden der eigenen Seiten geführt

1. Irrtümlicherweise wird das englische Wort »referrer« (Referenz, Quellenangabe) im Http-Protokoll mit »referer« implementiert.

haben, erkannt werden. Für den Webmaster sind diese Informationen äußerst wertvoll, denn sie zeigen, wie groß die Zahl der Links auf die eigenen Dokumente ist, und insbesondere kann durch Analyse der entsprechenden referierenden Dokumente erkannt werden, welche Themen für andere Webautoren auf dem eigenen Server relevant erscheinen. Sind im Internet Banner geschaltet, kann hier auch objektiv erkannt werden, wie häufig die entsprechenden Banner angeklickt werden. Sind mehrere verschiedene Banner im Einsatz, lässt sich leicht erkennen, welche die erfolgreichen sind.

Die Analyse der Suchwörter in Suchmaschinen kann sehr rasch zeigen, ob die Suchwörter, unter denen die Site gefunden wird, den Intentionen der Webautoren entsprechen. Häufig ziehen einige Wörter auf den eigenen Seiten wesentlich mehr Publikum an, als vermutet, da sie entweder besonders prominent auf den Dokumenten erscheinen oder kaum Konkurrenz im Internet haben.

Bei der Auswertung mit Zählern ist es häufig auch möglich, weitere referenzierende Quellen wie E-Mails, Newsgroups, in denen ein referenzierender Link stand, oder Bookmarks zu erkennen.

KAPITEL 7

7 Marketing mit Internet

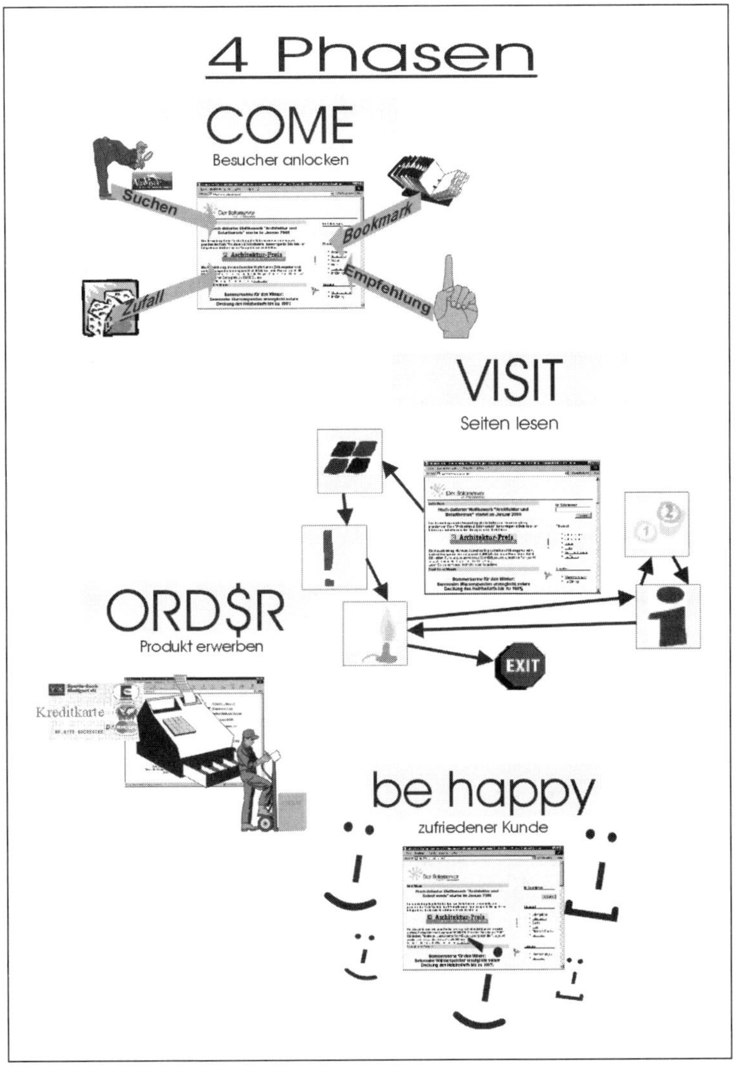

Abbildung 7.1: Der Leitfaden für das erfolgreiche Internetmarketing soll das Vierphasenmodell »come – visit – order – be happy« sein. Damit wird der Weg vom Besuch einer Internetseite bis zum zufriedenen Kunden, der wiederkehrt, beschrieben. Jeder der Schritte hat im Internet seine speziellen Chancen und Probleme, da das Medium wenig Ähnlichkeit mit den klassischen Marketingkanälen zeigt.

In den folgenden Abschnitten sollen internetspezifische Marketing- und Präsentationsstechniken besprochen werden. Wichtig für den erfolgreichen Vertrieb eines Produkts ist ein Marketingkonzept, das sich nicht nur auf ein Medium stützt, sondern auf die Kombination vieler Anwendungsbereiche. Internet ist daher nur als Teil eines umfangreichen Marketingplans zu verstehen. Von Bedeutung ist auch die Abstimmung zwischen konventionellem und Internet-Marketing, was hier nur am Rande angesprochen werden kann.

7.1 Come – Benutzer anlocken

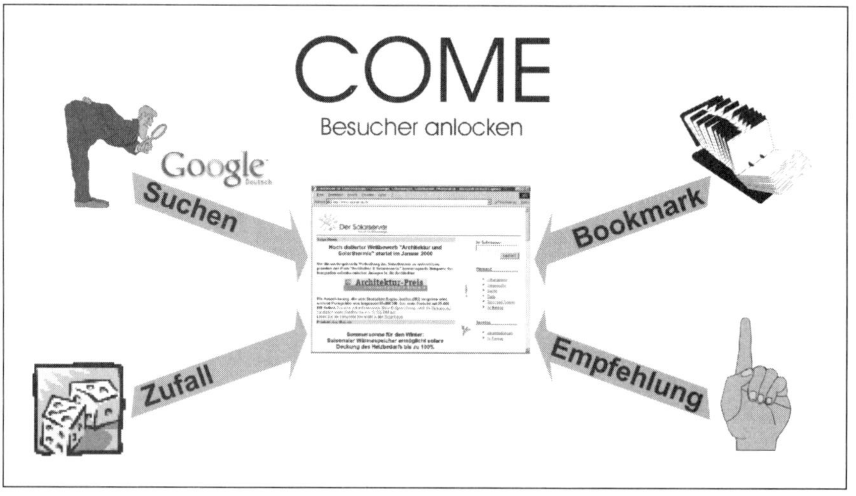

Abbildung 7.2: Die schönste Internetseite wird nur durch gute Verankerung im Internet viele Besucher gewinnen. Diese können über Suchmaschinen, Empfehlungen, eigene Bookmarks oder auch rein zufällig über Links zur Website gelangen.

Die technisch und grafisch beste Website hilft wenig, wenn sie niemand besucht. Anders als in klassischen Werbemedien, in denen mit festen Auflage- oder Einschaltzahlen kalkuliert werden kann, muss der Webmaster selbst für ausreichenden Zulauf zu den Informationen seiner Site sorgen. Dazu soll im Folgenden betrachtet werden, welche Pfade die Internetbenutzer zu einer Website führen und wie durch geschickte Präsentation und begleitende Maßnahmen die Besucherzahlen maximiert werden.

7.1.1 Benutzerverhalten

Die Analyse von Proxy-Files ermöglicht ein gutes Verständnis für das Verhalten von Internetbenutzern. Dabei zeigt sich, dass die Startseite der meisten Nutzer auf die Homepage der großen Internetsoftwarehäuser Microsoft und Netscape deutet. Nicht weniger als 10 % des gesamten Webdatentransfers werden durch diese Einstellungen generiert.

Die Firma Netscape hat dieses Phänomen erkannt und bietet auf ihrer Homepage vielfältige Informationen und die Möglichkeit, dort Werbung zu platzieren.

Ein weiteres, sehr beliebtes Ziel sind die Suchmaschinen. Sie bieten die Möglichkeit, schwer auffindbare Informationen im Internet automatisch durch Eingabe weniger Stichwörter zugänglich zu machen.

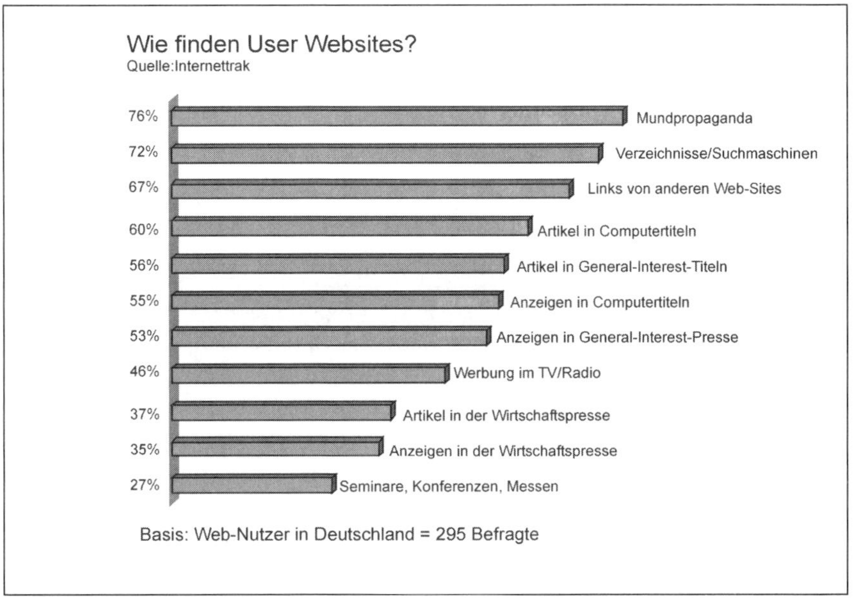

Abbildung 7.3: Wie finden die deutschen Internetbenutzer eine Webseite? Den größten Einfluss auf die abgerufene Information hat noch immer die Mundpropaganda, dicht gefolgt von den Suchmaschinen, denen über 70 % vertrauen. Neben der großen Bedeutung vieler Links spielen Anzeigen in der Presse für über 50 % der Teilnehmer eine wichtige Rolle, wenn sie Informationen suchen. Die Präsentation einer Internetadresse auf Messen und Konferenzen erscheint mit 27 % unbedeutend, kann aber gezielt das Fachpublikum erreichen.

Die klassischen Medien mit ihren Parallelangeboten im Internet sind aufgrund ihrer hohen Bekanntheit und der Möglichkeit, ausführlich auf ihr Internetangebot hinzuweisen, ebenfalls beliebte Besuchsziele.

7.2 Positionierung in den Suchmaschinen

Etwa 50 % der Nutzer finden ihre gewünschte Information im Internet durch Anfrage bei Suchmaschinen. Es kann daher nicht oft genug betont werden, von welch entscheidender Bedeutung eine sehr gute Platzierung in diesen Internetverzeichnissen ist. Man kann eben nicht wie in einem Branchenbuch durch Bezahlung entsprechender Gebühren eine gute Platzierung buchen, sondern man muss durch geschickte Gestaltung der Webseite und kluge Nutzung der

Suchalgorithmen eine Top-Ten-Platzierung in den Suchmaschinen erreichen. Gelingt dies, kann man sicher sein, dass die eigene Website gut besucht wird.

Nach welchen Kriterien platzieren Suchmaschinen eine Website weit oben?

Leider gibt es keine einfache Regel, die für alle Suchmaschinen gültig ist. Es ist vielmehr so, dass eine Seite, die nach allen Kriterien optimiert ist, möglicherweise nur bei einigen Maschinen gut platziert ist, andere hingegen nur mittelmäßige Positionen einräumen.

Das wichtigste Element ist der Titel einer Internetseite. Dieser muss daher sorgfältigst ausgewählt werden. Der beliebte Titel: »Herzlich willkommen auf meiner Homepage« lockt offensichtlich nur Besucher, die nach »herzlich« und dem Stichwort »Willkommen« suchen. Außerdem muss man diesen Titel mit etwa 10 % aller Webseiten teilen, eine gute Platzierung wird damit nie gelingen.

Vielmehr sollte der Titel jene fünf bis zehn Stichwörter enthalten, von denen man vermuten darf, dass sie so von potenziellen Interessenten eingegeben werden. Eine Buchhandlung könnte etwa folgenden Titel für ihre Homepage wählen: Bücher günstig bestellen und kaufen – Buchhandlung »buchegal«. Da Bücherfreunde vermutlich mit folgenden Stichworteingaben arbeiten: »Bücher, bestellen« oder »Bücher, Buchhandlung, günstig«, besteht gute Aussicht auf Erfolg. Die Suchmaschine sieht, dass mehrere Wörter bereits im Titel übereinstimmen, und wird entsprechend diese Seite bevorzugen. In der anschließend erscheinenden Auflistung der Suchmaschine, die aus Titel und Beschreibung (Description) besteht, wirkt der obige Titel attraktiv und gut verständlich.

Der nächste entscheidende Punkt für eine gute Platzierung ist die Konsistenz zwischen Seiteninhalt und dem zuvor erwähnten Titel. Findet man etwa im Seitentext keinerlei direkten oder indirekten Bezug zum Titel, so wird auch die Suchmaschine die Seite ignorieren, da die Software der meisten Suchmaschinen versucht, nur Dokumente, die inhaltlich konsistent sind, zu berücksichtigen. In der Realität gibt es genügend Internetseiten, auf denen nahezu überhaupt kein Text steht, sondern viele Bilder oder JavaScript mit eingebaut sind. Die Suchmaschinen können Texte, die in Bildern erscheinen, nicht direkt lesen. Eine gewisse Abhilfe schaffen Bild-Ersatztexte, die von manchen Suchmaschinen berücksichtigt werden.

Besser ist es, die Dokumente nicht nur mit Text zu versehen, sondern auch entsprechend zu formatieren und wichtige Stichwörter in die Überschriften einzubauen.

Vielfach stellt sich natürlich die Frage, welche Wörter wird mein Besucher wählen, um meine Internetseite zu finden? Eine gute Möglichkeit liefert die Suchmaschine Altavista mit der Funktion »Refine«, die damit alle Stichwörter im Umfeld eines Themas liefert.

Beispiel: Sucht man etwa nach Solarenergie, so gibt man das Stichwort »Solarenergie« in die Suchmaschine ein und aktiviert nach einer ersten Suche den »Refine«-Button. Damit werden alle Stichwörter nach Themenbereichen aufgelistet. Der Autor des Webseiten-Textes muss nur noch darauf achten, dass die ihm sinnvoll erscheinenden Begriffe in seinem Seitentext auftauchen.

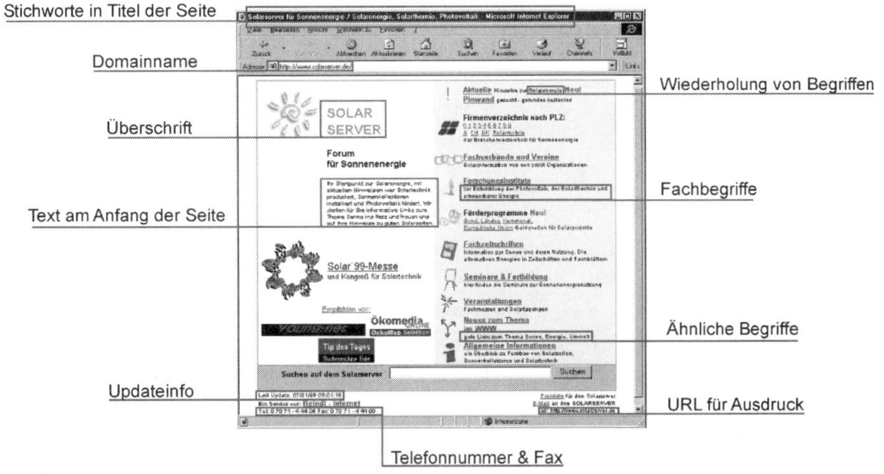

Abbildung 7.4: Der Text auf der Homepage des Solarservers wurde gezielt so designed, dass eine Suchmaschine die Seite bevorzugt, wenn mehrere Begriffe aus dem Bereich der Sonnenenergienutzung eingegeben werden. Auf der Homepage erscheinen bereits im Seitentitel wichtige Stichwörter zur Sonnenenergie. Diese und verwandte Begriffe wiederholen sich im Domain-Namen und in Überschriften. In der linken Spalte, die von der Suchmaschine zuerst gelesen wird, steht ein Text mit vielen Begriffen aus dem Solarbereich, nach denen häufig gesucht wird. Viele weitere Fachbegriffe tauchen im erklärenden Text der Links auf. Werden Begriffe aus dem Solarbereich in die Suchmaschine Google eingegeben, liegt der Solarserver immer unter den ersten zehn Hits!

Meta-Tags

Neben dem direkt sichtbaren Inhalt einer Seite können zusätzliche Informationen über ein Dokument in die Meta-Tags für den Benutzer eingefügt werden. Die Suchmaschinen berücksichtigen vor allem die Kategorie »Description«, deren Inhalt im Suchergebnis aufgeführt wird, und die Kategorie »Keywords«, deren Wörter bei der Positionierung berücksichtigt werden.

Daneben besteht die »Classification«, die zum Einordnen in konkrete Webverzeichnisse dient. Ihre Wirksamkeit ist jedoch fraglich, da nahezu jedes Verzeichnis andere Katalogkategorien verwendet, die außerdem noch manuell abgefragt werden.

Was Suchmaschinen noch beachten

Zumeist wird der Domain-Name oder auch der Inhalt des gesamten URL für die Positionierung genutzt. Wichtig ist deshalb, dass der Domain-Name gut gewählt wird, da er bei der Positionierung häufig eine dominierende Rolle spielt.

Beispiel: *www.buchhandlung.de* wird sicher leichter als Buchhandlung von der Suchmaschine gefunden als *www.0815online.de.* Wettbewerbsrechtlich sind daher diese Gattungsbegriffe zurzeit sehr umstritten.

Die Bedeutung einer Website lässt sich am besten über die Zahl der Links, die auf sie weisen, einschätzen. Diese Erkenntnis nutzen Suchmaschinen bei der Platzierung. Das bedeutet, dass eine einsame Homepage, auf die niemand verweist, keine gute Platzierung erhält, auch wenn ihre Wörter noch so geschickt gewählt wurden und der Wettbewerb hart ist.

Keine Internetseite hat von Anfang an viele Links, sondern wird diese erst im Laufe der Zeit erhalten. Das bedeutet zum einen, dass ein frühzeitiger Einstieg ins Internet Vorteile verschafft, denn geduldiges Warten bringt nahezu immer Links. Wichtiger ist es jedoch, gezielt die Zahl der Verweise auf die neue Seite zu fördern. Ein erster Schritt ist dabei das Eintragen der Seite in alle geeigneten Verzeichnisse, die thematisch passen. Weiterhin können Zulieferer, Kunden, Vereine etc. um Verweise auf ihre jeweiligen Seiten gebeten werden. In der Startphase macht es sicherlich Sinn, dafür auch finanzielle Aufwändungen in Kauf zu nehmen. Ist eine Website bekannt, kommen weitere zahlreiche Links fast von selbst, wenn die Seite gut gestaltet ist.

Wann ignorieren Suchmaschinen Webseiten?

Selbst leistungsfähige Suchmaschinen können beim Durchlesen großer Internetdomains nur einer bestimmten Zahl von Links folgen. Zumeist werden die ersten drei Ebenen einer Domain berücksichtigt. Daher sollte man tunlichst alle wesentlichen Seiten auf dem Server durch einen Link mit der Homepage verknüpfen.

Ein besonderes Problem stellen die Domains der großen Internetdienstleister wie T-Online dar, da Suchmaschinen häufig nur bereit sind, eine endliche Zahl von Seiten pro Domain zu berücksichtigen. Besitzt man also die 250.000ste Homepage bei einem solchen Dienstleister, besteht die Gefahr, dass sie von einigen Suchmaschinen nicht berücksichtigt wird.

Es bleibt anzumerken, dass sich die Betreiber von Suchverzeichnissen das Recht nehmen, bestimmte Seiten nicht aufzunehmen, wenn z.B. offensichtlich Suchtechniken ausgetrickst werden sollen. So ignoriert Altavista Seiten, bei denen Keywords mehrfach wiederholt werden oder völlig unzutreffende, inkonsistente Keywords Verwendung finden. Hier gilt die Regel: Ehrlich währt am längsten.

7.3 Das spezielle Tool »Alexa«

Alexa, ein Wort, das sich an die große Bibliothek des Altertums in Alexandria anlehnt, bezeichnet eine Website, die mehrere Serviceleistungen zum Bestimmen verwandter Webseiten bereithält. Der Benutzer des Alexa-Tools, das in dem

Netscape- oder Microsoft-Browser eingebunden werden kann, erfährt über jede Seite, die er betrachtet, verschiedene Hintergrundinformationen.

Die Software findet sich unter *http://www.alexa.com.*

7.3.1 Positionierung innerhalb der globalen Webgemeinde

Da bei jedem Aufruf einer Webseite bei Benutzung des Tools eine kurze Meldung an den zentralen Server von Alexa geht, kann die relative Häufigkeit der Seitenabrufe bestimmt werden. So benutzen einige Millionen User weltweit das Tool und damit erhalten die Daten eine statistisch brauchbare Aussagekraft. Allerdings ist das Tool in Deutschland wenig verbreitet, so dass die Bedeutung deutschsprachiger Websites zumeist unterschätzt wird und nur die relative Positionierung zu vergleichbaren deutschsprachigen Seiten von Interesse ist.

7.3.2 Betreiber der Website

Da bei Alexa die Daten der verschiedenen Domain-Registrierungsagenturen hinterlegt sind, kann für die aufgerufene Domain der jeweilige Eigentümer mit Anschrift und Telefonnummer angezeigt werden. Dies ist manchmal hilfreich, um den wahren Betreiber einer Site zu kennen. Allerdings sind die Domain-Datenbanken nicht immer auf dem aktuellsten Stand, so dass im Zweifelsfall auf die Originalbestände der Registrierungsagenturen zurückgegriffen werden muss.

7.3.3 Archivfunktion

Falls das aufgerufene Dokument nicht mehr vorhanden ist (Error 404), liefert das Werkzeug Alexa die letzte archivierte Version zurück und man erhält zumindest einen Eindruck, welches Dokument erscheinen sollte. Dafür hat Alexa ein komplettes Backup des Internets aufgezeichnet, das alle Seiten aufzeichnet, die einmal von einem Alexa-Nutzer aufgerufen wurden oder vom entsprechenden Webmaster bei Alexa angemeldet wurden.

HINWEIS Diese Datenbestände werden regelmäßig an die Library of Congress in Washington übergeben.

7.3.4 Ähnliche Websites

Durch die Aufzeichnung des Userverhaltens mehrerer Millionen Internetanwender kann Alexa analysieren, welche Seiten häufig im gleichen Zusammenhang aufgerufen werden. Damit ist es möglich, bei Aufruf einer bestimmten Seite von Alexa die zehn ähnlichsten Websites angezeigt zu bekommen. Es zeigt sich tatsächlich, dass die aufgeführten Domains häufig verblüffend genau zum gleichen Thema Informationen liefern. Dies kann auch dazu genutzt werden, die eigenen Mitbewerber dadurch kennen zu lernen, dass man die eigene Website aufruft und die zehn angezeigten ähnlichen Sites analysiert, insbesondere erfährt man dann relativ genau, wie gut platziert die Mitbewerber auf der globalen Ranking-Liste sind.

HINWEIS Das System Alexa verfolgt zwar den einzelnen Benutzer, kennt aber nicht dessen Personendaten, womit es sich um eine anonymisierte und damit legale Erfassung von Nutzerverhalten handelt, dem der Alexa-Nutzer auch direkt zugestimmt hat.

7.3.5 Empfehlungen und Bannerwerbung

Viele Werbeaktionen erfordern rasche Bekanntmachung eines Produkts durch Nutzung vieler Medien. Dies gelingt im Internet am schnellsten durch Schaltung von Bannerwerbung. Das sind kleine Grafiken mit einer Verknüpfung zur Homepage, die auf viel besuchten Webseiten geschaltet werden.

Es gibt genormte Bannergrößen im Internet. Hier die gängigsten Formate:

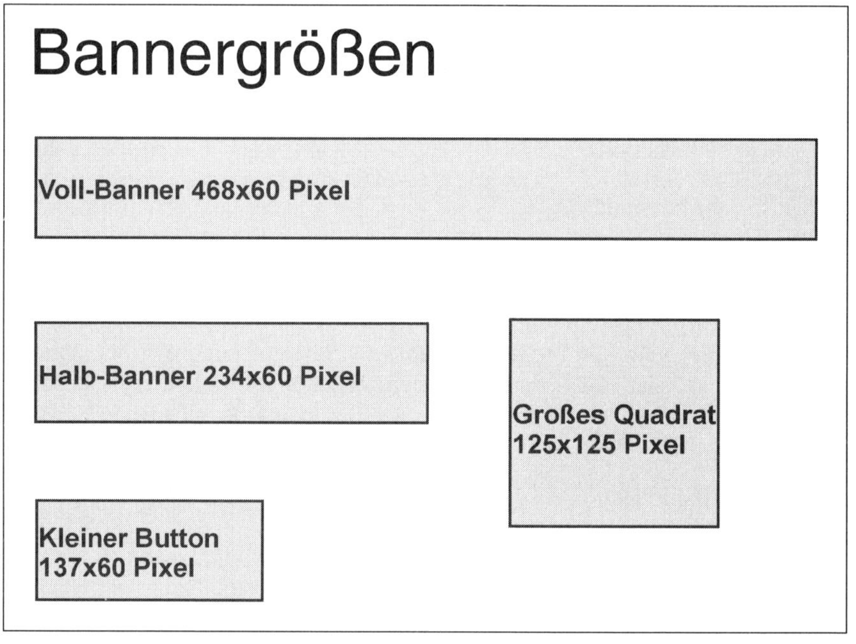

Abbildung 7.5: In Deutschland sind auch die Bannergrößen wie so vieles genormt. Dies ist allerdings sehr sinnvoll, denn dadurch genügt es, das Bannerdesign nur einmal zu erstellen, und es ist nicht nötig, für jede neue Website ein neues zu entwerfen.

Die Platzierung von Bannern sollte dabei natürlich auf Internetseiten erfolgen, auf denen man das gesuchte Zielpublikum vermutet. Bewirbt man etwa Bücher, liegt auf Informationsseiten zu literarischen Themen sicher der richtige Platz für die Werbeschaltung.

Untersuchungen haben aber gezeigt, dass das Besuchsverhalten auf den verschiedenen Internetmedienseiten oft sehr stark von der klassischen Printausgabe abweicht. Daher ist bei der Auswahl viel gesunder Menschenverstand gefragt.

Gestaltung von Werbebannern

Werbebanner sind kleine Bildchen, die nach völlig anderen Gestaltungsprinzipien erstellt werden als vergleichbare Anzeigen in Printmedien. Zunächst muss entschieden werden, ob die Darstellung nur das Produkt erwähnen will oder ob auch ein Anklicken der Anzeige gewünscht wird. Dies spielt für die Positionierung in der Zielseite eine Rolle. Aufgrund der geringen Auflösung und kleinen Fläche können nur wenige Schlagworte auf dem Banner erscheinen, die Verwendung eines größeren Bildes ist zumeist nicht sinnvoll. Interessant ist die Animationsmöglichkeit. Wird das Banner als Animated GIF präsentiert, können auf der Bannerfläche mehrere Bilder abwechselnd angezeigt werden. Dies ermöglicht viele interessante Effekte (Überblenden, Bewegen, Scharfstellen). Es muss allerdings immer darauf geachtet werden, dass die Datenmenge und damit die Wartezeit für den Besucher erträglich bleibt, mehr als 15 Kbyte sollten nicht verwendet werden.

Hier einige Beispiele:

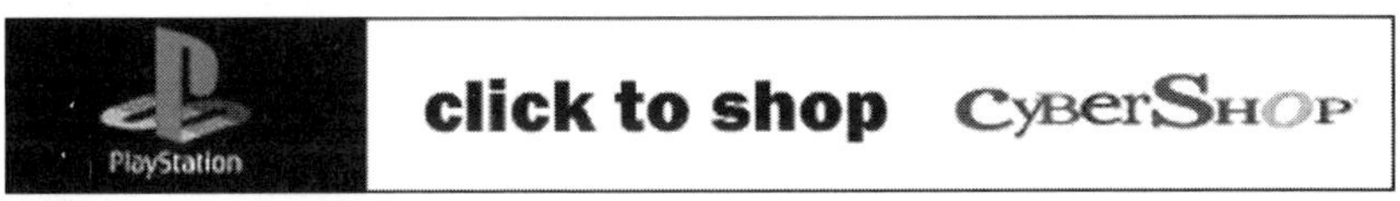

Abbildung 7.6: Das Logo und eine klare Aufforderung, das Banner anzuklicken. Schwarze Schrift auf weißem Grund ist am einfachsten zu lesen.

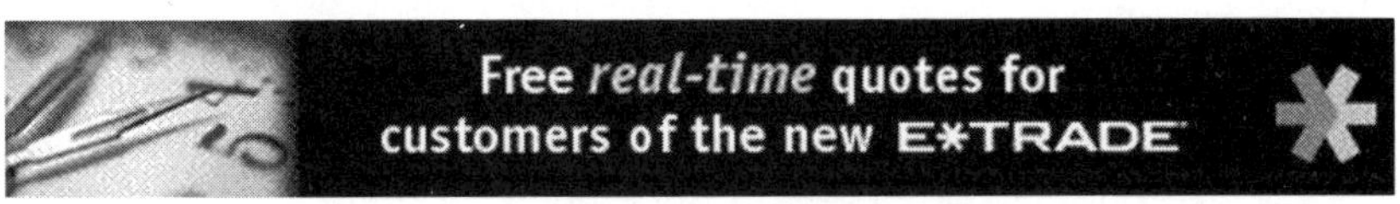

Abbildung 7.7: Der Ausschnitt aus einem größeren Bild, einer tickenden Uhr mit der Assoziation »Klicken« und das Angebot, kostenlos etwas zu erhalten, machen dieses Banner attraktiv.

Abbildung 7.8: Ein Minibanner, nur zwei klein geschriebene Wörter und ein einfaches Symbol haben hier Platz.

Abbildung 7.9: Ein typisches Beispiel eines Windows-Mimikry-Banners. Die Taste »Play« verlockt zum Anklicken, obwohl das Layout englisch ist, ist Germany markiert! Dieses Paradoxon macht zusätzlich neugierig.

Abbildung 7.10: Ein Mimikry-Banner, das für Banner wirbt. Diesmal hat man scheinbar eine Auswahl, sobald jedoch das vermeintliche Menü angeklickt wird, erfährt man mehr über die Bannerwerbung.

Will man den Betrachter zum Anklicken des Banners bringen, haben sich Grafiken, die sich an typische Windows-Schaltflächen anlehnen, als außerordentlich erfolgreich etabliert. Klickraten von über 10 % können erreicht werden. Das Banner sollte dann möglichst im oberen oder rechten Bereich des Browserfensters erscheinen, da erfahrungsgemäß dort der Mauszeiger des Benutzers eher verweilt.

Im Internet findet man zahlreiche Banner, die durch trickreiche Gestaltung oder Werbeaussagen wie »Dies ist umsonst«, erotische Andeutungen etc. Besucher anzulocken versuchen. Davon ist jedoch abzuraten, da eine hohe Klickrate mit einer hohen Benutzerfrustration einhergeht und der Ruf einer Internetpräsentation damit dauerhaft geschädigt wird.

7.3.6 Empfehlung der Website

Im Internet gibt es zahlreiche Suchmaschinen und Verzeichnisse, in denen regelmäßig Empfehlungen zu guten Internetpräsentationen ausgesprochen werden. Damit die eigenen Seiten dort erscheinen, ist neben der Qualität die Bekanntgabe der eigenen Site bei den entsprechenden Redaktionen entscheidend. Denn nur bekannte Seiten können natürlich prämiert oder zumindest empfohlen werden. Dies gilt auch für die Bekanntgabe der Internetadresse in Printmedien, deren Bedeutung im breiten Publikum erheblich ist, etwa Zeitschriften wie »online today«, »Computerbild« etc.

7.3.7 Bookmarks

Die meisten Internetbenutzer verwenden die Funktion Bookmark oder Favoriten auf ihrem Browser, um sich interessante Seiten zu merken. Dies führt dazu, dass die Benutzer einen großen Teil ihrer Webseiten über die Bookmark-Funktion finden. Daher sollte alles unternommen werden, dem Benutzer das Setzen einer Bookmark zu erleichtern.

Interessante und für den Anwender nützliche Seiten haben sicherlich Vorrang vor reinen Imagebroschüren. Welche Funktionen konkret in den Webauftritt eingebaut werden, ist natürlich individuell abhängig. So kann ein Landkartenverlag eine Online-Software mit Routenplaner anbieten, ein Computerbuchverlag Shareware und Updates oder ausgeklügelte Bestellsysteme. Wichtig ist die technische Möglichkeit einer Bookmark. Frame-Seiten lassen sich nur bedingt mit Bookmarks vermerken, siehe Kapitel 4, Frames.

Unsere Erfahrung hat gezeigt, dass selbst nach ein oder zwei Jahren viele Besucher nur aufgrund ihrer Bookmarks wieder auf unseren Seiten erschienen. Daneben werden Bookmark-Listen im Internet veröffentlicht, was den Bekanntheitsgrad einer Website zusätzlich erhöht. Wichtig ist allerdings das Beibehalten gleicher Internetadressen über Jahre hinweg, damit der Benutzer nicht vor einer Fehlermeldung 404, Seite nicht vorhanden, steht.

7.4 Visit – Besucher durch Webseiten leiten

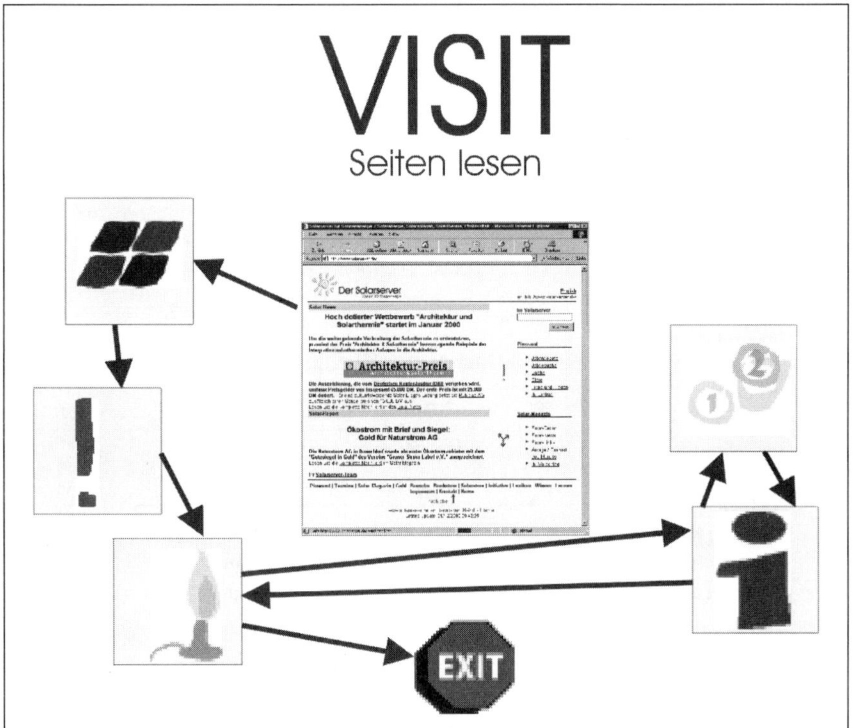

Abbildung 7.11: Eine ansprechende Gestaltung motiviert zu einem längeren Besuch der Website. Moderne Analyseprogramme erlauben es, die Standardwege nachzuzeichnen, insbesondere festzustellen, nach welcher Seite die Website verlassen wird.

Ist es durch die gute Einbindung der Website gelungen, einen Besucher anzulocken, so stellt sich nun die Aufgabe, den Besuch so angenehm und effizient wie möglich zu gestalten. Der erste Eindruck der Website entscheidet, ob ein längeres Verweilen zustande kommt.

Zunächst muss gewährleistet sein, dass überhaupt eine Internetseite erscheint. Leider kommt es immer noch vor, dass Server ausfallen, neue Domain-Namen nicht richtig verlinkt werden oder keine Default-Seiten vorhanden sind. Neben diesen technischen Problemen muss aber auch ein schneller Seitenaufbau gewährleistet sein. Die Seite muss dem Besucher rasch »Lesefutter« liefern, so dass nicht erst nach ein bis zwei Minuten ein größeres Bild erscheint. Hierzu gibt es verschiedene Möglichkeiten, um die Seite zu beschleunigen. Die einfachste ist, dass im Anfangsbereich der Seite etwas Text steht, der nicht in eine Tabelle eingebunden ist. Soll auf der Startseite ein großes Bild erscheinen, muss dieses in kleine Teilbilder zerlegt werden, die dann nach und nach erscheinen. Auch dies macht den Besucher neugierig und verkürzt die Wartezeit.

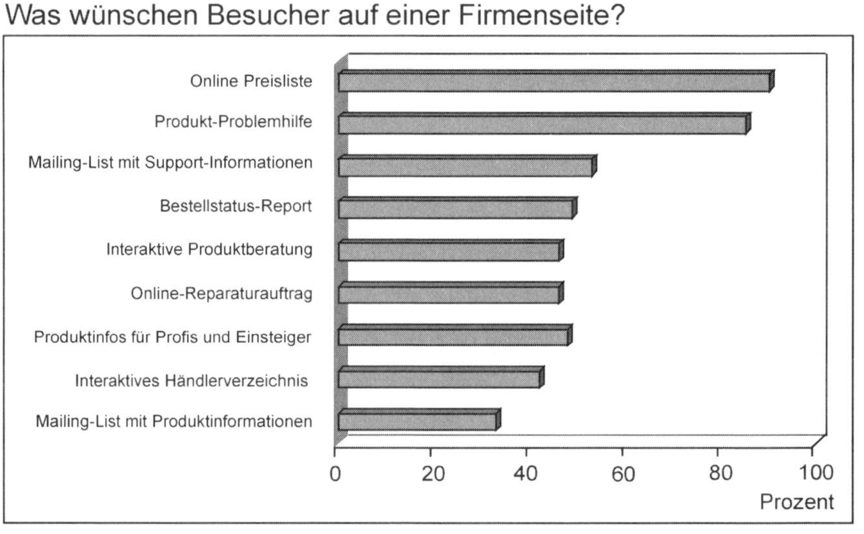

Abbildung 7.12: Obwohl es vielen Verkaufsleitern große Kopfschmerzen verursacht, wünschen sich 90 % aller Besucher eine Online-Preisliste. An zweiter Stelle liegen Serviceleistungen wie Problemhilfe und Support.

Im Folgenden ist es wichtig, dass der Besucher rasch erkennt, welche Produkte und Informationen auf diesem Server zu finden sind. Dabei muss sich der Autor in die Perspektive des Kunden hineinversetzen und die wesentlichen Wünsche und Gründe für den Besuch genau dieser Website erkennen. Kaum jemand will zuerst eine lange Firmengeschichte lesen, bevor er ein bestimmtes technisches Produkt bestellen kann, oder sich durch mehrere Bildschirmseiten arbeiten, bis eine einfache Anfrage formuliert werden kann.

7.4.1 Navigation innerhalb der Website

Unter Navigation in Informationssystemen versteht man die Verknüpfung der Einzeldokumente durch ein geeignetes System der Benutzerführung. Dies kann durch Tastatureingabe oder Mausklick auf bestimmte Symbole erfolgen.

Es gibt keine einheitlichen Vorgaben für Navigationsschemata im World Wide Web im Gegensatz zu anderen Textsystemen wie BTX oder Gopher. Daher bleibt es die Aufgabe des Webmasters, dem Benutzer ein möglichst leicht verständliches System von Verknüpfungen zwischen den Angebotsseiten zu präsentieren. Hier muss der Grundsatz lauten: Keep it small and simple (KISS). Kein Benutzer möchte zuerst eine Einführung in das Navigationssystem über sich ergehen lassen.

Jeder Link sollte zuerst als solcher sichtbar sein, d.h. in der Standardfarbe eines Internetlinks: blaue Schrift auf weißem Grund mit Unterstrich. Bei Verwendung von anderen Farben sollte zumindest das Farbschema auf allen Seiten einheitlich sein.

Werden Grafiken für Verknüpfungen benutzt, sollen sie einfach gestaltet sein und immer mit Ersatztext hinterlegt werden, damit auch bei ausgeblendeten Grafiken eine Navigation möglich ist.

Ob Grafiken verständlich sind, kann man am einfachsten mit unbefangenen Benutzern testen. Im Zweifelsfall sind immer Textlinks gegenüber Grafiken zu bevorzugen. Man kann voraussetzen, dass jeder lesen kann, aber nicht jeder kann den Gedankengängen des Grafikers folgen.

Hier einige Beispiel für anschauliche Navigationselemente:

Abbildung 7.13: Einige Navigationselemente aus dem Internet. Wenn neben dem Bild ein erklärender Text steht, kann jeder die Bedeutung verstehen. Frei erfundene Symbole sind häufig schlecht verständlich, oder hätten sie alle Symbole ohne Text verstanden?

Sehr problematisch sind Imagemaps, das sind Bilder, auf denen je nach Position der Maus ein anderes Dokument aufgerufen wird. Diese können von Suchmaschinen nicht ausgewertet werden und sollten deshalb nur sparsam verwendet werden, z.B. zum Anklicken eines Stadtplans und Ausgabe der Postleitzahl.

7.4.2 Logische Struktur der Webseiten

Wichtig für ein einfaches Navigieren ist neben den gut gewählten Links die logische Struktur der Website. Das Augenmerk liegt dabei in der Gliederung von Teilaspekten. Soll für jedes Produkt eine eigene Seite vorhanden sein, die von der Startseite aus zugänglich ist, oder wird ein hierarchisches Verzeichnis angelegt? Gegen letztere Variante spricht, dass sich der Benutzer erst in die entsprechende Produktgruppe, ggf. Untergruppe, und dann zum gesuchten Produkt durchklicken muss. Die Entscheidung hängt natürlich vom Umfang des Informationsangebots ab, es empfiehlt sich aber, bereits auf der Startseite die wichtigsten Inhalte zu verlinken. Ein Nutzer kann mühelos bis zu 50 verschiedene Links auf einer Seite überblicken. Es ist hingegen außerordentlich mühsam, ein mehrstufiges Verzeichnis zu durchsuchen, besonders wenn die Kriterien der Gliederung schwer verständlich sind.

Einen Ausweg bei umfangreichen Websites bietet eine lokale Suchmaschine. Diese erlaubt durch Eingabe von Stichwörtern bereits auf der Startseite das Durchsuchen der Website nach entsprechenden Informationen.

HINWEIS Die direkte Verlinkung der einzelnen Seiten ist aber weiterhin notwendig, damit Internetsuchmaschinen ihre Informationen finden.

Damit der Besucher sich nicht innerhalb der Website verläuft, muss auf jeder Seite ein Link zur Homepage vorhanden sein: Dadurch kommt er sicher auf die Startseite zurück, er findet sie aber auch, wenn er von einer fremden Seite aus die Website angesteuert hat. Daneben ist es bei Internetkatalogen oder Büchern sinnvoll, das Blättern von einem Dokument zum nächsten und auch wieder zurück zu ermöglichen, etwa mit einem Link »nächste Seite« und »vorherige Seite«. Hängen mehrere Dokumente logisch zusammen, wie in einem Buch die einzelnen Kapitel, so sollte auf jeden Fall eine Übersichtsseite existieren, die zu jedem Kapitel einen Link liefert. Dies hat den großen Vorteil, dass moderne Browser (Internet Explorer 4.0) von dieser Verzeichnisseite aus alle Kapitel mit einem Mausklick ausdrucken können.

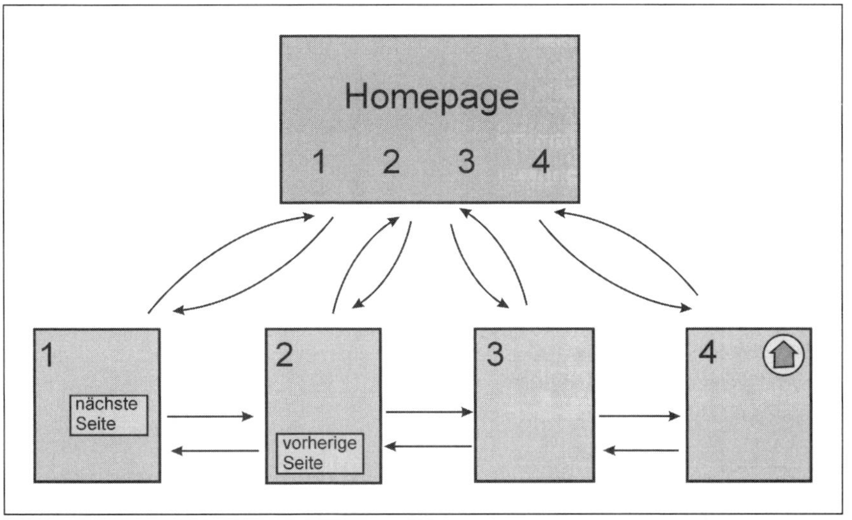

Abbildung 7.14: Die einzelnen Seiten einer Website sollten übersichtlich verlinkt sein. Dazu sollte ein Link von der Homepage auf jede einzelne Seite (zumindest auf alle wichtigen Seiten) führen und unbedingt ein Link von jeder Seite auf die Homepage verweisen. Für das Durchblättern sind Links auf nachfolgende und vorhergehende Seiten für den Anwender sehr praktisch.

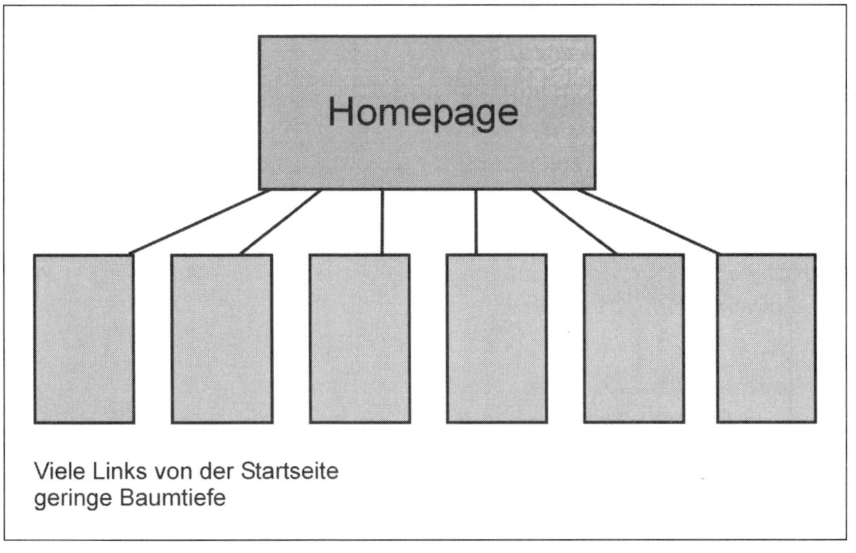

Abbildung 7.15: Für den Besucher einer Internetsite ist die vorhandene Information auf dem Server wesentlich leichter zu erfassen, wenn die meisten Seiten direkt von der Homepage aus ansprechbar sind. Dies wird durch eine flache Baumstruktur erreicht. Ein weiterer Vorteil ist die gute Erfassung der Information durch Suchmaschinen, die zumeist nur einer begrenzten Zahl von Links aus einer Website folgen.

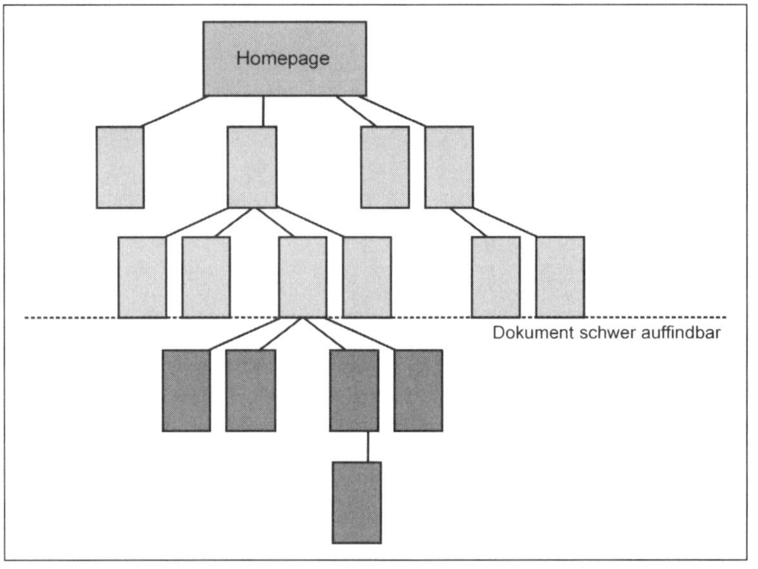

Abbildung 7.16: Werden die Dokumente in einer sehr komplexen Baumstruktur verlinkt, kann dies schnell dazu führen, dass der Benutzer sich wie in einem Irrgarten verläuft und die vorhandene und gesuchte Information nie findet. Ein weiterer Nachteil dieser Technik ist, dass viele Suchmaschinen Dokumente, die nur über mehrere Schritte von der Homepage erreicht werden, nicht aufnehmen.

7.4.3 Weitere Hilfsmittel zur Navigation

Ist eine Website sehr umfangreich oder schwierig zu verstehen, hilft oft die Darstellung einer Sitemap, dies ist eine Seite mit dem gesamten Inhaltsverzeichnis des Internetauftritts, das die logische Struktur durch Einrückungen oder Symbole leicht verständlich darstellt.

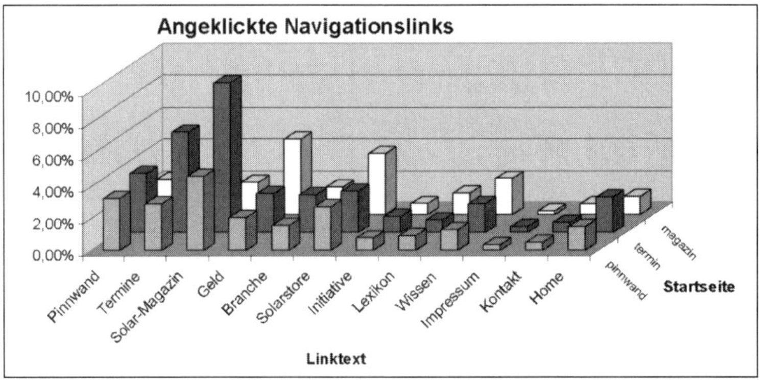

Abbildung 7.17: Bietet man dem Besucher eine Liste von Links, die nebeneinander stehen, wählen die Besucher bevorzugt die weiter links stehenden Links aus, dies ist relativ unabhängig vom Inhalt der Zielseite!

Für Websites, die sowohl lokale als auch externe Informationen einblenden, kann es nützlich sein, die Navigation mit der Frame-Technik zu realisieren, dabei sei aber auf die Probleme der Frame-Technik, wie in Kapitel 4 beschrieben, hingewiesen.

Die Verwendung von Java-gestützten Navigationssystemen mag in speziellen Anwendungen wie Betriebsanleitungen mit anklickbaren und vergrößerbaren Grafiken sinnvoll sein, für die Basisnavigation einer Website sollte man sich jedoch auf die Standardtechniken verlassen, da viele Anwender Java ausgeschaltet haben und Suchmaschinen Java-Links ignorieren.

Sollte der Besucher trotz allen Bemühungen sein Ziel nicht finden können, so muss man ihm die Möglichkeit einräumen, per E-Mail anzufragen. Dabei wird der Webmaster auch schnell erkennen, welche Informationen schlecht gewartet oder unglücklich verlinkt sind. Diese Anfragen müssen dann in die Weiterentwicklung der Website eingehen und sollen einen ständigen Verbesserungsprozess bewirken. Daneben bieten auch einige Firmen entsprechende Testsoftware für die Benutzung einer Website an (z.B. unter *http://www.top-10.com*). Dabei wird getestet, wie die Seiten unter verschiedenen Browsern erscheinen, ob alle internen und externen Links funktionieren, ob Stichwortlisten den Vorgaben von Suchmaschinen entsprechen und vieles mehr.

7.5 Order – Benutzer zum Kauf bewegen

Abbildung 7.18: Das Ziel jedes kommerziellen Internetauftritts ist die Steigerung des Umsatzes. Dies muss nicht immer über ein elektronisches Bestellsystem erreicht werden, oft gibt die Website aber eine gute Chance, auf das Händlernetz und den Außendienst hinzuweisen.

Die Website sollte immer zum Ziel haben, dass das angebotene Produkt direkt oder indirekt vom Internetauftritt profitiert. Manche Website dient allerdings nur zur Imagebildung und will keinen vollständigen Verkaufsprozess einleiten, sondern nur ein Produkt vorstellen und dafür werben.

7.5.1 Offline-Einkauf in der realen Welt

Die Internetsite informiert in diesem Fall den Kunden über die Produktpalette und gibt auch Detailbeschreibungen zu einzelnen Produkten. Der Käufer gewinnt so bereits im Vorfeld wesentlich mehr Informationen, als sie aus Anzeigen in anderen Medien zu erhalten sind. Für den Kauf ist es nun wichtig, dass die Vertriebswege des Produkts sichtbar werden. Dazu wird am besten das Vertriebsnetz mit seinen Ansprechpartnern vorgestellt und wichtige Zusatzinformationen, wie Öffnungszeiten und Bürozeiten, zur Verfügung gestellt. Soll auf konkrete Ladengeschäfte hingewiesen werden, so kann neben der genauen Anschrift ein Lageplan mit Bild des Firmengebäudes in der Website erscheinen. Eine große Hilfe für den Anreisenden ist die Beschreibung des Anfahrtsweges, sei es mit öffentlichen Verkehrsmitteln (durch Bushaltestelle, U-Bahn-Anschluss, Bahnhof oder Flugplatz) oder mit dem Auto durch Angabe der Autobahnen. Man spart sich dabei Zeit und Mühe bei der Besuchsplanung.

Wichtig ist dabei, dass all diese Informationen auf einer ausdruckbaren Internetseite erscheinen, die auch als Reiseunterlage verwendet werden kann (siehe Abbildung 7.19).

7.5.2 Einkauf in der virtuellen Welt

Das Internet ist zunächst ein anonymes Medium, und es erfordert große Sorgfalt, dem Besucher das Gefühl für die reale Existenz und Kompetenz zu vermitteln. Hilfreich sind dabei Angaben über Rechtsformen, etwa Handelsregister-Nummer, Gesellschaftsform, Eigentümer, Kapitalbasis. Zunehmend wichtiger werden auch objektive Zertifizierungen wie ISO 9000 oder ISO 9001.

Dies gilt auch für die Produkte. Hier kann auf Testergebnisse, Besprechungen in Fachzeitungen oder Referenzkunden verwiesen werden, besonders, wenn es entsprechende Internetseiten mit den zitierten Informationen gibt.

Will man nicht nur schöne Webseiten und einfache Rückmeldeformulare präsentieren, muss neben der Webserver-Software eine Shop-Software auf dem Server installiert werden. Eines der leistungsfähigsten Konzepte bietet der virtuelle Laden der Firma Intershop, dessen Konfiguration anhand eines Beispiels hier kurz vorgestellt werden soll.

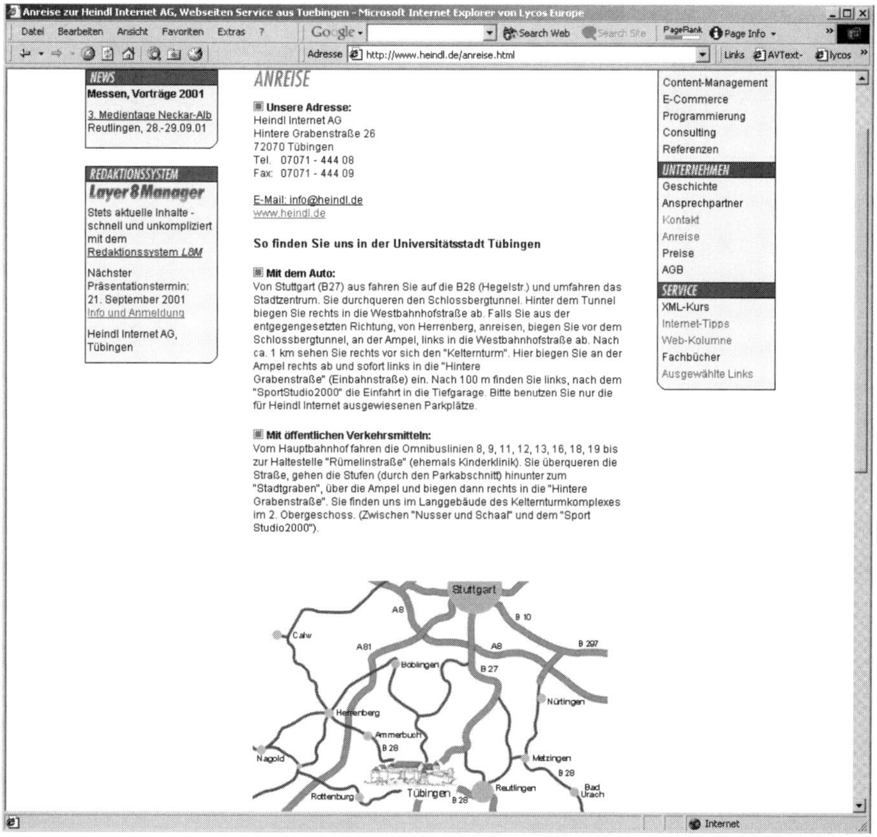

Abbildung 7.19: Für den direkten Kundenkontakt ist eine Seite sehr nützlich, auf der die verschiedenen Anreisemöglichkeiten dargestellt werden. Dazu sollte sowohl eine großräumige Karte als auch der Detailanfahrtsplan mit einer Gebäudeaufnahme stehen. Dies vereinfacht dem Kunden und Zulieferer die Anreise erheblich. Allerdings ist darauf zu achten, dass diese Webseite problemlos ausgedruckt werden kann.

Beispiel für einen virtuellen Laden, mit der Intershop-Software realisiert

Nach der Installation auf dem Server hat man die Wahl, entweder einen kleinen Laden mit wenigen Produkten, die per Hand eingegeben werden müssen, aufzubauen oder einen kompletten Katalog aus einer Datenbank einzulesen. Dabei können zu jedem Produkt vielfältige Informationen wie Produktbeschreibung, Preis, Rabatt und zumindest die Dateinamen von Bildern eingelesen werden. Die dazu notwendigen Menüs sind alle so gestaltet, dass sie über den Webbrowser bedient werden können, Details siehe Kapitel 9.

Hat man die Datenbank eingelesen, muss noch das Layout des Katalogs programmiert werden. Dies ist etwas umständlich, da man die Seiten direkt in HTML programmieren muss und außerdem viele Sonderbefehle zur Einbindung der dynamischen Information notwendig sind. Als weitere Komponente kann eine Kundendatei oder eine Liste mit Kundengruppen integriert werden. Mit diesen Informationen können kundenspezifische Angebote im Internet präsentiert werden. Der Intershop bietet eine Schnittstelle, mit der die hauseigene Warenwirtschaft Information über die Bestellvorgänge erhält, und umgekehrt Informationen über den Lagerbestand an den Server leiten kann.

Das Bezahlungsmodul ist für die verschiedenen sicheren Bezahlungsmodi wie SSL und SET ausgelegt. Nach Freischalten des Shops kann der Administrator die einzelnen Bestellprozesse im Logfile verfolgen und immer korrigierend eingreifen, z.B. bestimmte Kunden ausschließen oder Warengruppen sperren.

Auf der Seite des Kunden ist von den komplexen Vorgängen auf dem Shop-System zum Glück wenig zu sehen. Er klickt sich zu seinem Wunschprodukt, kann es betrachten und per Tastendruck bestellen. Dabei kann er ständig mit einem Blick auf seinen Warenkorb kontrollieren, was er bereits aufgenommen hat.

Abbildung 7.20: Die Intershop-Software bietet dem Administrator umfangreiche Möglichkeiten, seinen Shop zu gestalten. Dabei findet die gesamte Konfiguration über das Browserfenster statt. Besonders nützlich sind die flexiblen Importmöglichkeiten für große Datenbanken.

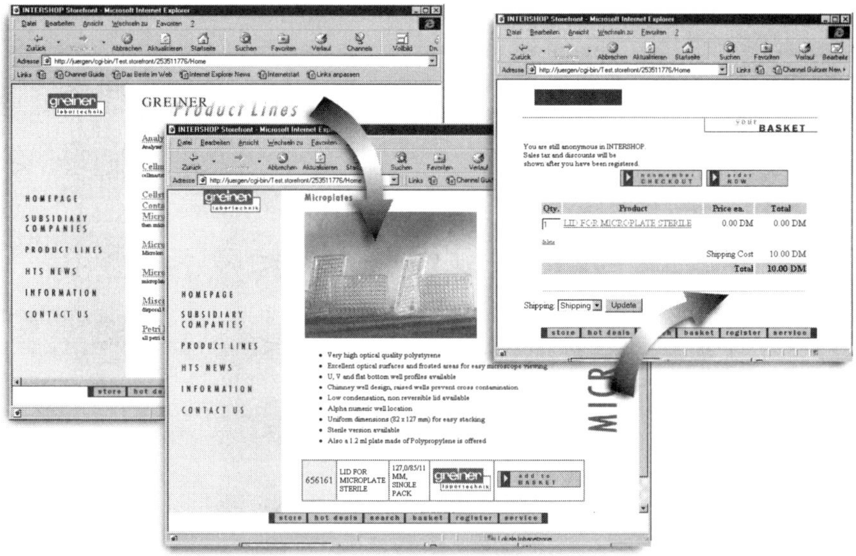

Abbildung 7.21: Der Kunde kann ein bestimmtes Produkt auswählen, die genaue Kataloginformation betrachten und das Produkt in den Warenkorb legen. Die Datenbank von Intershop speichert dann die Kundenwünsche.

7.5.3 Online-Einkauf mit konventioneller Bezahlung

Das Vertrauen der Bevölkerung gegenüber Bestellung und Bezahlung im Internet wächst in letzter Zeit erheblich. So wagen es viele, direkt über Internet zu bestellen, und einige auch über Internet zu bezahlen. In Deutschland gibt es bereits viele Millionen Nutzer, die angeben, bereits im Internet eingekauft zu haben.

Ein spezielles Problem stellt die direkte Bezahlung über Internet dar, da sich noch kein Verfahren in Deutschland fest etabliert hat. Im Folgenden werden daher die möglichen alternativen Zahlungswege aufgeführt.

Barzahlung bei Abholung

Ein interessanter Ansatz zum Umgehen des Zahlungs- und Sicherheitsproblems stellt die Barzahlung bei Abholung dar. Dies gelingt immer dann, wenn ein gut ausgebautes Niederlassungsnetz vorhanden ist. Mögliche Realisierungsbeispiele: Computerfilialisten – Konfiguration und Bestellung per Internet und Abholung bei der lokalen Niederlassung. Buchhandlung: Titelrecherche und Bestellung über Internet, Abholung in der Buchhandlung. Auch für Versandhandel mit festen Niederlassungen ist das Internet eine interessante Variante. Für viele weitere Internetverkäufe sind ähnliche Lösungen denkbar.

Bestellung per Nachnahme

In Deutschland ist das Versenden von Waren per Nachnahme ein gängiger Vorgang, der nicht nur durch die Post, sondern auch durch andere Paketdienste angeboten wird. Dies ist immer dann sinnvoll, wenn erhebliche Bedenken bei der Zahlungsbereitschaft des Klienten besteht. Diese Art der Bezahlung ist auch produktgruppenabhängig.

Bestellung auf Rechnung

Ist der Internetkunde vertrauenswürdig, kann die Bestellung auf Rechnung erfolgen. Dies ist immer dann sinnvoll, wenn der Kunde gut bekannt ist oder wenn ein gewisses Ausfallrisiko in Kauf genommen werden kann. Achtung: Bei Erstbestellung an unbekannte Geschäftskunden ist die Zahlungsfähigkeit nur schwer einzuschätzen. Bei Auslieferung höher wertiger Güter sollte daher immer eine Eigentumsvorbehaltsklausel in den Vertrag eingefügt werden.

Bezahlung per Bankeinzug

Bei regelmäßigen Kunden sind Bankeinzugsvollmachten für beide Seiten ein bequemes Verfahren, um den Zahlungsverkehr zuverlässig abzuwickeln.

7.5.4 Online-Einkauf mit elektronischer Bezahlung

Die elektronische Bezahlung im Internet sollte den gleichen Anforderungen des Zahlungsverkehrs wie in der realen Welt folgen. Dies sind:

Sicherheit

Die größte Sorge des Kunden im Internet ist, dass seine Zahlungsinformation von Dritten missbraucht wird. Dies gilt insbesondere für die Eingabe der Kreditkartennummer in Standard-HTML-Formulare. Hier besteht in der Tat die Möglichkeit, die Nummer durch geeignete Techniken auf dem Weg vom Sender zum Empfänger abzufangen und entsprechend zu missbrauchen. Obwohl der Käufer hier nicht für den Missbrauch haftet, will keiner das ärgerliche Verfahren einer Rückerstattung in Kauf nehmen. Die Situation wird durch die Möglichkeit, dass jeder Webbrowser (seit Netscape 2.0) in der Lage ist, die Daten verschlüsselt zum Server zu senden, wesentlich entschärft.

Anonymität

Wer an einem Zeitungskiosk eine Zeitung erwirbt, will nicht seine Bankverbindung, seinen Arbeitgeber und seine Ausbildung bekannt geben. Aus den Münzen, mit denen bezahlt wird, lässt sich das auch schlecht ermitteln. Anders sieht es bei einer Bezahlung mit Kreditkarte aus. Dabei hat zumindest das Kreditkartenunternehmen die Möglichkeit, viele Informationen über das Käuferverhalten zu sammeln, und der Autor hat schon konkret erlebt, wie nach Bezahlung bestimmter Güter entsprechende Werbung im Briefkasten aufgetaucht ist.

Die Bezahlung im Internet erfolgt bisher zumeist mit Kreditkarte und den damit einhergehenden Problemen mangelnder Anonymität. Die Lösung kann auf digitalem Geld beruhen, das in verschlüsselter Form auf einer Chipkarte liegt, wie es inzwischen bei edc (European Debit Card) verwirklicht ist. Technisch gibt es aber das Problem, dass nur wenige Endkunden einen Rechner mit Chipkartenlesegerät besitzen. Andere Verfahren, wie von DigiCash angeboten, speichern das Geld auf Festplatte, was zu Verlusten bei Festplattenabsturz führen kann.

Bisher hat sich noch keines dieser neuen Verfahren etabliert und in der Praxis kann ein Server mit SET (Secure Electronic Transaction) für die Abwicklung der Bezahlung empfohlen werden, da dieser zumindest die Kreditkarte verdeckt an die Akzeptanzstelle übermittelt.

Einfachheit

Von frühesten Kindertagen an haben wir alle gelernt, mit Münzen und Scheinen zu bezahlen. Eine Bezahlungstechnik, die genau betrachtet nicht sehr einfach ist. Der Käufer muss zunächst genügend Bargeld besitzen (kein Kredit), die Stückelung trifft jedoch selten genau den Kaufbetrag, und auf Händlerseite muss deshalb genügend Wechselgeld verfügbar sein.

Elektronische Zahlungsmittel sind wesentlich einfacher, erfordern aber ein höheres Abstraktionsdenken. Jeder kennt einen vollen oder leider auch leeren Geldbeutel, ein Gefühl, das sich bei einer Geldkarte nicht einstellt. Diese unbewusste Unsicherheit wird noch lange der breiten Nutzung, insbesondere bei der älteren Generation, im Wege stehen.

Verfügbarkeit

Das beste Zahlungsverfahren nutzt nur etwas, wenn die Mehrheit der Geschäftspartner über die entsprechenden Elemente verfügt. So hat sich in Deutschland das Zahlen mit Kreditkarte so lange nicht weiter verbreitet, wie nur wenige Geschäfte die Karte angenommen haben.

Im Internet hat sich in den wenigen Jahren seit seiner breiten kommerziellen Nutzung noch kein digitales Zahlungsmittel weit verbreitet. Die breiteste Verfügbarkeit hat SSL (Secure Socket Layer) zur Verschlüsselung der Kreditkarteninformation, da es in allen Browsern seit Netscape 1.1 implementiert ist. Auf der Serverseite ist für nahezu alle Webserver ein entsprechendes Modul verfügbar.

Bezahlung mit elektronischem Geld

Die eleganteste Methode, im Internet zu bezahlen, ist elektronisches Geld. Dazu werden einfach digitale Münzen von Kunden an den Verkäufer über das Netz gesendet. Leider gibt es jedoch zurzeit keinen einheitlichen und allgemein akzeptierten Standard, da insbesondere die Fälschungssicherheit, die Anonymität und der Schutz vor Verlust (Festplattencrash) nicht in jeder Hinsicht befriedigend gelöst ist. Sollen jedoch kleinere Beträge für eine spezielle Internetdienstleistung eingezogen werden, etwa der Vertrieb elektronischer Zeitungen, kann das Verfahren durchaus in Betracht gezogen werden.

7.6 Be Happy – Kundenbetreuung mit dem Internet

Abbildung 7.22: Ein Internetauftritt soll den Kunden auch nach dem Kauf weiter betreuen, denn nur zufriedene Kunden werden wiederkehren und die Produkte und Dienstleistungen des Unternehmens weiterempfehlen.

Der Kunde erwartet, dass die Firma ihn auch nach dem Kauf bei der Nutzung des Produkts unterstützt. Dies kann zunehmend mit Hilfe des Internets gewährleistet werden, da der Internetkunde über dieses Medium gut erreichbar ist.

7.6.1 Gebrauchsanweisungen und Schulungen

Viele moderne technische Produkte erfordern eine ausführliche Produkteinführung, die bisher zumeist als Bedienungsanleitung auf Papier, häufig in vielen Sprachen, mit dem Produkt ausgeliefert wurde. Das Internet bietet hier die Möglichkeit, diese Informationen, multimedial aufbereitet, dem Benutzer zugänglich zu machen. Dies ermöglicht dem Kunden ein Verständnis des Produkts zuweilen auch schon in der Bestellphase. Praktisch ist dies auch nach langer Gebrauchsdauer, wenn die Dokumentation verloren gegangen ist.

Häufig ist es auch sinnvoll, den Kunden die Möglichkeit zu geben, sich bei Fragen zur Anwendung des Produkts an den Hersteller zu wenden, was bisher per Telefon geleistet wird, aber wesentlich teurer ist als ein vergleichbarer E-Mail-Service. Bei fortlaufender Dokumentation dieser Anfragen können sehr leicht so genannte FAQ (Frequently asked Questions)-Listen mit häufig auftretenden Fragen zusammengestellt werden. Sie entlasten einerseits den Support, andererseits liefern sie aber auch wertvolle Hinweise für das Produktdesign.

Weiterhin ist es möglich, Informationen zur Produktnutzung zu verlinken, die von anderen im Internet bereitgestellt werden. Dies gibt dem Kunden eine wesentlich breitere Basis für die Informationsbeschaffung.

7.6.2 Kundendienst

Jedes Produkt kann seinen Dienst versagen, und dann wünscht sich jeder Kunde einen schnellen und kompetenten Kundendienst. Diese Anforderungen kann das Internet mit seinen verschiedenen Kommunikationskanälen sehr gut umsetzen. Zum einen besteht die Möglichkeit, weltweit genaue Informationen über das Problem zwischen Anwender und Hersteller zu übermitteln. Dazu sind geeignete Fragebögen auf der Website sicherlich das beste Hilfsmittel. Sie ermöglichen eine strukturierte Abfrage des Problems, sowie Produkttyp, Fehlertyp usw., alles kann genau schriftlich fixiert werden. Zum anderen kann sofort der richtige Ansprechpartner gefunden werden, sei es der Experte, der das Problem am besten kennt, oder auch die lokal zuständige Servicestelle, wie Elektrofachhandel, Vertragswerkstätten u.a.

7.6.3 Serviceleistungen

Viele Produkte benötigen regelmäßige Wartung und spezielles Verbrauchsmaterial. Hier kann neben der Nachbestellung über Internet in Zukunft auch an elektronische Übermittlung dieser Daten direkt vom Gerät zum Hersteller gedacht werden, etwa Fotokopierer, die den Verschleiß der Trommel mitteilen, Verkaufsautomaten mit entsprechender Füllstandübermittlung usw.

Einen weiteren Kundenservice stellt die regelmäßige Information über spezielle Produktanwendungen und Eigenschaften dar, die mit der Bewerbung von neuen Produktlösungen einhergehen.

Tipp: Vorsicht bei E-Mail. Kunden, die jede Woche eine Produktinfo per E-Mail vorfinden, werden bald überdrüssig. Solche Informationen sollten daher sorgfältigst ausgewählt und nur sparsam als E-Mail versandt werden. Zudem muss eine einfache Möglichkeit der Kündigung dieses Informationsservice bestehen.

7.6.4 Anwendernetzwerk

Viele Produkte haben eine breite und interessante Anwendung, so dass die Nutzer gerne mit anderen Anwendern über den Umgang mit dem Produkt kommunizieren. Dabei stellt das Internet eine hervorragende Möglichkeit dar, auch kleinen und weltweit verteilten Anwendergruppen einen Kanal zur Kommunikation anzubieten. Dies kann in Form einer Mailingliste erfolgen, in der gesammelte Beiträge regelmäßig als E-Mail weitergeleitet werden, oder mit einem News-Server, der die Möglichkeit zur zeitunabhängigen Diskussion bietet.

Bei diesen Lösungen sollte allerdings darauf geachtet werden, dass die Vertraulichkeit, falls notwendig, gewahrt bleibt, was durch entsprechende geschlossene Gruppen verwirklicht werden kann.

Hinweis: Viele Hersteller sind sich oft gar nicht bewusst, dass über ihr Produkt bereits intensiv diskutiert wird. Versuchen Sie, ihre Produktnamen unter *http://groups.google.com/* zu finden, und Sie werden vielleicht staunen.

Zufriedene Kunden, die sich auch nach dem Kauf vom Hersteller nicht allein gelassen fühlen, werden sicher das Produkt weiterempfehlen und die nächste Generation bei der gleichen Quelle beziehen.

KAPITEL 8

8 Portale

8.1 Entwicklung der Portalidee

Im Internet scheint sich eine bestimmte Form des Zusammenfügens von Wissen zu etablieren, das Portal. In der ersten Phase des World Wide Web haben viele einzelne Dokumente auf ihrem Server bereitgestellt, die dann von Linklisten angesprochen wurden. Einige dieser Linklisten waren so gut sortiert und die Betreiber so motiviert, dass sie zu internationaler Bedeutung heranwuchsen, wie etwa die Liste von Yahoo.

Auf der anderen Seite entstanden Webseiten mit umfangreichen Informationen zu einzelnen Themen, die ebenfalls Portalcharakter bekamen. Worin liegt also die Bedeutung und Arbeitsweise eines Portals? Dieser Frage soll im folgenden Abschnitt nachgegangen werden.

8.1.1 Das Portal als Einstiegsseite

Der Netscape-Browser hatte in seiner ersten Version als Startseite immer die Informationen des Unternehmens Netscape angezeigt. Bald merkten die Betreiber, dass es wesentlich ökonomischer ist, nicht die eigenen Software-Produkte an dieser Stelle anzupreisen, sondern eine allgemeine Einstiegsseite zum Internet bereitzuhalten, die der Nutzer längerfristig verwendet.

Ein Portal in diesem Sinne ist immer jene Seite, die vom Benutzer als Erstes gesehen wird, wenn er den Browser öffnet. Damit erreicht diese Seite eine enorm hohe Besucherzahl und die darauf eingeblendete Werbung kann entsprechend gewinnbringend verkauft werden. Aus dieser Erfahrung heraus bieten auch fast alle Provider auf ihrer Zugangs-CD eine entsprechende Startseite an.

In Deutschland haben sich insbesondere die Startseiten der Provider AOL und T-Online etabliert, da diese wie bei T-Online durch außerordentlich hohe Benutzerzahlen viele Besucher bekommt oder die Seite von AOL, die durch ein sehr umfangreiches Angebot die Benutzer lange auf ihren Inhalt binden kann.

Moderne Browser bieten heute die Möglichkeit, die Startseite selbstständig zu wählen, und der Benutzer kann entweder eine leere Seite oder eine feste URL-Adresse wählen, die dann immer beim Öffnen seines Browsers angezeigt wird. Da dies nur wenigen Benutzern bekannt ist, wird auf manchen Webseiten auch direkt die Option angeboten, die aktuelle Seite zur Startseite zu machen, womit man erreicht, dass die Besucher immer beim Öffnen ihres Browsers dieses Dokument sehen, was die Zahl der Pageviews, falls die Besucher darauf eingehen, erheblich steigern kann.

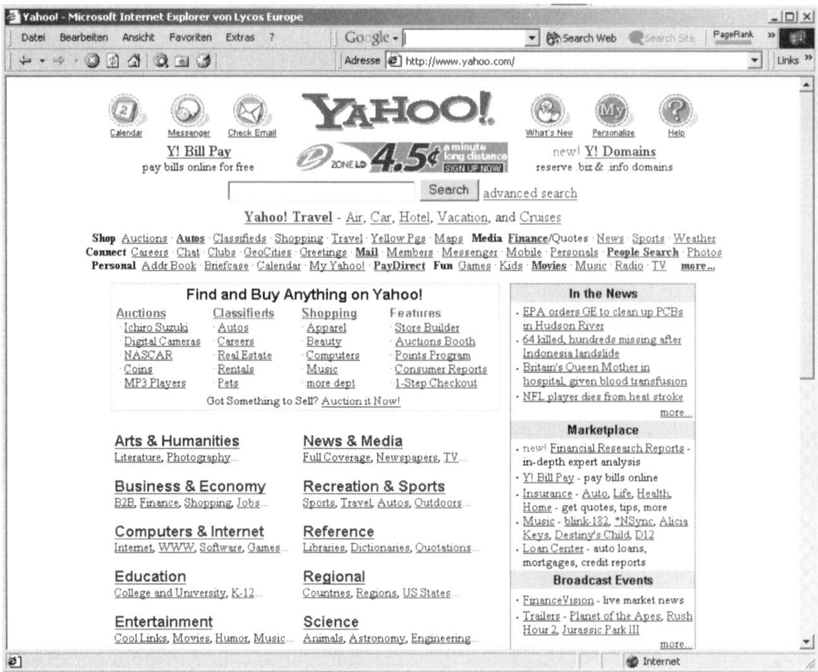

Abbildung 8.1: Yahoo.com, die Mutter aller Portale, entstanden aus einer einfachen Linkliste!

TIPP Mit folgenden Zeilen im HTML-Code erreicht man, dass der Benutzer ganz einfach die Seite zur Startseite machen kann.

```
<a href="#« class="khw«
onclick="this.style.behavior='url(#default#homepage)';
this.setHomePage('http://www.solarserver.de');"> Solarserver als
Startseite</a>
```

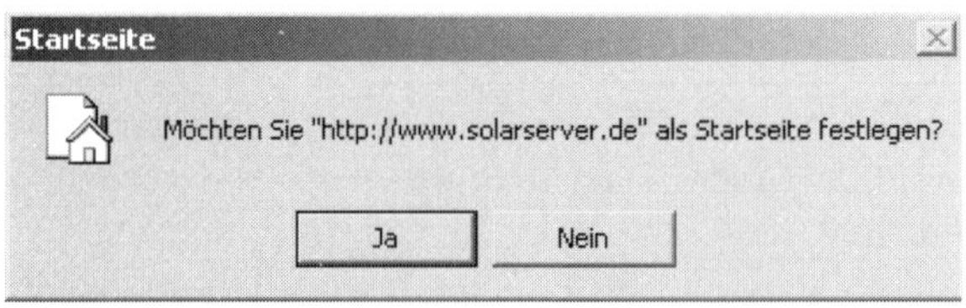

Klickt der Benutzer auf den Text, erscheint bei Verwendung des Microsoft-Browsers ein Fenster, in dem man das Setzen der Startseite noch bestätigen muss. Damit wird verhindert, dass ein bestimmtes Dokument ungewollt zur Startseite wird.

8.2 Der Inhalt eines Portals

Es gibt keine feste Definition, welche Informationen in einem Portal eingebunden sind, jedoch haben fast alle Portalbetreiber eine ähnliche Struktur entwickelt. Zunächst beinhalten Portale immer mehr und aus dem Einzelunternehmen hinausweisende Information als die klassische Homepage eines Unternehmens. Das Portal versucht also, dem Benutzer einen mehr oder weniger neutralen Zugang zum Internet bzw. einem bestimmten Themenbereich anzubieten.

8.2.1 Aufbau globaler Portale

Das globale Portal versucht, allumfassend dem Nutzer einen effizienten und einfachen Zugang zu allen wichtigen Services des Internets anzubieten. Dazu gehört praktisch immer eine Linkliste zu den verschiedenen Themenbereichen, die oft als hochwertiges Verzeichnis aller Websites ausgebaut ist.

Daneben findet sich immer eine Suchmaschine, mit der in Form von Stichwörtern im lokalen Verzeichnis oder im gesamten Web gesucht werden kann. Hier haben einige Anbieter auch Kombinationen entwickelt, die gute Fundstellen aus dem Web, falls sie im lokalen Verzeichnis erfasst sind, entsprechend aufbereitet anzeigt.

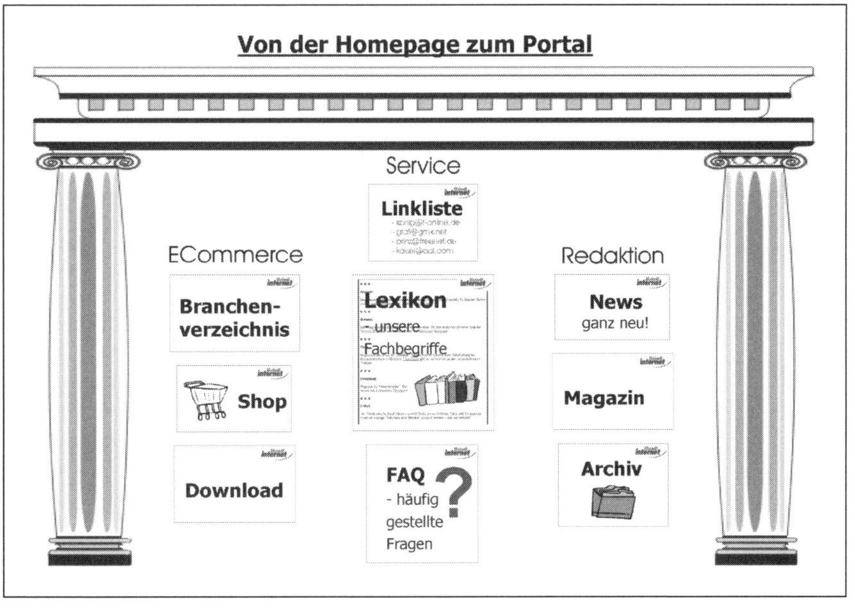

Abbildung 8.2: Das Portal bietet immer umfassendere Informationen und Dienstleistungen als eine einfache Homepage, es wird damit oft zum Eingang in das World Wide Web.

8.2.2 Internetdienste

Ein weiterer Bereich stellen dann Internet-spezifische Serviceleistungen dar, wie z.B. die Bereithaltung einer E-Mail-Adresse für den Kunden, der diese zumeist kostenlos nutzen kann und damit auch seine bisherigen E-Mail-Accounts abrufen kann. Dies als Webmail bekannte Verfahren hat außerordentlich weite Verbreitung gefunden. Verschiedene Erweiterungen dieser Idee wie z.B. das Weiterleiten von E-Mails an mobile Geräte (SMS, WAP) werden ebenfalls inzwischen häufig angeboten, sind allerdings für den Portalbetreiber mit erheblichen Kosten verbunden und werden daher immer mit gewissen Limitierungen angeboten (Werbung, beschränkte Anzahl).

8.2.3 Service

Neben diesen klassischen Internetdiensten versuchen sich Portale durch innovative Serviceleistungen, die häufig von Fremdfirmen zugekauft werden, von den anderen abzuheben und dem Benutzer wirklich umfassende Dienste anzubieten. Dazu zählen Routenplaner, Stadtpläne, Adressverzeichnisse, Kalender usw. Im Prinzip alle Dienste, die heute ohne großen Personalaufwand automatisch bereitgehalten werden können und für den Benutzer von Interesse sind.

8.2.4 News

Einen weiten Bereich für solche Portale stellt auch die Bereithaltung aktueller Information dar, wobei hier oft versucht wird, für jeden Besucher individuelle Informationen aufgrund eines angegebenen Profils zusammenzustellen. Die entsprechenden Informationen werden meist von Nachrichtenagenturen und sonstigen Kontentprovidern zugekauft.

8.3 Fach- und Spezialportale

Nicht jedes Portal im Internet hat den Anspruch, allumfassende Informationen bereitzustellen, sondern ist zumeist auf eine spezielle Interessengruppe abgestimmt. Man findet dabei zum einen die Orientierung an einer bestimmten Personengruppe, etwa Jugendliche oder Senioren, aber auch kleine Gruppen wie Modelleisenbahn-Interessierte. Auf der anderen Seite können die Themen aber auch durch verschiedene Branchen definiert sein, wie Portale im Bereich Finanzdienstleistungen oder der Bauindustrie.

Die Inhalte der Portale stellen zumeist den klassischen Mix einer Special-Interest-Zeitung dar, in der über das entsprechende Thema aktuell informiert wird und das zudem magazinartige Hintergrundberichte oder Spezialinformationen bereithält. Durch den multimedialen Charakter des Webs können natürlich auch umfangreiche Bild-, Film- oder Software-Sammlungen ggf. online abgerufen werden. Die Finanzierung solcher Portale muss nicht nur über Bannerwerbung geschehen, wie es bei globalen Portalen üblich ist, sondern es kann auch kostenpflichtige Branchenverzeichnisse oder einkaufs- und angebotsvermittelnde Funktionen übernehmen, die erhebliche Beiträge zur Finanzierung leisten können.

In manchen Bereichen findet man auch Portale von Bürgerinitiativen und Selbsthilfegruppen, die ehrenamtlich betrieben werden.

8.4 Business-to-Business-Portale (B2B-Portale)

Die bisher beschriebenen Portale haben sich im Wesentlichen an den Endkunden gewendet (Business to consumer) und nur in sehr begrenztem Umfang den direkten Verkauf oder Transaktionen angeboten. Das B2B-Portal versucht hingegen, in der Wertschöpfungskette moderner Unternehmen direkt anzusetzen, indem es im Bereich der Zulieferkette vermittelnd eingreift. So kann etwa ein Hersteller dort kostenpflichtig die Angebote verschiedener Lieferanten abrufen und bei entsprechender Automatisierung die Bestellung direkt von seinem Rechnersystem inklusive Weiterleitung an die Buchhaltung aktivieren. Manche Portale gehen sogar so weit, dass bei komplexen Herstellungsprozessen bei der Bestellung des Produkts alle dazugehörigen Zulieferer in der dazugehörigen Herstellungskette benachrichtigt werden und die automatische Produktion und Auslieferung damit anläuft. Das dafür notwendige Protokoll arbeitet im Internet fast immer unter XML.

Es lässt sich heute noch nicht abschätzen, wie weit diese Techniken breite Akzeptanz finden, da im konkreten Fall langfristige Herstellerbindungen oft eine größere Rolle spielen als die reine Effizienz bei der Übermittlung der Daten. Mit Sicherheit wird aber in jenen Bereichen, die bereits heute Technologien wie EDI (Electronic Data Interchange) einsetzen, auch eine entsprechende Umsetzung im Internet erfolgen. Nicht zu unterschätzen ist allerdings bei diesen Systemen die Bedeutung von hoch zuverlässiger Hard- und Software, die Transaktionsdienste anbietet, da es eben ein großer Unterschied ist, ob versehentlich 20 neue Jumbojets bestellt werden oder eine kostenlose private E-Mail verloren geht.

8.5 Das Intranet-Portal

Eine weitere Sonderform stellen Portale im Intranet dar. Ihre Aufgabe ist es, den Mitarbeitern eine möglichst effiziente Arbeitsumgebung anzubieten, mit deren Hilfe sie die Informationsquellen im Unternehmen optimal nutzen können. Dazu wird im Portal auf alle relevante Intranet-Information verlinkt und diese auch per Suchfunktion zugänglich gemacht. Dabei können präzisere Suchalgorithmen als im Internet üblich verwendet werden, wenn bei der Erstellung der Seiten die Keyword-Spezifikation nach einheitlichen Kriterien erfolgt. Zudem binden die Intranet-Portale alle lokalen Service-Funktionen wie E-Mail, Terminkalender, Adressverwaltung oder Produktinformationen ein, falls dafür bereits jeweils eine Webschnittstelle entwickelt wurde. Die Intranet-Portalseite wird bei allen lokalen Rechnern als Standard-Browser-Startseite verwendet, damit die Mitarbeiter sofort an die entsprechende Portalseite gelangen.

Für die Verwaltung eines Intranet-Portals müssen allerdings nicht unerhebliche Ressourcen vorgesehen werden, da es außerordentlich teuer werden kann, wenn alle Mitarbeiter mit falschen oder fehlerhaften Informationen aus dem Unternehmen bedient werden. Ist das Intranet-Portal etabliert, übernimmt es die Funktion von Rundschreiben, Terminkalendern aber auch schwarzen Brettern und verschiedenen Formen von Terminalsitzungen.

Je nach Unternehmenspolitik kann das Intranet-Portal auch mehrere Übergänge zum Internet anbieten und dort Verknüpfungen zu Adress- und Telefonverzeichnissen oder globalen Suchmaschinen enthalten.

8.6 Bedeutung der Portale

Der Benutzer benötigt für den erfolgreichen Umgang mit den vielen Millionen von Webseiten Hilfe durch geeignete Informationsplattformen, die ihn einerseits schnell, aber auch präzise zu seinem Ziel leiten. Dazu ist der Ansatz der Portale sehr geeignet, da dort, unterstützt durch eine Redaktion, das Wissen sorgfältig aufbereitet ist, eine Aufgabe, die noch nicht vollständig von Maschinen übernommen werden kann. Zum anderen findet der User sich mit den Portalen besser zurecht, da eine gewohnte Grundstruktur innerhalb der Portalseiten das permanente Neulernen der Navigation überflüssig macht.

Dies bedeutet aber auch für den Betreiber von Portalen, die Struktur und das Navigationsschema nicht abrupt zu ändern, da andernfalls der User genau jenen Vorteil, nämlich Bekanntes wiederzufinden, dann verliert. Es ist nämlich erstaunlich, wie konservativ Benutzer ein einmal eingefahrenes Gleis im Internet verwenden und den dann fehlenden oder verschobenen Link möglicherweise nicht mehr wiederfinden. Auch ist die einmal eingeschlagene thematische Orientierung nicht beliebig veränderbar, da die vielen externen Links, die auf ein Portal zeigen, immer klar im Zusammenhang mit dem Inhalt dieser Site stehen und nur im Lauf von Jahren ein fließender Übergang zu ggf. breiteren Themen praktisch realisiert werden kann. Hat ein Portal allerdings einmal eine führende Rolle im jeweiligen Themenbereich erreicht und wird die Site sorgfältig betrieben, haben Mitbewerber kaum noch die Möglichkeit, diesen Platz einzunehmen. Die gewonnenen Kunden eines Portals wechseln nicht ohne Grund und die große Zahl externer Links bleibt längerfristig bestehen, was auch dazu führt, dass die entsprechende Verankerung in den Suchmaschinen für das länger bestehende Portal wesentlich besser ist.

8.7 Aufbau eines eigenen Portals

Der Aufbau eines Internet-Portals ist heute im Bereich der Themen- und Fachserver immer noch aussichtsreich, da viele Bereiche des Lebens noch lange nicht vollständig durch geeignete Webauftritte abgedeckt werden.

Die Voraussetzung für die Errichtung eines Fachportals ist zunächst die Kenntnis des aktuellen Marktes, dazu analysiert man im Internet die bereits vorhandenen Informationsplattformen und beurteilt diese nach ihrem thematischen Umfang, Aktualität und Qualität. Möglicherweise lässt sich auch die Zahl der Besucher durch statistische Angaben abschätzen.

Findet man einen Bereich, der nicht durch ein hochwertiges Portal abgedeckt ist oder dessen Portal aufgrund ungeschickter Programmierung nur geringe Besucherzahlen erhält (ein nützliches Tool zur Bestimmung dieser Kennziffern bietet alexa.com), kann man einen Plan zur Erstellung eines Themenservers entwickeln.

Zunächst wird festgelegt, welche thematische Ausdehnung das Portal umfassen soll, am besten durch eine Stichwortliste, zudem aber auch eine Liste der Themen, die eben nicht mehr Bestandteil des Portals sein sollen. Damit schafft man eine klare Abgrenzung und kann mit der logischen Organisation des Portals beginnen. Diese umfasst die Gliederung der Präsentation und die zunächst enthaltenen Inhalte, aber auch Bereiche, die nicht in der ersten Bearbeitungsrunde berücksichtigt werden können. Der nächste Punkt ist die Analyse, wie das Portal finanziert werden kann, dazu gibt es mehrere Möglichkeiten, die im Folgenden kurz vorgestellt werden.

8.7.1 Bannerwerbung

Bannerwerbung ist heute für die Großzahl aller Internetauftritte eine relevante und zum Teil die einzige Einnahmequelle. Dabei kann man von einem Bannerpreis in der Größenordnung von 40 Euro für 1.000 Pageviews und einer Auslastung der Seiten durch Banner von etwa 40 % längerfristig ausgehen.

Allerdings wird von vielen erwartet, dass insbesondere der Preis pro Banner längerfristig rückläufig ist. Die Vermarktung der Banner ist eine eigene Aufgabe, die einen erheblichen Arbeitsaufwand erfordert oder durch Agenturen erledigt wird.

8.7.2 Branchenverzeichnis

Deckt das Portal einen wirtschaftlich interessanten Bereich ab, so kann man versuchen, alle Unternehmen, die im weiteren Sinne Produkte und Dienstleistungen im Umfeld des Portals anbieten, zu einem Brancheneintrag zu gewinnen. Hierbei muss zunächst versucht werden, möglichst viele Unternehmen zu gewinnen, was durch anfänglich kostenlose oder sehr niedrige Eintragspreise möglich ist.

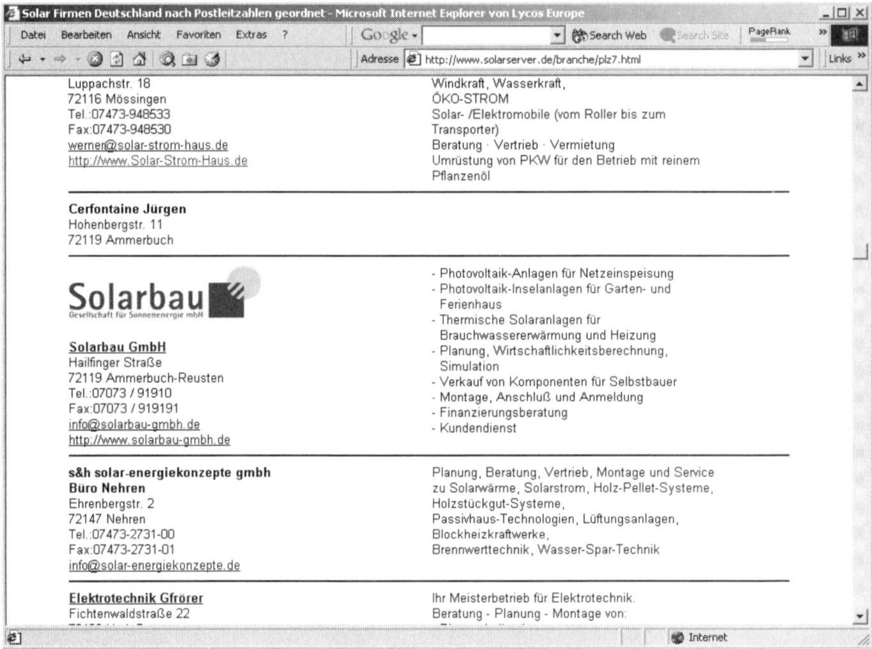

Abbildung 8.3: Ein vollständiges Branchenverzeichnis ist für den Besucher nützlich und kann ein Portal zum Teil refinanzieren.

Auch eine Differenzierung dieser Einträge macht Sinn, das bedeutet, je nach Wunsch können unterschiedlich umfangreiche Brancheneinträge erfolgen, die preislich differenziert werden. Damit gewinnt man das häufig sehr inhomogene Feld der Branche.

8.7.3 Vermittlung von Aufträgen

Eine Erweiterung des Branchenverzeichnisses stellt die direkte Auftragsvermittlung dar, bei der ein Kunde im Portal das gewünschte Produkt auswählt oder spezifiziert und dann ein geeigneter Händler auf Provisionsbasis das gewünschte Produkt liefert.

Diese Form der Einnahmen hat ein hohes Potenzial, da längerfristig viele Internetnutzer das Web als vergleichende Einkaufsplattform nutzen werden und entsprechend hohe Umsätze generieren, wenn das Portal den jeweiligen Markt führt.

Eine Besonderheit stellt die Vermittlung von Buchkunden für Online-Buchhändler wie z.B. amazon.de dar, diese gewähren dem Vermittler bis zu 15 % des Umsatzes, womit ein Portal, das viele Buchbeschreibungen enthält, eine nicht unerhebliche Einkommensquelle vorfindet.

8.7.4 Kostenpflichtige Angebote

Im Gegensatz zu klassischen Fachzeitungen, die einen Abonnement- und Ladenverkaufspreis kennen, werden heute noch nahezu alle Internetangebote kostenlos bereitgehalten. Inwieweit sich dieser Zustand längerfristig etabliert, lässt sich zurzeit kaum abschätzen.

Für die kostenpflichtige Finanzierung eignet sich das Abonnementmodell am besten, da der Kunde dann eine regelmäßige, zumeist jährliche Gebühr überweist und damit ein Passwort für den Zugang zu den Informationen erhält. Verliert er das Interesse am jeweiligen Portal, kann er dies kündigen und das Passwort verliert seine Gültigkeit. Ein erhebliches Problem in diesem Modell stellt die Weitergabe des Passworts dar, da heute keine elektronische Kontrollmöglichkeit besteht, den jeweiligen Besucher zu authentifizieren.

Die Alternative, das Angebot nach gelesenen Seiten abzurechnen, ist heute praktisch nicht durchführbar, da es keine Bezahlungsverfahren gibt, die allgemein anerkannt, einfach und preisgünstig sind und mit denen Beträge im Bereich von 10 Cent abgerechnet werden können. Zudem hat das Modell die Schwäche, dass der Besucher immer erst bezahlt, ohne zu wissen, ob die Information ihm nützt.

8.8 Vermarktung des Portals

Die Vermarktung eines Internetportals besteht aus zwei Komponenten, zum einen müssen viele Besucher gewonnen werden, die die Seiten aufrufen, zum anderen Unternehmen, die bereit sind, auf dem Portal Werbung zu treiben.

Nach unseren Erfahrungen ist der beste Weg zum Gewinnen von Besuchern die gute Platzierung in Suchmaschinen und ein ansprechender Inhalt, der wiederkehrende Besucher schafft. Die dazu notwendigen Schritte sind im Kapitel Marketing ausführlich erläutert.

Die Gewinnung von Besuchern auf dem Weg über klassische Medien wie Zeitungsanzeigen, Fernsehspots oder Post-Mailings-Aktionen ist außerordentlich teuer und nur im Ausnahmefall wirksam.

Wesentlich schwieriger gestaltet sich das Akquirieren von kostenpflichtigen Bannern und Brancheneinträgen, da diese Kunden selten direkt über Suchmaschinen eintreffen. Hier eignet sich der Besuch von Fachmessen im jeweiligen thematischen Bereich am besten, da dort Vertreter der jeweiligen Unternehmen persönlich angesprochen werden können.

Größere Aufträge werden auch heute erst durch persönliche Kontakte und längerfristige Maßnahmen möglich. Hier bieten sich auch die Kooperation mit Fach- und Branchenverbänden an, die Zugang zu entsprechenden Adresslisten und potenziellen Unternehmen haben.

8.8.1 Checkliste Aufbau eines Portals

- ✔ Marktanalyse
- ✔ Thematische Ausdehnung
- ✔ Stichwörter des Inhalts
- ✔ Abgrenzung zu anderen Themen
- ✔ Gliederung der Präsentation
- ✔ Finanzierungsmöglichkeiten
- ✔ Bannerwerbung
- ✔ Branchenverzeichnis
- ✔ Auftragsvermittlung
- ✔ Sponsoring
- ✔ Kostenpflichtige Angebote
- ✔ Vermarktung des Angebots
- ✔ Portalsoftware auswählen

8.9 Software für Portale

Der Betrieb eines Webportals erfordert wesentlich mehr Software als nur einen guten HTML-Editor und einen Webserver. Dies liegt daran, dass ein Portal im Lauf der Zeit viele Tausend Seiten umfassen kann und für diese Dokumente zudem unterschiedliche Anforderungen nach Archivierung und Veränderung bestehen.

Weiterhin sollen die Dokumente natürlich von verschiedenen Autoren erstellt und eingebunden werden können, womit nur Systeme, die auf Datenbankbasis arbeiten, diese Anforderungen sinnvoll erfüllen können. Die notwendigen Systeme werden unter den Namen Redaktionssysteme, Kontentmanagementsysteme oder Portalsoftware vertrieben. Dabei sind die Anforderungen je nach Umfang des Portals sehr weit gefächert und die Produkte liegen in entsprechend unterschiedlichen Preisbereichen.

8.9.1 Typische Anforderungen an Portalsoftware:

- ✔ Online-Eingabe der Dokumente
- ✔ Automatisches Formatieren je nach Rubrik
- ✔ Publikationszeitraum des Dokuments wählbar
- ✔ Archivierungsfunktionen

- ✔ Automatische Sitemap-Erzeugung
- ✔ Einbinden von Bildern und Fremddokumenten
- ✔ Multiuserfähigkeit
- ✔ Supervisor-Option
- ✔ Automatische E-Mail-Rundbriefe (Newsletter)

Neben diesen Kernaufgaben bieten einige Hersteller auch die automatische Bannerverwaltung, Shopsysteme und Benutzerverwaltung sowie verschiedene Statistikoptionen. Einige Produkte können die Informationen auch personalisiert für bestimmte Besuchergruppen zusammenstellen.

8.9.2 Technische Lösungen

Technisch unterscheiden sich die verschiedenen Lösungen durch die Erzeugung von dynamischen Webseiten, die immer erst auf Benutzeranfrage individuell generiert werden, und solchen Systemen, bei denen die einzelnen HTML-Dokumente bereits vorab automatisch erzeugt und auf den Webserver zum Abruf bereitgehalten werden. Letztere Version hat den Vorteil, dass es für den Webserver wesentlich einfacher ist, ein statisches Dokument an Port 80 auszusenden, als jedes Mal das Dokument neu anhand von Datenbank und Template-Informationen zu erzeugen.

Zudem erhalten statische Dokumente bei Suchmaschinen eine wesentlich bessere Platzierung, da jene davon ausgehen können, dass die Seiten auch nach längerer Zeit noch den erwarteten Inhalt besitzen.

Ein anderer technischer Unterschied liegt in der Bereithaltung der inhaltlichen Information, viele Systeme setzen heute noch auf die Verwendung von klassischen SQL-Datenbanken, einige neue Systeme benutzen aber bereits die XML-Technologie, deren Datenformat standardisiert ist. Zur Ausgabe dieser Information dient dann die ebenfalls normierte Technik von XSLT, womit es möglich wird, dass auch ältere Browser die daraus generierten HTML-Dokumente anzeigen können. Die Technologie ist insofern zukunftssicher, als damit theoretisch auch andere Ausgabeformate wie WML für Handys oder VXML für Sprachausgabe und andere Formate verwendet werden können.

KAPITEL 9

9 Rund um den eigenen Shop

9.1 Neue Medien – neue Märkte

Die Begriffe zu den neuen Geschäftsformen sind vielfältig und verwirrend. Zwei Worte fallen immer wieder:

✔ **Electronic Business** – Geschäftsunterstützung durch das Internet

✔ **Electronic Commerce** – Verkaufen von Waren über das Internet

Dem Verkaufen von Waren über das Internet sind technisch bereits alle Wege geöffnet, es mangelt jedoch immer noch an der Akzeptanz durch die Kunden trotz der vielen Vorteile, die sich bieten. Nach einer W3B-Umfrage (1999) sehen die Nutzer von Online Shopping als wichtigste Vorteile:

81 % Unabhängigkeit von Ladenöffnungszeiten

62 % Stressfreier Einkauf

61 % Unkomplizierte Bestellmöglichkeit

54 % Schnelle Bestellabwicklung

53 % Zeit sparendes Einkaufen

Es sind also vor allem die Zeitvorteile (IMMER) und die Bequemlichkeit, die als besonders angenehm empfunden werden. Prinzipiell bietet sich auch noch der Vorteil Ortsunabhängigkeit (ÜBERALL) an. Gegen das Shopping sprechen hier allerdings noch praktische Probleme (wie Bezahlung, Rechtssicherheit z.B. bei Reklamationen), die offenbar den grenzüberschreitenden Einkauf noch nicht zur gängigen Realität werden lassen.

In Deutschland stehen noch viele Nutzer dem Online Shopping kritisch gegenüber, insbesondere aufgrund fehlender Sicherheitsstandards für die Übertragung von persönlichen Daten bzw. Kreditkarten-Infos. Immerhin sind es nach der W3B-Umfrage von 1999 aber schon knapp 60 %, die im nächsten halben Jahr bestimmt oder vielleicht das Internet zum Einkaufen einsetzen werden.

Als Beispiel für die nahezu unbegrenzte Ausweitung des angebotenen Sortiments (ALLES) kann man die Buchhandlung amazon (www.amazon.com, in Deutschland www.amazon.de) ansehen. Diese amerikanische Buchhandlung besorgt jedes Buch, egal wer dieses herstellt oder sonst noch vertreibt. Zur Auswahl dient ein umfassender Katalog, der nicht nur genaue Titelangaben beinhaltet, sondern auch mit Rezensionen und Bewertungen eine Auswahlhilfe gibt. Verschickt und bezahlt werden die Bücher auf konventionellem Weg.

Mit dieser Ausweitung des Angebots verwischen sich die Grenzen zwischen Groß- und Einzelhandel, zwischen Verkäufer und Käufer. Nun hat jeder Kunde, soweit er über einen Internetzugang verfügt, fast dieselben Möglichkeiten wie ein Fachverkäufer sich zu informieren und zu bestellen.

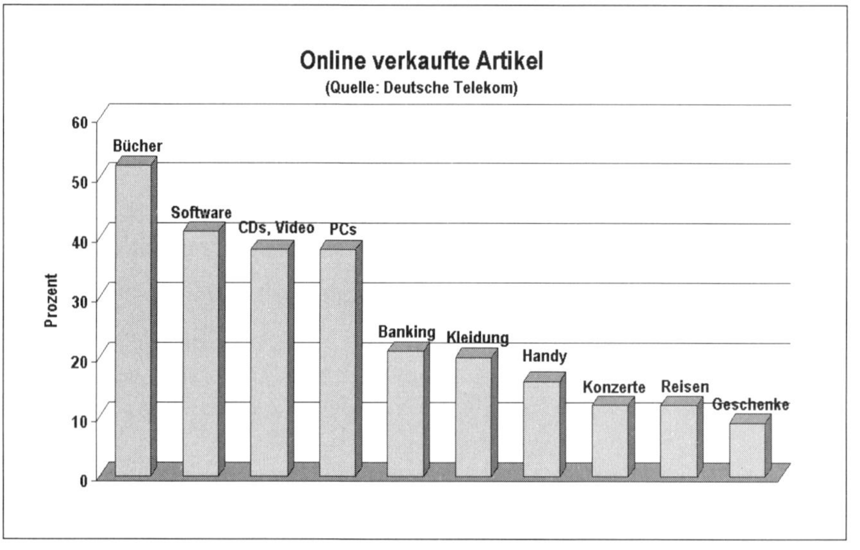

Abbildung 9.1: Produkte, die die elektronische Shoppingwelt beherrschten

Der Unterschied zwischen Laie und Fachmann wird damit in Zukunft vor allem in der Erfahrung des Profis liegen, z.B. beim Wissen, wer auch wirklich das einhält, was die Seiten im Netz versprechen. Damit das leichter zu erkennen ist, werden in Zukunft vermehrt »Gütesiegel« auf gute Internet-Shops hinweisen.

Verbreitung und Akzeptanz des Internets bilden die Basis von Electronic Commerce. Die Analyse der Nutzerzahlen bietet eine Orientierungshilfe, um gezielt potenzielle Kunden anzusprechen oder vorhandene Kunden zu halten.
Hierzu kann man im Internet mit eigenen Auswertungen (Log-Files) oder durch professionelle Institutionen Daten erhalten (siehe auch Kapitel 7).

Eine große Zahl von »Hits« oder »Visits« einer Website reicht für einen Geschäftserfolg im Internet nicht aus. Alle Anbieter stehen hier vor der Herausforderung, aus Besuchern Kunden zu machen. Dazu gehört, auf die Bedürfnisse der Kunden einzugehen und optimalen Kundenservice zu garantieren.

Übers Internet kann auf verschiedenen Kommunikationsebenen operiert werden. Da ist zunächst die so genannte Ein-Sender-Ein-Empfänger-Kommunikation: Ein Unternehmen steht im Dialog mit einem Kunden. Traditionell findet man diese Art über das Telefon oder das Faxgerät. Im Internet bietet E-Mail, der am häufigsten genutzte Internetdienst, diesen direkten Kontakt: Kundenanfragen oder Reklamationen werden vermittelt oder Unternehmen mailen ihre Stammkunden persönlich an, um über spezielle Angebote zu informieren.

So kann der Kundenservice weiter verbessert werden, umständliche Telefonate lassen sich vermeiden. Obwohl vom Prinzip her nicht neu, bietet E-Mail als Marketing-Tool Unternehmen interessante Möglichkeiten im Dialog mit den Kunden.

Aber auch die Ein-Sender-Viele-Empfänger-Kommunikation ist im Internet möglich. Sie verteilt Informationen an viele Kunden. Zahlreiche Firmen nutzen das Internet in dieser Weise, um auf sich und ihre Produkte aufmerksam zu machen. Eine Website ergänzt und ersetzt gedruckte Kataloge, der Internetauftritt macht das Unternehmen dem Publikum bekannt wie eine Anzeige in einer Tageszeitung. Inzwischen haben viele Marketingabteilungen das Potenzial des Internets erkannt, und man ist bereit, in diesen Bereich zu investieren.

Dass sich die Kundenbindung wirtschaftlich ebenso rechnet wie die Kostensenkung – zum Beispiel in der Auftragsabwicklung – ist kein Geheimnis: Eine Basis loyaler Stammkunden sichert stabile Erträge. Die direkte Verbindung zu Kunden und Kundengruppen im Internet macht es leichter, Informationen zu sammeln und das Angebot entsprechend nunmehr bekannter Wünsche und Bedürfnisse zu strukturieren.

Je direkter man auf Kundenwünsche eingehen wird, und je flexibler die Produktion nach direkten Auftragswünschen gestaltet werden kann, um so persönlicher, menschlicher, spezifischer kann man Kundenbedürfnisse befriedigen. Als Beispiele sind hier die Maßschneiderei, Fertigung von Autosonderteilen oder der Pizzaservice zu nennen.

9.2 Umsetzung eines Shops

Um einen eigenen Shop übers Netz zu verwirklichen, muss man sich die Einzelschritte klarmachen.

9.2.1 Einkaufen in einem Shop

- ✔ Ein typischer Kundenbesuch in einem Internet-Shop läuft wie folgt ab:
- ✔ Der Kunde blättert in einem Shopkatalog oder führt eine Suche nach bestimmten Produkten durch.
- ✔ Durch Anklicken der Produktnamen werden Bilder, detaillierte Beschreibungen, Preise, Rabatte und Verfügbarkeit angezeigt.
- ✔ Der Kunde legt die gewünschten Artikel in einen Einkaufswagen.
- ✔ Vor dem Abschluss des Shopbesuches teilt der Kunde seine Liefer- und Rechnungsanschrift mit und wählt unter den angebotenen Möglichkeiten eine geeignete Liefermethode aus.
- ✔ Zum Schluss wählt der Kunde eine Zahlungsmethode aus. Nach der Bestellung kann er online überprüfen, ob seine Bestellung ausgeführt wurde, den Verlauf seiner früheren Transaktionen detailliert anschauen und sogar nochmals auf Artikel zugreifen, die sich schon einmal in seinem Einkaufswagen befanden (nicht bei allen Systemen möglich).

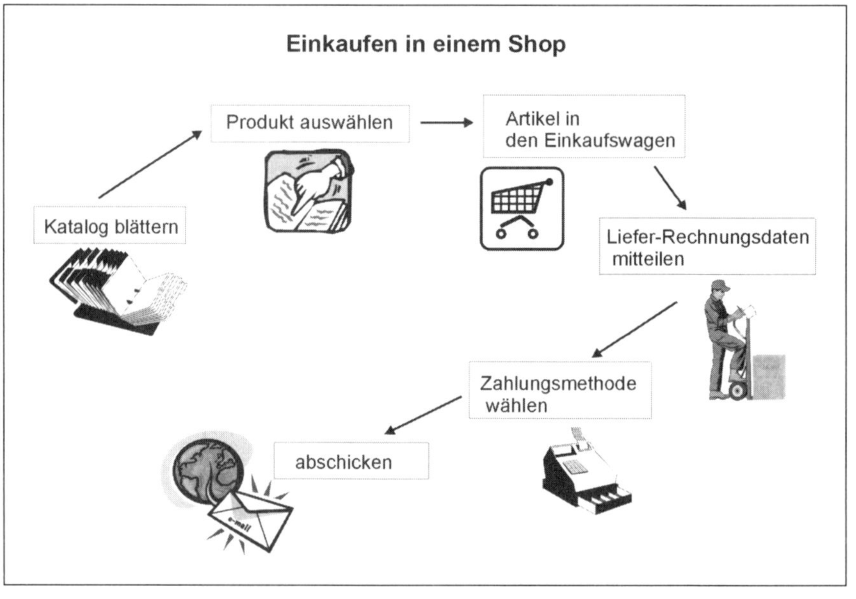

Abbildung 9.2: Die einzelnen Schritte, die in einem Shop-System abgearbeitet werden

9.2.2 Lösungen auf dem Markt

Auf dem Software-Markt findet man zurzeit Hunderte von Produkten, die sich mit dem Aufbau eines Geschäfts im Internet beschäftigen und versuchen, Lösungswege für diese Shoppingroutine zu bieten.

Zuerst muss man die Entscheidung treffen, wer den Shop betreuen soll. Soll der Server, auf dem die Shop-Software installiert wird, im eigenen Haus stehen oder soll sie durch einen Provider betreut werden?

Wenn die entsprechenden Fachleute (Programmierer, Netzwerkspezialisten) zur Verfügung stehen, kann man sich für die erste Version entscheiden. Man braucht einen leistungsfähigen Rechner, der 24 Stunden am Netz sein muss und als Server dienen kann. Der Vorteil liegt in der direkten Wartung bei auftretenden Problemen und der Kosteneinsparung, da keine monatlichen Mietkosten anfallen.

Die meisten Shop-Betreiber entscheiden sich jedoch für die Auslagerung der Shop-Software. Man überlässt die Betreuung der Hardware einem Spezialisten und übergibt damit auch die Verantwortung an ihn. Um die Software auf einem Rechner zu installieren, muss man eine Lizenz kaufen und diese dann an den Provider weiterreichen. Viele Shop-Hersteller bieten jedoch nur die Möglichkeit, den Shop auf ihren eigenen Rechnern laufen zu lassen, um bei auftretenden Problemen selbst agieren zu können. Der Vorteil dabei liegt in der genauen Programmkenntnis des Shop-Herstellers. Treten Probleme bei der Administration auf, können diese umgehend behoben werden. Hierfür entstehen monatliche Kosten für das Anmieten und Betreiben des Shops.

Die Entscheidung für einen bestimmten E-Commerce-Lösungsanbieter ist nicht ganz einfach. Sie kann nach folgenden Kriterien geschehen:

- ✔ Individuelle Beratung
- ✔ Sachkompetenz
- ✔ Eingehen auf Wünsche
- ✔ Günstige Preise
- ✔ Transparenz und Verständlichkeit für Einsteiger
- ✔ Schnelle Auftragsabwicklung
- ✔ Zuverlässigkeit
- ✔ Technikversorgung

Es sollen nun einige Lösungen kurz skizziert werden.

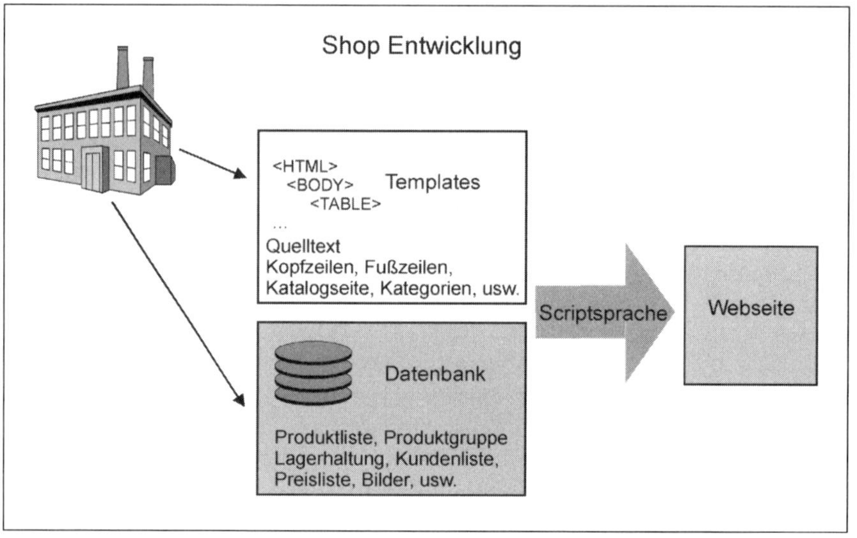

Abbildung 9.3: Bei der Entwicklung eines Shops muss der entsprechende HTML-Quelltext erstellt werden und eine Datenbank mit der gewünschten Scriptsprache angebunden werden.

9.3 Intershop

Intershop ist der nach verkauften Lizenzen weltweit größte Anbieter von Online-Shop-Systemen. Intershop ist eine umfassende Software-Lösung, die den Zugang zum weltumspannenden Internet mit einheitlichen Sicherheitsstandards verbindet, integrierte Datenbanken und die Möglichkeit bietet, die Internet-Angebote auf einfache Art zu aktualisieren und zu verwalten. Dieses Zusammenspiel der einzelnen Bausteine ermöglicht einen effektiven Verkauf übers Internet. Die Kernfunktionen der Standardversion beinhalten folgende Bausteine:

- ✔ Umfassende Shopdesign-Tools
- ✔ Shopping-Funktionen
- ✔ Vollständige Systeme zur Geschäftsführung und Ladenverwaltung
- ✔ Tools zum Kunden-Tracking sowie Geschäftsanalyse
- ✔ Kundenprofilerstellung
- ✔ Sichere Zahlungsmethoden
- ✔ Datenimport/-exportassistent

Zu dieser Basisausstattung kann man Zusatzcartridges erwerben, die den Shop nochmals mit weiteren Funktionen ausstatten. Diese Zusatzmodule gibt es in drei Kategorien:

- ✔ Für Zahlungssysteme
- ✔ Für Warenwirtschaftssysteme
- ✔ Für Drittsysteme

Bei den meisten Betreibern wird mit der Version 3.0 gearbeitet. Seit Juli 99 ist die Version 4.0 auf dem Markt. Neueste Infos sind unter *www.intershop.com zu* erhalten.

9.3.1 Intershop-Datenbank

Intershop arbeitet mit dem Datenbanksystem Sybase Adaptive Database 11 zusammen. Diese Datenbankarchitektur kann Tausende von Benutzeranfragen gleichzeitig bedienen und dabei Antwortzeiten in Bruchteilen von Sekunden erreichen. Die Datenbank kann von jedem beliebigen PC aus, über einen Webbrowser und eine grafische Benutzerschnittstelle verwaltet werden. Die Sybase-Datenbank kann über eine ODBC-Schnittstelle angebunden und über die mitgelieferten ODBC-Treiber zur Integration mit anderen ODBC-Anwendungen, wie Buchhaltungs- und Warenwirtschaftssystemen, abgefragt werden.

Weitere gute Verzeichnisse von Shop-Software finden Sie unter: *http://www.infoport.com/shopcart.htm* (engl. Seite), gute deutsche Vergleiche unter: *http://www.ecin.de/shops/standards/shopliste.html.*

9.4 Eigene Lösungen

Eine weitere Alternative zu den angebotenen Shop-Lösungen ist die Programmierung eines eigenen Shops. Dabei können individuelle Bedürfnisse realisiert werden und genau die Anforderungen erfüllt werden, die der Shop-Betreiber verlangt. Man muss sich nicht mit vorgegebenen Modulen zufrieden geben, sondern kann eigene Ideen einbringen. Der Zeitaufwand hierfür sollte jedoch nicht unterschätzt werden.

Die bestehenden Shop-Lösungen haben bereits Erfahrungen implementiert und sind größtenteils schon länger in Betrieb. Es ist oft eine Fehleinschätzung zu glauben, was die Hersteller in drei Jahren produziert haben, könne man selbst in zwei Monaten umsetzen. Eine wirkliche Alternative zu vorgegebenen Produkten ist die Eigenentwicklung nur, wenn es sich um einen sehr kleinen Shop handelt, bei dem man lediglich die Bestandteile »Bestellen« und »Ausliefern« benötigt. Der Shop wird einmalig für den Kunden entwickelt und angepasst und verursacht dann keine weiteren monatlichen Mietkosten.

Die Eigenentwicklung eines Shops wird meistens mit der Programmiersprache Perl umgesetzt, wobei die Hauptbestandteile (einkaufen, versenden, bezahlen etc.) schon fertig programmiert im Internet zu finden sind. Um diese Module in einen eigenen Shop umzuwandeln, sind umfangreiche Kenntnisse in Perl notwendig. Einen PerlShop zu programmieren kostet nur die Zeit, die man zur

Anpassung benötigt. Die Scripts, die man hierzu braucht, sind kostenlos im Internet erhältlich, unter der Bedingung, dass man das Perllogo auf der Shopseite platziert. Die Scripts sind für jeden zugänglich und auf jedem Webserver, auf dem ein Perlinterpreter installiert ist, lauffähig. Dieser PerlShop benötigt keine Datenbank, (deshalb auch nur für Shops mit wenigen Produkten geeignet), er wird durch das Neuladen der Seiten jeweils aktualisiert. Damit ist der Shop auch sehr schnell, da nicht bei jedem Start die ganzen Bestände neu durchsucht werden müssen. Gute Infos hierzu unter: *http://www.arpanet.com/PerlShop/*.

Ein Beispiel für eine Eigenentwicklung, sehr aufwändiger Art: *www.transtec.de.*

transtec bietet übers Netz EDV-Zubehör an und Computer können individuell zusammengestellt werden. Der Online-Auftritt wurde komplett innerhalb der transtec realisiert. Dabei kamen verschiedene Programmiersprachen und Techniken zum Einsatz. Ein Teil besteht aus Perl-Skripts, der Teil, der verstärkt auf Datenbank-Daten zugreift, aus so genannten PL/SQL-Routinen. (PL/SQL = Programmiersprache von Oracle für Programme, die direkt auf der Datenbank abgelegt sind und ausgeführt werden.) In geringerem Maße wurde auch C, Java und einige JavaScripts eingesetzt.

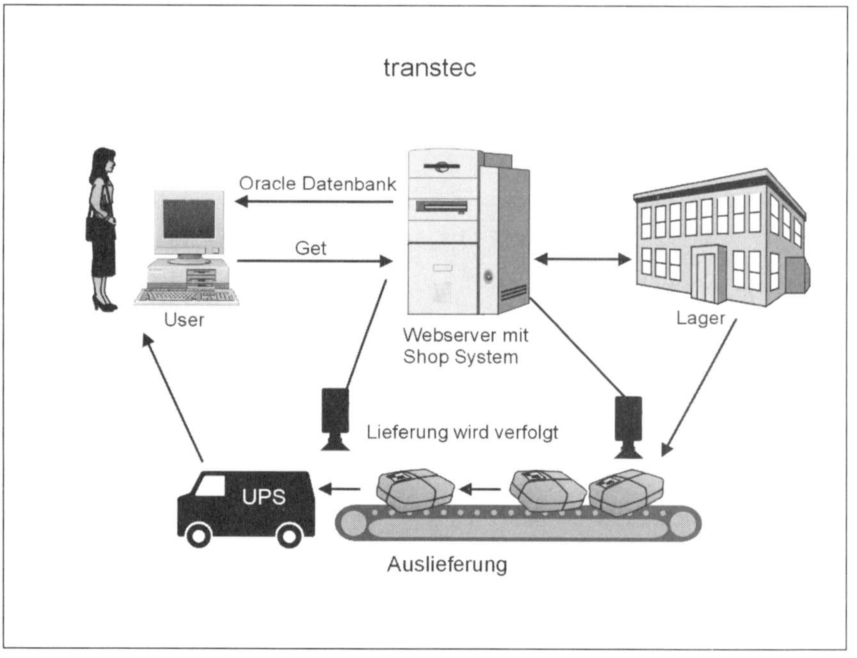

Abbildung 9.4: Die selbst entwickelte Shop-Software von transtec kann nicht nur Bestellvorgänge aufnehmen, sondern auch genau den Bestellstatus verfolgen.

Der Waren- und Datenfluss: Der Kunde erhält einen Datenbankauszug als JAVA-Applet, in dem er seine Bestellung zusammenstellen kann. Die Bestellinformation geht an den Webserver und wird von dort an das Lager weitergeleitet. Die Vorgangsnummer wird als Barcode auf das Paket geklebt und von Scannern an die zentrale Datenbank geleitet.

Will ein Kunde später den Bestellfortschritt sehen, so erhält er aus der Datenbank Informationen darüber, wo seine Bestellung gerade bearbeitet wird, ob das Paket schon in der Auslieferung ist oder vom Versandunternehmen bereits ausgeliefert wird. Wurde das Paket bereits in Empfang genommen, so kann auch dies über Internet abgefragt werden!

9.5 Die Umsetzung

9.5.1 Das Bestellsystem

Für den Besucher stellt das Bestellsystem eines Internet-Shops die Schnittstelle zur Shop-Software dar. Da man bei den normalen Endkunden nur geringe Übung in der Benutzung von elektronischen Bestellsystemen erwarten kann, und die Nutzer zudem immer noch sehr vorsichtig sind, muss größte Sorgfalt auf eine bequem zu bedienende Oberfläche gelegt werden.

Anders als in bisherigen EDV-gestützten Bestellsystemen kann man nicht davon ausgehen, dass der Benutzer eine längere Schulungs- und Einarbeitungszeit über sich ergehen lässt.

Andererseits besteht die berechtigte Hoffnung, dass bereits Erfahrungen mit ähnlichen Internet-Shops vorliegen, womit klar wird, dass man sich in der Nutzerführung an Vorbildern anlehnen sollte. So interessant ein völlig neues Bedienungskonzept erscheinen mag, so wenig wird es sich daher im Alltag bewähren.

Wenn nun ein Shopsystem in die eigene Internetpräsenz eingebaut werden soll, muss man sich sehr genau überlegen, für welchen Shop man sich entscheidet. Kriterien hierfür sind:

- ✔ Wie viele Produkte werden angeboten?
- ✔ Genügen die Optionen »Bestellen« und »Versenden«?
- ✔ Muss ein Warenwirtschaftssystem angebunden werden?
- ✔ Gibt es einheitliche Preise?
- ✔ Sollen Lieferscheine und Rechnungen mit ausgegeben werden?
- ✔ Müssen Kundendaten mit verwaltet werden?

Diese Fragen müssen vorab geklärt sein, da die meisten Shop-Systeme nicht alle Funktionen beinhalten. Wenn man sich für die falsche Software entscheidet, kann man unter Umständen in einer Sackgasse landen. Es empfiehlt sich, auf ein umfangreicheres Produkt zu setzen, das ausbaufähig ist, obwohl vielleicht zu Beginn nur wenige der Funktionen genutzt werden.

9.5.2 Einzelne Schritte zum eigenen Shop

Es soll nun kurz erläutert werden, wie man einen Shop aufbaut. Dabei muss natürlich bedacht werden, dass die individuellen Software-Lösungen unterschiedliche Möglichkeiten bieten. Die Grundprinzipien sind auch bei kleineren Shops ähnlich, nur die Variationsvielfalt ist begrenzt. Wir werden davon ausgehen, dass die Shop-Software bereits installiert ist, da dieser Vorgang in der Regel vom Provider übernommen wird, und der Entwickler sich nur noch um die Software-Anpassung kümmern muss.

Folgende Schritte werden durchgeführt, unterstützt durch die jeweilige Shop-Software:

- ✔ Homepagedesign und die Navigation festlegen
- ✔ Katalog-Templates herstellen
- ✔ Produkt-Templates herstellen
- ✔ Bestehende Produktdaten in den Shop importieren
- ✔ Produktdaten manuell nachbearbeiten
- ✔ Kundendaten konfigurieren
- ✔ Zahlungsmethoden festlegen

Voraussetzung für die Umsetzung sind gute HTML-Kenntnisse, da nur sehr einfache Editoren zur Seitenerstellung in den Shop-Programmen enthalten sind. Um diesen Schritt zu vereinfachen, erstellt man oft einzelne Seiten (z.B. die Katalogseiten) mit einem externen Editor und importiert dann den Quellcode in den Shop. Das Problem, das hierbei oft auftaucht, ist die Nichtkompatibilität einzelner Editoren mit der Shop-Software.

Hat man sich ein Navigationskonzept überlegt und darauf die Einzelseiten aufgebaut, müssen noch die Zahlungsmethoden, die man anbieten möchte, überlegt werden.

9.6 Bezahlung mit digitalen Zahlungsmitteln

Digitale Zahlungsmittel ermöglichen es, Geldbeträge über das Internet zu schicken. Die Übertragung von Geldwerten ist natürlich über ein offenes Netz äußerst riskant, so dass ausreichende Sicherungsmaßnahmen getroffen werden müssen, um die Sicherheit der Übertragung zu gewährleisten.

Bisher bieten die meisten virtuellen Kaufhäuser im Internet nur eine konventionelle Art der Bezahlung an. In den letzten beiden Jahren wurden viele Systeme entwickelt, die wie bei den Zahlungsweisen des bisherigen Zahlungsverkehrs verschiedene Aufgaben erfüllen. Die Forderungen an die verschiedenen Zahlungssysteme müssen mindestens gleiche Sicherheit und gleichen Datenschutz bieten wie im herkömmlichen Zahlungsverkehr. Im Moment kommen drei verschiedene Möglichkeiten für die Bezahlung per Internet in Betracht: Kreditkartenzahlung, Bezahlung durch Kleinbeträge und das Lastschriftverfahren. Diese verschiedenen digitalen Zahlungsarten sollen erläutert werden.

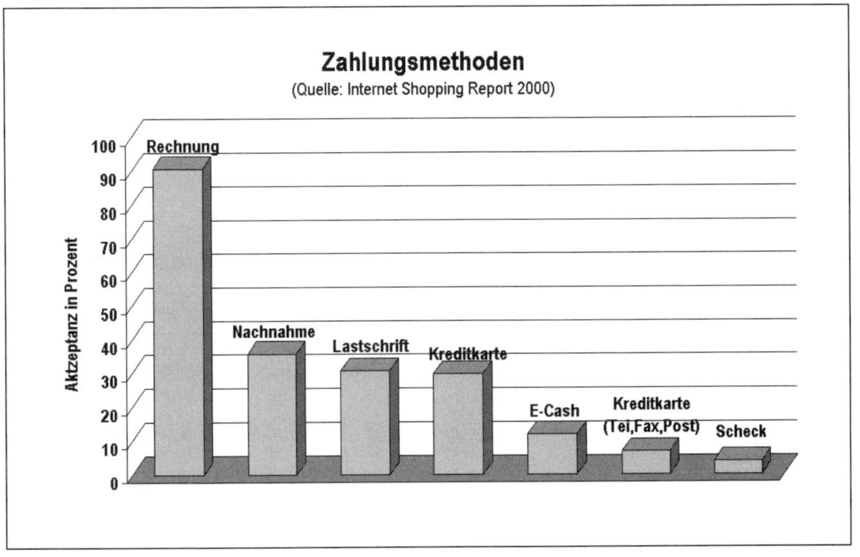

Abbildung 9.5: Die beliebtesten Zahlungsmethoden im Internet; in Deutschland spielt die Kreditkartenzahlung nur eine untergeordnete Rolle, obwohl sie weltweit führend ist.

9.6.1 Kreditkartenzahlung

Das SET-Verfahren

Eines der wichtigsten sicheren Verfahren zum Bezahlen im Internet ist das SET-Verfahren (Secure Electronic Transaction). SET wurde vor allem von Mastercard und VISA als gemeinsamer Standard für Kreditkartentransaktionen entwickelt. IBM stellte die Version im Januar 1998 vor. SET ermöglicht automatisiert, Kreditkartendaten vollständig sicher über das Internet zu übertragen, indem es ebenfalls starke Public-key-Verschlüsselung einsetzt, die über die Stärke der Exportversionen der Browser weit hinausgeht.

Anforderungen, die dabei realisiert wurden, sind:

- ✔ Hohe Sicherheit bei der Übertragung zwischen Kunde und Anbieter
- ✔ Verdecken der Karteninformation für den Anbieter
- ✔ Einfache Handhabung mit jedem Browser
- ✔ Sicherheit, dass der Anbieter unter seinem wahren Namen erscheint

Der Ablauf einer SET-Zahlung dauert ca. 20 Sekunden, dabei laufen folgende Vorgänge ab (nach Bossler):

- ✔ Nachdem der Kunde auf den »Bezahl«-Knopf gedrückt hat, sendet der Webserver eine elektronische Rechnung.
- ✔ Die elektronische Geldbörse (Wallet) öffnet sich auf dem Rechner des Kunden und dieser kann eine Zahlmethode oder eine seiner Kreditkarten aussuchen.
- ✔ Die verschlüsselte Zahlungs-Nachricht wird an den Webserver gesendet.
- ✔ Der SET-Server beim Händler fügt die verschlüsselte Händlerinformation hinzu.
- ✔ Diese Zahlungsanforderung wird über das Internet an den Gateway der Bank weitergeleitet.
- ✔ Der Bank-Server entschlüsselt die Nachricht und authentifiziert zum einen den Kunden und zum anderen den Händler.
- ✔ Über das geschlossene Banknetz nimmt der Bankserver Kontakt mit dem Kreditinstitut auf, um das Kundenkonto zu belasten. Eine Bestätigung wird zurückgesendet.
- ✔ Eine positive oder negative Antwort wird zum Server des Händlers und weiter zum Browser des Kunden gesendet.

CyberCash

David Lynch gründete die CyberCash Inc., um digitales Geld verfügbar zu machen. Im Wesentlichen benutzt CyberCash eine sichere Übertragungsmethode, um Kreditkartendaten oder Kontodaten sicher im Internet zu übertragen. Dies wird mit Public-Key-Kryptografie bewerkstelligt, ähnlich dem Übertragungsstandard SET. Die Daten werden direkt von CyberCash an die Banken über eigene sichere Übertragungswege weiter übermittelt.

Kreditkartenzahlung mit CyberCash

Hierbei kommt das CyberCash-eigene C5-Protokoll zur Anwendung, das bereits seit 1995 in den USA erfolgreich eingesetzt wird und große Ähnlichkeiten zum SET-Protokoll aufweist.

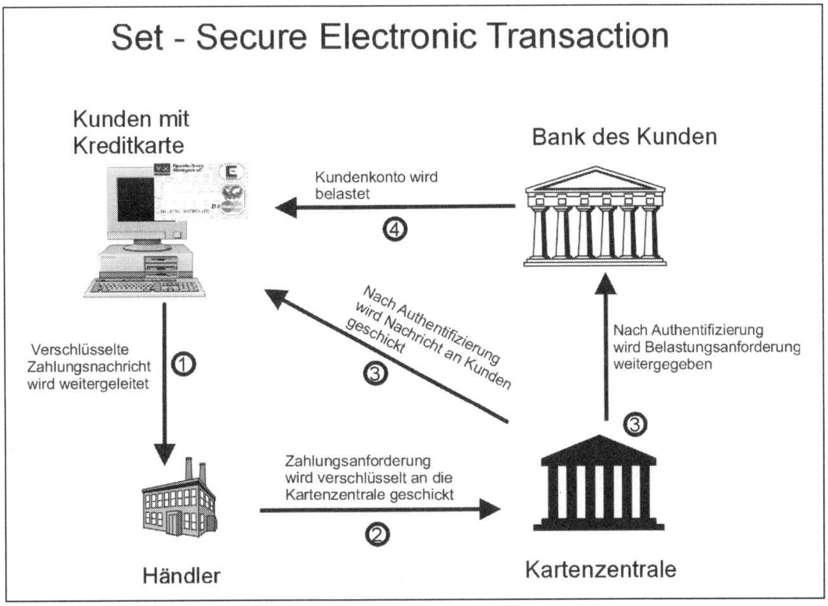

Abbildung 9.6: Die einzelnen Schritte beim SET-Zahlungsverfahren

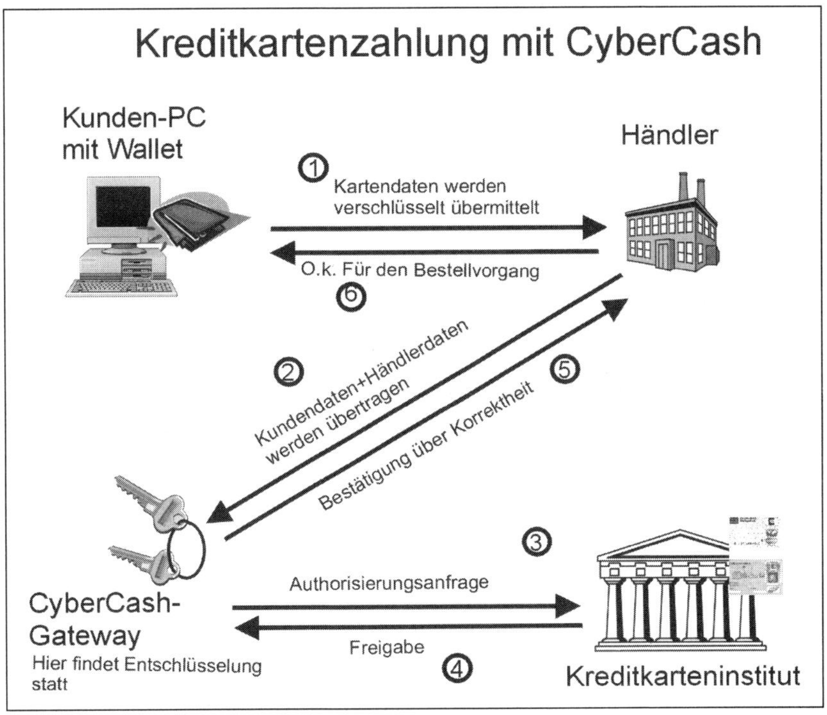

Abbildung 9.7: Der Kunde möchte eine ausgewählte Ware mit Kreditkarte bezahlen. Aus seiner Wallet wählt er die gewünschte Kreditkarte aus.

Die Kartendaten (Zahlungsdaten) werden an den Händler verschlüsselt übertragen. Der Händler fügt zu den Zahlungsdaten des Kunden, die er nicht entschlüsseln und lesen kann, seine Daten hinzu und überträgt das gesamte Paket an das CyberCash-Gateway. Die durch die Sicherungsmechanismen geschleusten Daten werden vom Gateway entschlüsselt und verglichen. Bei Abweichungen wird die Transaktion abgelehnt.

Das CyberCash-Gateway stellt bei Vorliegen korrekter Daten eine Autorisierungsanfrage an das entsprechende Kreditkarteninstitut.

Bei erfolgreicher Autorisierung (Prüfung auf Gültigkeit und eventuelle Sperrung) erteilt der Kreditkartenprozessor dem CyberCash-Gateway die Freigabe. Der Händler erhält eine Bestätigung über die Autorisierung. Der Käufer erhält eine Benachrichtigung darüber, dass die Transaktion erfolgreich war.

9.6.2 Kleinbeträge

Es gibt leider kein verbreitetes Verfahren, kleine Beträge kostengünstig über das Internet zu bezahlen. Dies liegt unter anderem an der Tatsache, dass auch mit Bannerwerbung einige Cent pro Seitenaufruf eingenommen werden können. Die Besucher haben kein Interesse anstelle von Bannern jeweils einen kleinen Betrag über Internet zu bezahlen. Sollte sich dennoch ein Verfahren etablieren, muss es folgende Eigenschaften haben:

- ✔ elektronische Münzen
- ✔ unterstützt mehrere Währungen
- ✔ schnelle Transaktionen
- ✔ sehr geringe Transaktionskosten (zwischen 0,01 und 0,10 Cent)
- ✔ Sicherheit nicht im Vordergrund (Missbrauch lohnt meist nicht)
- ✔ Anonymität
- ✔ Zahlungen an und von Händler möglich

9.6.3 Lastschriftverfahren

EDD – Electronic Direct Debit

Speziell für den deutschen Markt wurde das lastschriftbasierte EDD (Electronic Direct Debit) -Verfahren entwickelt.

EDD ist den aus der realen Einkaufswelt bekannten POS-Zahlungssystemen nachempfunden, bei denen der Kunde statt mit Bargeld mittels einer maschinenlesbaren Karte, zumeist der ec-Karte, Bezahlvorgänge tätigen kann und der Rechnungsbetrag automatisch von seinem Konto abgebucht wird.

Mit der virtuellen EDD-Karte und der CyberCash-Wallet können Kunden bequem im Internet einkaufen gehen. Die bei EDD zur Anwendung kommenden Signaturen gewährleisten allen Beteiligten die höchstmögliche Sicherheit dieser Transaktionen.

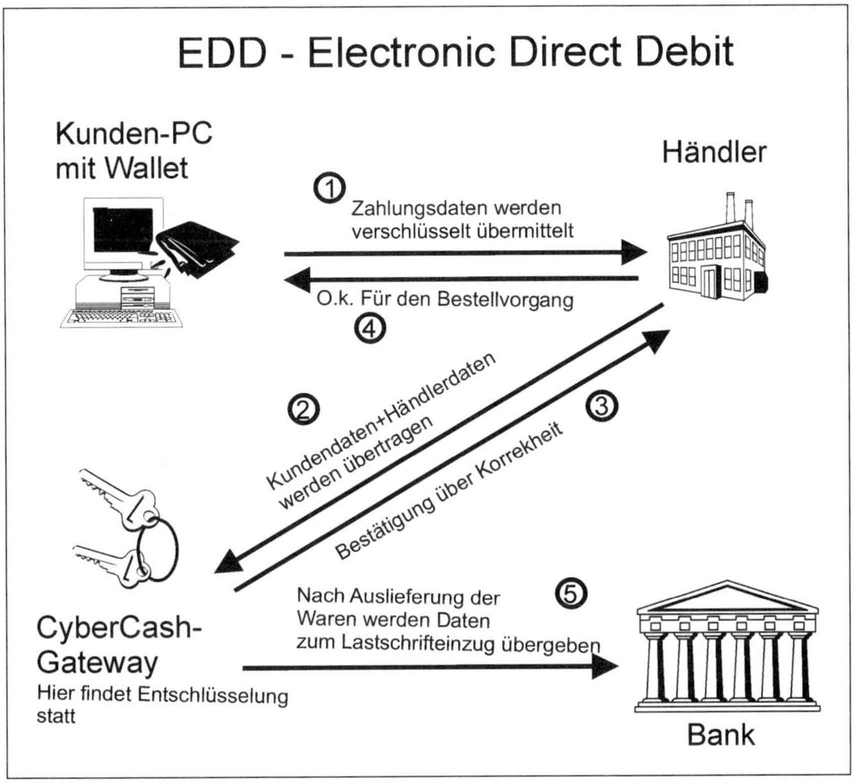

Abbildung 9.8: Transaktionsablauf bei Electronic Direct Debit

Der Kunde entscheidet sich beim Kauf im Web dafür, mit der CyberCash per EDD zu bezahlen. Aus seiner Wallet wählt er EDD aus. Daraufhin wird eine elektronische Einzugsermächtigung erstellt, die der Kunde dann durch Bestätigung digital signiert.

Die Zahlungsdaten werden an den Händler verschlüsselt übertragen. Der Händler bzw. das Cash-Register des Händlers fügt den Zahlungsdaten des Kunden, die er im Übrigen nicht entschlüsseln und lesen kann, seine Daten hinzu und überträgt das gesamte Paket an das CyberCash-Gateway.

Das CyberCash-Gateway ist die »Schaltzentrale« für das CyberCash-Bezahlsystem. Über dieses von der CyberCash GmbH betriebene Gateway laufen alle Transaktionen der verschiedenen Zahlungsmethoden. Das Gateway gewährleistet die Sicherheit aller CyberCash-Transaktionen. Es authentifiziert sowohl den Kunden als auch den Händler und übt damit eine Funktion als »Trustcenter« aus. Nur hier können alle Nachrichten und die unterschiedlichen Datenpakete entschlüsselt werden. An dieser Stelle erfolgt auch der Übergang der Cyber-Cash-Transaktionen in die geschlossenen Bankennetzwerke.

Die durch die Sicherungsmechanismen geschleusten Daten werden vom Gateway entschlüsselt und verglichen. Bei Abweichungen wird die Transaktion abgelehnt. Sind alle Daten korrekt, erhält der Händler eine Bestätigung über den Zahlungsvorgang.

Der Händler erstellt eine Transaktionsbestätigung für den Kunden.

Das Gateway speichert im Auftrag des Händlers alle Forderungen. Sobald der Händler im Cash-Register angibt, dass die Ware versendet worden ist, werden die entsprechenden Dateien für den Lastschrifteinzug erstellt. Zwischen den beteiligten Banken erfolgt auf konventionellem Wege die Abwicklung des Lastschriftverfahrens.

9.6.4 Paybox

Die meisten Internet-orientierten Bezahlverfahren haben das Problem, dass die Rechnersysteme beim Endkunden nicht gegen Viren und Trojaner gehärtet sind. Daher muss eine sehr sichere Lösung immer auch ein Stück externer Hardware beinhalten, die nicht direkt mit dem Betriebssystem des PC verbunden ist. Da die meisten Nutzer aber nicht bereit sind, eine weitere Hardware-Komponente zu erwerben, die dann auch noch sehr rasch veralten könnte, bietet sich das Handy für diese Aufgabe an.

Ein Handy besitzt sechs wichtige Voraussetzungen für sichere Bezahlung im Internet:

- ✔ Unabhängige Netzanbindung (GSM, UMTS)
- ✔ Eigene Tastatur
- ✔ Eigenes Display
- ✔ Leistungsfähiger Prozessor
- ✔ Personalisiert mit PIN
- ✔ Weit verbreitet (mehr Handys als Internetzugänge)

Der Ablauf einer Paybox-Zahlung, die diese Eigenschaften nutzt, ist dann sehr einfach. Der Kunde wählt auf der Bezahlungsseite im Internet die Option »Paybox« aus und gibt seine Handynummer an. Der Paybox-Server wählt das Handy an und teilt die zu zahlende Summe mit. Der Kund muss den Betrag mit einer PIN bestätigen und auf dem Bildschirm erscheint die Bestätigung über eine erfolgreiche Bezahlung.

Diesen Vorgang zu stören oder zu missbrauchen ist sehr schwer, da sowohl eine Kontrolle über den jeweiligen Internetzugang und über das Funknetz notwendig ist, das zudem verschlüsselt arbeitet. Eine Gefahr ist der Diebstahl des Handys und das Gewinnen der PIN, hier gilt daher die gleiche Vorsicht wie bei

Eurocheque-Karten, niemals die Geheimzahl zusammen mit der Karte aufzubewahren und bei Verlust des Handys den Paybox-Account sofort zu sperren.

Weitere Informationen zu Paybox: *http://www.paybox.net/z*

9.6.5 Alternativen zur Internetzahlung

Wem die Übertragung der persönlichen Daten übers Internet trotz aller Sicherheitsmaßnahmen immer noch zu unsicher ist, der kann auf herkömmliche Art bezahlen.

Kauf auf Rechnung bieten Händler an, wenn die Kunden bekannt sind, und damit der Zahlungseingang gewährleistet ist. Bei Waren, die nur einmalig bestellt werden, stellt diese Zahlungsart ein Risiko für den Versender dar. Zahlt der Warenempfänger nicht, muss man ein kostspieliges Mahnverfahren einleiten, das bei kleineren Produkten den Warenwert oft übersteigt.

Eine Alternative dazu bietet der Versand per Nachnahme. Dem Versender wird hier gewährleistet, dass er auch sein Geld erhält, wenn die Ware angenommen wird. Der Nachteil hierbei ist die Erhöhung der Kosten für den Besteller. Fällt die Relation der Nachnahmegebühr zum Produktwert ungünstig aus, entscheidet sich der Kunde unter Umständen für einen Mitbewerber, der eine andere Zahlungsart anbietet.

Häufig findet man auch Zahlung per Vorauskasse. Der Händler verschickt seine Waren nur bei Eingang einer Zahlung und geht damit keinerlei Risiko ein. Das Risiko liegt hier auf der Seite des Kunden. Er überweist sein Geld auf ein Konto eines virtuellen Händlers und vertraut darauf, die Waren zu erhalten. Um das Vertrauen des Kunden zu erlangen, sollte man deshalb auf der Webseite auch immer die vollständige Anschrift mit Telefonnummer präsentieren.

Bei internationalen Geschäftsbeziehungen gelten auch Zahlungsverfahren, die in Deutschland ansonsten weniger üblich sind, wie »cash against documents« oder »letter of credit«, bei denen die jeweilige Hausbank für die Zahlungsbeträge haftet.

KAPITEL 10

10 Serverdienste

10.1 Datenbankanbindung mit CGI und ODBC

Einer der spannendsten Bereiche beim Aufbau eines Webservers ist die Realisierung einer Datenbankanbindung. Datenbanken bestehen in Firmen häufig bereits in großem Umfang und sind für den Einzelnen normalerweise nur mit der speziell für die Datenbank zugeschnittenen Abfragemaske und den dazu notwendigen Software-Produkten ansprechbar.

Will man den Anwenderkreis für Datenbanken erweitern bzw. für verschiedene Betriebssysteme eine Schnittstelle zur Datenbank realisieren, ist der effizienteste und technisch problemloseste Weg die Anbindung über HTML-Formulare.

Wie wird das nun realisiert? An dieser Stelle soll an einem Beispiel die Anbindung einer Datenbank an den Internet Information Server, den Webserver von Microsoft dargestellt werden. Die Realisierung für andere Webserver wird durch die gleiche Vorgehensweise umgesetzt, aber durch unterschiedliche Software-Komponenten begleitet. Zunächst ein Überblick über die Möglichkeiten, eine Datenbank an den Webbrowser über den Webserver anzubinden.

10.1.1 Anbindung des Clients an die Datenbank über das Internet

Zwischen dem Formular, das auf dem Browser des Clients erscheint, und der Datenbank ist ein vermittelndes Programm notwendig, da die meisten Datenbanken noch keine direkte Internetschnittstelle haben, die, ähnlich einem Webserver, aktiv mit dem Browser kommuniziert.

Die Lösung gestaltet sich immer nach dem gleichen Prinzip. Der Benutzer gibt in sein Formular die notwendige Information ein, diese Information wird dann mittels des HTTP-Protokolls mit dem Befehl GET oder POST, je nach Applikation, an den Webserver zurückgesendet. Dort wird ein spezielles Programm aufgerufen, das allgemein als CGI (Common Gateway Interface) bezeichnet wird.

Diese Software auf dem Webserver kann in verschiedenen Programmiersprachen erstellt werden oder ist bereits eine fest installierte Komponente, die mit der Webserversoftware mitgeliefert wird. Dieses CGI-Programm wertet nun die Eingabedaten der Benutzeranfrage aus und erstellt daraus eine Anfrage an die Datenbank. Diese Anfrage ist normalerweise in der Schnittstellensprache SQL (Structured Query Language) formatiert.

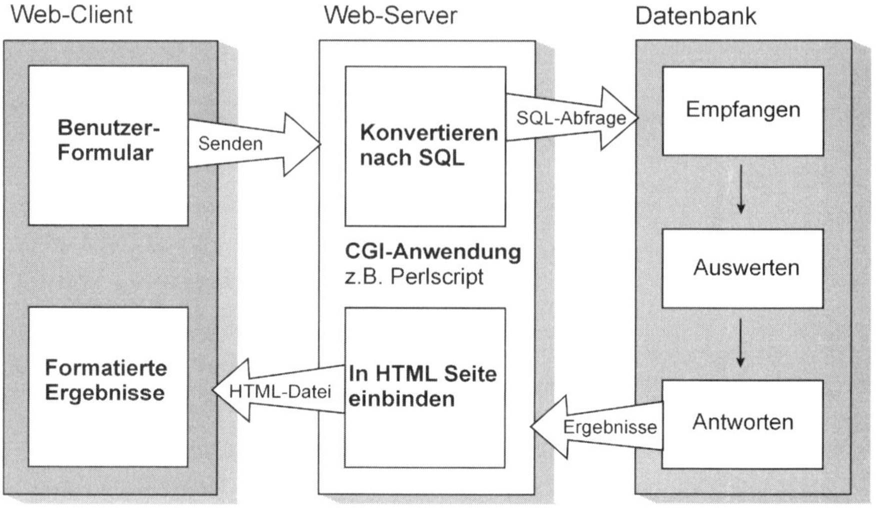

Abbildung 10.1: Der prinzipielle Ablauf bei einer Datenbankabfrage im Drei-Zonen-Modell: Der Benutzer sendet den Inhalt des Formulars an den Webserver, auf diesem läuft die CGI-Anwendung zur Übersetzung der Frage in SQL (Standardsprache für Datenbankabfragen) und leitet die SQL-Abfrage an die Datenbank weiter. In der Datenbank wird die Anfrage ausgewertet und das Ergebnis an die CGI-Anwendung wieder zurückgesendet. Die CGI-Anwendung verziert die Antwort mit HTML-Elementen und schickt die fertige Seite an den Browser zurück, auf dem die gut formatierten Ergebnisse dargestellt werden.

Dieser Fragestring wird nun an die Datenbank geleitet, von dieser gelesen, ausgewertet und die gefundenen Ergebnisse an das Software-Programm CGI, auf dem Webserver, zurückgesendet.

Dieses Ergebnis aus der Datenbank ist zunächst für die direkte Übermittlung an den Client nicht geeignet und muss daher noch formatiert werden, damit es als HTML-File beim Client vernünftig sichtbar wird. Dazu baut das CGI-Programm nun entsprechende HTML-Tags ein und entnimmt Kopf- und Fußzeilen des HTML-Dokuments aus Vorlagen. Nach Fertigstellung eines optisch akzeptablen HTML-Dokuments wird dieses an den Benutzer zurückgesendet, bei dem die Ergebnisse im Browserfenster sichtbar werden.

Eine typische Anwendung dieser Art hat jeder Internetbenutzer bereits kennen gelernt, wenn er z.B. eine Suchmaschine bedient und dabei in die Eingabezeile seinen Fragestring eingibt und anschließend eine formatierte Antwort von der Suchmaschine erhält. Es ist allerdings anzumerken, dass die von den Suchmaschinen verwendete Software teilweise erheblich komplexer programmiert ist als das hier angeführte prinzipielle Beispiel.

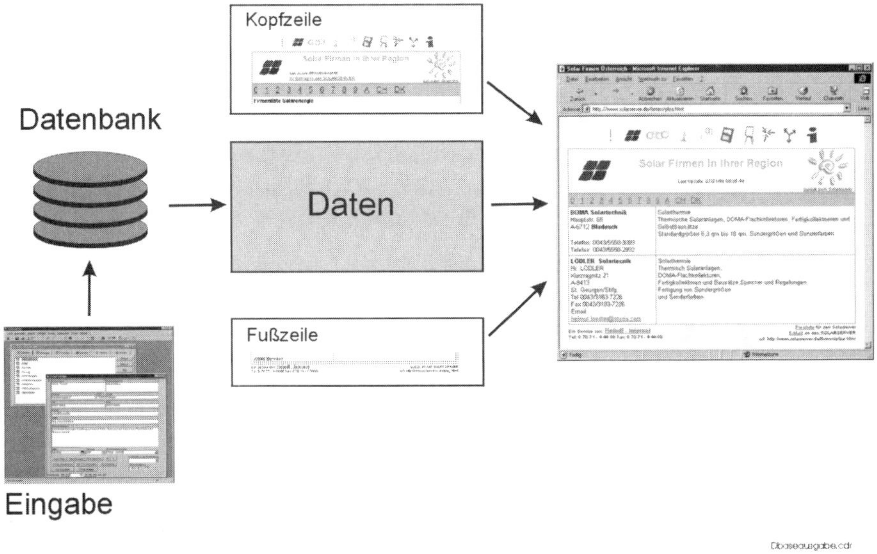

Abbildung 10.2: Arbeitsweise der Solar-Firmendatenbank. Der Betreuer der Datenbank gibt in seine Eingabemaske neue Firmendaten ein. Die Datenbank generiert daraufhin aus vorhandenen HTML-Fragmenten und den Firmeninformationen eine Webseite, die automatisch auf den Server übertragen wird. Sowohl Benutzer im Internet als auch Suchmaschinen können diese statischen Seiten aus dem Solar-Server schnell abfragen, ohne die Datenbank nochmals direkt anzusprechen.

Mit MS Access in das Internet

Ein Beispiel anhand der Firmenliste unter *www.solarserver.de.*

Es bestand die Aufgabe, eine Liste von Firmen, die in einer Access-Datenbank vorhanden war, in einer optisch ansprechenden Form in das Internet zu bringen. Das Layout sollte vom Benutzer der Datenbank veränderbar sein und alle Funktionen, inklusive der Übertragung auf den Server, sollten von einem zentralen Formular aus zu bedienen sein.

Der Firmeneintrag besteht aus dem Namen der Firma, Adresse, URL der Homepage, E-Mail-Adresse sowie einer Beschreibung der Dienstleistungen, die diese Firma anbietet. In der HTML-Ausgabe der Liste soll, so weit vorhanden, der Name der Firma mit einem Link auf ihre Homepage versehen sein. Zusätzlich soll es die Möglichkeit geben, ein Logo der Firma einzubinden. Diese beiden letzten Bedingungen verhinderten den Einsatz der Access-Funktion, im HTML-Format abspeichern, da hier der Einfluss auf das Layout nur sehr begrenzt ist. Mit Visual Basic for Applications (VBA) ist dem Entwickler jedoch ein Werkzeug gegeben, mit dem auch diese Probleme gelöst werden können.

Die Umsetzung

Um die Ansicht der Seite übersichtlich zu halten und den Datentransfer im Netz zu reduzieren, wird nicht die ganze Firmenliste auf einer Seite dargestellt, sondern nur ein Auszug, nach Postleitzahlregionen unterteilt. Dieser Auszug wird durch eine SQL-Abfrage erstellt. Diese Methode hat den Vorteil, dass man auch eine Abfrage nach bestimmten Schlüsselwörtern ohne große Umstellung des Programms realisieren kann.

Um die Formatierung festzulegen, wurde eine Liste angelegt, in der die HTML-Befehle gespeichert werden. In dieser Liste sind also Kopfzeile, Fußzeile und der komplette HTML-Code, der vor und nach den Daten aus der Datenbank eingefügt wurde, verzeichnet.

Ein VBA-Modul kombiniert nun Stück für Stück die Informationen aus der HTML-Liste mit den Daten aus der Datenbank und fügt das Ganze zu einer neuen Tabelle zusammen. Hierbei werden auch verschiedene Ausnahmen abgefangen, wie zum Beispiel das Fehlen einer Webadresse. In diesem Fall wird die Ausnahmen-Formatierung aus der Liste geholt, in unserem Beispiel ist das die Formatierung »strong«.

An diese Tabelle wird dann noch die Kopf- und Fußzeile angehängt und das Ganze als Textdatei mit einem Namen *.html ausgegeben. Auf diese Weise umgeht man die HTML-Funktionen von Access, die mit ihren eigenen Formatierungen die selbst definierte beeinträchtigen würde. Nun wird der Name der Datei in eine Liste eingetragen, in der die Dateien stehen, die mit FTP (File Transfer Protocol) auf den Server übertragen werden sollen.

Diese Liste wird später automatisch abgearbeitet.

Die Steuerung

Die Steuerung der Modulfunktionen sollte für den Datenbankbenutzer möglichst einfach und übersichtlich sein. Daher sollten die Dinge, die nur selten gebraucht werden, nicht auf demselben Formular stehen.

Neben dem Hauptformular zur Firmenverwaltung gibt es also noch ein Formular, um das HTML-Layout und die FTP-Verbindungsdaten (Servername, User, Passwort) festzulegen. Das Kernstück dieser Anwendung ist jedoch die Firmenverwaltung. Von hier aus kann der Benutzer die Firmendaten ändern und neue Firmen eingeben.

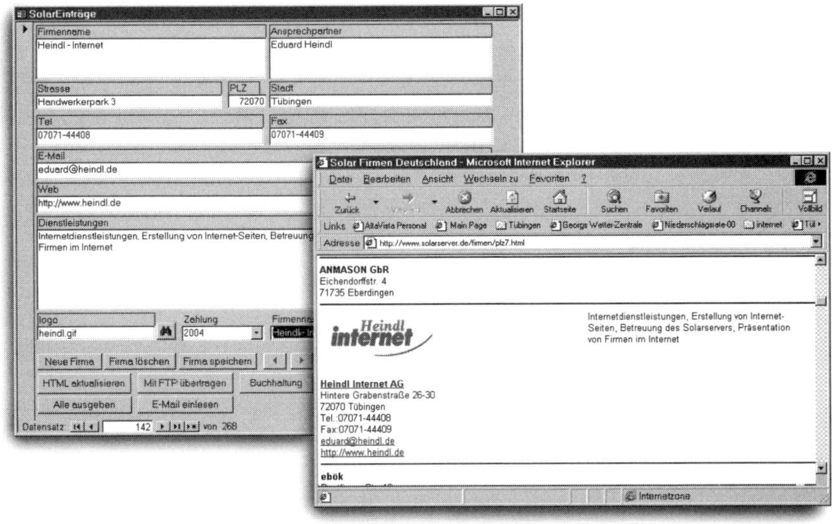

Abbildung 10.3: Die Eingabemaske unter Access und das Resultat im Internet. Das Logo ist eingebunden, die Links sind hinterlegt und die E-Mail ist aktiviert.

Weitere Funktionen:

✔ HTML aktualisieren

Eine selbst programmierte Funktion, die die Datenbank nach Datensätzen durchsucht, die sich seit dem letzten Übertragen per FTP geändert haben oder neu dazugekommen sind. Nun werden nur die Seiten, die diese Datensätze enthalten, neu in HTML ausgegeben und in die FTP-Liste eingetragen.

✔ Alle ausgeben

Alle Abfragen werden in HTML ausgegeben und in die FTP-Liste eingetragen.

✔ Mit FTP übertragen

Aus den FTP-Verbindungsdaten und der Liste der zu übertragenden Dateien wird ein Script erstellt, das ein FTP-Programm steuert, um die Daten an den Server zu übertragen.

FAZIT

Microsoft Access 2002 erweist sich in Verbindung mit Visual Basic for Applications als ein flexibles Werkzeug, um Datenbanken mit wenig Aufwand für den Anwender in das Internet zu bringen. Die eingebauten Funktionen zur HTML-Ausgabe sind zwar ein wenig starr, mit etwas Programmierkenntnissen kann man diese jedoch nach eigenen Wünschen anpassen.

10.1.2 Gewährleistung eines reibungslosen Ablaufs

Zuerst muss die Entscheidung getroffen werden, ob das CGI-Programm als eine unabhängige Routine auf dem Server laufen soll, die gestartet wird, sobald eine Internetanfrage kommt. Diese Routinen als selbstständige Programme, normalerweise in der Scriptsprache Perl geschrieben, werden immer dann aktiviert, wenn der Benutzer eine Abfrage absendet. Dies kann jedoch zu Zeit- und Auslastungsproblemen im Webserver führen. Bei simultaner Anfrage durch mehrere Benutzer wird das gleiche Programm mehrfach auf dem Server gestartet. Dabei wird immer ein eigener Prozess auf dem Server gestartet und gegebenenfalls der Server überlastet.

Ist jedoch abzusehen, dass Anfragen deutlich seltener als einmal pro Minute auf dem Webserver einlaufen, was in der Praxis bei kleineren Servern sicherlich realistisch ist, braucht man sich über dieses Problem keine Gedanken zu machen.

Die meisten CGI-Programme sind in Perl geschrieben, weil diese Programmiersprache als Scriptsprache viele Befehle zur Bearbeitung der Internetanfrage zur Verfügung stellt. Außerdem gibt es ein sehr einfaches Handling, um die Daten per HTTP an den Benutzer zurückzuschicken. Die Alternative zu einem unabhängigen Programm ist das Einbinden einer DLL-Datei, die direkt mit der Serversoftware auf dem Rechner läuft. Im Falle des Microsoft Internet Information Servers ist dies die Datei httpodbc.dll, die mit dem Server gestartet wird. Diese Datei bearbeitet die Anfragen aus dem Internet in folgender Weise:

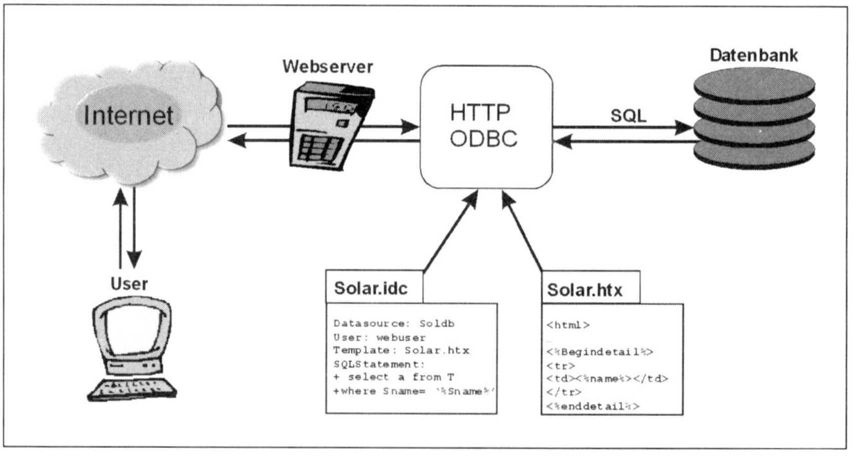

Abbildung 10.4: Eine moderne Alternative, um Datenbanken im Internet anzuschließen, ist die ODBC-Technik (Open DataBase Connectivity). Die Schnittstelle wird von Microsoft als HTTPODBC angeboten. Hierbei sendet der Anwender den Inhalt seines Formulars an die HTTPODBC-Software, die auf dem Webserver läuft. Diese liest aus ihrem IDC-File die notwendigen Aktionen, um die Datenbank abzufragen. Das Ergebnis der Abfrage wird anschließend mit Unterstützung des htx-Files zu einer Webseite gestaltet und von der HTTPODBC-Software an den User zurückgegeben. Der Webmaster muss nur noch das .idc- und .htx-File erstellen, was wesentlich einfacher ist, als eine komplette Datenbankanbindungssoftware zu programmieren.

ODBC (Open DataBase Connectivity) arbeitet mit zwei Informationsdateien zusammen, die den Ablauf der Anfrage steuert. Dies ist zum einen die .idc-Datei, in der Informationen über den genauen Ablauf für die Abfrage stehen, und zum anderen eine .htx-Datei, in der die Formatierung der anschließenden Ausgabe der Daten beschrieben wird. Für die Anbindung der Datenbank ist es also notwendig, beide Dateien, die .idc- und die .htx-Datei, zu erstellen. Sind diese Dateien auf dem Server installiert, werden bei Anfragen die Informationen von der httpodbc.dll-Datei abgearbeitet, und es ist kein Start eines selbstständigen Programmpakets notwendig.

Was steht nun in der .idc-Datei, die den Ablauf der Datenbankabfrage steuert? Zunächst wird in dieser Datei die Information gespeichert, die bei der Datenbank angefragt werden soll, und die entsprechende SQL-Anforderung innerhalb der .idc-Datei formuliert.

Sendet der Browser eine entsprechende Formularanfrage an die .idc-Datei, wird darauf das HTTPODBC-Programm aktiv und liest sowohl die Browseranfrage als auch die Information der .idc-Datei aus und sendet die SQL-Anforderungen an die entsprechende Datenbanktreiber. Diese wird von einem SQL-Servertreiber weiterverarbeitet und an die Datenbank übergeben. Das zurücklaufende Ergebnis wird wiederum vom HTTPODBC-Programm aufgegriffen und nun in die .htx-Datei, die eingelesen wurde, eingebunden. Die daraus entstehende HTML-Seite wird abschließend vom Internetserver an den Browser zurückgeschickt.

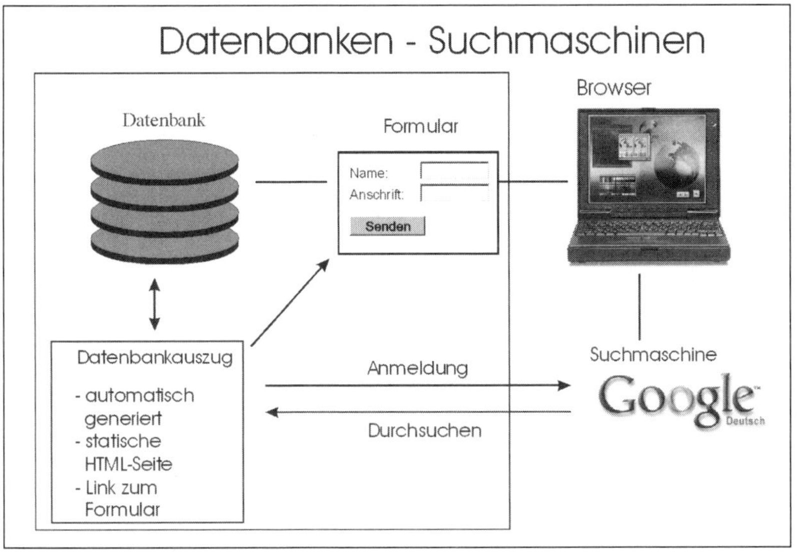

Abbildung 10.5: Liegen die Informationen auf einer Datenbank, die vom Benutzer über den Browser abgefragt werden kann, so haben Suchmaschinen nicht die Möglichkeit zu erkennen, dass es diese Informationen gibt. Damit Suchmaschinen auch diese Information finden können, erstellt man einen automatischen HTML-Auszug der Datenbank, verlinkt alle Seiten mit dem Suchformular und meldet sie bei den Suchmaschinen an. Ein Benutzer findet die Dokumente mit einer normalen Suchmaschine und stößt damit auf die für ihn nützliche Datenbank.

10.1.3 Beispiel einer Datenbank

Hier soll eine interessante Synthese zwischen Datenbank, Archiv, Internet und Suchmaschine vorgestellt werden. Die Aufgabe bestand darin, ein großes Papierarchiv mit ca. 50.000 Dokumenten einem breiten Anwenderkreis zugänglich zu machen. Da das Einscannen dieser vielen Dokumente sehr zeitraubend ist und zudem abzusehen war, dass viele Dokumente nie abgerufen würden, ging man folgenden ökonomischen Weg:

Immer wenn ein Client ein bestimmtes Dokument anfordert, wird auf der Datenbank geprüft, ob dieses Dokument bereits eingescannt vorliegt. Ist dies nicht der Fall, geht eine E-Mail an den Archivmitarbeiter, welches Dokument benötigt wird. Der Client bekommt die Mitteilung, dass er auf sein gewünschtes Dokument noch einige Stunden warten muss. Der Archivmitarbeiter scannt sodann das angefragte Dokument und speist sowohl den Originalscan als auch die daraus automatisch erstellte Webseite in die Datenbank ein. Zugleich geht eine E-Mail an den Client, die ihm mitteilt, dass sein gewünschtes Dokument verfügbar ist.

Fragt der Client später nach dem gleichen Dokument oder einem anderen bereits eingescannten, so wird dies sofort aus der Datenbank zugänglich gemacht. Zusätzlich ergibt sich durch die Konvertierung in HTML-Dokumente der Vorteil, dass mit einer lokal vorhandenen Suchmaschine bereits gescannte Dokumente nach Stichwörtern abgefragt werden können. Dieses Verfahren ist immer dann optimal, wenn der Archivdatenbestand nur zu einem sehr kleinen Teil wirklich online abgerufen werden soll.

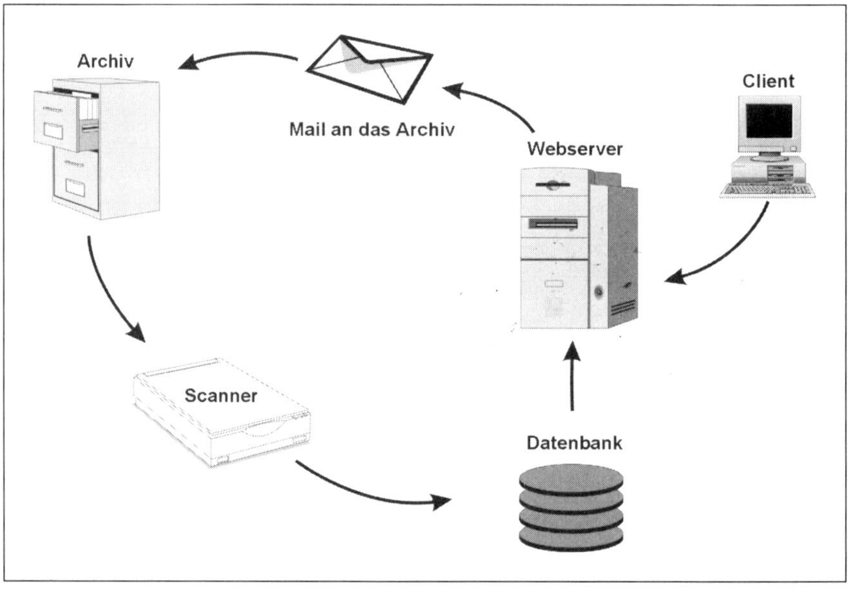

Abbildung 10.6: Der schematische Ablauf, wie ein großes Papierarchiv nach und nach digitalisiert wird und über den Webserver vollständig zugänglich ist

10.1.4 Sicherheitsmaßnahmen bei der Realisierung von Datenbankanbindungen

Die Anbindung einer Datenbank ist sicherlich eine sehr schöne Anwendung für das Internet und das Intranet, sie wirft jedoch erhebliche Fragen bezüglich der Sicherheit auf. Daher ist es erforderlich, die Anwendung sorgfältig zu planen und eine klare Strategie zum Schutz der Daten zu entwickeln. Welche Daten sollen den Anwendern zur Verfügung gestellt werden, und in welcher Weise müssen bestimmte Datenbestände gesichert werden?

Datenschutzpanne

Eine Lottogesellschaft hat ihren Kunden die Möglichkeit zum Onlinespielen über Internet angeboten. Die Kundendaten wurden in einer Datei direkt auf dem Webserver abgespeichert, was bei CGI-Programmen häufig die Grundeinstellung ist. Als der Datenschutzbeauftragte bemerkte, dass die Daten öffentlich zugänglich waren, war nicht nur der gute Ruf bei den Kunden geschädigt, sondern auch ein Bußgeld wegen Verstoß gegen das Datenschutzgesetz fällig.

Man sollte bedenken, dass die Datenbankabfrage nur den Datenbestand betreffen darf, der wirklich für die Benutzer zugänglich sein soll. Dazu empfiehlt es sich, die ursprüngliche Datenbank, sofern diese nicht vollständig zur Verfügung gestellt werden kann, aufzutrennen in einen öffentlich zugänglichen Teil und nur den öffentlichen Teil auf dem Webserver abzuspeichern. Die Alternative, die Datenbank vollständig zugänglich zu machen, die Abfragen aber durch ein Passwort zu schützen, ist zumindest bei hausinternen Lösungen wesentlich weniger aufwändig und genügt vielen Sicherheitsbelangen. Die Abfrage der Datenbank mit der Browseroberfläche bedeutet hier nur eine technische Veränderung, jedoch keine grundsätzliche Änderung des Benutzerkreises.

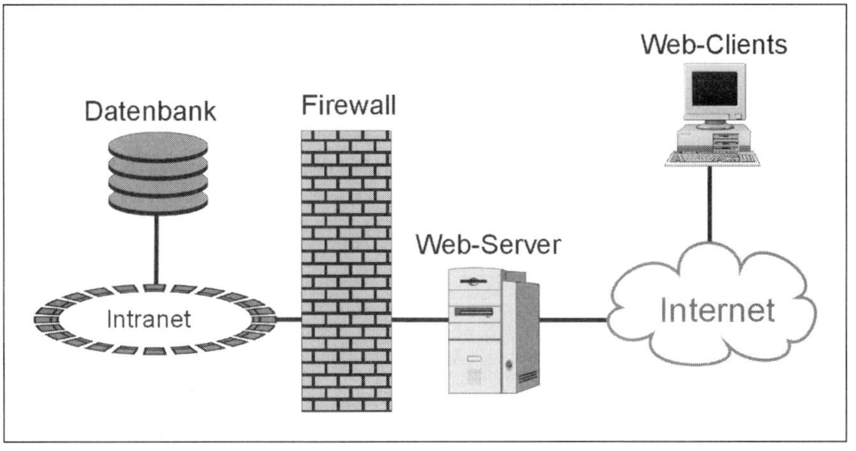

Abbildung 10.7: Einen sicheren Schutz der Datenbestände erreicht man durch Abschirmen der Datenbank vom Internet. Dazu wird zwischen Webserver, auf dem die Benutzeranfragen einlaufen und der Datenbank im Intranet eine Firewall eingebaut. Diese Firewall ist ein Router, der nur die direkte Kommunikation zwischen Datenbank und Webserver weiterleitet.

Ein umgekehrtes Problem stellt das Aufnehmen von Datenbankeinträgen über ein Internetformular dar. Hierbei ist besonders darauf zu achten, dass sensible persönliche Daten nicht öffentlich zugänglich werden. Dies ist nur durch eine konsequente Trennung zwischen Datenbank und Webserver möglich, zusätzlich muss darauf geachtet werden, dass der Webserver die eingegebenen Informationen nicht lokal zwischenspeichert.

10.2 Suchmaschinen für die eigenen Seiten

Oft möchte man sich nicht lange durch unzählige Links einer Webseite klicken, um die gewünschten Informationen zu bekommen, sondern man möchte mit einem Stichwort auf die gewünschte Seite kommen. Diesen Service kann man den Nutzern seiner Webseiten anbieten. Dazu kann man ein Programm schreiben, das die Seiten automatisch durchsucht. Mit dem Befehl `<form>` wird das eingegebene Stichwort an den Server übergeben und das Suchprogramm wird ausgelöst.

HTML-Code für das Erzeugen der Eingabezeile auf der Solarserverhomepage:

```
<form action="http://www.solarserver.de/cgi- solarserver/ search.cgi«
method="put« name="SearchForm">
 <input type="hidden« name="Range« value="All"><input type="hidden«
name="Format« value="Standard"><small><font face="Arial">
 <b><p>Suchen auf dem Solarserver</b></font></small>
 <input type="text« size="40« maxlength="800« name="Terms">
 <input type="submit« value="Suchen"> </p></form>
```

Der Anfang des in Perl geschriebenen CGI-Files »search.cgi«, das durch die »Suchen«-Schaltfläche vom Benutzer aktiviert wird, sieht wie folgt aus:

```
#!/usr/bin/perl
# Location index file:
$Index_File = „/www/solarserver/suche/index.txt";
# Words that are generally ignored in a search query:
$Ignore = " was wie wer welcher welches wann wo du finde finden site kriege
kriegen und „;
$Ignore .= " oder wenn nicht ein einer der die das fuer ein es von bei eins
zwei zu sein „;
$Ignore .= " meist alle ueber ich mich suchen suche ist sind sein mit
wieso";
# The URL main search page:
$Search_Page = "http://www.solarserver.de/suche/such.htm";
...
```

In diesem Perl-Script wird in einer Datenbank auf dem Webserver nach passenden Seiten gesucht und diese dem Benutzer als Suchergebnis präsentiert. Diese Lösung ist für kleine Websites sicher ausreichend, bei größeren Websites sollte aber an die Anschaffung spezieller Such-Software gedacht werden.

Durch die Anschaffung einer professionellen Suchmaschine ergeben sich wesentlich umfangreichere Möglichkeiten, diese zu konfigurieren, als dies mit einem kleinen, selbst geschriebenen Perl-Programm möglich ist. Die Auswahlkriterien bei der Anschaffung sind dabei folgende:

- ✔ Auf welcher Rechnerplattform läuft die Software?
- ✔ Welche Webserver werden unterstützt?
- ✔ Können Meta-Tags verwendet werden?
- ✔ Wie viele Domains sind absuchbar?
- ✔ Wie viele Seiten können analysiert werden?
- ✔ Muss jedes Mal eine Neuindizierung stattfinden?
- ✔ Welche natürlichen Sprachen werden unterstützt?
- ✔ Kann die Suchmaschine über Browser administriert werden?
- ✔ Welche Abfrageformen gibt es für die Anwender?
- ✔ Welche Dokumentformate werden aufgenommen?

Hersteller von Such-Software für Internetseiten:

http://altavista.software.digital.com

http://home.netscape.com

http://www.iicnet.com

http://www.microsoft.com

http://www.netresults-search.com

http://www.verity.com

10.3 E-Mail

Die E-Mail oder elektronische Post ist heute aus dem Internet nicht mehr wegzudenken und für den Webmaster ein wichtiges Werkzeug, um selbst Informationen zu übermitteln. Viele Aufgaben bei der Realisierung der Internetpräsenz hängen aber auch direkt mit der E-Mail-Funktion zusammen, daher soll hier kurz auf die wichtigsten Aspekte eingegangen werden.

10.3.1 Funktionsweise

Ursprünglich war E-Mail als Mittel gedacht, einfache Texte von einem Rechner im Netzwerk zu einem anderen Rechner im Netzwerk zu senden. Da sich diese Form der Kommunikation als sehr erfolgreich erwiesen hat, wurden bald Protokolle entwickelt, die das Versenden von E-Mails nicht nur innerhalb eines Computernetzes erlauben, sondern auch hinaus in die weite und inhomogene Rechnerwelt. Damit die E-Mails einheitlich transportiert werden, gibt es das X.400-Protokoll, das von den Postbehörden genormt wurde (CCITT) und auch von einigen E-Mail-Programmen verarbeitet werden kann. Für die praktische

Versendung von E-Mails im Internet hat sich jedoch das SMTP (Simple Mail Transfer Protocol) durchgesetzt, das im Wesentlichen von der Internetnorm RFC-822 beschrieben wird.

Wichtige Elemente im E-Mail-System

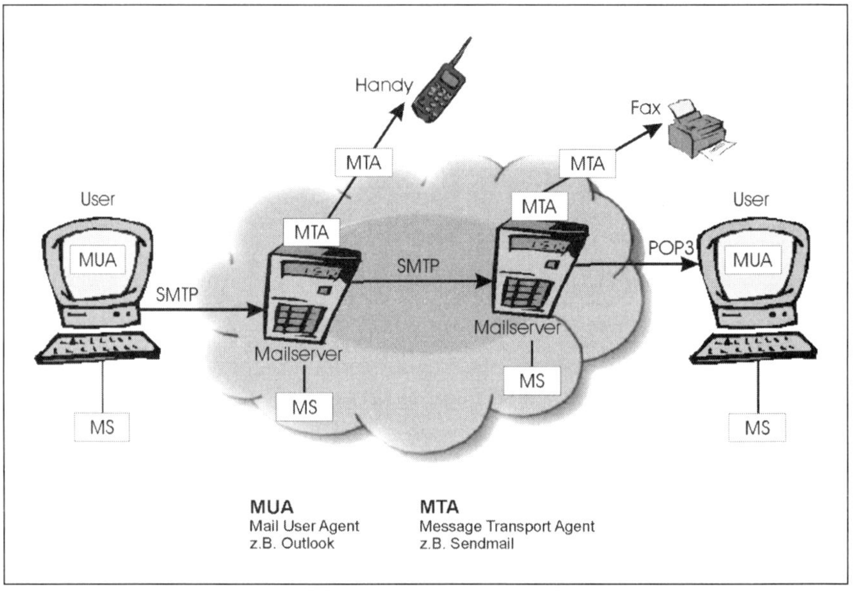

Abbildung 10.8: Das E-Mail-System im Internet besteht aus dem Mail User Agent, jener Software, in die der Benutzer seine E-Mail eintippt und weiterleitet. Die Mail wird dann an einen Message Transport Agent, das virtuelle Postamt weitergeleitet. Die virtuellen Postämter sind im Internet verknüpft und leiten die E-Mail entweder an die Mail-Software des Empfängers oder auch an andere Ausgabestellen wie Handys oder Faxgeräte weiter.

Damit E-Mails auch erfolgreich an Empfänger mit ausgeschaltetem Rechnern versendet werden können, gibt es folgende Komponenten im E-Mail-System:

- ✔ Der User Agent (MUA): Dies ist die Software mit der am PC E-Mails erstellt, versendet und empfangen werden. Manchmal ist diese Software auch in Browser integriert (Netscape) oder Teil eines Groupewaresystems (Lotus).
- ✔ Mail Transfer Agent (MTA): Diese Software läuft auf einem Server, der permanent über das Internet erreichbar ist. Er sendet, empfängt und leitet die Mails im Internet weiter. Er ist mit einem Postamt vergleichbar, das Postfächer und Postautos hat.
- ✔ Mail Storage Unit (MS): Falls die E-Mail nicht sofort vom Empfänger abgerufen wird, übernimmt diese Software die Zwischenspeicherung auf dem Mailserver des Empfängers. Im Postwesen ist das der Briefkasten.
- ✔ Physical Delivery Access Unit (PDAU): Systeme, die E-Mails an andere Ausgabegeräte wie Fax und Telex weiterleiten.

Im Internet wird für den Austausch zwischen den Mailservern das SMTP-Protokoll verwendet, zum Abrufen der E-Mails vom Mailserver verwendet man zumeist das Post-Office-Protokoll (POP3). Neuerdings erlangt das weiterentwickelte Protokoll IMAP (Internet Mail Access Protocol) an Bedeutung, da es wesentlich mehr Möglichkeiten für den Mail-Abruf bereitstellt.

Das Versenden von E-Mails zwischen verschiedenen E-Mail-Systemen kann manchmal zu Problemen führen, wenn nicht nur reiner Text versendet wird.

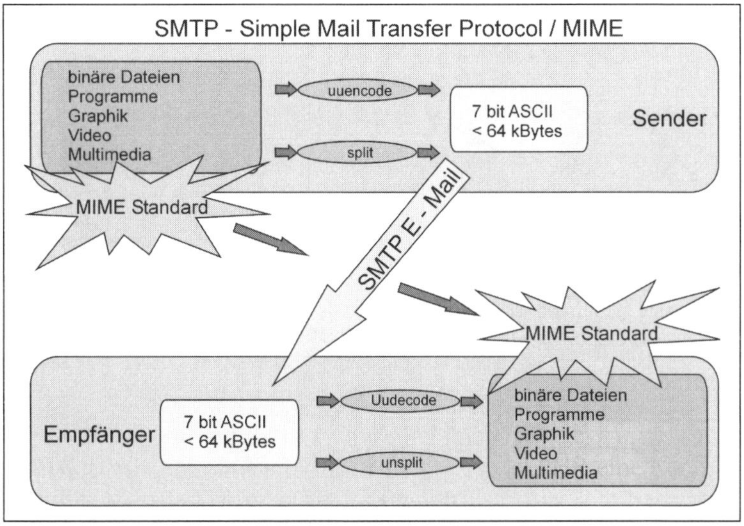

Abbildung 10.9: Der alte Mail-Standard SMTP kann leider nur 7 Bit pro Byte übertragen, und eine Mail darf maximal 64 Kbyte groß sein. Damit ein normales Binärfile als Anhang in einer Mail gut ankommt, muss mit den Routinen uuencode und uusplit die E-Mail konvertiert werden. Beim Empfänger werden die Daten dann wieder zusammengesetzt. Das neue Verfahren MIME normiert diesen Prozess und führt die Bearbeitung völlig unsichtbar für den Benutzer durch. Leider können noch nicht alle Empfänger MIME empfangen.

10.3.2 E-Mail-Client-Software einrichten

Damit man auf seinem eigenen Arbeitsplatz E-Mail benutzen kann, ist es zunächst erforderlich, eine geeignete E-Mail-Software zu installieren. Nahezu alle aktuell auf dem Markt befindlichen Software-Pakete können die wichtigsten Funktionen, wie:

- ✔ E-Mail erstellen
- ✔ E-Mail abrufen
- ✔ E-Mail archivieren
- ✔ E-Mail weiterleiten
- ✔ Serienbriefe erstellen
- ✔ Rückantwort

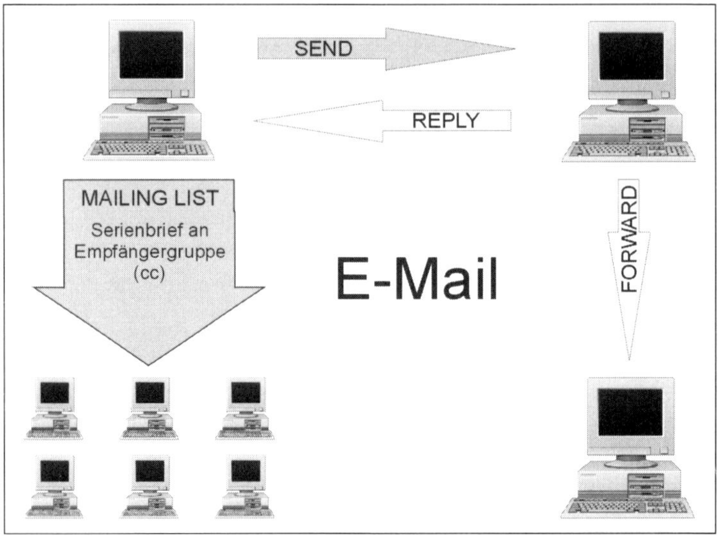

Abbildung 10.10: Die wichtigsten Funktionen der E-Mail-Client-Software sind das Absenden einer Mail, die Möglichkeit, E-Mails weiterzuleiten oder direkt mit Reply zu beantworten. Außerdem ermöglicht das E-Mail-Protokoll mit der Funktion cc (carbon copy) das Versenden einer E-Mail an mehrere Empfänger.

Der Unterschied bei den Mail-Software-Paketen liegt im Bereich des Bedienungskomforts und der Stabilität der Anwendung. Hier ist besondere Sorgfalt notwendig, da der Verlust von E-Mails zu erheblichen Schäden führen kann. Viele Hersteller bieten auch umfangreiche Möglichkeiten, die eingehende E-Mail vorzusortieren, insbesondere Werbe-E-Mails automatisch auszusondern (Spam-Mail). Nach der Installation der Software ist es immer erforderlich, einige wichtige Konfigurationen vorzunehmen. Dazu gehört die Eingabe folgender Daten, die vom E-Mail-Provider mitgeteilt werden:

- ✔ E-Mail-Adresse
- ✔ E-Mail-Adresse bei Rückantwort
- ✔ Name des Anwenders
- ✔ Organisation oder Firmenname
- ✔ Name des Mailservers
- ✔ Name des E-Mail-Accounts
- ✔ Passwort für E-Mail-Account

Neben diesen wichtigsten Grundkonfigurationselementen sind folgende Angaben zusätzlich möglich:

Verwalten von E-Mails?

Dies wird normalerweise verneint, kann aber bei Benutzung mehrerer Geräte zum Abrufen der Mail, etwa Laptop und Arbeitsplatzrechner, unterschiedlich beantwortet werden. Zum Beispiel: Auf dem Laptop wird eingestellt, dass die E-Mail auf dem Server verbleibt, am Arbeitsplatz-PC wird die Software auf Löschen bei Abruf konfiguriert. Damit ist gewährleistet, dass auf dem Arbeitsplatzrechner immer alle E-Mails archiviert werden.

Häufigkeit des Abrufs

Die E-Mail-Software kann so konfiguriert werden, dass in regelmäßigen Abständen auf dem Mail-Server nachgefragt wird, ob neue Mails eingegangen sind. Vorsicht bei zu kurzen Zeitintervallen: Viele Software-Pakete bauen automatisch eine Wählverbindung auf, was zu unerwartet hohen Kosten führen kann. Hohe Abfrageraten, etwa alle 10 Minuten, sind nur in lokalen Netzwerken sinnvoll. Daneben besteht immer die Möglichkeit, manuell die E-Mail vom Mail-Server zu holen.

Signaturfile

Zur Gestaltung der E-Mail ist es möglich, an jede Mail einen Text anzuhängen, das so genannte Signaturfile. Ähnlich dem Briefkopf bei der herkömmlichen Post, in dem der Autor seine wichtigsten Adressdaten wie Anschrift und Telefonnummer, bei Firmen die Handelsregisternummer anfügt, stehen diese Informationen im automatisch angefügten Signaturfile. Es ist gute Sitte, im Internet nicht wesentlich mehr als vier Zeilen für diese Informationen zu verwenden.

Elektronische Visitenkarte

Neuere E-Mail-Systeme bieten daneben noch die Möglichkeit der so genannten V-Card (elektronische Visitenkarte) an. Das ist ein einheitliches Format für die Übermittlung von Adressinformationen, das den großen Vorteil besitzt, dass die Informationen direkt in elektronische Adressbücher eingelesen werden können, wie sie von Netscape, Microsoft, Lotus u.a. angeboten werden.

Daneben findet man im Setup viele spezielle Möglichkeiten zur Vereinfachung des E-Mail-Verkehrs, auf die hier nicht näher eingegangen werden soll.

V-Card: Das von den großen Kommunikationskonzernen AT&T, IBM und Siemens entworfene v-Card-Format kann folgende Daten enthalten:

Gruppe	Merkmale
Persönliche Merkmale	Name, Vorname, Geburtsdatum, Passbild
Postadresse	Straße, PLZ, Ort
Telekommunikationsnummern	verschiedene Telefonnummern, Faxnummern, E-Mail-Adresse
Geografische Informationen	Zeitzone und geografische Position
Geschäftsinformationen	Firmenname, Logo, Geschäftsbereich
Formateigenschaften	Versionsnummer, bevorzugte Sprache, Sounddateien
Sicherheitseigenschaften	öffentlicher Schlüssel und Schlüsseltyp

Für die V-Card ist es nicht notwendig, dass immer alle Angaben gemacht werden. Es genügt selbstverständlich, nur die Angaben zu machen, die man mitteilen will. Die einzelnen Eigenschaften sind alle genau definiert und im Internet abrufbar unter *http://www.versit.com*.

10.3.3 E-Mail erfolgreich nutzen

Die E-Mail ist immer dann ein außerordentlich nützliches Medium, wenn konkrete, kurz beschreibbare Informationen übermittelt werden sollen.

Damit die Versendung von E-Mails gut gelingt und die Empfänger die Informationen nutzen können, sollte man die Spielregeln in der E-Mail-Welt beachten.

E-Mails sind immer noch Textdokumente. Die Möglichkeit, diese E-Mails mit der Sprache HTML zu verschönern und mit Bildern anzureichern, erscheint zunächst sehr verlockend, kann auf der Empfängerseite aber mehrere Probleme mit sich bringen. Zunächst sind bei weitem nicht alle Mail-Systeme HTML-fähig. Dies führt dazu, dass der Empfänger schwer zu entziffernden HTML-Quellcode erhält, was die Freude über die gut gemeinte Multimedia-Mail schmälert. Daneben vergrößert das Einfügen von Bildern die E-Mails erheblich und kann, wegen Überlastung des Mail-Accounts, zum Verlust der gesamten Mail führen. So stellen viele Provider nur einen sehr begrenzten Speicherplatz für die E-Mails ihrer Kunden zur Verfügung.

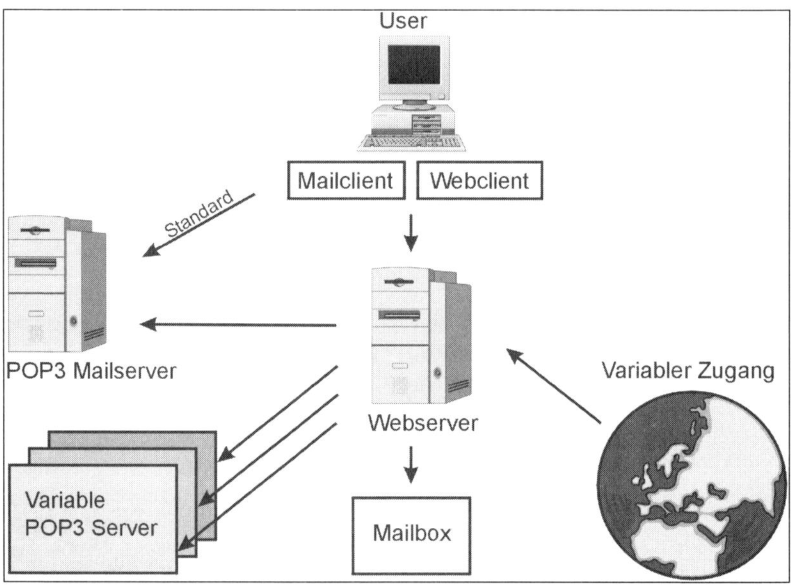

Abbildung 10.11: Eine Alternative zum Abruf der E-Mails mit einer Mail-Software stellt Web-Mail dar. Dazu geht man mit dem Browser in einen Webserver, der E-Mails von anderen Mailservern mit dem POP3-Protokoll abrufen kann. Anschließend kann man im Browser seine eigene E-Mail lesen. Der Vorteil des Verfahrens liegt darin, dass man von überall, wo ein Browser installiert ist (Internet-Café), seine eigenen E-Mails lesen kann.

E-Mails dürfen kurz und weniger förmlich als Geschäftsbriefe sein. Das »Sehr geehrte Damen und Herren« wird häufig durch saloppere Ausdrucksformen wie »Guten Tag« ersetzt. Dies sollte aber nicht bedeuten, dass man auf jegliche Rechtschreibung und Form verzichtet. Besonders bei den zunehmend bedeutenderen Geschäfts-Mails wirkt Höflichkeit und Kürze für den Angesprochenen am angenehmsten.

10.3.4 E-Mail-Server installieren

Der E-Mail-Server spielt die Rolle des elektronischen Postamts. Das wichtigste Kriterium für den Mail-Server ist die zuverlässige Versorgung der Netzteilnehmer mit E-Mails. Dazu muss die Mail-Software auf einem Rechner installiert werden, der 24 Stunden am Tag und sieben Tage die Woche in Betrieb und mit dem Internet verbunden ist. Weiterhin erfordert dieser Rechner ein Betriebssystem, das sehr stabil läuft. Dies wird zurzeit meist mit Windows NT oder Unix realisiert. Unabdingbar für die E-Mail-Software ist die Fähigkeit, das Protokoll POP3 und SMTP zu bedienen, jedoch sollten auch die modernen Protokolle IMAP4 und ESMTP unterstützt werden.

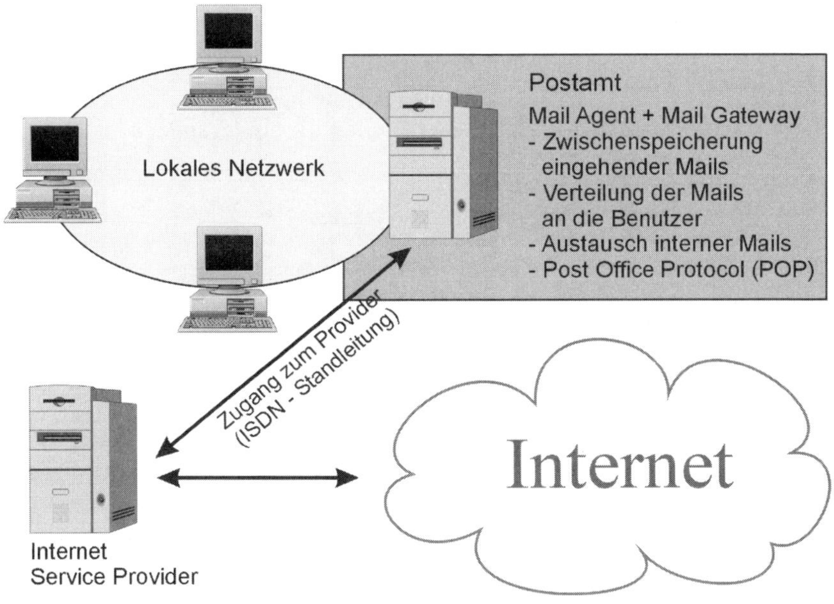

Abbildung 10.12: Will man im lokalen Netz E-Mails austauschen, wird ein elektronisches Postamt benötigt. Dies besteht aus Mail Agent und Mail Gateway Software. Sie ist für die Zwischenspeicherung und Verteilung der Mails zu den lokalen Benutzern und zum Versand von E-Mails an Teilnehmer im Internet zuständig. Der Abruf von E-Mails an den einzelnen Rechnern erfolgt über das Post-Office-Protokoll (POP).

Falls die Forderung nach sicherer E-Mail-Übertragung besteht, muss das Protokoll S/MIME oder SSL implementiert sein. In der Mail-Server-Software sollte es die Möglichkeit geben, die NT-Benutzerdatenbank zu importieren. Dies vereinfacht die Arbeit des Postmasters erheblich.

Bei der Installation führen viele Programmpakete den Postmaster durch die wichtigsten Einstellungen. Dabei muss angegeben werden, welches Protokoll die einzelnen Nutzer verwenden.

Je nach Leistungsfähigkeit des Rechners können den Mail-Usern entsprechende Festplattenressourcen zugewiesen werden.

Sehr sinnvoll ist in der Anlaufphase ein detailliertes Protokoll, damit auftretende Übertragungsfehler schnell gefunden werden.

Hinzufügen von neuen Accounts

Im Administrationsmenü wird ein neuer Teilnehmer mit Name, Kennung, Passwort und E-Mail-Adresse eingetragen. Bei leistungsfähigen Servern kann man noch zusätzliche Merkmale wie Signaturfile oder verfügbaren Plattenplatz eintragen.

10.3.5 Sicherheitsfragen bei E-Mail

Die elektronische Post wurde zu einer Zeit entwickelt, als das Internet im Wesentlichen einen geschlossenen Benutzerkreis hatte. Die Protokolle sind daher mehr auf Schnelligkeit und einfache Implementierung als auf Sicherheit ausgelegt. Das bedeutet bei der E-Mail, dass die Daten völlig unverschlüsselt über das Internet gehen, die Absenderadresse jederzeit gefälscht werden kann und zunächst keinerlei Bestätigung für eingegangene Mails vorgesehen ist.

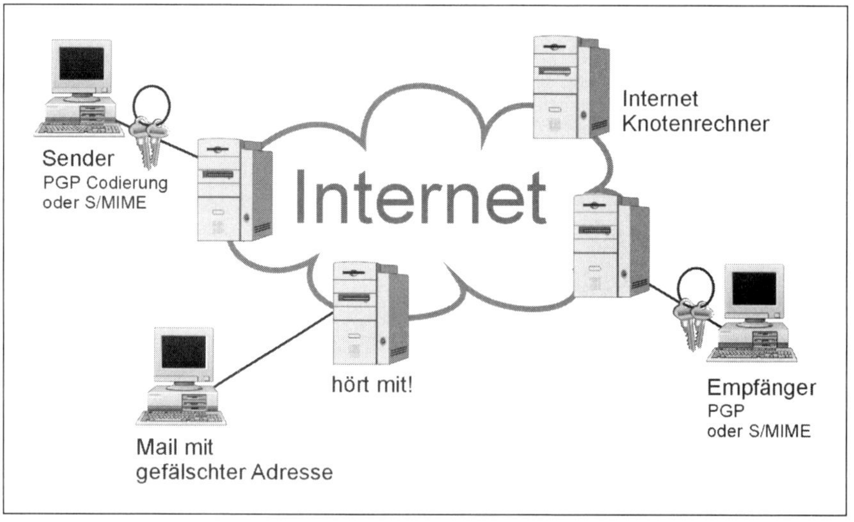

Abbildung 10.13: Die Sicherheitsprobleme bei der Benutzung von E-Mail entstehen durch gefälschte Absender und unerlaubtes Mitlesen von E-Mails. Gegen beide Probleme schützt die Verschlüsselung mit PGP (Pretty Good Privacy). Der Absender kann bei diesen Verfahren eindeutig festgestellt werden, und die Daten werden so gut verschlüsselt, dass der Export des Verfahrens aus den USA verboten ist. Dass die Software trotzdem in Europa verfügbar ist, beruht auf dem Export eines Programmausdrucks auf Papier, der nicht verboten war!

Neuerdings besteht die Möglichkeit, innerhalb der E-Mail-Software Verschlüsselung zu aktivieren. Hierbei kommt zumeist ein 40 Bit langer Code zum Einsatz, der hohe Sicherheit bietet, jedoch unter Verwendung extrem leistungsfähiger Maschinen auch geknackt werden kann. Erfordert das Dokument einen noch höheren Vertraulichkeitsgrad, ist die Verwendung der PGP (Pretty Good Privacy)-Software zu empfehlen, deren Schlüssellänge heutige Rechnersysteme bei weitem überfordert.

Ein weiteres Problem stellte in der Vergangenheit die E-Mail-Software, insbesondere die E-Mail-Serversoftware dar. Sie wurde häufig missbraucht, um in fremde Rechner einzudringen. Dies gilt insbesondere für das beliebte Programm Sendmail auf Unix-Rechnern bis zur Version 5.5. Neuere Versionen sind wesentlich zuverlässiger, jedoch wird weiterhin davon abgeraten, E-Mail- Software auf kritischen Systemen wie Firewall zu installieren. Daneben sollte auf jeden Fall das Logfile auf Unregelmäßigkeiten überprüft werden.

Spam-Mail

Für den Betreiber eines Mail-Servers und den Nutzer von E-Mails gibt es das Problem der Spam-Mail. Damit werden E-Mails bezeichnet, die unerwünscht sind und nur das E-Mail-System unnötig belasten. Es gibt zum einen Massensendungen (Bulk-Mail), die ähnlich Postwurfsendungen die Briefkästen verstopfen, jedoch selten von Interesse sind. Diese können zur Überlastung des Mail-Servers führen, wenn versucht wird, alle Teilnehmer eines Mail-Servers zu erraten. So wurde zum Beispiel versucht, an alle T-Online-Teilnehmer, deren E-Mail sich aus der Telefonnummer ableitet, eine E-Mail zu senden, indem einfach an alle Nummern eine Mail gesendet wurde. Die vielen Millionen einlaufender E-Mails haben das Mail-System tagelang blockiert. Der Administrator kann solche Ereignisse unterdrücken, indem er nicht mehr als 25 E-Mails pro Absenderadresse und Tag zulässt.

Ein anderes Problem stellen Kettenbriefe dar, die dem Empfänger suggerieren, zu schnellen und unglaublich hohen Gewinnen zu kommen. Sie sind selbstverständlich genauso sinnlos wie die klassische Postversion und in einigen Ländern auch verboten. Das beste Mittel gegen diese Art von Mails ist die Aufklärung der Benutzer.

Eine besonders unerfreuliche Belastung für die Mail-Box sind so genannte Mail-Bomben. Dabei wird versucht, durch Zusendung riesiger E-Mails in tausendfacher Ausfertigung bestimmte E-Mail-Zugänge zu blockieren. Um solche Angriffe zu vermeiden, sollten Mail-Accounts nur einen limitierten Speicherplatz aufweisen, damit nicht das gesamte E-Mail-System in Mitleidenschaft gezogen wird.

Es gibt eine Liste der aktuellen Störenfriede im Netz unter

http://maps.vix.com/rbl

KAPITEL 11

11 Sicherheit

Die Nutzung der Internet-Technologie bringt neben zahlreichen Vorteilen auch einige Risiken mit sich, denen man aber begegnen kann. Damit ein wirksamer Schutz vor Hackern, Crackern, Viren und Trojanern möglich wird, muss man zunächst verstehen, welche Probleme auftreten können. Neben den technischen Gefahren lauern auch einige juristische Fallstricke, die am Ende des Kapitels angesprochen werden. Das Risiko im Internet ist sicherlich wesentlich geringer, als es häufig in den Medien dargestellt wird, insbesondere dann, wenn einige grundlegende Regeln beachtet werden.

11.1 Potenzielle Risiken

Solange der Computer keinen Kontakt zur Außenwelt hat und Sie keine fremden Disketten ins Laufwerk legen, ist ihr Rechner durch das Internet und Viren nicht gefährdet. Sie haben natürlich weiterhin Sicherheitsprobleme der Art, dass jemand ihren Rechner entwenden kann oder Sie wertvolle Daten durch einen Festplattenabsturz verlieren. Diese Risiken werden hier aber nicht diskutiert.

Mit der wachsenden Zahl von Teilnehmern im Internet wächst natürlich auch die Vielzahl der Formen, wie Daten und Rechner missbraucht werden. Hier sollen nur die angesprochen werden, die für den Internetbenutzer und Webmaster von besonderem Interesse sind.

11.1.1 Hacker

Für den Betreiber eines Webservers stellt die Gefahr durch Hacker das bedeutendste Risiko dar.

Der Begriff Hacker ist sehr populär, obwohl er ursprünglich nur für jene Computeranwender benutzt wurde, die Tag und Nacht in friedlicher Absicht auf ihre Tastaturen eingehackt haben. In der Fachwelt spricht man bei jenen, die Angriffe auf Computersysteme durchführen, von Crackern. In diesem Buch soll aber die populäre Bezeichnung Hacker weiterbenutzt werden.

Es gibt für Hacker verschiedene Motive, in ein Rechnersystem einzudringen oder das Netz zu missbrauchen.

11.1.2 Systemmissbrauch

Für viele Hacker ist es sehr reizvoll, Systemleistungen auf anderen Rechnern illegal zu nutzen. Für den Webserverbetreiber kann das etwa bedeuten, dass der Fremde den Server als Backup-Speicher nutzt, oder noch unangenehmer, die Webseiten gegen gefälschtes oder nicht autorisiertes Material austauscht. Gerade diese Form des Systemmissbrauchs hat in den USA zu erheblicher Aufregung geführt, als etwa die Homepage des Weißen Hauses oder die des CIA plötzlich Inhalte von Hackern enthielt. Aus dieser Sorge heraus findet sich auch heute noch auf der Homepage des CIA die große Warnung: Rechner darf nicht von Fremden missbraucht werden. Sicherlich ein guter Hinweis. Der Webmaster muss allerdings selbst dafür sorgen, dass sein System vor solchem Missbrauch geschützt bleibt.

Eine andere unerfreuliche Form des Missbrauchs ist die Verwendung als toter Briefkasten, indem versteckt Webseiten auf den Server gespielt werden, die illegale Inhalte haben und scheinbar vom Webmaster der Öffentlichkeit oder den Insidern zur Verfügung gestellt werden.

Dies ist deshalb sehr unangenehm, da nach § 5 des IuKDGes. (Informations- und Kommunikationsdienstegesetz) der Webmaster für die Inhalte auf seinem Server haftet.

Viele Server im Internet geben auf Anfrage E-Mails weiter. Damit ist es möglich, gefälschte E-Mails zu versenden, der scheinbare Ursprung liegt auch nach genauer Nachforschung immer noch auf dem missbrauchten Server.

Neben diesem direkten Missbrauch der Internetkommunikation kann auch die Rechenleistung des Systems missbraucht werden. Dies kann insbesondere für jene Hacker von Interesse sein, die zum Knacken von Codes enorme Rechenleistung benötigen. So wurde beispielsweise gezeigt, dass die Standardverschlüsselung SSL mit tausend Rechnern innerhalb von drei Monaten geknackt werden kann. Dabei wurden allerdings legal die Rechner mehrerer Forschungseinrichtungen genutzt. Das Tückische bei diesen Angriffen ist die Schwierigkeit, den Missbrauch zu erkennen, da bei geschickter Realisierung keine Spuren und kein direkter Schaden entstehen.

11.1.3 Datendiebstahl

Das Internet-Protokoll kennt zunächst keine Verschlüsselung, und damit ist es möglich, alle Daten, die im Netz transportiert werden, abzuhorchen. Wie interessant das Abhorchen fremder Informationsflüsse ist, hängt sehr von den Zielen des Hackers ab. So können die Anzahl der Bestellungen auf einem Server für Mitbewerber von großem Interesse sein. Häufig ist noch nicht einmal der Inhalt von Kommunikation von Interesse, sondern allein die Häufigkeit. So können etwa viele E-Mails zwischen zwei Konzernen auf Fusionsabsichten, die noch geheim gehalten werden, hinweisen. Dies zeigt auch, wie schwierig die Abgrenzung zwischen geheimen Daten und Datendiebstahl ist.

11.1.4 Software-Diebstahl

Ein häufig unterschätztes Problem des Datendiebstahls ist der Missbrauch von Software-Schlüsseln. Auf einigen Seiten im Internet finden sich Logins und Passwörter für unzählige Dienste und Programme. Die Verwendung ist natürlich illegal, für die Strafverfolgungsbehörden ist es aber schwer, die Täter dingfest zu machen, da eben lediglich erst die Verwendung dieser Information verboten ist. In vielen Ländern ist die Verbreitung der Information legal, da sie unter die Pressefreiheit fällt.

11.1.5 Firmengeheimnisse

Missachtung des Datenschutzes: Personenbezogene Daten, die von einem Internetserver auf legale Weise gesammelt werden, dürfen nicht ohne Einwilligung weitergegeben werden. Was dies in der Praxis bedeutet, veranschaulicht folgendes Beispiel: Auf dem Webserver eines staatlichen Lotterieunternehmens wurden die Einzahlungen der Lottoteilnehmer in einem öffentlich zugänglichen File abgespeichert. Hackern ist es gelungen, diese ohne besondere Anstrengungen abzurufen und die Adressen an Mitbewerber weiterzugeben. In einem anderen Fall erschienen die Passwörter aller Anzeigenkunden einer Tageszeitung auf dem Browser, daher sollte man nie interne Passwörter für öffentliche, fremde Serverdienste verwenden.

11.1.6 Sabotage

Je intensiver der Webserver und das E-Mail-System in die Firmenkommunikation eingebunden ist, desto größer wird der Verlust, wenn dieses System ausfällt. Es gibt die Faustregel im Bankgewerbe, dass eine Bank drei Tage ohne Telefon nicht überstehen kann, bald wird dies auch für Internet gelten. Dies gilt nicht nur für den Ausfall des Webservers, sondern auch für die Internetzugänge der Mitarbeiter, falls diese für den Geschäftsablauf notwendig sind.

Das Risiko für Sabotageaktionen auf den eigenen Webserver oder Internetzugang hängt erheblich von der Organisation selbst ab. Besonders gefährdet sind dabei jene, die im Rampenlicht der Öffentlichkeit stehen (Presseorgane, politische Organisationen, Großkonzerne) oder sehr umstrittene Einrichtungen wie biologische oder kerntechnische Labors oder all jene, die Straftaten verfolgen.

Sabotageformen

✔ Systemüberlastung

Durch Starten vieler parallel laufender Prozesse kann selbst der leistungsfähigste Computer praktisch zum Stillstand kommen. Dies kann im Internet durch das automatische Absenden von Formularen, die auf dem Webserver bearbeitet werden, relativ leicht erreicht werden.

- ✔ Aufruf von fehlerhaften Programmfunktionen

  Leider haben nahezu alle Software-Pakete Funktionen, die nicht immer korrekt arbeiten und zu Systemabstürzen führen. Gelingt dem Hacker ein entsprechender Programmaufruf, stürzt das System ab oder wird für die eigentliche Aufgabe unbrauchbar.

- ✔ Speicher überfluten

  Für jeden Prozess gibt es eine begrenzte Speicherkapazität. Der Hacker kann versuchen, diese zu überschreiten, indem er etwa riesige E-Mails in zig-facher Ausfertigung an einen Mail-Server sendet, der danach für sinnvolle Mails keine Speicherkapazität mehr zur Verfügung hat.

11.1.7 Viren

Computerviren sind jene Programme, die sich selbstständig vermehren, ohne dass der Benutzer bewusst eine Programmkopie erstellt. Sie funktionieren dann besonders erfolgreich, wenn ein intensiver Programmaustausch zwischen verschiedenen Rechnern stattfindet, etwa durch Diskettenaustauschen auf dem Schulhof oder Software-Austausch über das Internet. Die meisten Computerviren funktionieren nur auf einem bestimmten Betriebssystem, zumeist auf Windows/ DOS. Unter UNIX ist es erheblich schwieriger, Viren zu realisieren, und daher sind Viren dort auch nicht sehr verbreitet. Neben den Viren, die direkt in Programmen ablaufen, gibt es Boot-Sektor-Viren, die in Boot-Sektoren von Disketten und Festplatten gespeichert sind und zeitweise einen sehr hohen Verbreitungsgrad hatten. Zum Glück können sich diese Viren nicht über das Internet ausbreiten, da sie direkt auf den Boot-Bereich von Datenträgern angewiesen sind.

Virentypen

Die vermutlich verbreitetste Virenform im Internet sind Makroviren, die sich mit Textdokumenten verbreiten. Sie nutzen die Tatsache, dass sich viele Anwender beim Herunterladen von Textdokumenten im *.doc-Format nicht im Klaren sind, dass diese auch ausführbare Software-Elemente (Makros) enthalten. Diese Makros können nun so geschrieben sein, dass sie sich auf dem Zielrechner vermehren.

ActiveX-Steuerelemente sind eine sehr nützliche Möglichkeit zur Realisierung interaktiver Anwendungen im Intranet. Ihr großer Befehlsumfang und die Fähigkeit, direkt mit dem Betriebssystem zusammenzuarbeiten, ermöglicht das Erstellen von Viren. Besonders problematisch sind dabei E-Mails, die mit HTML und ActiveX-Steuerelementen geschrieben werden, da zumindest einige E-Mail-Software-Pakete diese Programme ohne Benutzerabfrage ausführen. Das bedeutet: Allein das Öffnen einer solchen E-Mail kann zur Verbreitung des Virus beitragen.

Die einfachste Form, Viren im Internet zu verbreiten, ist natürlich das Versenden von ausführbaren Programmen. Hierbei muss sich jeder Anwender selbst im Klaren sein, von welcher Quelle er die Software bezieht und ob er das Risiko eines Programmstarts eingeht. Denn nur nach Starten eines Programms kann ein Virus aktiv werden. Das reine Abspeichern von Software ist ungefährlich.

Die Nutzung von Java-Code wird häufig mit Virenrisiken in Verbindung gebracht. Zurzeit ist allerdings Java so organisiert, dass es keinen Festplattenzugriff erlaubt und daher das Schreiben von vermehrungsfähigen Viren unmöglich erscheint. Es sind daher auch keine Java-Viren bekannt.

Eine besondere Form von Viren stellen E-Mails dar, mit denen vor Viren gewarnt wird (Hoaxes). Dies funktioniert folgendermaßen: Es wird eine E-Mail mit einem warnenden Text erstellt, etwa in der Form: Achtung, neuer E-Mail-Virus mit der Betreffzeile »Schnell reich und glücklich«. Bitte löschen Sie solche Mails und teilen die Gefahr allen Ihren Bekannten per E-Mail mit. Diese Meldungen lösen regelmäßig kleine E-Mail-Lawinen aus, ohne dass je ein Virus gesichtet wurde.

Auf diesem Gebiet werden sich sicher auch in Zukunft viele Autoren tummeln, aus dem klassischen Postbereich kennen wir die entsprechenden Kettenbriefe.

11.1.8 Trojanische Pferde

Während Viren vor allem eine mehr oder weniger unangenehme Vermehrung ihrer Software bewirken, sind Trojanische Pferde so programmiert, dass sie zumeist erhebliche Sicherheitsprobleme verursachen. Die Arbeitsweise ist dabei immer folgende: Ein scheinbar sinnvolles oder zumindest nettes kleines Programm wie Bildschirmschoner oder Entpackungsprogramm wird aus dem Internet geholt und damit gearbeitet. Das Tückische an diesen Programmen ist die Tatsache, dass sie zumeist ihre nämliche Aufgabe recht gut erledigen. Neben diesem sinnvollen Programmkern führen sie aber ihre eigentliche Aufgabe aus, das System für ihre Zwecke zu missbrauchen.

Besonders beliebt bei Hackern ist dabei eine kleine File-Server-Software, die es erlaubt, von außen auf den Rechner zuzugreifen und dabei ähnlich wie mit FTP beliebige Daten vom entsprechenden Rechner zu holen. Das bedeutet, wenn man sich ein solches Trojanisches Pferd auf den PC geholt hat, kann jeder mit dem entsprechenden Wissen alle Daten aus dem PC lesen, während dieser online ist. Besonders tückische Versionen dieser Programme stellen Online-Verbindungen selbstständig, ohne Wissen des Users, her.

Der so genannte Moldawien-Virus

Eine besonders dreiste Form von Trojaner war der so genannte Moldawien-Virus. Seine Arbeitsweise war die folgende: Auf einer Website wurde pornografisches Filmmaterial angeboten, das durch vorheriges Herunterladen eines entsprechenden Viewers betrachtet werden konnte. Hatte man den Viewer auf seinem Rechner installiert, schaltete das Programm zunächst den Modemlautsprecher aus, unterbrach die Internetverbindung und wählte eine Telefonnummer in Moldawien an. Nach kurzer Zeit konnten die entsprechenden Bildchen aus dem Internet betrachtet werden. Dem Benutzer wurde diese Aktion allerdings erst nach Zusenden der Telefonrechnung klar. Bei der Aufklärung des Falles stellte sich übrigens heraus, dass es sich um einen Server in Kanada handelte, der nur durch technische Manipulation scheinbar in Moldawien stand.

Eine unbeabsichtigte Form eines Trojanischen Pferdes stellte die Software Netscape Browser 3.0 dar, bei dem es die Möglichkeit gab, mit entsprechenden HTML-Formularen ebenfalls beliebige Dateien vom Anwenderrechner abzuholen. Man kann nur hoffen, dass solche Fehler in den aktuellen Browser- und Webserver-Softwareversion verschwunden sind. Aktuelle Informationen zu solchen Fehlern findet man im Internet unter folgender Adresse: *http://www.cert.org*.

11.2 Sicherheitsmaßnahmen

Nach diesem ersten Überblick zu den verschiedenen Sicherheitsrisiken, die dem Webmaster Kopfzerbrechen bereiten, sollen hier nun einige Strategien zur Sicherung des Systems erläutert werden.

11.2.1 Sichere Datenübertragung

Obwohl das Internet-Protokoll eine eigene Kennzeichnung für sichere Datenübertragung kennt, funktioniert diese in keiner Weise. Sie dient eher dazu, anderen mitzuteilen, dass es sich hier lohnt, die Datei zu lesen.

Es gibt zurzeit drei Ansätze, Daten sicher und verschlüsselt von einem Internetrechner zu einem anderen zu versenden. Der erste ist eine Änderung des Internet-Protokolls. Es soll mit Einführung des Internet-Protokolls IPv6 sichere Datenübertragung geben. Dies spielt zurzeit jedoch keine Rolle, da nur wenige Geräte im Internet mit IPv6 arbeiten.

Der zweite Ansatz ist die Integration von sicheren Verschlüsselungsverfahren in die einzelnen Anwendungen, etwa S/Mail für Sichere E-Mail, SHTTP für sicheres Versenden von Hypertextdokumenten. Diese Verfahren erscheinen auf den ersten Blick sehr nützlich, haben sich aber aufgrund der raschen Weiterentwicklung bei den Protokollen nicht durchgesetzt.

Die Lösung liegt im Secure-Socket-Layer-Protokoll (SSL), das die Daten einer Internetanwendung wie z.B. Hypertexttransfer verschlüsselt und an das Internet-Protokoll zum Transport der Daten weitergibt. Damit ist es möglich, auch in Zukunft bei neuen Protokollen die gleiche Sicherheitstechnik zu nutzen.

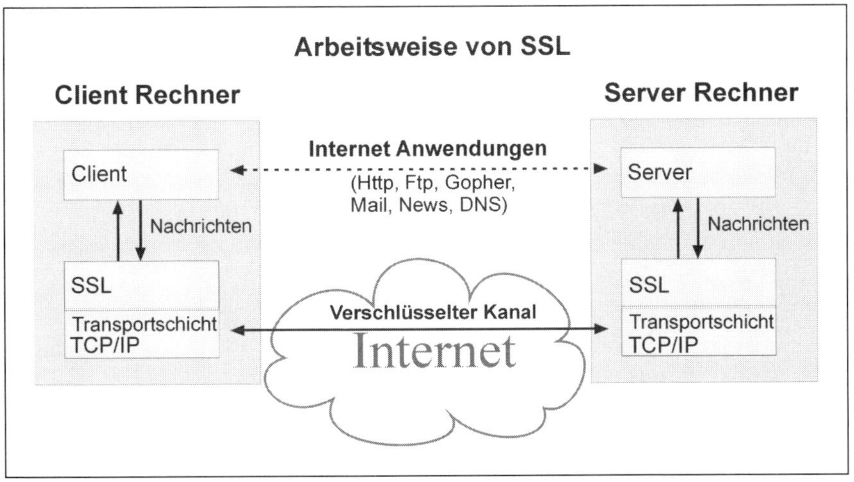

Abbildung 11.1: Die Sicherung der Datenübertragung im Internet wird heute zumeist mit dem Secure Socket Layer Protocol erreicht. Der große Vorteil dabei ist, dass die vielen verschiedenen Anwendungsprotokolle wie HTTP, FTP etc. nicht modifiziert werden, da sie ihre Daten einfach an die Sicherheitsschicht weiterleiten und diese nach Verschlüsselung der Daten den normalen TCP/IP-Transportprozess über das Internet nutzt. Beim Zielrechner wird der Vorgang einfach umgedreht.

11.2.2 SSL Secure Socket Layer

Zwischen der Anwendungsschicht und der Transportschicht im ISO-OSI Model wird eine zusätzliche Sicherungsschicht eingebaut, die den Sockel 447 nutzt. Damit können alle Internetdienste mit dem Sicherheitsniveau von SSL genutzt werden. Das Verfahren Secure Socket Layer umfasst dabei nicht nur die Verschlüsselung der Daten, sondern auch die digitale Signatur und die Möglichkeit festzustellen, ob ein Dokument während des Transports im Internet verändert oder verfälscht wurde. Zurzeit können praktisch alle Internetbrowser bereits mit der Version SSL 3.0 umgehen, die es ermöglicht, auch digital signierte Dokumente vom Browser an den Webserver zu senden.

Damit ein Anwender mit dem Webserver geschützt kommunizieren kann, muss sowohl der Server als auch der Client das SSL-Protokoll unterstützen. Es ist daher Aufgabe des Webmasters, auf seinem Server die sensiblen Dokumente wie Datenbankauszüge, Abfrageformulare, elektronische Geschäftsprozesse im SSL-Mode zu übertragen.

Kleine Einführung in die digitale Verschlüsselungstechnik

Das Ziel aller Verschlüsselungsverfahren beruht darauf, aus dem digitalen Dokument, das bereits in Zahlenform auf dem Rechner vorliegt, eine andere Zahl zu generieren, aus der nur der autorisierte Empfänger auf das ursprüngliche Dokument schließen kann. Um dies zu erreichen, gibt es zwei Verschlüsselungsverfahren, die im Internet von Bedeutung sind.

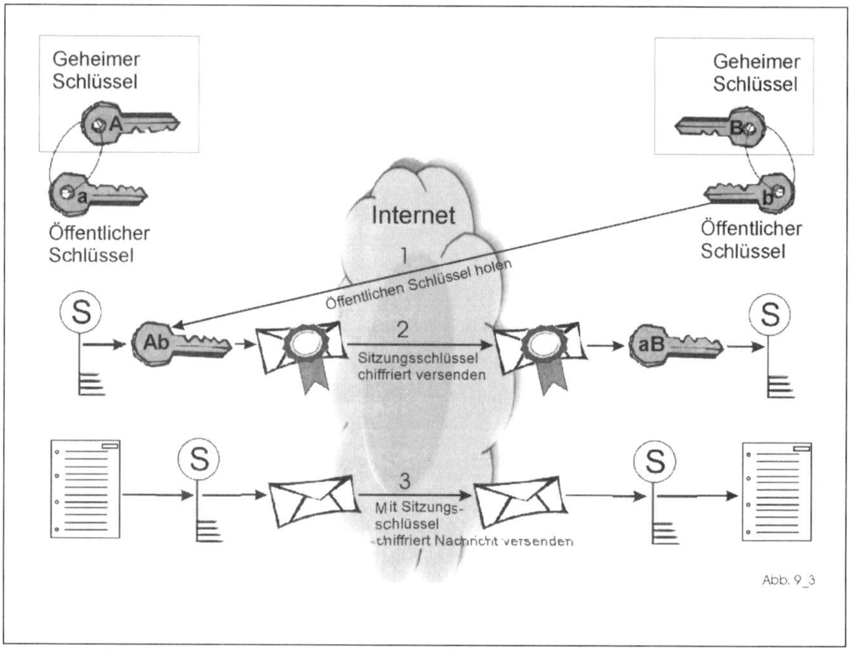

Abbildung 11.2: Bei einer SSL-Sitzung werden zuerst die Zertifikate ausgetauscht. Dabei ist die Übertragung des Browserzertifikats optional, da nur wenige Anwender ein solches besitzen. Es folgt der Schlüsselaustausch und die Vereinbarung eines symmetrischen, schnellen Schlüssels (S) für die eigentliche Kommunikation, die mit dem Cipherverfahren arbeitet. Am Ende der Sitzung wird die Verbindung geregelt abgebaut.

Das erste ist das Verfahren der asymmetrischen Verschlüsselung. Hierbei besitzt der Sender, also z.B. der Webserver, zwei Schlüssel, einen öffentlichen und einen von außen unzugänglichen, geheimen Schlüssel. Ebenso hat der Empfänger, z.B. der Browser, einen öffentlichen und einen geheimen Schlüssel, die natürlich alle unterschiedlich sind. Sollen nun Daten vom Server an den Client geschickt werden, holt dieser zunächst den öffentlichen Schlüssel des Clients im Klartext über das Internet.

Nun wird dieser öffentliche Schlüssel des Empfängers mit dem geheimen Schlüssel des Senders mathematisch kombiniert. Das Ergebnis ist ein einmaliger Schlüssel, mit dem nun das geheime Dokument chiffriert und anschließend an den Empfänger gesendet wird. Dieser muss das Dokument jetzt entschlüsseln, dazu holt sich der Empfänger vom Absender dessen öffentlichen Schlüssel und kombiniert ihn mathematisch mit seinem geheimen Schlüssel. Es entsteht dabei wieder ein völlig neuer Schlüssel, der nun aber die überraschende Eigenschaft besitzt, dass mit ihm das chiffrierte geheime Dokument lesbar wird. Kein Dritter im Internet hat die Chance, das Dokument ebenfalls zu entschlüsseln, da ihm die geheimen Schlüssel fehlen.

Bedeutend bei diesem Verfahren ist die Erzeugung des Schlüsselpaares sowohl auf Client- wie auf Serverseite. So hatte etwa der Netscape-Browser 2.0 eine fehlerhafte Schlüsselgenerierungssoftware, die dazu führte, dass man den geheimen Schlüssel relativ leicht erraten konnte (er hing nur von der Uhrzeit ab, zu der Netscape installiert wurde).

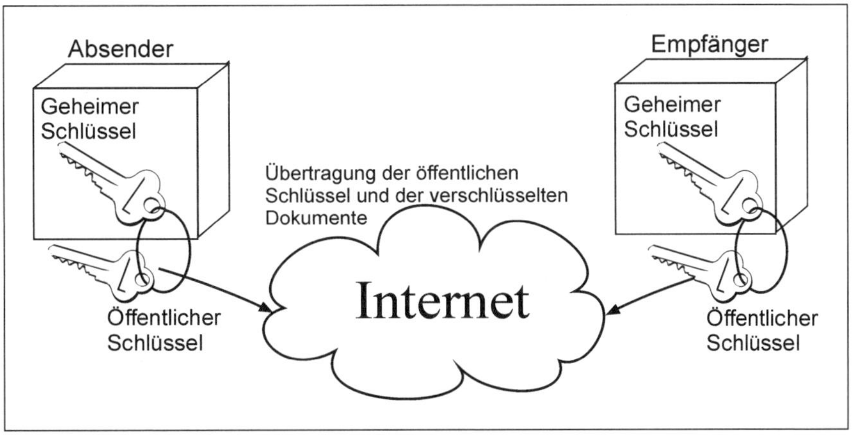

Abbildung 11.3: Bei asymmetrischen Verschlüsselungsverfahren gibt es auf beiden Seiten einen geheimen und einen öffentlichen Schlüssel. Dabei ist der geheime Schlüssel mathematisch mit dem öffentlichen Schlüssel verknüpft. Sollen Daten ausgetauscht werden, wird zuerst der öffentliche Schlüssel des Empfängers vom Absender geholt, z. B. über Internet, und dann zusammen mit dem geheimen Schlüssel des Absenders zum Verschlüsseln verwendet.

Es sei darauf hingewiesen, dass dieses Verfahren relativ umständlich ist und viel Rechenleistung benötigt. Daher wird im SSL-Verfahren mit dieser Methode nur ein gemeinsamer Schlüssel ausgetauscht, der anschließend zur symmetrischen Codierung dient. Ein Verfahren, das erheblich schneller läuft und bis zu mehrere Megabytes pro Sekunde verarbeiten kann.

11.2.3 Authentifizierung

Wird ein wichtiger Vertrag zwischen zwei unbekannten Partnern abgeschlossen, so zeigen sich die Vertragsparteien in der Regel ein Ausweisdokument. Im Internet kommt es häufig vor, dass das Gegenüber völlig unbekannt ist. Wer steckt z.B. hinter *www.irgendeinefirma.de* oder wer hat einen bestimmten Artikel bestellt? Um solche Geschäftsprozesse weniger riskant zu machen, dient der Austausch von digitalen Zertifikaten, in Deutschland auch als digitale Unterschrift oder Signatur bekannt. Dazu ist es erforderlich, dass eine dritte Instanz, die Zertifizierungsstelle (CA, Certification Authority), an beide Geschäftspartner vorab ein Zertifikat versendet.

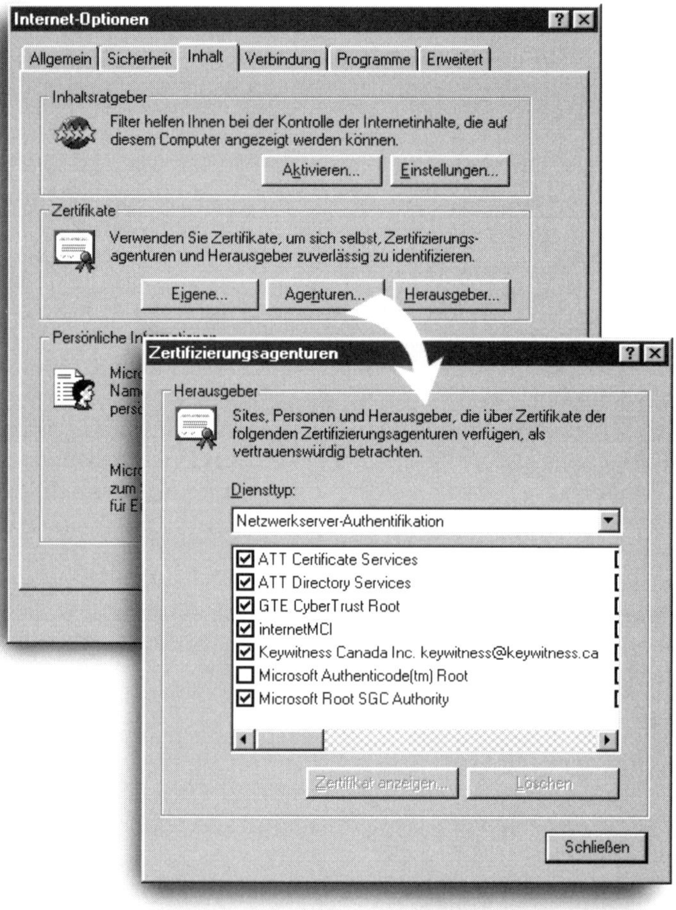

Abbildung 11.4: Im Internet Explorer findet man die Einstellungen für die digitalen Zertifikate unter Internet-Optionen – Agenturen.

Will der Webmaster für seinen Geschäftsserver einen solchen Ausweis, kann er z.B. bei *http://www.verisign.com* ein entsprechendes Zertifikat beantragen. Dabei wird zurzeit zwischen sechs verschiedenen Zertifikatformen unterschieden, die unterschiedlich aufwändige Prozesse bei der ersten Anmeldung erfordern. So hat Kategorie 1, die schwächste Kategorie, nur die Anforderung, dass der Webmaster eine funktionierende E-Mail-Adresse besitzt, an die Verisign das Zertifikat sendet. Für Kategorie 2 ist bereits eine feste Postanschrift notwendig, Die Zusendung erfolgt per Diskette. Höhere Kategorien erfordern zusätzlich Bank- und Schufa-Auskünfte, ähnlich wie sie von Kreditkartenunternehmen gefordert werden.

HINWEIS In Deutschland gibt es noch kein eingeführtes Zertifizierungsunternehmen. Das Signaturgesetz ermöglicht es im Prinzip jedem, eine entsprechende Institution aufzubauen. Vermutlich werden Firmen über TrustTree und Poststellen eine der ersten Anlaufstellen für diese Zertifikate werden.

Diese Zertifikate werden in gleicher Weise auch an Endkunden verteilt. In Deutschland spielen sie zurzeit jedoch praktisch keine Rolle.

Praktischer Hinweis: Die verschiedenen Signaturinstitutionen, die von einem Webbrowser akzeptiert werden, sind unter den Sicherheitsfunktionen abrufbar.

11.3 Die Firewall

Wird das lokale Netz des Unternehmens direkt mit dem Internet verbunden, so führt dies zunächst zu erheblichen Sicherheitsproblemen, da das Protokoll IP weder eine Verschlüsselung noch einen unzulässigen Adressraum kennt. Es ist daher eine wichtige Aufgabe, das lokale Netz durch geeignete Schutzmaßnahmen vor unerwünschten Besuchern abzuschirmen. Dies ist nicht trivial, da häufig wichtige Server (E-Mail-Server, Webserver, FTP-Server etc.) von außen sichtbar sein müssen, und somit ein schlichtes Abblocken aller Anfragen aus dem Internet keine Lösung darstellt.

Die technisch übersichtlichste Lösung ist die Verwendung eines Firewall-Rechners am Verbindungspunkt zwischen lokalem Intranet und der zum Internet führenden Standleitung. Man kann sich vereinfacht die Arbeitsweise dieses Rechners als Pförtner vorstellen, der jeden ankommenden Besucher fragt, wer er ist und wohin er will, ggf. die Taschen durchsucht, und dies beim Verlassen des Geländes wiederholt. In vielen Fällen, insbesondere bei sehr großen Firmennetzen, werden weitere Firewall-Rechner zum Trennen lokaler, unterschiedlich sensibler Bereiche eingesetzt.

Die Technik der Firewalls kann sehr unterschiedlich sein, da viele Hersteller ihre Konzepte zur Sicherung des Firmennetzes Firewall nennen. Im klassischen Sinne ist vor allem das Filtern der einzelnen Internetpakete die Aufgabe der Firewall. Häufig wird aber auch die Funktionalität eines Proxy-Servers und die Verschlüsselung von ein- und ausgehenden Daten für Virtuelle Private Netze (VPN) als Teilaufgabe moderner Firewall-Rechner betrachtet.

11.3.1 Arbeitsweise eines Firewall-Rechners

Der Schutz vor unerlaubten Eindringlingen erfolgt im Firewall-Rechner in mehreren Ebenen, vergleichbar mit den mehrstufigen Kontrollen, denen man etwa am Flughafen ausgesetzt ist.

Paketfilterung

Die unterste Ebene stellt dabei das Paketfiltern dar, bei dem der Rechner auf den Absender und Empfänger des IP-Paketes schaut. Liegt in der Konfigurationsliste der Firewall eine Information vor, dass vom entsprechenden Absender keine Datenpakete in das Firmennetz eingelassen werden dürfen, wird das Paket nicht weiter befördert. Diese allgemeine Einschränkung kann aber noch verfeinert erfolgen, indem bestimmte Kombinationen aus Absender-Adresse und Empfänger-Adresse erlaubt werden, etwa alle Internetnutzer dürfen an die IP-Adresse des Webservers Informationen senden, und umgekehrt darf der Webserver Datenpakete an alle Internetnutzer weiterleiten.

Dienstefilterung

Die einfache Paketfilterung kann jedoch sehr leicht zu Problemen führen. Man stelle sich folgendes Szenario vor: Ein Cracker versucht, eine Telnet-Verbindung zum Webserver herzustellen, d.h., er loggt sich in den Rechner ein, was ihm die Firewall zunächst erlauben würde, da ja jeder aus dem Internet speziell auf diesen Rechner zugreifen darf. Ist er dann eingeloggt, verbindet er sich von dort aus weiter zu einem anderen Rechner im geschützten Intranet, und der empfangende Rechner, z.B. die Personaldatenbank, erkennt als Absender einen hausinternen Rechner (den Webserver) und erlaubt die entsprechenden Zugriffe. An der Firewall wird diese Aktion nicht bemerkt, da der angegriffene Rechner (Personaldatenbank) nur mit dem Webserver spricht und dieser, ohne Argwohn in der Firewall zu erzeugen, Daten ans Internet weiterleitet. Um solche Angriffe zu sperren, muss die Firewall nicht nur auf den Absender und Empfänger achten, sondern auch auf den gewünschten Dienst. So sollte für den Webserver nur HTTP (Port 80) freigeschaltet sein. Der äußerst problematische Dienst Telnet (Port 23) sollte auf jeden Fall gesperrt werden, denn er erlaubt es, mit relativ einfachen Mitteln fremde Rechner fernzusteuern.

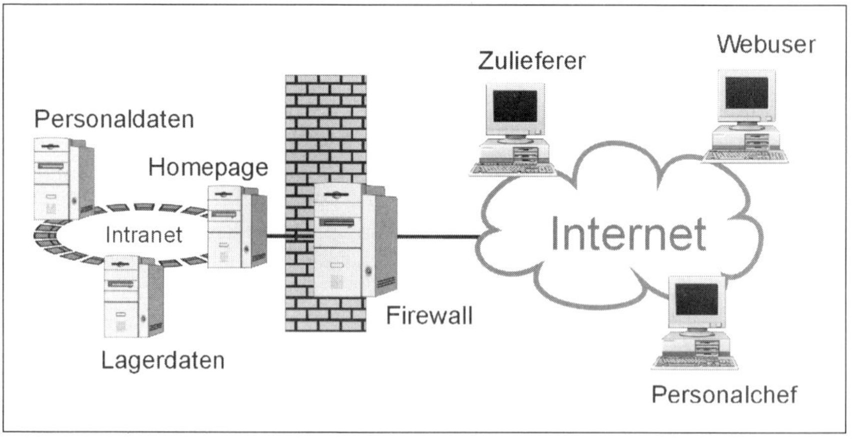

Abbildung 11.5: Die Firewall schützt das Firmennetz vor ungebetenen Besuchern. In der Konfiguration der Firewall können die Zugriffsrechte der einzelnen Besucher genau geregelt werden.

Die Firewall kontrolliert das Einlaufen des Datenpaketes eines Crackers. Wird nur auf den Empfängerrechner abgefragt, kann der Webserver problemlos mit Telnet angesprochen werden. Der Webserver schickt dann Datenpakete mit seinem Absender an einen zu schützenden Rechner im Haus, dieser antwortet dem Webserver und der Webserver leitet die Information jetzt unter seiner Absenderadresse zur Firewall, die die Daten als scheinbar harmlos an den Cracker weiterleitet. Wird zusätzlich auf die Portadresse geachtet (Dienstefilter), kann dies nicht passieren.

Inhaltsfilter, Contentfilter

Die Angreifer lassen sich durch Paket- und Dienstefilter leider nicht vollständig entmutigen, sondern senden häufig Inhalte, die auf einzelnen Rechnern im System Schaden anrichten können. Die häufigste Form sind dabei Viren und Trojaner. Um diese zu erkennen, genügt es leider nicht, die einzelnen Datenpakete zu filtern, sondern es müssen die gesamten einlaufenden Dateien, die sich häufig aus vielen einzelnen IP-Paketen zusammensetzen, analysiert werden.

Da dies praktisch identisch mit der Arbeitsweise eines Proxy-Servers ist, wird es zumeist auch technisch ähnlich implementiert. Nach Eintreffen der Datei am Proxy-Server wird das Datenpaket durch Virenscanner auf entsprechende Signaturen von Viren und Trojanern untersucht und bei Hinweisen auf Viren zurückgewiesen. Damit der Virenfilter die entsprechenden Programme erkennt, besitzt er eine Datenbank mit den typischen Codemustern bekannter Viren. Diese Muster müssen natürlich ständig auf dem aktuellen Stand gehalten werden, was durch Abonnieren eines entsprechenden Services im Internet heute relativ einfach ist.

Das Scannen der einzelnen Dateien am Eingang hat den großen Vorteil, dass stets die aktuellste Virenscan-Software zum Einsatz kommen kann. Würden die Dateien erst auf den lokalen Rechnern überprüft, wäre der administrative Aufwand erheblich höher. Bei sehr intensiver Nutzung des Internets zeigt sich allerdings schnell, dass der Firewall-Rechner enorme Mengen an Daten auf Störungen scannen muss, was entweder die Verbindung verlangsamt oder entsprechend aufwändige Hardware erfordert.

11.3.2 Administration der Firewall

Der Kauf eines hochwertigen Firewall-Rechners schützt das Firmennetz erst dann effizient, wenn alle Konfigurationen sorgfältig geplant und vorgenommen wurden. Im ersten Schritt wird dabei untersucht, welche kritischen Bereiche innerhalb des Firmennetzes vorhanden sind und wie hoch der Schutzbedarf der einzelnen Bereiche ist. So kann es zum Teil erforderlich sein, bestimmte Teilnetze vollständig vom Internet abzutrennen. Für die verbleibenden müssen dann Nutzergruppen definiert werden, die unterschiedlich hohe Zugriffsrechte besitzen.

Beispiel: Ein Unternehmen gibt den Webserver mit der Firmenhomepage für die ungehinderte Nutzung aus dem Internet frei, der Rechner mit den Daten aus der Lagerhaltung soll nur für einen begrenzten Kreis an Lieferanten zugänglich sein, der Rechner mit den Personaldaten darf nicht von außerhalb sichtbar sein.

Zuordnung	Webuser	Zulieferer	Personalchef
Homepage	Port 80	Port 80	Port 80
Lagerdaten	–	Port 21	–
Personaldaten	–	–	– (Kein externer Zugriff!)

Tabelle 11.1: Einfaches Konfigurationsschema einer Firewall

Die einfachste Methode, einen Firewall-Rechner zu konfigurieren, liegt im Erstellen einer Zugangsmatrix. Dabei werden die einzelnen Nutzergruppen in die Spalten eingetragen, die verschiedenen Rechner und Services in die Zeilen der Tabelle. Je nach gewünschter Konfiguration wählt man bestimmte zugelassene Ports für die Felder. So kann in obiger Abbildung der Zulieferer über Port 21 (FTP) die Daten aus dem Lagerbestand abrufen.

Prinzipiell kann dieses Schema sehr komplex werden, wenn viele verschiedene Bereiche definiert und viele Nutzergruppen mit unterschiedlichen Rechten berücksichtigt werden sollen. Hier sollte jedoch immer nach dem Prinzip »Keep it simple and stupid« (KISS) vorgegangen werden, denn bereits 100 verschiedene Anwendungen mit 100 verschiedenen Nutzergruppen ergeben 10.000 Matrixelemente, die alle korrekt ausgefüllt werden müssen, was selbst für sehr erfahrene Administratoren problematisch sein kann.

11.3.3 Hard- und Software für Firewalls

Je nach Umfang der Filterfunktionen und des anfallenden Datendurchsatzes muss eine sehr leistungsfähige Hardware für den Firewall-Rechner angeschafft werden. Da sich die einzelnen Filterfunktionen auch auf getrennten Rechnern realisieren lassen, kann man das System auch in mehrere Komponenten (Router, Proxy) aufteilen, die dann allerdings sorgfältig einzeln gewartet werden müssen. Bei sehr hohen Anforderungen wird ein doppeltes Firewall-Konzept verlangt. Die erste Firewall schützt die weniger sensiblen Rechner wie Webserver und Mailserver vor dem Internet, und in einer weiteren Stufe werden diese Rechner durch eine Firewall vom Intranet abgeschottet.

Die verschiedenen sinnvollen Konfigurationen sind in der Literatur ausführlich beschrieben (Einrichten von Internet-Firewalls. Sicherheit im Internet gewährleisten. Brent Chapman, Elisabeth D. Zwicky, Oreilly/VVA; ISBN:3930673312)

Damit der Firewall-Rechner vollständig vor Cracker-Angriffen geschützt ist, muss auf dem Firewall-Rechner ein sicheres Betriebssystem laufen – wird er geknackt, ist die gesamte Mühe vergebens gewesen. In der Praxis werden hier vor allem UNIX-Derivate verwendet, bei denen der Quellcode bekannt ist (LINUX) und bei denen es möglich ist, nur jenen Teil des Betriebssystems zu installieren, der zwingend für das korrekte Arbeiten der Firewall-Software erforderlich ist.

Dienste wie Telnet oder andere Programme, die eine Fernsteuerung des Firewall-Rechners erlauben, sollten auf keinen Fall installiert werden, da sie immer das Risiko bergen, von ungebetenen Nutzern aktiviert zu werden. Das bedeutet aber auch, dass die Steuerung des Firewall-Rechners immer über die Systemkonsole erfolgen muss. An dieser Stelle sollte nicht unerwähnt bleiben, dass für den sicheren Betrieb ein entsprechend physisch geschützter Rechner verwendet werden muss, damit nicht jedermann auf dem Firmengelände den Rechner umkonfigurieren kann.

11.3.4 Erkennen von Einbruchsversuchen

Vertrauen in die Firewall-Software ist gut, regelmäßige Kontrolle des Logfiles ist besser. Damit Einbruchsversuche ins Firmennetz erkannt werden können und ggf. auch bekämpft und juristisch verfolgt werden, muss auf dem Firewall-Rechner ein möglichst ausführliches Logfile mitlaufen. Dazu werden die Absender und Empfänger der einzelnen IP-Pakete mit Uhrzeit und den dazugehörigen Diensten gespeichert. Wird eine sensible Verbindung, etwa Telnet-Zugang aufgebaut, kann auch die Sitzung detaillierter aufgezeichnet werden.

Auf dem Firewall-Rechner sollte zudem ein entsprechendes Alarmsystem arbeiten, das bei Auffinden entsprechender Einbruchsmuster den Systemadministrator informiert und ggf. den unerwünschten Besucher in eine Falle lockt (Honigtopf, honeypot). Während dieser Besucher dann gefakte Dateien bekommt, wird möglichst genau verfolgt, woher der ungebetene Besuch eindringt. Häufig kehren Eindringlinge gerade nach Erfolg (Fake-Dateien!) wieder zurück, zudem mit wesentlich geringerer Vorsicht, so dass sie oft überführt werden können.

Wichtige Links zu Sicherheitsthemen:

http://www.cs.purdue.edu/coast/hotlist/ Die vermutlich beste Sammlung zu allen Themenbereichen, auch zu »Undergroundsites«, englischsprachige Quelle.

http://www.verisign.com/ Zertifizierungsstelle in den USA.

http://www.uni-siegen.de/security/index.html deutsche Linkliste.

ANHANG A

A Anhang

A.1 Internetadressen

Leider verändern sich Internetadressen sehr häufig. Damit Sie immer funktionierende Links vorfinden, haben wir eine ständig aktuelle Liste der Bookmarks unter *http://www.heindl.de/bookmarks.html* ins Internet gestellt. Mit e gekennzeichnete Sites sind englischsprachig.

Organisationen

http://www.isoc.org (Internet Society) e
http://www.iana.org (Internet Assigned Numbers Authority) e
http://www.networksolutions.com (nicht ländergebundene Domains) e
http://www.denic.de (DENIC eG Domain Verwaltungs- und Betriebsgesellschaft)
http://www.iab.org (Internet Architecture Board) e
http://www.irtf.org (Internet Research Task Force) e
http://www.ietf.org (Internet Engineering Task Force) e
http://www.w3.org (World Wide Web Consortium) e

Backbone

http://www.ebone.net/structure/backbone.html e

ISDN, ADSL

http://www.eff.org (Electronic Frontier Foundation, Hintergrund) e
http://www.zdnet.de/specials/isdn/isdn-wc.html (Infos)
http://www.lrz-muenchen.de/services/netzdienste/modem-isdn/isdn/ (gute Tipps)
http://www.adsl.com (offizielles ADSL-Forum) e
http://www.archmatic.com/glossar/z_adsl.htm (xDSL-Techniken)
http://www.discos.lu (Satellitenempfang)

TCP/IP Tools

http://www.nwpsw.com

HTTP

http://www.w3.org/Protocols/HTTP/1.1/spec.html (die exakten Regeln) e
http://www.uni-duesseldorf.de/~cappel/WebKurs/Einfuehrung.html (HTTP-Arbeitsweise)
http://www.delorie.com/web/headers.html (Headerviewer)
http://www.wapforum.org/ (WAP Forum)

HTML, XML

http://www.netzwelt.com/selfhtml/ (SELFHTML von Stefan Münz)
http://mintert.com/xml/trans/REC-xml-19980210-de.html (XML-Definition)
http://www.ecin.de/edi/internet/xml-beispiel.html (EDI-XML-Demo)
http://www.rhrk.uni-kl.de/~mvogt/seminar/index.html (XML-Vortrag)
http://www.selfxml.de/ (kurze XML-Einführung, Beispiele)
http://www.imc.org/pdi (vCard Visitenkartenformat) e
http://purl.oclc.org/metadata/dublin_core_elements (Metatags)
http://www.addison-wesley.de/service/kloss/kap_08-03.htm (VRML)

Provider

http://web.de/Internet/ (Übersicht)
http://www.rpv.net (mit Suchfunktion)
http://www.zdnet.de/internet/isp/prov0001test01_00-wc.html (Testergebnisse)
http://www.t-online.de (T-Online, größter deutscher Provider)
http://www.germany.aol.com (AOL, größter internationaler Provider)
http://www.germany.net (Einwählnummer)
http://www.teltarif.de/internet.html (Übersicht zu Call-by-call-Providern)
http://www.billiger-telefonieren.de/ (dito)
http://www.telefontarif-info.de/ (dito)
http://www.telefonspezialist.de/Internet/by-Call/by-call.htm (dito)

PoPs Domainnamen

http://www.internic.net/alpha.html (alle .com-Registrierungsstellen)
http://www.networksolutions.com (.com anmelden) e
http://www.denic.de (.de anmelden)
http://www.This.is (Sonderform) e
http://www.kanzlei.de (Rechtsfragen)
http://www.netcraft.com (prüfen auf ähnliche Namen) e

Webserver

http://www.tenon.com
http://www.apache.org (kostenlos und weit verbreitet) e
http://www.microsoft.com/iis (»kostenlos« von MS)
http://www.netscape.com (vom »Erfinder«)
http://java.sun.com
http://www.lotus.com

World Wide Web

http://www.w3c.org (Referenz für HTML, HTTP, XML, ...) e
http://www.w3b.de/ (Statistiken über die Nutzer)

Seitengestaltung

http://www.zampano.com/gifanim/ (Animated GIF)
http://home.netscape.com/plugins/index.html (Plug-Ins)
http://www.cdrom.com/pub/png/pngintro.html
http://www.ideenreich.com/drweb.shtml (aktuelle Hinweise)
http://www.delorie.com/web/wpbcv.html (Seitenkompatibilitätstest) e

http://browserwatch.internet.com/stats/stats.html (Browserstatistik) e
http://www.htmlhelp.org/reference/css/ (CSS) e

Seitenverwaltung

http://www.download.com
http://www.fireball.de/metagenerator.html
http://www.sitepromote.de/
http://www.1st-fuss.com/metatag.htm
http://www.stars.com/Authoring/HTML/Head/meta.html oder
http://vancouver-webpages.com/META/
http://purl.oclc.org/metadata/dublin_core_elements
http://dbs.schule.de/bonsai/metatags.html

Programmierung

http://www.wsabstract.com/cutpastejava.htm
http://www.developer.com/directories/pages/dir.javascript.example.html
http://www.developer.com/directories/pages/dir.java.html
http://www.sun.com (Java)
http://www.gvu.gatech.edu/gvu/user_surveys/
http://www.fireball.de/voyeur-fireball.fcg?action=voyeur-queries
http://www.Webposition.com
http://www.top-10.com (Positionierung der eigenen Seiten)

Statistische Auswerte-Software

http://www.gekko.de/analog/
http://www.webtrends.com
http://www.boutell.com/wusage/download.html
http://www.hitbox.com/ (nützliches, kostenloses Analyseverfahren)
http://www.ivw.de (Seitenzähler der Werbetreibenden)

Wichtige Suchmaschinen

http://www.google.com (Editor´s choice, arbeitet mit Linkanalyse)
http.//www.yahoo.de (manuell erstellt, höchster Marktanteil)
http://www.altavista.com (zu oft geändert, aber gute Suchsyntax)
http://www.excite.de
http://www.fireball.de (sehr vollständig, arbeitet mit Altavista zusammen)
http://www.infoseek.de (berücksichtigt das Nutzerverhalten)
http://www.northernlight.com (angeblich umfangreichster Seitenbestand)
http://lycos.de
http://www.metager.de/ (Metasuchmaschine)
http://search.msn.com
http://www.hotbot.com
http://www.web.de (deutsches Webverzeichnis)
http://www.dino-online.de
http://www.kso.co.uk/de/svc/se008.html (Suchmaschinenreport)
http://www.fireball.de/qstat.html (Suchwortstatistik)

Hersteller von Such-Software

http://altavista.software.digital.com
http://home.netscape.com

http://www.iicnet.com
http://www.microsoft.com
http://www.netresults-search.com

Sicherheit

http://www.verity.com/ e
http://www.cs.purdue.edu/coast/hotlist/ (perfekte Linkliste) e
http://www.cert.org e
http://www.verisign.com (Certificate Authority) e
http://www.trusttree.de (CA)
http://www.uni-siegen.de/security/index.html (deutsche Linkliste)

Zeitschriften

http://www.zdnet.de/internet/inet-wc.html (ZDNet Deutschland)

A.2 Tabellen

A.2.1 Standardelemente einer Webseite (HTML 4.0)

In der folgenden Tabelle stehen alle zurzeit gültigen HTML-Elemente (nach: *http://www.w3c.org/TR/PR-html40/index/elements.html)*

Strukturelemente	
<HTML>	Markiert den Beginn einer Webseite
<HEAD>	Markiert Header
<BODY>	Textkörper
<FRAME>	Hier wird der Frame-Inhalt eingebettet

Head-Elemente	
<BASE>	Basisadresse für Dokument festlegen
<META>	spezifische Informationen über das Dokument
<TITLE>	Seitentitel
<ADDRESS>	Kennzeichnung für den Autor
<LINK>	Legt relative Beziehungen fest
<SCRIPT>	Scriptdefinitionen
<NOSCRIPT>	Darstellung, wenn kein Script
<ABBR>	Abkürzungen können definiert werden

Tabelle	
<TABLE>	Tabellendefinition
<CAPTION>	Tabellenüberschrift
<TD>	Textfeld (textdata)
<TR>	Reihe (textrow)
<COL>	Spalte (column)
<COLGROUP>	Gruppierung von Spalten
<TH>	Überschriftszeile (textheader)
<TBODY>	für Definitionen des Tabellenhauptteils
<THEAD>	Tabellendefinition
<TFOOT>	Tabellenüberschrift

Dokumentteiler	
 	Zeilenumbruch (break)
<HR>	Horizontale Linie (horizontal rule)
<P>	Absatz (paragraph)
<H1>	Überschrift (H2,..H6 – heading)

Textformatierungen	
<BIG>	große Schriftart
<SMALL>	kleine Schriftart
<B>	Fettdruck (bold – unabhängig von Browsereinstellung)
<STRONG>	Fettdruck
<I>	Schrägdruck (italic – unabhängig von Browsereinstellung)
<EM>	Schrägdruck (emphasized)
<U>	unterstrichen (underlined)
<S>	durchgestrichen (strike)
<TT>	Schreibmaschinenschrift (teletype)
<PRE>	unformatierter Text (preformatted)
<CITE>	zitierter Text
<Q>	kurzes Zitat innerhalb einer Zeile (quote)
<CODE>	Programmcode
<SAMP>	Rechnerausgabe
<KBD>	zeigt Text an, der vom User eingegeben werden muß (keyboard)
<VAR>	Variable
<DFN>	Definition

Textformatierungen	
<SUB>	tiefgestellt (subscript)
<SUP>	hochgestellt (superscript)
<CENTER>	mittige Ausrichtung
<DIV>	beinhaltet Stil oder Ausrichtung (div align=»center«) für ganzen Block
<SPAN>	beinhaltet Stil oder Ausrichtung für einzelne Zeilen
<STYLE>	Stilinformationen für einzelne Elemente
<FONT>	mit den entsprechenden Attributen (size=..color=...) wird die Schrift bestimmt
<BASEFONT>	der Basisfont für die Seite wird festgelegt
<BLOCKQUOTE>	Als Block abgesetzt
<BDO>	Überlagerung des 2-Richtungen-Algorithmus
<DEL>	Hebt gelöschten Text hervor (delete)

Links und Bilder	
<A>	Anker
<IMG>	Bild
<OBJECT>	Object
<PARAM>	ordnet Objekt einen Wert zu
<APPLET>	einfügen von Java-Applet
<AREA>	aktivieren eines Bildbereiches
<MAP>	aktivieren eines Bildbereiches

Formulare	
<FORM>	Formulardefinition
<SELECT>	Optionsauswahl
<OPTION>	Option
<OPTGROUP<	faßt Optionen zu spezifischer Gruppe zusammen
<TEXTAREA<	mehrzeiliges Eingabefeld
<INPUT>	Formularfeld
<BUTTON>	Kreiert einen Absendebutton
<FIELDSET>	gruppiert ähnliche und verwandte Formularfelder
<LEGEND>	ordnet dem Fieldset eine Benennung zu
<LABEL>	Benennung eines Formularfeldes

Frameelemente	
<FRAMESET>	Fensterunterteilung
<IFRAME>	Frame innerhalb eines Textblockes
<NOFRAMES>	Inhalt, wenn kein Frame im Einsatz

Listen	
<OL>	leitet eine geordnete Liste ein (ordered list)
<UL>	leitet eine ungeordnete Liste ein (unordered list)
<LI>	Listenelement
<DIR>	Verzeichnisliste
<MENU>	Menü-Liste
<DL>	Definitionsliste, bewirkt Einrückung
<DD>	Definitionsbeschreibung in Liste
<DT>	Terminuseintrag

A.3 HTTP

A.3.1 HTTP-Befehle

Befehl	Erklärung
GET	Der Befehl GET, vom Client abgesetzt, ruft die durch ihn referenzierte Internetadresse auf und holt ein bestimmtes File vom Server. Dies ist der häufigste Befehl, während im Internet gearbeitet wird.
HEAD	Dieser Befehl dient dazu, analog dem GET-Befehl, vom Server Informationen über ein Dokument zu erhalten. Dabei wird jedoch nicht das Dokument selbst übertragen, sondern nur die zugehörige Meta-Information, wie z. B. letzte Änderung, File-Format und ähnliches.
PUT	Mit diesem Befehl kann der Client Informationen zum Server schicken, gegebenenfalls vollständige Dokumente, wie sie für das Publizieren von HTML-Dokumenten notwendig sind. Der Befehl ist insofern dem FTP-Befehl sehr ähnlich.
POST	Dieser Befehl dient zum Übertragen von kurzen Informationen aus Formularen, d. h. der Inhalt des Formulars wird an die Internetadresse des Servers angehägt.
DELETE	Dieser Befehl dient zum Löschen von Dokumenten auf dem Server. Dies gelingt allerdings nur, wenn der Client entsprechende Schreibrechte auf dem Server besitzt.
LINK	Erzeugt eine oder mehrere Verbindungen.
UNLINK	Entfernt diese Verbindungen wieder.

HTTP-Statuscodes

Befehl	Erklärung
200 --	OK – Methode war erfolgreich
201 --	Created – Zusätzlicher Antwort-Header
202 --	Accepted – Methode wird verspätet ausgeführt und gibt hiermit die Bestätigung
203 --	Provisional Information – Nicht die Originalheaderversion, wenn Methoden von einem Proxy ausgeführt werden, wird Zusatzinformation in den Header geschrieben
204 --	No Content – Methode war erfolgreich, jedoch keine Antwort im Rest der Response
300 --	Multiple Choices – Der Server kann die angeforderte Information aus unterschiedlichen Dateien lesen
301 --	Moved Permanently – Die angeforderte Seite ist umgezogen
302 --	Moved Temporarily – Die angeforderte Seite ist vorübergehend umgezogen
304 --	Not Modified – Nach dem im Header angegebenen Datum wurde nichts mehr an der Seite verändert
400 --	Bad Request – Die Anforderung kann nicht ausgeführt werden
401 --	Unauthorized – Client ist nicht berechtigt, auf diese Seite zuzugreifen
402 --	Payment Required – Zukünftiger Befehl, für das elektronische Bezahlen einer Seite
403 --	Forbidden – Ausführung der Methode verweigert
404 --	Not Found – URL wurde nicht gefunden
405 --	Method Not Allowed – Methode ist für diese Seite nicht erlaubt
406 --	None Acceptable – Verarbeitung der Header ist nicht möglich
407 --	Proxy Authentication Required – Proxies sollen verifiziert werden. Zukünftiger Befehl
408 --	Request Timeout – Die Methode konnte innerhalb einer Zeitspanne nicht ausge führt werden
409 --	Conflict – Konflikt entsteht, wenn neuere Änderungen überschrieben werden
410 --	Gone – Die gewünschte Seite ist nicht mehr vorhanden
500 --	Internal Server Error – Interner Serverfehler
501 --	Not Implemented – Die Methode ist dem Server nicht bekannt
502 --	Bad Gateway – Der Server hatte beim Versuch auf einen anderen Server zu zugreifen keinen Erfolg
503 --	Service Unavailable – Keine Möglichkeit die Methode im Moment auszuführen
504 --	Gateway Timeout – Zeitspanne beim Zugriff auf einen anderen Server wurde überschritten

A.3.2 Meta-Tags nach Dublin Core

Eine internationale Gruppe von Experten hat versucht, eine Standardisierung der Metatags zu schaffen. Dazu wurden 15 Elemente vereinbart, die unter dem Namen Dublin Core veröffentlicht wurden.

Name	Beschreibung
Title	hier kann der Titel eingegeben werden
Creator	Verfasser der Seite
Subject	Inhalt der Seite
Description	Beschreibung der Seite
Publisher	Verantwortlicher für die Seite
Contributor	z. B. Co-Autoren
Date	Erstellungsdatum
Type	Art des Dokumentes, z. B. Aufsatz, Wörterbuch etc.
Format	Datenformat, um das Dokument zu identifizieren
Identifier	Bezugsadresse für die Datei
Source	Quelle, z. B. wenn das Original ein Buch ist
Language	Sprache des Textes
Relation	Bezug zwischen vorliegender Datei und Quelle
Coverage	zeitl. oder geografischer Bezugspunkt
Copyright	Copyrightangabe

A.3.3 Sonderzeichen

Es gibt viele Zeichen, die nur durch eine Umschreibung wiedergegeben werden können.

Sie haben folgenden Aufbau: Zuerst ein kaufmännisches Und (&), dahinter der Name des benannten Zeichens und abschließend ein Semikolon (;). Die Zeichenfolge für ein kleines ü, wäre dann z. B.: `ü`

Zeichen	Beschreibung	Name in HTML	ASCI Code
	erzwungenes Leerzeichen		
¡	umgekehrtes Ausrufezeichen	¡	¡
¢	Cent-Zeichen	¢	¢
£	Pfund-Zeichen	£	£
¤	Währungs-Zeichen	¤	¤
¥	Yen-Zeichen	¥	¥
¦	durchbrochener Strich	¦	¦

Zeichen	Beschreibung	Name in HTML	ASCI Code
§	Paragraph-Zeichen	§	§
¨	Pünktchen oben	¨	¨
©	Copyright-Zeichen	©	©
ª	Ordinal-Zeichen weiblich	ª	ª
«	angewinkelte Anf.zeichen links	«	«
¬	Verneinungs-Zeichen	¬	¬
-	kurzer Trennstrich		
®	Registriermarke-Zeichen	®	®
¯	Überstrich	¯	¯
°	Grad-Zeichen	°	°
±	Plusminus-Zeichen	±	±
²	Hoch-2-Zeichen	²	²
³	Hoch-3-Zeichen	³	³
´	Acute-Zeichen	´	´
µ	Mikro-Zeichen	µ	µ
¶	Absatz-Zeichen	¶	¶
·	Mittelpunkt	·	·
¸	Häkchen unten	¸	¸
¹	Hoch-1-Zeichen	¹	¹
º	Ordinal-Zeichen männlich	º	º
»	angewinkelte Anf.zeichen rechts	»	»
¼	ein Viertel	¼	¼
½	ein Halb	½	½
¾	drei Viertel	¾	¾
¿	umgekehrtes Fragezeichen	¿	¿
À	A mit Accent grave	À	À
Á	A mit Accent acute	Á	Á
Â	A mit Circumflex	Â	Â
Ã	A mit Tilde	Ã	Ã
Ä	A Umlaut	Ä	Ä
Å	A mit Ring	Å	Å
Æ	A mit legiertem E	Æ	Æ
Ç	C mit Häkchen	Ç	Ç
È	E mit Accent grave	È	È
É	E mit Accent acute	É	É

Zeichen	Beschreibung	Name in HTML	ASCI Code
Ê	E mit Circumflex	Ê	Ê
Ë	E Umlaut	Ë	Ë
Ì	I mit Accent grave	Ì	Ì
Í	I mit Accent acute	Í	Í
Î	I mit Circumflex	Î	Î
Ï	I Umlaut	Ï	Ï
Ð	Eth (isländisch)	Ð	Ð
Ñ	N mit Tilde	Ñ	Ñ
Ò	O mit Accent grave	Ò	Ò
Ó	O mit Accent acute	Ó	Ó
Ô	O mit Circumflex	Ô	Ô
Õ	O mit Tilde	Õ	Õ
Ö	O Umlaut	Ö	Ö
×	Mal-Zeichen	×	×
Ø	O mit Schrägstrich	Ø	Ø
Ù	U mit Accent grave	Ù	Ù
Ú	U mit Accent acute	Ú	Ú
Û	U mit Circumflex	Û	Û
Ü	U Umlaut	Ü	Ü
Ý	Y mit Accent acute	Ý	Ý
Þ	THORN (isländisch)	Þ	Þ
ß	scharfes S	ß	ß
à	a mit Accent grave	à	à
á	a mit Accent acute	á	á
â	a mit Circumflex	â	â
ã	a mit Tilde	ã	ã
ä	a Umlaut	ä	ä
å	a mit Ring	å	å
æ	a mit legiertem e	æ	æ
ç	c mit Häkchen	ç	ç
è	e mit Accent grave	è	è
é	e mit Accent acute	é	é
ê	e mit Circumflex	ê	ê
ë	e Umlaut	ë	ë
ì	i mit Accent grave	ì	ì

Zeichen	Beschreibung	Name in HTML	ASCI Code
í	i mit Accent acute	í	í
î	i mit Circumflex	î	î
ï	i Umlaut	ï	ï
ð	eth (isländisch)	ð	ð
ñ	n mit Tilde	ñ	ñ
ò	o mit Accent grave	ò	ò
ó	o mit Accent acute	ó	ó
ô	o mit Circumflex	ô	ô
õ	o mit Tilde	õ	õ
ö	o Umlaut	ö	ö
÷	Divisions-Zeichen	÷	÷
ø	o mit Schrägstrich	ø	ø
ù	u mit Accent grave	ù	ù
ú	u mit Accent acute	ú	ú
û	u mit Circumflex	û	û
ü	u Umlaut	ü	ü
ý	y mit Accent acute	ý	ý
þ	thorn (isländisch)	þ	þ
ÿ	y Umlaut	ÿ	ÿ

Zeichen	Beschreibung	Name in HTML	Unicode in HTML
Griechische Großbuchstaben			
Α	Alpha	Α	Α
Β	Beta	Β	Β
Γ	Gamma	Γ	Γ
Δ	Delta	Δ	Δ
Ε	Epsilon	Ε	Ε
Ζ	Zeta	Ζ	Ζ
Η	Eta	Η	Η
ϑ	Theta	Θ	Θ
Ι	Iota	Ι	Ι
Κ	Kappa	Κ	Κ
Λ	Lambda	Λ	Λ
Μ	Mu	Μ	Μ
Ν	Nu	Ν	Ν
Ξ	Xi	Ξ	Ξ

Zeichen	Beschreibung	Name in HTML	Unicode in HTML
Ο	Omicron	Ο	Ο
Π	Pi	Π	Π
Ρ	Rho	Ρ	Ρ
Σ	Sigma	Σ	Σ
Τ	Tau	Τ	Τ
Υ	Upsilon	Υ	Υ
Φ	Phi	Φ	Φ
Χ	Chi	Χ	Χ
Ψ	Psi	Ψ	Ψ
Ω	Omega	Ω	Ω
Griechische Kleinbuchstaben			
α	alpha	α	α
β	beta	β	β
γ	gamma	γ	γ
δ	delta	δ	δ
ε	epsilon	ε	ε
ζ	zeta	ζ	ζ
η	eta	η	η
θ	theta	θ	θ
ι	iota	ι	ι
κ	kappa	κ	κ
λ	lambda	λ	λ
μ	mu	μ	μ
ν	nu	ν	ν
ξ	xi	ξ	ξ
ο	omicron	ο	ο
π	pi	π	π
ρ	rho	ρ	ρ
	sigmaf	ς	ς
σ	sigma	σ	σ
τ	tau	τ	τ
υ	upsilon	υ	υ
φ	phi	φ	φ
χ	chi	χ	χ
ψ	psi	ψ	ψ

Zeichen	Beschreibung	Name in HTML	Unicode in HTML
ϖ	omega	ω	ω
	theta Symbol	ϑ	ϑ
	upsilon mit Haken	ϒ	ϒ
	pi Symbol	ϖ	ϖ
Allgemeine Interpunktionszeichen			
•	Bullet-Zeichen	•	•
	Horizontale Ellipse	…	…
–	Minutenzeichen	′	′
_	Überstrich	‾	‾
/	Bruchstrich	⁄	⁄
Buchstabenähnliche Zeichen			
℘	Weierstrass p	℘	℘
¡	Zeichen für »imaginär«	ℑ	ℑ
¬	Zeichen für »real«	ℜ	ℜ
™	Trademark-Zeichen	™	™
¿	Alef-Symbol	ℵ	ℵ
Pfeile			
←	Pfeil links	←	←
↑	Pfeil oben	↑	↑
→	Pfeil rechts	→	→
↓	Pfeil unten	↓	↓
↔	Pfeil links/rechts	↔	↔
_	Pfeil unten-Knick-links	↵	↵
⇐	Doppelpfeil links	⇐	⇐
⇑	Doppelpfeil oben	⇑	⇑
⇒	Doppelpfeil rechts	⇒	⇒
⇓	Doppelpfeil unten	⇓	⇓
⇔	Doppelpfeil links/rechts	⇔	⇔
Mathematische Operatoren			
	für alle	∀	∀
	teilweise	∂	∂
	existiert	∃	∃
	leer	∅	∅
	nabla	∇	∇
∈	Element von	∈	∈

Zeichen	Beschreibung	Name in HTML	Unicode in HTML
∉	kein Element von	∉	∉
_	enthält als Element	∋	∋
Π	Produkt	∏	∏
Σ	Summe	∑	∑
-	minus	−	−
∗	Asterisk	∗	∗
√	Quadratwurzel	√	√
∝	proportional zu	∝	∝
∞	unendlich	∞	∞
∠	Winkel	∠	∠
∧	und	∧	⊥
∨	oder	∨	⊦
_	Schnittpunkt	∩	∩
∪	Einheit	∪	∪
∫	Integral	∫	∫
∴	deshalb	∴	∴
_	ähnlich wie	∼	∼
≅	annähernd gleich	≅	≅
≈	beinahe gleich	≈	≈
≠	ungleich	≠	≠
=	identisch mit	≡	≡
≤	kleiner gleich	≤	≤
≥	größer gleich	≥	≥
⊂	Untermenge von	⊂	⊂
…	Obermenge von	⊃	⊃
⊄	keine Untermenge von	⊄	⊄
⊆	Untermenge von oder gleich mit	⊆	⊆
⊇	Obermenge von oder gleich mit	⊇	⊇
⊕	Direktsumme	⊕	⊕
⊗	Vektorprodukt	⊗	⊗
⊥	senkrecht zu	⊥	⊥
	Punkt-Operator	⋅	⋅
Technische Symbole			
_	links oben	⌈	⌈
_	rechts oben	⌉	⌉

Zeichen	Beschreibung	Name in HTML	Unicode in HTML
_	links unten	⌊	⌊
_	rechts unten	⌋	⌋
Geometrische Zeichen			
#	Raute	◊	◊
Sonstige Symbole			
♠	Pik-Zeichen	♠	♠
♣	Kreuz-Zeichen	♣	♣
♥	Herz-Zeichen	♥	♥
♦	Karo-Zeichen	♦	♦
Interpunktionszeichen			
-	Gedankenstrich Breite n	–	–
–	Gedankenstrich Breite m	—	—
‘	einfaches Anführungszeichen links	‘	‘
,	einfaches Anführungszeichen rechts	’	’
’	einfaches low-9-Zeichen	‚	‚
„	doppeltes Anführungszeichen links	“	“
“	doppeltes Anführungszeichen rechts	”	”
”	doppeltes low-9-Zeichen rechts	„	„
†	Kreuz	†	†
‡	Doppelkreuz	‡	‡
‰	zu tausend	‰	‰
‹	angewinkeltes einzelnes Anf.zeichen links	‹	‹
›	angewinkeltes einzelnes Anf.zeichen rechts	›	›

A.3.4 JAVA-Script

Eventhandler

Folgende Eventhandler stehen momentan zur Verfügung:

Eventhandler	Beschreibung
onAbort	bei Abbruch
onBlur	beim Verlassen des Bildschirms
onChange	bei erfolgter Änderung
onClick	beim Anklicken
onDblClick	bei doppeltem Anklicken
onError	im Fehlerfall
onFocus	beim Aktivieren
onKeydown	bei gedrückter Taste
onKeypress	bei erfolgtem Tastendruck
onKeyup	bei losgelassener Taste
onLoad	beim Laden einer Datei
onMousedown	bei gedrückter Maustaste
onMousemove	bei weiterbewegter Maus
onMouseout	beim Verlassen des Elements mit der Maus
onMouseover	beim Überfahren des Elements mit der Maus
onMouseUp	bei losgelassener Maustaste
onReset	beim Zurücksetzen des Formulars
onSelect	beim Selektieren von Text
onSubmit	beim Absenden des Formulars
onUnload	beim Verlassen der Datei
onAbort	bei Abbruch

ANHANG B

B Glossar

An dieser Stelle werden die wichtigsten Begriffe und Abkürzungen, die im Zusammenhang mit dem Internet auftauchen, kurz erläutert.

3GPP	Third Generation Partnership Projekt, Initiative zum Aufbau von 3G-Systemen
ActiveX	Programmierschnittstelle von Microsoft
ADSL	Asymetric Digital Subscriber Line, schnelle Datenübertragung, die mit normalen Telefonleitungen arbeitet
AIX	Unix von IBM
API	Application Programming Interface, Programmierschnittstelle
AppCenter	Application Center, Nachfolger von Microsoft MTS
ARPANET	Das Vorgängernetz des Internets. ARPA steht für Advanced Research Projects Agency.
ASCII	American Standard Code for Information Interchange, die Binärdarstellung der einfachen Buchstaben und Zahlen, keine Umlaute und nur wenig Sonderzeichen. Es werden nur 7 Bits der 8 Bits in jedem Byte verwendet.
ASN.1	Abstract Syntax Notation, Standard zur Notation von Datenformaten in Übertragungsprotokollen+C51
ASP	Active Server Page, Webseitengenerator von Microsoft
ASP	Active Service Provider, Internetdienstleister mit Software, die über das Netz genutzt werden kann
ATM	Asynchronous Transfer Mode, schneller Übertragungsmode für Daten zumeist für Langstreckenanwendungen
B2B	Business to Business, Austausch von Geschäftsdaten

Backbone Leistungsfähige Datenleitungen im Internet (Rückrat). Zumeist von großen Providern, staatlichen Organisationen und Forschungsinstituten bei den Telekommunikationsunternehmen angemietet.

Benutzer-Agent (User Agent) ist die Software, mit der der Benutzer auf dem Endgerät mit den Ressourcen auf dem Server kommuniziert.

BinHex Ein Datenformat zur Übertragung von großen Bildern und Files über das Internet.

BizTalk Industriekonsortium von Microsoft gestartet, XML-basierendes Messaging-System. BizTalk-Server von MS

BNF Backus-Naur Form, Formalismus zur Beschreibung von Syntax

Bookmarks Lesezeichen, mit denen man sich bestimmte Webseiten im Browser merken kann, damit man sie später wiederfindet.

Browser Ein Programm, das das Einlesen und Darstellen von Hypertextseiten aus dem Internet erlaubt. Moderne Browser ermöglichen die Darstellung von Grafiken und die Einbindung weiterer Funktionalität mit so genannten Plug-Ins. Häufig werden auch Funktionen wie E-Mail und das Lesen von News-Groups unterstützt. Zurzeit sind der Netscape Navigator von Netscape und der Internet Explorer von Microsoft auf dem Markt von Bedeutung.

Bytecode WML oder WMLScript kann kompiliert werden, um von einem Bytecode-Interpreter ausgeführt zu werden.

C/S Client/Server, Kombination Arbeitsplatzrechner und Zentraleinheit

CA Certification Authority, Infrastrukturelement für die sichere Authentifizierung von Teilnehmern

Cache Zwischenspeicher im eigenen Rechner, Memory-Cache und Disk-Cache. Im Internet gibt es ähnliche Zwischenspeicher, um das Netz zu entlasten, oft auch als Proxy-Cache bezeichnet.

Card Der Benutzer navigiert mittels Cards, Einzelseite im WML-Format.

CDMA	code division multiple access, Verfahren, um aus einem breiten Datenstrom die eigenen Daten herauszufischen, mögliche Basis für WAP
CERN	Europäisches Forschungszentrum, an dem die Grundlagen des WWW entwickelt wurden. Der dort entwickelte Webserver trägt immer noch diesen Namen CERN-Server.
CGI	Common Gateway Interface, Schnittstelle von Webservern
CIA	Central Intelligence Agency, Amerikanischer Geheimdienst
CICS	Customer Information Control System, Schnittstelle bei OS390 Hostsystemen
Client	Das Gerät bzw. der Dienst, der eine Verbindung zu einem Server aufbaut.
COM+	Microsoft-Objektschnittstelle
Cookies	Kleine Textstücke im File cookie.txt, mit denen eine HTML-Sitzung wiedererkannt werden kann. Sie stellen zwar kein Sicherheitsrisiko dar, können aber zum Ermitteln von Surfverhalten missbraucht werden.
CORBA	Common Object Request Broker Architecture, Unix-Standard für Objektbroker
CRL	Certificate Revocation List, Liste ungültiger digitaler Signaturen
DB	Data Base, Datenbank
DBMS	DataBase Management System, Datenbank-Verwaltungssystem
DCOM	Objektbroker von Microsoft
Deck	Eine Sammlung von Cards, die sich in einer Datei befinden.
DE-NIC	DEutsches Network Information Center, untergeordnete Organisation der Internet-Society.
Digital Certificates	Digitale Zertifikate, die von Zertifizierungsbehörden ausgestellt werden. Damit kann eindeutig auf den Autor der Seite zurückgedeutet werden.

Digitale Unterschrift	Mit den digitalen Unterschriften und dem dazugehörigen Dokument der Zertifizierungsbehörde können Dokumente digital unterschrieben werden.
DNS	Domain Name System, ein System, das den IP-Adressen Namen in Klartext zuordnet, damit diese für Menschen leichter lesbar werden. Ein typischer Domainname ist z.B. www.inte-grata.de.
Domain	Ein Rechner im Internet, der mit einem Namen versehen wurde und damit durch das DNS ansprechbar ist.
DTD	Document Type Description, Beschreibung von XML-Dokumenten
Dynamic HTML	Die nächste Generation von HTML, die es erlaubt, Texte und Bilder innerhalb der Webseite zu positionieren. Dieses Verfahren wurde von Netscape und dem WWW-Konsortium (W3C) entwickelt und basiert auf dem Industriestandard HTML und Java
EAI	Enterprise Application Interface, Schnittstelle zu Verknüpfung von Firmeninformation
EDI	Electronik Data Interchange, weltweit genormtes, aber altes Protokoll für Geschäftsprozesse
EJB	Enterprise Java Beans, Software-Komponenten, die in Java geschrieben werden
ESMTP	Extended Simple Mail Transport Protocol, eine Erweiterung des SMTP, womit auch 8-Bit-Dateien versendet werden können
Ethernet	Ein Computernetz, das auf der Basis der 802.3-Norm Daten überträgt. Die Datentransferleistungen liegen normalerweise bei 10 Mbit/sec. Die maximale Übertragungsstrecke ist aber auf ca. 180 m eingeschränkt.
Favicon.ico	Favorit Icon. Ein Windows-Iconfile, in dem ein Symbol für die Website abgespeichert ist. Immer wenn in einem Microsoft-Browser ein Bookmark gesetzt wird, ruft der Browser dieses File auf dem Webserver ab und zeigt es in der Bookmarkleiste an.
FBI	Federal Bureau of Investigation, Amerikanische Polizeibehörde

Frame	Aus dem Englischen: Rahmen. Teilt das Browser-Fenster in mehrere Rahmen, in denen unabhängig Webseiten erscheinen können. Problematisch in der Verwaltung und für Suchmaschinen.
FTP	File Transfer Protocol, Datenübertragungsprotokoll auf der Basis von TCP/IP, das den einfachen Transfer von Binärdaten (beliebige Dateien) über das Internet erlaubt
GIF	Graphic Interchange Format, lauflängenkodiertes Grafikformat, das von allen Browsern unterstützt wird.
GPRS	General Packet Radio Service, paketorientiertes Funkprotokoll mit bis zu 115.000 Bit/s Übertragungsrate
GSM	Global System for Mobile Communication, weltweit verbreiteter Standard für die Handykommunikation
GUI	Graphical User Interface, grafische Oberfläche wie Windows oder HTML
HDML	Handheld Device Markup Language, webkonforme Auszeichnungssprache für Handhelds
Header	Bei allen elektronischen Protokollen werden vor die zu versendenden Daten einige Zusatzinformationen wie Absender und Empfänger oder Dateiformat geschrieben. Diese Information ist der Header.
HTML	Hypertext Markup Language, Beschreibungssprache für Seiten im Browser
HTTP	HyperText Transfer Protocol, Transportprotokoll für Hypertext [RFC2068]
HTTPS	HTTP over SSL, sichere Datenübertragung im Internet, siehe SSL.
Hyperlink	Verknüpfung eines Wortes oder Bildes in einem Hypertext mit einem anderen Dokument durch Angabe des URL des Zieldokuments.
Hypertext	Erlaubt die direkte Verknüpfung eines Wortes im Text mit einer anderen Stelle im selben Text oder mit einem anderen Dokument. Damit kann der Benutzer z.B. direkt eine zitierte Stelle durch einen Mausklick aufrufen und zu ihr springen.

IDL	Interface Definition Language, Beschreibungssprache für die Schnittstelle von Software-Objekten
IETF	Internet Engineering Task Force, Arbeitsgruppe der Internetgesellschaft
IIOP	Internet Inter-ORB Protocol, Protokoll, um Objekte über Internet zu nutzen
IIS	Internet Information Server, Microsoft Webserver
IM	Information Management, Informationsverwaltung
IMAP4	Internet Mail Access Protocol Version 4
IMS	Information Management System, leistungsfähiges System für Datenbankzugriffe von IBM
Internet	Die weltweite Verknüpfung von Computernetzen, die das Protokoll TCP/IP benutzen
Intranet	Realisierung einer einheitlichen Datenübertragung innerhalb einer Organisation, meist mit der Internet-Technologie.
IP	Internet Protocol, Internetprotokoll
IPV6	Internet Protocol Version 6, zukünftige Internetprotokollversion mit großem Adressraum
ISAPI	Internet Server Application Programming Interface, leistungsfähige Alternative zur CGI-Technik, eine Entwicklung aus dem Hause Microsoft.
ISDN	Integrated Services Digital Network, Protokoll für das netzgebundene Digitaltelefon
ISO/OSI	International Standards Organisation/Open Systems, das genormte Modell für die Realisierung von Datenübertragungsprotokollen. Das Modell geht von sieben unabhängigen Schichten der Kommunikation aus und gibt kein Übertragungsprotokoll direkt vor. In der Praxis werden häufig vereinfachte Modelle zum Aufbau von Datentransferprotokollen benutzt.
ITU	International Telecommunication Union, internationale Organisation zur Regelung von Telefon- und Funkfragen
J2ME	Java 2 Micro Edition, Mini-Java von Sun für Handys

Java	Eine Programmiersprache, die von vielen Browsern interpretiert werden kann. Man kann zwischen Java-Skripts und Java-Applets unterscheiden. Erstere kommen als Quelltext direkt in den Hypertext eingebunden an, letztere sind bereits in einen interpretierbaren Binärcode übersetzt, der vom Browser verarbeitet wird.
JDBC	Java DataBase Connectivity, Datenbankschnittstelle für Java-Programme
JIT-Compiler	Just in Time Compiler, Übersetzung von Interpretersprachen zur Laufzeit
JMS	Java Message Service, Java-Schnittstelle von SUN
JPEG	Joint Photograph Expert Group, komprimiertes Bildformat, speziell für Fotos geeignet, das von allen neueren Browsern unterstützt wird.
JSP	Java Server Page, dynamische Seitenerzeugung auf dem Webserver mit Java
JVM	Java Virtual Machine, Ausführungsumgebung für Java-Programme
LAMP	Linux Apache MySql PHP, eine Kombination verschiedener, kostenloser Software-Pakete zum Betreiben eines Webservers, wird auch noch SSL verwendet, spricht man auch vom LAMPS-Konzept.
LAN	Local Area Network, ein lokales Computernetzwerk innerhalb eines Gebäudes, das verschiedene Rechner über Leitungen verbindet und das kostengünstig mit hohen Datenraten arbeiten kann
Legacy	Vererbt, bestehende Anwendungen, die weiter betrieben werden (müssen)
MAPI	Mail Application Programming Interface, E-Mail-Schnittstelle
ME	Mobile Equipment, beweglicher Computer mit Funkschnittstelle
MIME	Multipurpose Internet Mail Extension, der Internet-Standard zum Versenden von E-Mails, die zusätzlich Bilder, Ton oder Programmanhang haben. Der Standard wird inzwischen auch für HTTP verwendet.

Modem	Modulator Demodulator, dient zur Konvertierung von digitalen Daten für die Nutzung von Telefonleitungen. Maximale praktisch realisierbare Übertragungsrate ist 56 Kbit/s.
MPEG	Motion Picture Expert Group, verschiedene leistungsfähige Methoden, Ton und Videosignale so weit zu komprimieren, dass sie im Internet nutzbar sind.
MTS	Microsoft Transaction Server
mySAP	SAP-Internetplattform
MySQL	My Standard Query Language, eine SQL-Datenbank, die kostenlos von der Open Source Foundation zur Verfügung gestellt wird
NewsGroup	Eine Sammlung von E-Mails zu einem bestimmten Thema auf einem News-Server, die regelmäßig nach dem FIFO-Prinzip, first in first out, gewartet wird. In NewsGroups findet man daher immer aktuelle Informationen zu nahezu allen Themen. Es gibt ein streng hierarchisches Gliederungssystem, dies führt zu Gruppennamen der Form »Hauptgebiet.Teilgebiet.Untergebiet«, z.B. »sci.physik.optic« für optische Themen in der Physik im Bereich der Wissenschaft (sci=Science).
News-Server	Ein Rechner, auf dem Daten mehrerer NewsGroups abgelegt sind. Der Zugang zu diesen Servern ist oft eingeschränkt, damit nicht jeder beliebig Informationen deponieren kann.
NNTP	Network News Transfer Protocol, ist der offene Internet-Standard für Newsgroups
OCSP	Online Certificate Status Protocol, Protokoll, das digitale Zertifikate handhabt
ODBC	Open DataBase Connectivity, Datenbankanbindung für verschiedene Datenbanken, Schnittstelle innerhalb Microsoft-Betriebssystem
OLTP	OnLine Transaction Processing, Transaktionen über Internet
OO	ObjektOrientiert, Programmierparadigma, alle Programmkomponenten als Objekte zu betrachten
ORB	Object Request Broker, Kernelement, um mit CORBA Objekte auszutauschen

PGP Pretty Good Privacy, ein Verschlüsselungsverfahren von Philip Zimmermann, das bei langen Schlüsseln nicht zu knacken ist.

PHP Private Home Page, kostenlose Software zum Programmieren von dynamischen Webseiten

PIP Partner Interface Process, Modell von RosettaNet

PKCS#7 Format für digitale C149-Signaturen

Plug-Ins Programme, die direkt mit einem Browser zusammenarbeiten, um bestimmte Dienste anzubieten. Eine typische Anwendung sind Programme, die spezielle Dateiformate im Browser sichtbar machen, etwa Word- oder Excel-Dokumente. Die Plug-In-Programme können meist direkt über das Internet abgerufen werden und installieren sich automatisch.

PNG Portable Network Graphic, Weiterentwicklung des GIF-Formats. PNG ist frei verfügbar und wird von neuen Browsern unterstützt.

PoP Point of Presence, Telefoneinwahlpunkt eines Access-Providers

POP3 Point Of Presence Version 3, E-Mail-Protokoll zum Abrufen der E-Mails vom Mailserver

Port Die Zuordnung eines Datenpakets zu einer bestimmten Anwendung im Internet. Die wichtigsten Portnummern sind FTP=21, Telnet=23, SMTP=25, HTTP=80.

PPP Point to Point Protocol, dieses Protokoll dient der direkten Verbindung von zwei TCP/IP-Rechnern und ist wesentlich zuverlässiger als SLIP. Es wird z.B. häufig zwischen Provider und Kunde, die über Telefonleitung verbunden sind, genutzt.

Proprietär Format im Eigentum von einem Hersteller, nicht frei verfügbar

Protokoll Ein Protokoll vereinbart die genauen Regeln, nach denen Daten zwischen zwei Rechnern ausgetauscht werden

Provider Genauer ist der Begriff Access-Provider. Er stellt einen Einwahlknoten zum Internet zur Verfügung, d.h., bei ihm steht ein Rechner, der Standleitungen zu anderen Rechnern im Internet hat. Jeder Zugang zum Internet muss über einen Provider erfolgen.

Proxy oder Proxy-Server, dient im WWW als Zwischenstation auf dem Weg vom Client zum eigentlichen WWW-Server. Der Client fordert ein Dokument in dieser Konfiguration nicht unmittelbar vom Ursprungsserver an, sondern wendet sich an den Proxy. Dieser besorgt das Dokument und leitet es an den Client weiter. Der Proxy tritt gegenüber dem Client als Server auf; gegenüber dem Ursprungsserver fungiert er als Client.

RDF Resource Description Framework, einheitliche Quellenbeschreibung, wie sie das XML-Konzept liefert

RFC xxx Request for Comment, Normungsverfahren im Internet

robots.txt Im File robots.txt stehen Anweisungen für Suchroboter. Dieses File wird von allen Suchrobotern aus dem Root-Directory geholt und ausgewertet, nur zugelassene Unterverzeichnisse werden dann von den Suchrobotern eingelesen.

RosettaNet Konsortium zur Definition von XML für Lieferketten, mögliche Nachfolge von EDI

S/MIME Secure Multipurpose Internet Mail Extension, eine Verschlüsselungsmethode für E-Mails, die vom RSA entwickelt wurde.

Server Ein Rechner, der Daten für den Abruf eines Clients aus einem Rechnernetz bereithält. Klassisch war dies ein Zentralrechner, neuerdings werden alle Rechner, die einen Internetdienst bedienen, als Server bezeichnet.

SET Secure Electronic Transaction, ein sicheres Protokoll zum Übertragen der Kreditkarteninformation, das die Kartendaten, auch für den Händler nicht sichtbar, weitergibt

SLIP Serial Line Internet Protocol, einfaches Protokoll, um eine Verbindung von einem PC zu einem Provider herzustellen (besser ist das PPP)

SMS	Short Message System, einfache Übertragung kurzer Textzeilen bis zu 160 Zeichen
SMS MT	SMS mobile terminated, mobiler Empfänger für SMS, normalerweise jedes Handy
SMTP	Simple Mail Transfer Protocol, das Standardprotokoll für die Übertragung von E-Mails, das allerdings nur reinen ASCII-Text übertragen kann. Die Texte werden in 7-Bit-Form übertragen, und es sind maximal 64 Kbyte pro E-Mail erlaubt. Wegen dieser Einschränkungen nur bedingt zum Datenaustausch geeignet.
SQL	Structured Query Language, Abfragesprache für Datenbanken
SSL	Secure Socket Layer, Verschlüsselungsverfahren für Internetprotokolle z.B. HTTPS
SSL 3.0	Secure Sockets Layer Version 3.0, ist ein sehr sicheres Übertragungsprotokoll im Internet, das von Netscape entwickelt wurde und auf einem Verschlüsselungsverfahren basiert, das vom RSA allgemein veröffentlicht wurde. Es kennt die wichtigen Elemente Vertraulichkeit, Integrität und Authentifikation und ist in fast allen Browsern verfügbar, benötigt SSL-Server.
SyncML	Synchronization Markup Language, Initiative zum Synchronisieren verschiedener Geräte mit XML
TC	Trust Center, Infrastrukturelement für die sichere Authentifizierung von Teilnehmern
TCP	Transmission Control Protocol, Übertragungsprotokoll für Internetverbindungen
Telnet	Protokoll zum Arbeiten auf entfernten Rechnern über das Internet – rein textorientiert
TN	Telnet, Terminalprotokoll
TN 3270	Telnet für IBM Mainframe, Terminalprotokoll
TP	Transaction Processing, Transaktionen verarbeitende Maschine
UCS	Universal Multiple-Octet Coded Character Set, Zeichensatz
UI	User Interface, Benutzerschnittstelle

UML	Unified Modeling Language, einheitliches Verfahren zur Beschreibung von objektorientierten Programmen
UMTS	Universal Mobile Telecommunication System, Multimedia für Handys bis zu 1.000 Kbit/s Übertragungsrate
UNIX	Betriebssystem, das die Internettechnologie sehr gut unterstützt
URL	Uniform Resource Locator, Adresse eines Internetobjekts [RFC2396]
UTF	UCS Transformation Format, internationaler Zeichensatz
UUENCODE	Ein Programm, das die Verschlüsselung von binärer Information wie Bilder und Programme in eine ASCII-Zeichen-Form durchführt, damit diese per E-Mail versendet werden können.
VR	Virtual Reality (scheinbare Wirklichkeit), eine Technik, die dem Nutzer vorgaukelt, sich in einer künstlichen Welt, die vom Computer generiert wurde, zu befinden. Erste praktische Anwendungen z.B. bei Flugsimulatoren.
VRML	Virtual Reality Markup Language, analog zur Hypertextsprache HTML erlaubt VRML die einheitliche und eindeutige Beschreibung von dreidimensionalen Objekten. Diese können dann mit geeigneten Browsern auf dem Monitor betrachtet werden.
W3C	World Wide Web Consortium, Gremium zum Festlegen der Webstandards
WAN	Wide Area Network, ein Computer-Netzwerk, das sich über ein sehr großes Gebiet erstreckt und häufig Leitungen von Telefongesellschaften nutzt
WAP	Wireless Application Protocol, Übertragungsprotokoll zum Senden von Internetseiten an Handys
WBXML	WAP Binary XML, Formatdefinition für binäre Datenströme in XML
WCM	Web Content Manager, Redaktionssystem für Internetseiten

Webserver	Ein Rechner mit Netzanschluss, auf dem ein Programm läuft, das den Zugriff auf Hypertextseiten regelt. Moderne Webserver unterstützen den Aufruf von Zusatzprogrammen, CGI-Programmen, mit denen z.B. Datenbankabfragen möglich sind. Es gibt spezielle Webserver für Intranet-Anwendungen mit Funktionen zur Nutzerkreiseinschränkung.
WWW	World Wide Web, die Bedeutung kennt jeder
WYSIWYG	What You See Is What You Get, »Was Sie sehen, erhalten Sie auch« auf dem Browser oder Drucker. So sollte eine Textverarbeitung arbeiten. Dies ist jedoch nicht immer realisiert. Besonders bei HTML-Dokumenten gibt es bisher kein perfektes WYSIWYG.
XEDI	EML-Electronic Data Interchange, Standardformat, um EDI in XML zu konvertieren
XML	eXtended Markup Language, allgemeine Beschreibungssprache für Computerdokumente
XSL	eXtended Style Sheet, allgemeine Sprache für die Formatierung von Dokumenten

Eine sehr umfangreiche Stichwortliste zu Internetbegriffen, auch Slang, findet sich unter: *http://www.www-kurs.de/*

Das Umfeld der digitalen Information wird auch von

http://www.commando.de/glossar/inhalt.htm

gut abgedeckt.

INDEX